中国文

让我们一起追寻

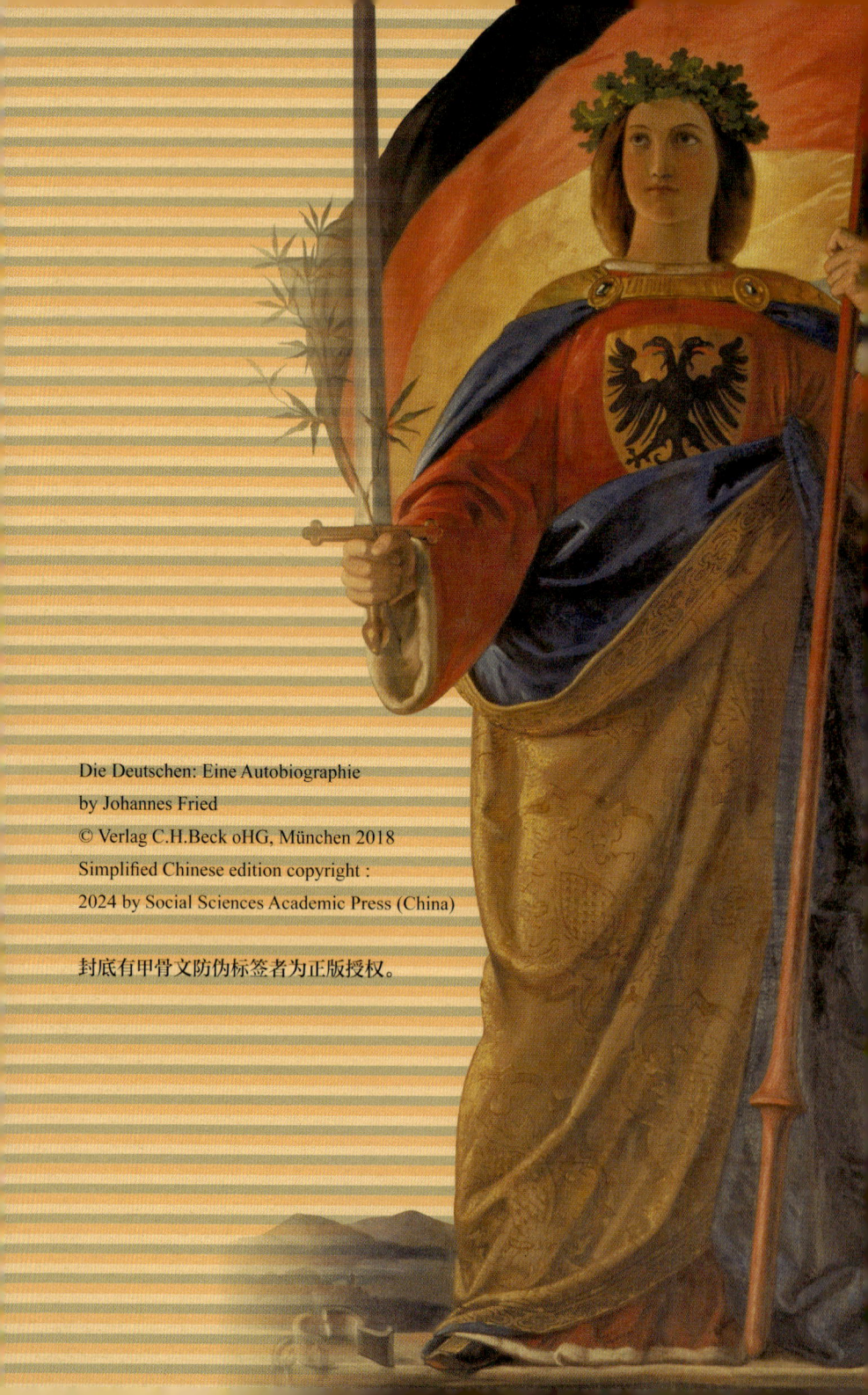

Die Deutschen: Eine Autobiographie
by Johannes Fried
© Verlag C.H.Beck oHG, München 2018
Simplified Chinese edition copyright :
2024 by Social Sciences Academic Press (China)

封底有甲骨文防伪标签者为正版授权。

DIE DEUTSCHEN

〔德〕约翰内斯·弗里德（Johannes Fried） 著

德意志人

刘晓 译

一部诗人、作家、哲学家和思想家的自传

Eine Autobiographie
Aufgezeichnet von
Dichtern und Denkern

社会科学文献出版社
SOCIAL SCIENCES ACADEMIC PRESS (CHINA)

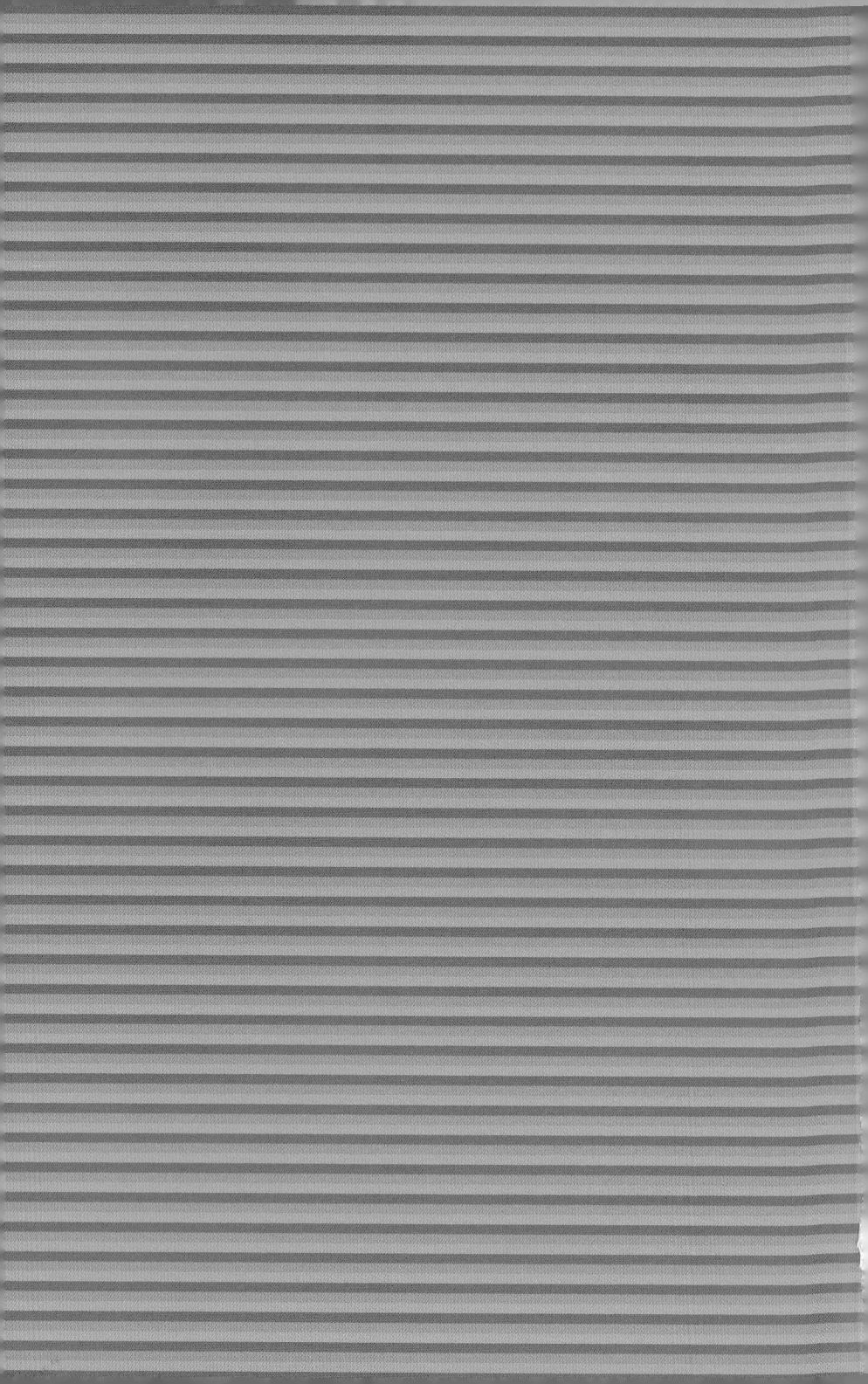

目　录

引言："我们德国人是属于昨日的" / 003

1　"德意志即大众"：德意志作为一个族名的若干含义 / 028
2　"所有种族都混合搅拌。把整个欧洲扔进榨汁机！"
　　塔西佗的《日耳曼尼亚志》/ 066
3　"丧钟为惨遭蹂躏的德国而鸣"：三十年战争 / 091
4　"何为德意志人的祖国？"拿破仑及其后果 / 130
5　"眼下的德国横尸遍野"：政治复辟 / 176
6　"……留给我们的还有神圣的德意志艺术"：革命失败之后 / 225
7　"世界将借由德意志的本质而复原"：1870~1871年
　　帝国建立 / 246
8　"我们必须越来越有德意志的样子"：第一次世界大战 / 276
9　"他是犹太人，不是德意志人"：缺席的民主 / 320
10　"真理的腐坏"：纳粹时期的退化 / 360
11　"托尼，你是足球之神！"战后时代 / 392
12　"我们曾深爱过那个国家"："转折"之后 / 413
13　"为了德国，我无所畏惧"：现在与今天 / 427

14 "不朽之物亦无国籍":结语 / 458

注　释 / 506

致　谢 / 571

人名索引 / 572

引言:"我们德国人是属于昨日的"

"我们德国人是属于昨日的。"一个昨日的民族？当初说出这话的，是年迈的歌德。¹一位政治家一生的总结：属于昨日？这就是一个曾站在他那个时代社会公共领域中心、扬名海内外的人所抱持的观点吗？"我们"？属于昨日？难以置信！我们可不是！事实上，没有哪个爱国主义者因为这么自暴自弃的言论就陷入了忧虑之中。只有弗里德里希·尼采后来表示他抱有同样的疑虑，并下了类似的断言：德国人属于前天，也属于后天，单单不是今天。²这种不合时宜的话，人们从这位哲学家口中听得太多了，于是便也见怪不怪。他没能让任何一个跟他同时代的人对他的话深信不疑。至于说引发了谁的思考，那就更提不上了。没有今天？可笑！胡扯！"我们"有"我们"的今天。说得好像"我们"不是那个"诗人与思想家的民族"似的。"我们"拥有"我们"的文化、"我们"的今天、"我们"的价值！无论是歌德还是尼采都不能对这一点视若无睹，然后大放厥词。

"诗人与思想家的民族"这个骄傲甚至有些浮夸的说法或许是在歌德晚年时期出现的——但并不确定。迄今为止，人们还没有找到这个口号的发明者，或是关于它的起源的第一手证据。突然之间，它就在那里了。³它在致力于发展教育的德国市民阶层十分讨喜。这下我们可有了身份，不再与昨日有什么关联了。这句声音洪亮的赞歌正合他们的心意，增强了他们的自信。它一直流传到20世纪，方便了人们认定自我，也为宣传、广告以及漫画提供了素材。这句口号鼓舞着对诗人与思想家怀揣美好想象的德国人，也产生了令人惊叹的后果。这句名言先是让德国人心中充满了自豪，这种自豪渐渐变成了自大，又很快转变为自负，后来，从中演变出了一种胜利之感，再接着就变味成了目中无人的狂妄之流，百年之后，史上最糟糕的扭曲与失序成了它最终的出口。时至今日，这句话已经沦落到了葡萄酒广告语的层次，或者像在莱比锡那样被引用——稍做变化——"给诗人与思想家的公共租赁自行车——幸运单车"。[4] 有批判精神的、相对左倾的文学家和思想家在20世纪20年代乐于把它用漫画的形式表现出来；而思想相对偏右的德国人则丝毫不为所动。直至两次以战败告终的世界大战结束，才有更多的质疑的声音发出。此时，人们开始显得惴惴不安，羞耻与疑虑纷至沓来，也正是从这个时候开始，人们不再对那听起来过于美好的句子深信不疑，而是顾虑重重地发出疑问："我们还是诗人与思想家的民族吗？"（1964）

　　属于昨日，抑或诗人与思想家的民族？分歧一直存在。什么是"我们"？我们是"谁"？什么决定了德国人的本质？那些对"诗人与思想家"口号大力批判的论调证明了对诗人与哲学家不指名道姓而是一概而论是大错特错的吗？"我们"只不过是目空一切、夸夸其谈的一群人吗？还是至少一部分被囊括其中的人物能够让"诗人与思想家"这种说法站得住脚，并证实它蕴含着一定的文化意义呢？

歌德对这些问题给出的回答依旧充满了怀疑的态度,而且一点情面也没有留。他的回应所引发的讨论直到今天仍在持续。这位魏玛的部长认为,德国尤其是在后者,即"思想家的民族"这一点上,尽管有费希特、黑格尔、谢林等人坐镇,仍不成气候。倒是康德倍受这位兴趣广泛的大文豪青睐,歌德这个敢于反驳牛顿的人,这个对远古植物有深入研究并拥有私人矿物陈列室的人,这个时刻散发着浪漫爱意的人,给他的秘书约翰·彼得·爱克曼(Johann Peter Eckermann)推荐的,却偏偏是那本《判断力批判》(*Kritik der Urteilskraft*)。[5] 不过,在歌德看来,德国思想家就整体而言缺少的是什么呢?让我们来听听他自己是怎么说的。[6]

"为什么外国人,无论是英国人、美国人、法国人还是意大利人,都无法在我们新近的哲学研究上发挥任何影响呢?或许我们可以从这个角度获取答案:那就是,因为我们的哲学并不直接干涉人们的生活。人们在它身上看不到任何现实层面的好处,因此,它所传承的也或多或少是经院派学说的血脉,例如(托马斯·)里德和(杜格尔德·)斯图尔特所呈现的那样。这种哲学更靠近人类的理性,并因此而拥有了自己的一方疆土。它意图在感官论与唯灵论之间求得和解;试图令唯物者与唯心者达成一致,旨在通过这样的方式获得人类思想上与行动上的最完美状态。"这种放眼全局的哲学理念给歌德留下了深刻印象;他决定追随这一方向。诞生了诸多名震四方的代表人物的经院主义启蒙、感官主义、通识哲学在19世纪的最初几十年里,在德国也同样达到了一定的普及程度,但与此同时,"德国"的唯心主义却只在本土开花结果,影响力几乎丝毫没有波及法国或英国。这种哲学并不呼吁德国人做基于现实的思考，这给现实带来的后果也很糟糕。在当时，指责这一缺陷的并不只有歌德一人。一个只有诗人与思想家的民族，却毫无行动力可言。

而那个时代的德国诗作更是没有得到这位大诗人的一丁点肯定。[7]在当时的作品中，充斥的不过是"对无关紧要的事物一波又一波的热情（……）"："整个诗歌创作全都局限在老旧的教会诗歌上，只因它们在内容上是神圣的。涉及的人群只限中产阶级。""中产阶级的文化"，和宗教几乎可以画上等号，属于医生、教授或是中学教师；他们无论生日抑或银婚金婚，不管是就职纪念日还是国家纪念日，都要通过诵诗一首来庆祝；"而且，因为在这些场景中，免不了要对健康、名望或是长寿进行生动、具体的祝福，因此，在那些美好的描述最后，总是会加上一句情绪饱满热烈的'Ergo bibamus'"，意为"让我们为此举杯欢庆"！此时此刻，诗句为庆典增光添彩，而自古以来对畅饮的热情也为人们的社交活动镶上了一圈美丽的金边，哪怕早在路德那里，德国人对酒精的这种偏爱就已经备受诟病。[8]对于歌德来说，这并不是一个能够让新生事物在其中萌芽的氛围，更不用提是否已经达到促成革命成熟的程度了。因此，再一次强调，为什么说德国人是属于昨日的民族：因为与其说它盛产真正的诗人，不如说那只是些舞文弄墨的半吊子爱好者。

不仅仅是诗歌，在同时代的舞台艺术上，歌德也一样看到了类似的落后（他本人和席勒的剧作似乎被他视作例外）："人们热衷于搬上舞台的,常常是那些对多愁善感的歌颂,对年长和理智的推崇,表现在杰出的父亲或智慧的长者的协调之下达成和谐统一的例子比比皆是。谁会不记得《醋贩子》《无知的哲学家》《正直的罪犯》和诸如此类的作品?"⁹ 由此可见,所谓"诗人与思想家的民族"在歌德的眼中,不过指的是"中产阶级"那一小部分人,他们是热爱宣扬虔信的教会诗歌的市民阶层,他们在心中唱着颂歌,为生日庆典谱写诗篇,他们纵情享受着某种"朗诵大厅哲学",并死守着同样的传统戏剧不放,除此之外,再来一点儿对外国作品的模仿就可以令他们心满意足了,这些加在一起恰好充分证明了,他们若不是"属于昨日"的民族又是什么?横亘在那华丽的赞歌与实际的诗人之间的裂缝显而易见。那么,"我们"又该听信谁的断言呢?反正,与歌德同时代的普罗大众并不包含在那句口号的目标群体之中,就连"中产阶级"也算不上。由诗人与哲学家构成的精英族群将佃农与织工挡在了自己的小圈子外面,而那些人在不久的将来便形成了星火燎原的工人阶级。

当然,歌德对他的民族也不是一句好话都不会说。例如,他曾用美妙的字眼称颂道(根据他的秘书爱克曼记载,这发生在1827年10月23日):"德国虽饱受政治上的分裂,爱却将所有的德意志人牢牢地联结在一起。"只不过,作为一名富有经验的观察者(说的正是戏剧家本人),他的目光自然落在了更加深远的地方,那便是德国人的心理。这位来自魏玛的英雄将法国大革命的经验内化于心,同时也深深地铭记了德国贵族是如何徒劳无功地试图阻止革命浪潮的蔓延;他对拿破仑充满敬佩之情,同时也并不反对德意志人拿起武器反抗拿破仑的入侵；他曾经无比在意要富有反叛精神地度过青年时期，因此在学生社团还是新生事物的时候就加入了若干此类群体以锻炼自己（"或许相对汉尼拔，我们仿佛500头母猪那样！"），却又在皇帝落败后的政治复辟中，以顾问的身份站在了他的王侯身旁；他眼见着民族运动从如火如荼到一败涂地，他亲历了旧体制的分崩离析、新体制的拔地而起，被固化下来的则更多是一种新旧混杂的结果。在经历了以上种种之后，歌德抱怨起了德意志民族在文化上的忘性之大，并奔走疾呼：精神上的更新换代已势在必行（这一说法是由"赫尔德及其后继者们"开创的，在当时却并没有引起人们过多的注意）。[10] 难不成我们已是个没有精神的民族？

所有这些最终一并汇成了歌德的那句定论：德意志已成昨日。在这几个字里，集合了同时代的人们共有的感知与经验，其中也包含了他们对当时社会局面和政治形势的判断。歌德向本民族的过往投去的目光，实际上受限于他在当时所处的视角，而这种历史的现实性不光影响了诗人歌德的判断，同样也左右着我们观察与思考的方向。而且影响力越来越强的，一方面是诗人与哲学家真实发表过的、忠言逆耳式的言论；另一方面则是概而论之、不免显得骄傲自大的溢美之词，这两者之间显然充满了矛盾与冲突。而其中的分歧与迥异之处，正是本书接下来要讨论与探究的对象。

因此，我们可以认定：所有的认知，都受"今天"的限定，也会对今时今日产生影响。讲述历史的过程就其本身而言，总是一不小心就让人哈欠连天，不过要是呈现方式足够精彩的话，倒也不难给人们带来几个小时的身心愉悦。只是，比历史学家更擅长舞文弄墨的，自然是文学家。历史学家专精的领域，是告诉人们所谓的"今天"是如何形成的，提示人们已经逝去的过往对当下有着怎样的影响，他们分析后果，也描绘前景，另外，如果办得到的话，他们还会帮助人类看到将来可能的发展方向。于是，当我们试图谈论德意志人以及他们居住的那片土地的时候，以历史作为科学的眼光望去，看到的将是——正如同歌德所描述过的那样——人们的生活，是这个民族以及用作参考的其他民族的人们所经历的种种波折。[11]虽然它们可能只以节选的片段形式出现，但还是向我们透露了那时的那些人们曾有过的目标、期待与失落，他们曾承受过的严酷的贫寒，与从中诞生的紧迫的需求；与此同时，一边观察这些历史时刻，我们一边也就渐渐清楚了，眼下的一切其实受到了哪些文化上的限制。然而，在我们将目光正式投向这些诗人与思想家之前，有几句话要说在前面。

我们对那些诗人或思想家所发表的言论，能否做出妥当的评价？最能检验我们是否具备这一能力的，正是那句被我们引用过的名言：德意志的诗人与思想家对德国人及德国究竟是怎么看、怎么想的？他们是获得了与歌德相仿的印象，还是更多地跟随族人一道，对自身大加赞赏？无论在哲学及文学领域对"去历史化"的要求有多么强烈，上面提出的这个问题都不该被轻视甚至无视。[12]这是关乎德意志民族自我认知的问题，而他们的认知正是通过他们当中最具雄辩之才的那群人的口舌表达出来的。在这里，我们做了一个大胆的假设，那就是德意志人对他们自身（也就是我们自己）的感知，是通过观察和评断他们（也是我们）的诗人与思想家来完成的。一次次试图作答的努力，凝结成了一场与这些作者们长达千年的对谈，这些"受访"的对象花了若干个世纪的时间，来尝试传递他们的民族所观所感的现实是什么样子。于是，这本书试图呈现的，就是以他们中的诗人与思想家为例，对德意志人做的一次田野调查，再从民族学角度写下的一篇调查报告。至于英国、法国或俄罗斯的作者们是如何对本民族自身进行阐释的，出于某些原因的考量，在这里便不涉及，进而也就不会拿德意志人的自我感知与这些民族进行比较。因此，像《统治吧，不列颠尼亚》（*Rule Britannia*）这样的诗篇，或"美国优先"（*American first*）那一类的口号，在这里也就不多加考察了。事实上就连德意志人的日常习惯，他们典型的行为方式与生活风格，也都在某种程度上被做了淡化处理。

时至今日，歌德对他自己民族做出的那个判断，其原话已经很少被提及，相比之下更加频繁出现的，是对原意加以曲解之后的滥用。"我们"是否依旧和那些诗人与思想家同属一族似乎早就不再是个问题，但就在最近，它仿佛又重新获得了一种爆炸性的力量。那是因为，某些政治群体与政党现在，到了21世纪第二个十年突然将这句口号作为了它们纲领性的基石，并由此派生出诸多政治诉求来解释它们的行动。不过，他们在某几个问题上自然是避而不谈的，那就是：他们请教的究竟是哪几位诗人或思想家？他们言下所指的是哪些价值与传统？以及，到底谁才是"他们的族人"？光是他们仍将自己视作与曾经的德意志喉舌同出一族（至于谁是发出德意志之声的那些喉舌？在他们眼里当然有歌德、席勒、荷尔德林，再加上康德、黑格尔和许许多多其他代表人物）这一事实，在历史学家那里似乎要打上个大大的问号了。在他们的认定中，有那么一个从发源之初便始终保持不变的民族。可最新的统计数据显示，已经有约 20% 持德国护照的人有移民背景，无论他们是什么时候、从哪移居德国的。也许这个百分比会让人有些迷惑不解，可不争的事实摆在眼前，那就是：再用是否持有德国护照、是否源自同一血缘，或者是否生活在同一片土地上来定义一个人是不是"德意志人"，已经不可能了。

面对更大规模的移民浪潮，面对由它们引来的外来文化，讨论的焦点如今集中在了这样一个问题上：我们能否，以及该怎样去保持面目已变得模糊的"德意志文化"？尤其是当这个所谓的"主流文化"已经被吞没在多元文化的海洋之中，而与此紧密相连的"德意志价值"也越发难以被定义了之后。当初对这"文化"与"价值"进行表达与呈现的，正是我们提到的诗人与思想家。专属于德意志民族的文化与价值虽然在某种意义上造就了"我们"——当然这也是诸多假设中的一种而已，目前却已经身陷"过度受外来影响"的危机之中。于是，1964 年提出的那个问题转移了我们视线的方向：从德意志的形成，转向了对外来者的抵抗。只是，这样一种在定位上的变动，真的有理有据吗？

谁能斩钉截铁地说出，什么才是我们德意志人"自己的"？要回答这个问题，必须将目光聚焦到那些据说通过德国诗人与思想家之口得以表达的"民族"价值及其影响上。只不过，真的有这些言论存在吗？想弄清这一点，不与"外来者"打交道是不可能的。

并且，考察的重点应落在德意志诗人与思想家在何种程度上、在哪些政治或社会环境中、在什么样的条件下谈及了有关价值的话题。紧接着，这几个问题又引发了关于另一个问题的思考："本者"文化在哪些方面与"异者"文化划清了界限？又在哪些方面向它们逐渐看齐了？因此，还应重视文化的学习能力，以及至今都有哪些力量起到过文化塑形的作用。在这个过程中，有变化多样、从未原封不动的阐释模式，有源自外族、千百年来经历了无数次更改与修订的表述方式，更有花样无穷、绝非土生土长的各种宣传模式，它们将相继进入研究者的视野。历史学家置身其中，他们虽然眼观昨日，却在今日为今日做判断，其对明日的影响尚不可知。

纵观整个人类的历史，民族大迁徙的脚步从未中断，出身各个种族的人群从一地到另一地，有时是流亡，有时是移居。这并不是什么新鲜事。德意志人也不例外；他们的土地自古以来就么是通往某地的中转站，要么直接是移民的最终目的地。来者从未"两手空空"；过去和现在，他们带来了经验、知识与技能，同时也带来了他们原先的传统与价值。这是他们的文化资本。在一个全球化愈演愈烈的时代，在一个全世界"文明冲突"、难民潮势不可当的时代，在一个全球范围"协调利益分歧"的时代，思考与讨论已刻不容缓：我们如何才能做到不白白浪费这些文化资本，将其转为己用，并尽力阻止高危的摩擦发生。

寻找解决这些问题的方法时，绝不应当把眼光只局限于当下。正是由于这个过程中涉及的是那些会持续发挥影响的经验，是知识或价值，因此，这样一条探索之路是不该被任何时空范围所限制的。我们普遍谈论的价值，包括道德价值、人性价值、文化价值等，它均非今天才有的发明，也不是德国人的独创。过去的各朝各代、各个不同文明将它们一点一滴打磨出雏形，它们在历史的进程中不断修正自己的模样，它们通过各种不同的传播手段在世界各地开花结果，也以同样的方式进入了"我们"的世界。对这些价值的需求，围绕这些价值的讨论，以及这些价值给人类带来的影响古已有之，亦从诞生之始就成了诗人与哲学家思考与书写的对象。它们跨越了国界、语言与民族，不断推动交流与学习的进程向前发展。而在这中间，极少听到，或者说压根没人提起过专门的"德意志"价值。难道那些德国诗人或哲学家是在本人并没有意识到的情况下，被塑造成所谓"德意志价值"发言人的吗？

与此同时，道德价值亦再次回到了讨论中。我们该怎么做？围绕伦理这一话题，学界的争论已有上千年历史。20世纪初期，在所谓历史主义大论战的背景下，价值相对主义被提了出来。著名的哲学家、神学家、社会学家或历史学家纷纷对此发表了自己的看法。[13] 后来不得不流亡海外——这也标志着德国国内正在经历骇人听闻的价值丧失——的卡尔·曼海姆（Karl Mannheim）在当时给出了一个在我看来放到今天依然不失其有效性的答案：价值与立场相关，价值不是绝对的，价值始终在动态变化过程之中，就像他所写的那样，"对所有世代均适用，一经提出便可一劳永逸的要求并不存在，价值中那部分永恒的绝对核心在每个历史时期都有不同的具体表达……正因为这样，人们才能够从历史中获得一定的标准，提出他们具体的、承载内容的要求"。[14] 当我们转过头去向后看、向历史看的时候，我们看清的是一种逐渐的变化过程，而非眼下现实的诉求准则。

我们在这本书里要做的，就是追溯这个变化的过程，并借此得到有关现实诉求及其"价值"的答案。我们将要跟随的主要线索，就是德国"诗人与思想家"发表过的关于德国人、德国这片土地形形色色的观点与意见，但也仅限于此。不是每一位著名的德国人都能在书中发表看法，也不是每一部具影响力的作品、每一句结论都会在书中提及。若将它们全部纳入考虑范围，则超出了我们的讨论框架。[15] 一些读者可能会发现，书中有着"让人无法原谅的"空缺。考证文中摘引的言论也并不总是一件乐事。对某些读者来说，接连不断的引文被简单地堆叠在一起甚至会让阅读兴致大打折扣。不过，我的本意正是希望读者们能够一口气将它们阅读到底，然后回过头来，思索各个单独的引文在整个上下文中的意义，由此得到的将是一种令人印象深刻，却又让人感到些许压抑的内容，这个内容经得住时间的考验，但同时，也没有排除存在矛盾的地方。由此看来，我们在这里提供的，就不仅仅是一连串的引用而已了。

那么，诗人与思想家当初是如何看待自己这个民族的呢？他们认为自己的民族拥有怎样的品质与价值？他们对于外来者的进入抱持了怎样的态度？做出过什么反应？这些问题的答案，自然是来自写字台与讲台，是经过或诗意的或哲学的思考之后所发出的声音，背后是高级教育与富有艺术性的编排，是学识与教养发出的声音。这些声音极少是一时兴起的草草之作，更绝非出自"平头百姓"之口，它们甚至都无法代表歌德所指的那部分"中产阶级"内心的声音。所谓的群众事实上是沉默的。就连民间歌谣与民间传说也从它们的表现形式上逐渐成了知识分子改造过的产物——例如格林兄弟，他们二位可都是教授。那么，这堵沉默的墙是否能被凿破呢？

那些诗人与思想家代表的到底是哪部分"群众"呢？由于作者们发挥影响的时代不同，以及他们的作品被接受的时代不同，对于这个问题的解答也有所不同。大前提条件是那些关键性的基本知识：当时的阅读能力、语言认知、思维方式等。另外，诗人与思想家也需要一定的媒介才能立足。所有这些媒介都必须能够接触到一定的受众群体，只是在不同的时期，媒介的面貌有所不同，它们的影响范围也有远近之分。它们有时只限于小圈子，有时又面向广大群众，传播的速度也是有时候步伐稳健，有时候却迅如疾风：可能是王公贵族或军队将领听从了顾问的意见发表的演说，可能是神职人员在教堂或市政广场上面所做的布道发言，可能是诗人在宫廷中的慷慨陈词，可能是通过大学，可能是通过手抄本或印刷体的书籍，可能是通过传单或报纸，也可能是通过广播、电视以及互联网。以上种种手段都曾经，也正在为文学家和他们的作品出版带来巨大好处。随着媒介手段的发展与改变，不同时代的哲学家与诗人想要传递的信息获得了迥异的交流密度与传播速度。那么，这也会相应地对一个民族的形成产生影响吗？

大众在找到为他们发声的"发言人"之前，自己本身是沉默无语的。诗人与哲学家倒是可以扮演这样的一个角色，只要大众能听到并听懂他们的话。除了各自的受教育程度之外，交流也是先决条件之一，若要实现交流，社会组织形式必已存在。另外来自受众的反馈也不容小觑，它同时也在对诗歌和哲学发挥影响。父系社会的统治形式下现身的"发言人"与民主或专制形式下的不同，互联网时代的全球社会产生的"发言人"与前现代世界的有别。此外，"发言人"所选用的表达方式也与时俱进。交流的手段必须时时刻刻与处于倾听一方的受众相匹配。只有这样，与群体相关的各进程才能动态地向前发展，关于民族、民族意识以及民族形成的各个目标才能实现。而具体到我们这里的语境中，就是民族的、"德意志的"价值才能得以塑造。

半个世纪之前，14 位出版界人士、日耳曼学研究者与哲学家受邀对同一个问题作答："我们还是一个诗人与思想家的民族吗？"[16] 所有人的答案被结集成册，以口袋书的形式与世人见面。出版方断定，它必将吸引相当一部分读者的关注。学者们在书中给出的答案听起来颇为一致：他们的态度都充满质疑。这倒是引发了关于另一个问题的思考：在德国，知识分子在精神上该如何定位。那还是 1964 年。关键的"1968"尚未到来，学生革命者还没有将"千年腐朽之气"以及受它浸染的传统价值一同开窗散掉，献给优秀而古老的诗人与思想家的赞歌还没有唱到尾声。那时，旧金山那些头戴鲜花的孩子们虽然已经将所有的价值一一抛在脚下，高呼"做爱，不作战！"但这种对于幸福的无限度追求与沉迷在刚刚提到的 1964 年，似乎还没有传染到我们这里。传统的价值听起来已经无法再与当下的现实契合，经典的诗人作品亦渐渐无人问津。人们所使用的语言变得越来越粗俗低下，随着语言发生改变的，是人们的交流方式，再下一个变化的，便是人们的思想。这把已经被拉弯的弓有一天还会弹回去吗？还是干脆就断掉了呢？

话说回来，1964年时的德国还有人在读歌德。提出的问题涉及的还是"我们"，先不论"我们"究竟是谁。那么，曾经将"我们"和"我们的"诗人与思想家联结在一起的，又是什么呢？在刚刚提到的那本书一开头，文学研究者汉斯·迈耶（Hans Mayer）就从范畴层面进行了严格的区分："我们德国人从来就不曾是一个这样的民族。"哲学家赫尔穆特·普莱斯纳（Helmuth Plessner）亦持同样的观点。一提到诗人与思想家，人们首先想到的是像维兰德、克洛普施托克、歌德、席勒、施莱格尔兄弟、莱辛、康德、费希特、黑格尔，哲学上的"德国唯心主义"以及裴斯泰洛齐（Pestalozzi）等。有了这些人，"我们"难道还不能将自己称作一个诗人与思想家的民族吗？当然了，没有人系统地向大文豪们发问过，这句话（即"德意志民族是诗人与思想家的民族"）是否属实，更不用提是否有具体的行为能够对此加以佐证。只不过，我们并不能排除他们确实说过一些话，而这些话后来被引用到了这个方向。

今时不同往日，当我们一只脚已经迈入2020年，再提这个问题似乎就显得太跟不上时代了。没有哪个文学或哲学教授愿意为了讨论这个而参加脱口秀。"我们是诗人与思想家的民族"，这口号依然简明扼要到有直击人心的力量，因此，人们也没有把它彻底忘记，还用在各种宣传与广告中。至于说它到底带来了哪些后果，我们会在整场反思结束的时候再加以讨论。不管怎么说，德意志人的这种自我阐释从19世纪开始就没有停下过它传播的脚步。在这个过程中，无疑有好的一面，可时至今日也带来了不少滑稽甚至丢人的时刻。

审视我们的过去与命运,这个任务落在了文化历史学家的肩上。要问的不仅仅是,我们是否曾经是这样一个民族。而更要把这个问题再极端化一些:我们,德意志人,是否曾经是**这个**(das)民族。不少人对此抱有怀疑。一个简单的定冠词就将其他民族排除在外,并且下了一个结论。这个定论——正如我们所知——过去可没少让我们吃苦头。可是,发明哲学的难道不是希腊人吗?在他们遍布天下的桃李之中,不也包括不少德国人吗?最后,让我们把问题提得更尖锐一点,得到的真相也会更加惊人:我们"诗人与思想家的民族"。又是一个限定词。从什么时候开始,诗人与思想家就等同于我们整个民族了?我们就不曾从事过其他活动吗?

德国人的这种——过高的——自我评价早早地招致了哲学家的批评。第一次世界大战中期,在任何人都还没想到这场战争有可能以德国落败告终的时候,哲学家马克斯·舍勒(Max Scheler)就已经看出,德国的市民阶级,尤其是小市民阶层,因长期受劳动至上精神与军国主义思想的浸染,发展出了一种非比寻常的狂热。这种狂热给人们在心理上造成的影响以及可能带来的后果不容小觑。他提醒自己的同胞要进行自我批评,并呼吁大众,应该对其他民族给予足够的尊重(1917)。在此之前,谁都不曾期待听到这种论调。就连舍勒在 1914 年时都还宣称,这场战争是正义的:"因为它是……一场争夺世界中心权力的战争——甚至可以说是世界中心的中心,争的是欧洲霸主的地位。"[17] 说这话的时候,哲学家本人也还被包覆在自欺欺人、狂热自大与自视甚高的耀眼光圈之中。

诸如此类的自相矛盾,成了历史学家跟踪调查的对象。在调查的过程中,研究者们需要考虑到,德国因其地理上的中心位置,对于来自各个方面的冲击、来自各个方向及各民族的文化影响,都始终保持了开放的姿态。邻国或许希望能展示,它们自己是如何定义自我并阐释这一身份的;只是,到了德国人这里,问题只关乎"我们",只剩下了德国诗人与思想家自己的"自我检视"。曾经的狂热并未烟消云散;它反倒在那个暗示性的假设之中达到了巅峰:在"德意志的伟人"身上,可以总结出那些从本质上来说专属于德意志人的品格。[18] 那句关于诗人与思想家的名言就像从堵塞的下水道里溢出的臭水一样,翻涌而出。

好吧,书归正传,我们的对象是德意志的诗人与思想家,以及他们对德国人和德国所做出的观察与思考。我们希望自己能像事件的记录员一样,仔细倾听他们下的每一句论断。那些话全部都是民族特质与自我反思的表征。不仅如此,我们还要关注他们所使用的语言,因为在它的协助之下,这个民族的道德与思想才得以形成。最后,我们同样要考察这片土地上的精神文化,因为它的影响体现在各项政治与社会的日常活动之中。当然,精神文化也可以被滥用。我们聆听每一位作者的发言,因为他们的发言代表了他们背后的群众。可他们又绝非统一口径的"发言人"。对于各引言之间在发表时间上的先后顺序,我们无须多加说明,它们自会形成一个独特的整体。诗人与思想家在使用德语的时候,他们注重的是什么?他们将什么写入了德意志的族谱?他们自己是否能够,或者说是否获准沉醉其中?歌德与尼采不是已经提醒过我们了吗?要谦恭。

接下来我在这本书里试图讲述的并不是一部德意志史,甚至连简明德意志文学史与哲学史都算不上。它只是想要记录与再现,作为德意志喉舌的诗人与思想家,曾经明明白白地对德国人、德国人的价值与成就发表过哪些看法。比如这样的诗句或箴言:"人应高贵,乐助且心善。"(歌德)从这一角度出发,那些名言警句背后原本的哲学观点与思考,即使再精彩,也都被排除在本书的内容之外。因为它们的适用范围是普遍的人性,并非单指德国人,而后者才是我们的重点考察对象。无论是从理论研究角度切入诗人的诗作成就,还是对德国哲学家做专业系统的分析,都不在我的能力范围之内。只要我能够做到将他们的判断和观察与其历史背景联系起来,从中确认他们曾有的希望与失落,我就该对自己十分满意了。

虽说我并不打算在这里做特别的社会学研究,但所处的社会大环境与各自在历史中的上下文确实可以帮我们更好地理解与评价诗人、思想家的论断,因而它显得十分重要。与此同时,德国政治家、科学家或新闻记者们发表过的形形色色的看法,都可能起到一定的辅助作用。我们将要书写的,是在诗人与哲学家作品中得到反映的各个时代片段,以及它们在过去数世纪中经历的变迁。在我们讨论的时间轴上,只有在前两个到两个半世纪里,即从大约公元10世纪中期到12世纪后期,诗人扮演的角色才远大于反射的镜像,他们发挥的作用决定了德意志的诞生。多亏他们为世人留下了关于本民族起源最关键,也优美的证据;不然只有在极少数的情况下,我们才能看到历史记录者的出场。不仅如此,诗人笔下的印象、愿景以及评判,包含他们使用的语言和创造出来的一个个形象,都是那么的直接(现在也是如此),哪怕他们的诗篇是受资助者的委托所作,也不会被陌生人的记忆蒙上一层阴影。关于过去,它们提供的是实打实的第一手证据。因此,他们也是我们无论如何都不该轻视的。

那句关于德国诗人与思想家的惊世名言,大概是从19世纪初期开始流行起来的。它的发明者据传是斯塔尔夫人(Madame de Staël)。她出生于瑞士,在法国接受教育后嫁给一位瑞典男爵,经由俄国流亡至英国,写下了著名的《论德国》(德语标题:*Über Deutschland*;法语标题:*De l'Allemagne*)(1810~1813)一书。这部著作既是对拿破仑推行的军国主义所下的战书,同时也是一封写给法国的告白情书。[19] 当她在书中放眼文化意义上的魏玛时,将德意志人称为"诗人与思想家的民族"(*peuple des poètes et penseurs*)。[20] 不过,即使斯塔尔夫人花了大量笔墨来谈论德国的文学家、哲学家(还包括作曲家与神学家),那句口号般简洁的格言,却并没有白纸黑字地出现在她的书里。那句话与该书的整体内容实际上是相互矛盾的。[21] 更有可能的是,海因里希·海涅在他的作品《德国,一个冬天的童话》(1855)法语版前言里提到了"我们伟大的大师、诗人与思想家"(*nos grands Maîtres, les pensurs et les poètes*)这样的字眼。[22] 或许这才是在意义上,而不是字面上,对斯塔尔夫人的引用。

对法国粗俗直白的呵斥,也伤害到了热尔梅娜·斯塔尔(Germaine de Staël,即斯塔尔夫人)本人。她的书刚一印出来就遭到了来自国家层面的审查,并被下令立即销毁。只不过,一个小小的意外拯救了它。奥古斯特·威廉·施莱格尔(August Wilhelm

Schlegel)拥有这本书稿的页面证明,他将它偷运出来,于 1813 年在英国交付印刷。两年后,这部作品的德语版以三卷本的形式在图宾根面世。书中对"条顿人"大加赞美。但哪怕有来自法国与英国的热烈反响在前,德国人自己却还是迟迟不肯接受这番颂扬。在他们看来,《论德国》对德国人的称赞仍然不够充分,里面承载了过多的批评。直到后来,人们才——又一次在法国的榜样作用下——渐渐地接受了它,把它当作一部关于逝去的歌德时代的文化史来读。[23] 不管怎样,无论它的原创作者究竟是谁,那句"诗人与思想家的民族"的名言传遍四方。它足以让人忘却了自身的落后,摇身一变,成了阐释模型、指南与目标。

脱离开它的诞生背景,那句口号在德国境内获得了一种独立的地位,广为流传,并且从中派生出了一种自满乃至自大的情绪,到了有些吓人的程度。[24] 难道这世上就不存在其他的诗人、思想家、作曲家或者艺术家了吗?哪哪儿都没别人了吗?全世界有那么多文明与民族啊!这么想的人真应该去法国阿尔代什河谷的肖维岩洞看看那些洞穴壁画啊,有 42000 年的历史了;或者去施瓦本高山地区的盖森克罗斯特勒洞穴看看那里出土的猛犸象牙或笛子,也就比法国的洞穴壁画晚了那么几千年。人类的艺术、文学创作与思考拥有上千年的历史传统,在欧洲,它发祥于古希腊、古罗马时期,播种到难以数计的民族中,并被各个民族打上了专属于自己的烙印。而再向前追溯它的起源,又可以看到古代埃及人的身影,看到亚述人、巴比伦人与波斯人,看到东方,人类高等文明的摇篮,看到早期的以色列人。没有意大利文艺复兴或弗拉芒艺术家扬·范·艾克

（Jan van Eyck），丢勒又会是谁？难道是莱辛发明出的宽容吗？歌德发明的进取？席勒发明的责任感？康德发明的理性？黑格尔发明的辩证法？没错，巴赫确实发明了对位法，可他并没有发明音乐，没有发明作曲，甚至连音符都不是他的发明。他们只不过是将其他人早于他们之前所想到的、所计划的、所完成的，继续向前推动，并进一步发展罢了。之后，无论他们攀登到了何等精神高峰，都要将他们所发现的继续传承下去，最终——在世界各地——为自己找到既勤奋好学又有领悟能力的学徒，以及既愿意学又学得会的受众。

既然如此，那么除了语言本身之外，莱辛、歌德或者康德身上，又有什么是专属于"德意志"的呢？难道他们的作品不是自己的创作吗？难道他们有谁不是到处搜寻灵感与线索，从而创作出完全属于个人的艺术作品、文学作品或哲学思考的吗？答案其实就藏在他们的语言中。光看"他们的"语言，就可以把他们跟任何人区别开来。他们所使用的德语，从 1500 年前开始，就不得不向外人学习。为了打磨出柔美的语言，例如歌德的诗歌或康德的哲学思想一样的精神作品，德国人花了好几个世纪的时间，用来在内容上、在外来词的引用上、在外来词的翻译上、在外来的表达方式上，向拉丁语"靠近"。因为只有通过这样的方式，他们才能从亚里士多德、西塞罗、奥古斯丁或后来的希腊人柏拉图经数百年思索之后总结出的思想与方法论中受益，更不用提《圣经》或《诗篇》中的诗句了。简而言之：德国，是一个文化学徒的国度。

在语言方面拿到的成绩单为一个准备好去阅读的民族照亮了精

神上的视野。"只有在文学中,我们才能发现自己的面相如何。"胡戈·冯·霍夫曼斯塔尔(Hugo von Hofmannsthal)在他发表于1922年的《德语读本》(*Deutsches Lesebuch*)中开篇便这样写道。那么,到底读什么?"一个民族是否拥有一个清醒的、文学上的良知,这可不是小事,尤其对于我们来说;因为我们并不具有一个可以将所有人团结在一起的历史——一直回溯到16世纪,我们都说不出来,有哪些共同的行动和苦难,以及苦难背后仍屹立不倒的精神,是我们这个民族所有组成部分之间共有的。就连将这些经历变成财富的过程,在各个阶层那里也不是同步进行的——而要是将眼光放到更远的历史,放到中世纪去,又只会看到一片阴影。至于古老的童话嘛,它们是无法将整个民族紧紧捆绑在一起的。所以说,只有在文学中,我们才能看清自己的样子。"

不过,自莱辛开始,至大约阿达尔贝特·施蒂弗特(Adalbert Stifter)结束,那个世纪(1750~1848)却被霍夫曼斯塔尔视作"德意志精神的世纪"。"从那时起,德意志的精神本质重新被世界认识……彼时,语言的源泉喷薄而发,利用它给予的养分,我们创造出了我们的整个精神生活。"他的这番话虽无可辩驳,但仍有可补充的地方。因为虽然我们不曾分享一部共同的历史,却拥有共同的文化史与同一个名字,而这个名字也起源并流传自中世纪;只不过它是个外来词,并不产生于本民族内部。这个族名在即使小群体与小国四分五裂的情况下,仍指向大众共同使用的语言。唤醒我们的"文学良知"的,是古希腊、古罗马时期,尤其是罗马的、《圣经》的以及外族的成就,它们深化了我们的文学根基,并将其打磨得更加锋利,绝不仅仅像卡尔·迈(Karl May)、路德维希·冈霍费尔(Ludwig Ganghofer)、黑德维希·库尔茨-马勒(Hedwig Courths-Mahler)的作品那样。

语言的源泉或许已然涌动,可谁又去从中汲取营养呢?在数百万的德国人中,阅读经典作家作品的情况如何?谁曾经读过歌德?有多少人在今天还能想到去读他?我敢说,没几个了。如果是这样的话,那少数的几个作家与哲学家又怎么能够代表全体"大众"?任何根据《浮士德》改编的电影都无法替代原著。作为集体的德国人在今天表现得既不像诗人,也不像思想家。大众并不写作,大众也不思考。"德意志的精神本质呢?"年轻的观察家维克托·克伦佩勒(Victor Klemperer)在他的《革命日记》(*Revolution-Tagebuch*)里做出了一个清晰的判断,他于 1919 年 4 月 17 日写道:"完完全全的一无所知,这就是我们在全民族各个阶层……随时都可以观察到的精神状态。"[25]

德国的浪漫派作家与哲学家并不这么想,非但如此,他们还寄希望于大众在精神与语言上的创造力。童话、歌谣以及语言的纯洁性在他们看来,都应来自民间。路德维希·乌兰德(Ludwig Uhland)就在诗作中表达过类似的意思(1817):"知识渊博的德国人啊,/深谙德语语汇的人,/你们向彼此伸出手去,/研究我们的语言,/规范它,雕琢它/在你们孜孜不倦的小团体里。/可现在掌管它,/规定它并塑造它/语言的形式与点缀的/这是你在内部完成的,/精力充沛、生龙活虎地/你就是整个民族,向你致敬!"[26] 也许,事实上真的是受过良好教育、博学多闻的社群与机构确立了正字法、句法或语义等领域的一系列规定，不过大众只是有条件地来接纳并使用了它们。可如果仅仅是"朝老百姓的嘴上看去"，并不会有伟大的语言创新产生。能发挥创造性作用的，是将这门语言为己所用的作家、诗人、思想家，现在，新加入这个群体的还有记者、全球化的影响，以及外部的交际圈。只是——这也是乌兰德在诗中想要表达的重点——"大众"必须接受这些创新，集体地将它们内化，这才能实现那些该"在内部完成"的工程。那么，具体到大众中的众人，他们又该怎么做呢？

最好的情况是，多数人都能认识到那些杰出且有代表性的个体创造出了什么，并尽力去模仿它们。可是，思想与诗歌的作用与影响是不受任何种族界限所制的。法国人、英国人、意大利人、西班牙人甚至俄罗斯人中的"诗人与思想家"，他们的读者中也有德国人。反过来，对德语诗人与思想家的接受，会促生新的文学作品与思想，但这一过程中的新生产者也不全是德国人。精神文化照耀之处，并无语言、民族或国别之分。由此可言，恰好是来自"外部"的影响亦会改变原有的"我们"。那么，这里所说的"我们"，又是哪一个"我们"呢？歌德时代的那个吗？普鲁士的德国吗？那个属于纳粹的"我们"？[27]是今天变成了体育迷的"我们"？还是由某一群特定的读者组成的"我们"？这里提到的每一种不同的"我们"，都远离了那句自我赞颂的口号曾经设下的路标，改变了它的意义和内涵，甚至威胁要跟它对着干。

不过，还是让我们从头娓娓道来。为了实现我们的研究目的，下文将循着14个不同的历史节点，一一进行考察。它们的选取并非作者任意为之，而是由对象及其发展过程的典型性所决定的：第1章，我们将把目光聚焦在德意志这个民族名字的来龙去脉上，看看它从基因里带来了哪些内蕴的含义。紧接着，第2章我们将剖析，当15世纪的人们重新发现塔西佗的《日耳曼尼亚志》，这一行为导致了怎样的后果。第3章我们用来简要介绍一下三十年战争，然后在第4章里细致观察拿破仑时代及随后的风向。第5章探讨复辟时期的种种困境，第6章来到了以失败告终的革命。第7章献给1870~1871年帝国的建立及其影响，第8章里爆发了第一次世界大战。第9章的中心是缺席的民主，第10章重点在纳粹时期的"退化与堕落"。接下来，我们将分别在第11章中度过战后的岁月，在第12章中经历"转折"之后的当代，最终在第13章到达现实中的"眼下"。在这个实际上的最后一章里，我们将要请出的不光是诗人与哲学家，同时，具有现实意义的社会议题与问卷调查的数据结果会占据中心舞台。在所有这一切结束之后，我们还会在第14章花上一章的篇幅来做全面的总结。全书一共记载了14个历史片段，每两个片段之间的间隔越来越短。在所述的这几个世纪里，德意志人随着历史的脚步向前迈进，越发迫切地希望拥有一个成形的德意志民族，与此同时，整个走向德意志的过程亦产生了越来越深远的影响。

1

"德意志即大众"：德意志作为一个族名的若干含义

我们是谁？我们，德意志人？我们从哪里来？我们何时开始存在？当我们在世界舞台亮相的时候，是如何理解与认识自身的？曾有哪些因素发挥过作用，又有哪些因素正在发挥作用？它们有着怎样的后续影响？而同时代的诗人与思想家，又在其中扮演着什么角色？如果拿以上的问题去问专门研究中世纪的学者，他们会把眼光放到一个时间跨度相当大的框架，给出一系列文学之外的考据用以作答，那些蕴含在各种著作与演说中的发展脉络从最初的起源一直延续至今。而接下来的观察与思考——在此必须再次强调——并非旨在追踪或建构德意志作为一个民族的性格特征，而是要找寻德意志民族从开始到现在，于每个时期留下的，或文学性或哲学性的自我印证。当然，从这个角度来说，历史学家也是时代的同行者，今天出现的这些疑惑与问题在带给其他同时代者启发与思考的时候，也一样撼动了他们。他们是将目光投向过往事实的观察家，大胆地对这些事实加以阐释，并进而得出一系列的结论，虽然有时他们所做的判定并不是在每个人听来都那么顺耳。而历史学家做出的判断与评价是以其立足的当下为条件的，是相对的，是带有主观色彩的；必然受现行的社会进程中各种张力关系的影响。

德意志人并非天赐之礼，不是上帝大手一挥，就有了德意志人；他们也不是自古有之，甚至跟古代文明的几大望族都沾不上边，相比之下，他们算是个资历较浅的民族，诞生于古希腊、古罗马之后世界历史的风云变幻，立足于民族之林的日子并不算长，找寻自我的路上也颇多艰难，尚且不论他们是否已经找到了自我。总有这样或那样的时刻，使德意志人不得不放缓作为一个民族成形的脚步，即便已经成了一个统一的民族，他们的基本生存也要受到各种分裂势力的持续威胁，众多外敌更是看准了这个民族表面下和睦的根基欠稳，于是不断地利用这一点，试图加剧其内部原有的割裂。面对这样的现实，几乎没有谁在当下就已经进行了细致深入的观察与思考，绝大多数人都还只是在默默承受。幽暗的阴影从这里开始就笼罩住了他们的未来。没有任何神话讲述了这段历史，没有任何神话的传播者乐意挺身而出；或许，也确实没有什么值得他们传颂。并没有出现过什么奠基人似的民族英雄。没有任何一位吟游诗人传唱过德意志民族的创立之歌，没有人讲述，从包括了后世仍广为人知的弗里斯兰人（Friesen）、萨克森人（Sachsen）、索布人（Sorben）、文德人（Wenden）、图林根人（Thüringer）、法兰克人（Franken）、阿勒曼尼人（Alemannen）、巴伐利亚人（Baier）、卡兰塔尼亚人（Karantanen）等的"民族大杂烩"（*Völkergewimmel*）[1] 中，是如何诞生了德意志人的。那会儿还没有人提到过一个"属于德意志人的民族"。

诗人与哲学家当时也没有立即着眼于这个民族统一的进程。哲学家事后才以反思的形式偶有发声，同样的情况亦发生在文学创作者身上。不过，我们之所以能追溯到这个民族逐步成形的最初的一些印记，还是要归功于文学家。他们相对较早地发出了自己的声音，哪怕只是些毫无重点、杂乱无章的只言片语；而思想家却在更晚的某些时候才削尖他们的羽笔，陷入对德意志人这个群体的沉思。最早开始这项工作的，一位是15世纪来自德国的尼各老·冯·库斯（Nikolaus von Kues），他最后成了罗马教廷的一名枢机主教，另一位是在德国居住过很长一段时间，在其境内游历广泛，并曾在宫廷任职的人文主义者恩尼亚·席维欧·皮可洛米尼（Enea Silvio Piccolomini），也就是后来的教皇庇护二世。

  单是这段诞生的历史就已经奇特到足够吸引人们的注意力了，它既非脱胎于某个计划，也并不曾给自己设置过什么目标，而是一路上充满了自相矛盾与不和谐之音。说实话，它的确不是什么供诗人创作的好素材。所谓"德意志人的"历史从字面上来看，起始于"德意志的"这个形容词，虽然起初这个词还有其他的若干含义，但最终它成了一个名称，而这个名称随着时间的推移，在经历了一些曲折与抗争之后，变成了一个民族，即"德意志人"的名字。也就是说，这个民族在诞生之前就已经被起好了名字。这段由"名"到"实"的历史是一条崎岖之路，除此之外，共同铺就这条道路的还有许多外力。关于这些，没有哪个中世纪的哲学家做出过任何反思，倒是很可能有一些诗人已经留下了不少富有见地的诗篇。一直到现代，语言学家和历史学家才一点一滴地揭开事实的真相。而那段早期的历史，即这个族名逐渐确立的历史，以及隶属于这个名号之下的"德意志民族"的历史，都只在文学家的笔下得到过反映。是他们，尤其是那些诗人，只有他们给了我们这样的可能：通过他们遗留下来的字句，去那整段历史进程的最初几个世纪里探个究竟。因此，可以说，是诗人一直守望在德意志民族的摇篮旁边，不是作为乳母，而是作为传令先锋。

要想搞清楚这段历程的来龙去脉，对它加以阐释并懂得如何评价诗人所做出的贡献，我们就不得不先花点工夫，一头扎进词语本身的历史沿革之中。今天人们用来称呼该民族的这一称号，据推测最开始源自日耳曼方言中的形容词 *thiustik*，而后可以肯定的是，它演变为了西法兰克方言中被拉丁化的 *theodiscus* 一词，同时也是东法兰克方言中的 *thiustiscus*，最后成了古高地德语中的 *diudisc*。[2] 这些都是"德意志"（*deutsch*）一词最初的几种形式，而后，根据人们的推断，原本的形容词逐渐演变成了日耳曼方言中的名词 *theudo*，也就是被证实了的古高地德语中的 *diet*，这是一个已经不再使用的词，意为"大众""群众"或"人群"（可以参照同义词 *Dietmar* 和 *Volkmar*，曾经表示"民族的荣耀"及"在人群中出名"；或者比较一下 *Volker* 与 *Dieter*，从前都有"人民军队"的意思）。跟它差不多，"德意志"起初的含义也与"属于大众的""属于人民的""民族性的"相关，但这些词同时也意味着："缺乏修养的""没文化的"。诗人对这个内涵并不满意，而思想家中对此最为诟病的当数尼采了。

关于这个词的来历，最古老的证据是纯书面的——它出自公元786 年一份由某位盎格鲁-撒克逊主教专门写给教皇的报告。[3] 报告中使用的词是一种以拉丁化形式出现的"百姓语言",所谓百姓,指的就是那些无法像教士们一样说拉丁语的人,放到今天,就是一部分盎格鲁-撒克逊人。这种"人民的语言"(*theodisca lingua*)借助于一个新拉丁词的形式,早在法兰克国王查理大帝的势力范围内,确切来说是公元788年,就已经得到了一定程度的应用;又或者,这个概念根本就是由法兰克专家创造出来的。在这片大陆上,自然不乏不会说拉丁语的人。不过,他们分属于众多繁杂、视彼此为异见者,甚至存在着盘根错节的世仇关系的不同民族(在中世纪早期,这些民族均被称作 *gentes*),除了前面已经提到过的法兰克人、弗里斯兰人、萨克森人、图林根人、阿勒曼人和巴伐利亚人之外,后来又出现若干同属于斯拉夫民族的分支,更不用说还有大名鼎鼎的凯尔特人(Kelten)、罗曼人(Romanen)、勃艮第人(Burgunden)或哥特人(Goten)了,他们全都多多少少地在德意志民族的生成过程中发挥过作用。最后一批"Welschen"(即罗曼人)迁到了阿尔卑斯山谷地区居住,有一些地方至今仍生活着他们的后裔并说"拉丁语"(Ladinisch),可尽管如此,他们也曾对德意志民族的形成产生过影响。同样,在摩泽尔河谷(Moseltal)的葡萄种植地区,也残存着一部分说拉丁语和凯尔特语的血脉,并流传到了现代。[4] 所有这些不同的民族以及各个族内的大小分支直到加洛林王朝(Karolinger)才汇聚在同一个国王的统治之下,他们中的精英为宫廷效力,而他们中的战士则组成了国王的军队,学者们均使用拉丁语,平民百姓操着来自不同民族的方言,却也能够彼此沟通。事实上,人们总会发现,*thiudiscus* 和那些与拉丁语相似的词语在一些非拉丁语和非罗曼语的惯用语中有着这样或那样的共通之处。[5] 因此可以说，不用区分民族，语言已经帮忙画出了界线。

这些相近却又各异的语言主要被使用在地方法院、军队、国王的王宫和其他王公贵族的宫廷之中，既可能是因为那里的人们不说"低俗的拉丁语"（*Vulgärlatein*，*lingua Romana rustica*），也可能是因为人们要为教士们的"高雅语言"，即拉丁语，寻找一种能够转化成文字的方式。只有在教会或修道院的环境里，"说拉丁语的人"（*Lateiner*），即 *literati*，才能找到归属感，不过，当时的国王和他的子女，以及个别门外汉也已经会说，或至少能听懂拉丁语了。没有证据表明，*thiusdiscus* 曾经作为某个迄今为止不为人知或已不存在的民族的语言学基础，起到过"建族"的关键性作用。不过可以确定的是，自公元 9 世纪初期开始，说罗曼语的群体和说 *theudisk* 的群体之间的关系已经到了剑拔弩张甚至你死我活的地步。[6] 这种紧张局势贯穿了整个中世纪；不过，演变为真正的"族与族"之间的战争，还是在语言被赋予了民族意义之后才发生的事情。

虽说在诗人戈特沙尔克（Gottschalk）那里，公元 860 年就已经出现了 *gens teudisca* 这种表述形式，不过，若将它理解为后来的"德意志民族"，则会造成天大的误会。这个说法更加明确的用意在于区分"说百姓语言的人们"和那些说拉丁语的人；而后者中，就包括这位作者本身，一个土生土长的萨克森人。[7] 与此相呼应的是，只有极少一部分并不十分关键的历史依据，从"说百姓语言的人们"（*apud Thiusdiscos*）那里流传了下来。而这个词组在当时，仍旧只被用来指代那一种语言的使用者群体，目的是与说拉丁语的人

（*Latini*）相区分，并没有被当作一个民族的名称正式确定下来。[8] 此外，对萨克森人戈特沙尔克来说，当他在属于法兰克人的富尔达（Fulda）和属于阿勒曼尼人的赖谢瑙岛（Reichenau）各居住几年的时候，觉得自己置身于"陌生的土地上陌生的百姓之中"（*coram gente/aliene nostre terre*）（carm. 6, 5），而在那个时候，"百姓"（*Volk*）这个词（古高地德语中的 *folc/deota/liut*），不像 *natio* 或 *gens*，尚未拥有任何种族或民族意味，并不反映任何的民族意识，更多的情况下，它纯粹是"一群人"的代名词（参考拉丁语中的 *vulgus*）；合成词例如 *dietfurt* 或 *volcweg*，指的仅仅是"共同的渡口"或"主要的大道"，跟拉丁语中 *publicus* 或其形容词 *populus* 的含义相近。[9] 一个"属于德意志人的民族"直到那个时间点为止依然没有诞生；甚至人们都还没有开始期待它的诞生。

不过，在这之后，加洛林王朝陷落，留给后人（在这里显得格外重要）一个西法兰克王国和一个东法兰克王国。后者自公元 920 年起，由一位来自萨克森的国王统治。他急匆匆地与奥托大帝及他后续的几任继承者前往意大利，目的是去罗马取得国王的冠冕。在他的军队中，有法兰克人、弗里斯兰人、萨克森人、图林根人、阿勒曼尼人和巴伐利亚人；甚至斯拉夫人也可以加入其中。[10] 也正因如此，这支军队不再像加洛林国王的军队那样，是一支百分之百"属于法兰克人的军队"，但要说是一支"属于萨克森人的军队"嘛，它也谈不上。那它又是什么呢？

从这个时候，也就是公元 10 世纪末开始，人们才能够察觉到，我们所谈的这个词（"德意志"）正在经历语义上的变迁，这一演进的结果将是德意志民族的定名。很有可能在意大利，在那支由来自不同民族的战士们组成的军队里，就已经到处是各式各样说"百姓的语言"（*der Sprache des Volks*）的人，可以说，他们就是"说百姓语言的人"（*Volkssprachler*）这一集合名词的现实载体；至少，最初的一些证据是指向这个推论的。只有在这里，在陌生的人群中，并且恰恰通过陌生的人群，那个迄今为止在拉丁语面前地位卑微的 *thiusdiscus* 获得了一层新的含义：它不再像此前一样，单纯被用来跟"说拉丁语的人"加以区分，而是开始具体指代跟随着奥托大帝翻越阿尔卑斯山脉的那群人。

奥托大帝本人的拉丁语肯定也没好到哪里去，当他于公元 962 年前往罗马寻求国王加冕的时候，人们还不知道该如何统一称呼他那群实际上来自各个不同民族的战士们。人们对这帮游民并不抱什么好感，没多久以前他们还只是陌生的野蛮人，在大家眼中，他们跟一伙强盗没什么区别。"要小心啊，罗马，曾有那么多的民族钳制与打击过你。现在你又落入了萨克森国王的手中。你的人民被他以刀剑相向，你的优点被他彻底毁灭。他们抢走了你的金银财宝，揣进自己的行囊继续大步向前。"以上就是本尼迪克特，一位罗马的历史学家，同时也是位于索拉泰山（Monte Soratte）上的圣安德烈修道院（Andreaskloster）的一名修士，在公元 968 年针对奥托大帝的这场掳掠之征发出的怨叹。结果真的被他说中了。直到今天，仍有一些德国的教堂珍藏着来自那场战争的赃物，它们不仅数量庞大、价值连城，同时还通过后世对其的使用，发挥了颇有创造性的作用。不过，那位修行的观察者（这才是值得一提的重点），并没能够给这一大批自北方而来、以淹没之势拥入他国家的民众取上个统一的名字；他称他们为 gens Gallearum，"来自高卢地区的人"。这很明显是意大利历史学者们面临尴尬境地时想出来的一种解决办法。不管怎样，至少他最先通过自己的记录与描述，提供了未来勾勒德意志民族时需注意的双重特征：一方面，他们——不同于卡尔大帝带领的法兰克人——是以大规模掠夺者的形象出现的。另一方面，这些猎人回到家乡，即北方之后，利用劫掠的珍宝有力地推动了本民族的文化发展，这一点的历史地位亦不可小觑：用抢来的金子打造出的文化高峰。

虽然这些人来自五湖四海，但是，他们有一个共同点，那就是他们的语言在罗曼人耳中听起来都野蛮无比。于是，很快，罗曼人就真的用指代这种语言的词来称呼这个一开始没有名号的大部队了，那个词就是大家事实上早已不陌生的 Thiudisci，"民族的、民间的"。这个叫法之所以确切，正是因为当人们为其赋名的时候，他们并不是一个"民族"，而更像是一个以多种族为背景，却同时跨越了种族界线的语言使用者集体，他们尊奉一个萨克森人为自己的国王，却沿袭了法兰克民族的传统，尽管如此，他们口中所说的话在罗曼人听来都是一样的；即便这些人里还包含着不少僧侣教士，从今开始，他们也被视作同一个族群了。非但如此，有些部队分支甚至事实上是直接受主教或修道院院长领导的。就这样，这个多民族群体像是一条纽带，将远征意大利、身处异乡的奥托大帝的部队将士与他们背后那个共同的王朝帝国结合成了一个整体。不过，同时被联系在一起，最主要也是最重要的，是意大利及罗马人民的需求，他们迫切地希望能够用一个统一的名称来搞懂这群手持兵器、讲的话他们却听不懂，并且不再受法兰克国王指挥的游众。简而言之："德意志人"是由军队造就的。而这个特征像一枚烙印，在后续的很长一段时间里都起到了标志性的作用。在1914年，93位知名学者、作家和艺术家，联合发表了号召开战的宣言："德意志军队与德意志民族是一体。"他们呼吁公众不要忘记，德意志的军国主义曾在历史上多次拯救它的百姓于水火之中。后来，埃利亚斯·卡内蒂（Elias Canetti）将森林用作德意志军队的象征。人挨着人，就像树挨着树。[11]

在这种来自民间的语言留下的历史痕迹中，至今仍能被人们理解和掌握的那部分，最早就可以追溯到刚刚提到的这个时期，即公元1000年前后。它们为此前只以新拉丁语形式出现的词赋予了新的发音方式。而我们之所以能够获得这份来自那个年代的证据，要感谢一个人，他就是德意志人诺特克（Notker der Deutschen），新旧千年之交的一位伟大的语言发明家与思想家，同时也是一名在赖谢瑙岛修行的僧侣。[12] 他翻译了波爱修斯（Boethius）译本的《范畴篇》（*Kategorien*）及其《解释篇》（*De interpretatione*）和《诗篇》（*Psalm*, 80, 3）。在这两项工作中，他很有可能以新拉丁语的词语与表达方式为基础，创造出了一些"用德语说"（*in diustiskun*）的构词形式。在查理大帝和德意志人诺特克所处的两个年代之间，*deutsch* 发生过一次语义上的变迁，即从"民族的"慢慢地演变为"德意志的"。不过即使意为"德意志的"，形容词"*deutsch*"还是更多地在指代这种语言本身。转折究竟是在哪个确切的时间点完成的，没有进一步的证据能够说明。

　　和拉丁语新词 theodiscus 一同出现在人们视野中的，还有一个古老的词 Teutonicus，它也是一个形容词，出自古罗马时期诗人卢坎（Lucan）的文章，因其而出名，并与 theodiscus 听上去发音极其相似，它的名词形式是 Teutonici。这不禁让人联想到条顿人，即古书记载中公元前的 Teutoni 或 Teutones，辛布里人（Kimber）的近亲族裔。于是，我们再一次注意到了这样的现象：一个形容词上升成为一个民族的名称，而参与其中并起到关键性作用的是一位诗人。卢坎的著作《法沙利亚》（Pharsalia）以诗句的形式描述了庞培与恺撒之间的内战，并在查理大帝统治期间广为流传，拥有大批读者。以上勾勒的各个阶段都能清楚地说明这样一点：那个成为未来族名的词语，并非简单的来自民间，它的背后有着深厚的知识渊源，同时也是加洛林王朝及奥托王朝治下文学界辛勤努力的结果。只不过，这个目不识丁的民族，还需要过上好几百年，才能适应自己这个听起来颇为陌生的姓名。

　　见证这段名称借用历史的，是诗人。是他们让那个起源于拉丁语的名字变成了当地人的名字。但不难预料的是，这个因外来语而得名的称号并没有在随奥托大帝南征意大利的各族民众中间创造出一个全新的统一内核，这一点，当年的拉丁语新词 thiusdiscus 也没能办到。那个概念看起来不过是给野蛮且操着南腔北调的战斗集体提供了一个民族意义上的根基。这群人结队入侵了意大利，又在这里消化吸收了一个属于自己的新名字。

　　跟 thiusdiscus 的命运差不多，Teutonicus 这个词在公元 9 世纪的时候也已经在阿尔卑斯山北侧流传开来，一开始同样不含任何价值判断的色彩，单纯指代所有非罗曼语的语言。当新千年来临之际，它的内涵开始发生转变，形式上也演变为 *Teutonici*，它就是"德意志人"的拉丁语名称。更明确点儿的证据来自乌特勒支主教阿戴博尔德（Adalbolds von Utrecht）（公元1024年以前）笔下国王亨利二世（Heinrich Ⅱ）的生平。在谈及阿尔卑斯山北侧情况的时候，这位作者一概用每个民族自己原有的名号来称呼他们：法兰克人、巴伐利亚人、萨克森人，等等；可偏偏到了意大利这里，也只有在这里，那些百姓大众摇身一变，统一以 *Teutonici* 或 *Thiusdisci* 的名字出现。事实上，意大利人，作为欧洲所有民族中唯一的特例，从那时开始一直到今天，依然在使用这个词来称呼"德意志人、德国人"（*Thiudisci*，意大利语的 *Tedeschi*）。这份来自意大利人的礼物从不曾因时间的流逝而被磨掉最初的色彩。而且，这个词在意大利语里也自此有了"大众的、百姓的、民族的"等含义。（只是顺便提一下：谁又能事先想到，连但丁都曾使用过的 *Volgare*，即意大利本土的通俗拉丁语，后来竟成了一群"粗野"之众最后的族名呢？）

奥托大帝的战士们将这个外族给的称号从意大利带回了家乡，后来又接纳它成为自己本族的族名。同时，他们对于在意大利本土流传开来的，将他们与"条顿人"（*Teutonische*）视为一体的做法并没有什么不满。正如上文所说过的，法兰克国王的军队士兵在意大利还被视作"法兰克人"。直到萨克森人登上国王的宝座，一切都开始发生了变化。然而，当把历史的眼光放得再远一点，把时间线拉得再长一点，便会发现，"白话"（*Volkssprachen*）德语和意大利语在对待这个新族名的时候，始终承袭的是那个由中古德语构词法变化而成的新拉丁语形容词（*Thiudisci>Deutsche/Tedeschi*），而**中世纪拉丁语**（Mittellatein）却对古希腊、古罗马时期对条顿人的叫法念念不忘，需要用到形容词的时候放弃了 *thiudiscus*，总是以 *Teutonisch>Teutonici* 的形式出现。于是，两种各有来头、地位亦不分高下的称呼及用法在历史上曾并行不悖，且无意欲统一的征兆。

称呼不同自然也有称呼不同的理由：高卢本是法兰克人（*franci*）的大本营。他们的祖辈足迹遍及从奥尔良（Orléan）到沙特尔（Chartres）、从兰斯（Reims）到弗里茨拉尔（Fritzlar），直至维尔茨堡（Würzburg）与福希海姆（Forchheim）的大片疆土。而在当时，必须加以区分的是西部的法兰克人与东部的法兰克人。西部的法兰克人拥有他们自己的王国、统一说罗曼语，他们的国土上并没有其他外来的种族入侵，并因而当仁不让地自称法兰克人，这一部分人也就成了后来的法国人。可他们并不能忘记，自己的家园曾经扩张到跨越了莱茵河，抵达过更东边的地方。这些向东迁移的法兰克人面对群体内部种族越来越多样化的现实，接受了自己无论是从语言上、精神文化上还是从统治者层面都与西法兰克人渐行渐远的事实。他们也就成了后来的"德意志的法兰克人"（*Franci Teutonici*），简称"德意志人"。不过即便如此，真正意义上的"德意志民族"（*das deutsche Volk*）此时也还并未正式亮相。"日耳曼民族"（*Germanica natio*）的赞歌直到15世纪才被恩尼亚·席维欧·皮可洛米尼唱响；而"德意志民族"的旗帜高扬，则要等拿破仑时代的诗人登场。

名词"*die Deutschen*"首次以拉丁语形式出现并指代全体"德意志人"(*cunctos Theotiscos*, *sanguine meum*)或许要追溯到公元11世纪20年代,传记作家唐革马尔(Thangmar)在为神圣的贝恩瓦德·冯·希尔德斯海姆(hl. Bernward von Hildesheim)撰写生平的时候(c.25),尤其是当他提及奥托三世于1001年向起义的罗马人发表演说的时候,第一次用到了这样的说法。[13] 不过,一切都建立在"所引用的书面证据确实来源于公元11世纪初期无误"这个假设的基础之上。事实却证明,这个结论相当经不起推敲,今天的人们更倾向于认为它在公元12世纪晚期才成书。不过,当然有一种可能是,唐革马尔作为国王的使者,已经了解并接触到了在意大利流行起来的这个词的用法。[14]

在中古德语中,以及在说中古德语的地区(不难想见,这里聚集的都是当时那些并不使用拉丁语的群体),"*die Deutschen*"这种说法出现的要更晚一些:大约在一个世纪之后,《安诺之歌》(*Annolied*)中出现了 *diutischi liuti* 或者 *diutisch man* 这样的表述(v.28, 12 与 v.28, 17),可以看出,构词的方式还是建立在形容词的基础上,以合成词的形式出现。直到又过了半个世纪,在巴伐利亚人的《皇帝编年史》(*Kaiserchronik*)中,人们才真正看到"*die Deutschen*"成为一个独立的名词,指代一个族群。这部作品由诗行构成,用来称呼"德意志人"的那个名词叫作 *Diutisce* 或者 *Diutiske*。最后,瓦尔特·冯·德·福格尔魏德(Walter von der Vogelweide)在1200年写下这样的话:"你们让我们德意志人变成了穷光蛋。"［daz ir (……) uns Tiutschen ermet］①15 所以说，拉开帷幕的，一直都是诗人。

而直到广大的各族群众渐渐都接受了"die Deutschen"作为他们共同的名字，中间可经历了一个相当漫长的过程。难道是因为这个名词形式的族名听起来太过陌生，所以才需要花上将近一个半世纪的光景才能把它从外来的拉丁语转化成老百姓所使用的语言吗？又或是由于各个交际圈在地理上的距离过于遥远，因此好几个世纪过去，族与族之间的无障碍沟通才能完全实现？更重要的也许是诗人在这期间的中介作用。根据迄今为止的考证，历史上第一次出现自称"我们德意志人"这种关乎集体身份认同的叫法，便是在福格尔魏德的笔下。虽然这个"我们"很有可能指的是奥地利大公府内的王臣将相；不过好在诗人云游四方，从图林根到施瓦本，都曾留下过他们的足迹。几十年之后，《萨克森之鉴》（Sachsenspiegel）的作者正是站在这一立场上，对波希米亚（Böhmen）国王的王位选举权提出了质疑："他不是德意志人（dǔisch/dutsh）。"这就是通过萨克森的知识分子们实现的民族划分。

德意志民族这个名字的应用至此虽然已经拥有了一些可以形成规律的证据，不过出现的次数还算不上频繁。更重要的是，它还并不能够提供一种跨越各个源头民族（gentes）之间的界线且形成常态的民族意识。这个名字的作用依然更主要地体现在：将原本出身各异，却都能够被称作"德意志"的族群联结在一起，彼此毫无保

---

① 这里指的是由教皇下令征收的十字军东征税。

留地形成一个王国，并从此作为一整个集体被认识与接纳。这个王国本身倒是一会儿是属于"罗马的"，一会儿又是"萨克森人的"，还有可能是"法兰克的"，到了12世纪中期才变成了"属于德意志的法兰克人的"王国［这个说法出自编年史家、主教奥托·冯·弗莱辛（Otto von Freising），弗里德里希·巴巴罗萨（Friedrich Barbarossas）的叔父］。从那以后，人们便最常将它称为"（神圣）罗马帝国"。在教皇格列高利七世的部分文稿中，也曾出现过"德意志人的帝国"或"德意志帝国"的字样，不过这种用法主要是出于与罗马人的要求相抗衡的目的，无意帮助这个族名在语言中的流通。

目前为止得出的结论仿佛给人浇了一头冷水：这个民族就连它名称的来历，都不是源于自身已有的、可以用来确认自我身份的精神财富，而是在民族形成之后，才颇费了些周章，将一个从外部引进的词转变成固定下来的表达方法。所以说，让人如何用一个庞大如"民族、百姓"的概念来进行自我身份的认同呢？无论"德意志"这个词的本义从词源学上考据起来与"民族"这个意思有多接近，一种独属于"德意志人"的民族意识（*Nationalbewusstsein*），一种真正落实到大众的大众意识（*Volksbewusstsein*）都没有被包含在这个陌生的名称里。与此相反，那些在它形成以前原本就已存在的"源头民族"仍然要么和它们的法律（*lex*）、要么和它们的家园（*patria*）捆绑在一起，在各种话语中占据着主要地位。《萨克森之鉴》是萨克森人的法律，而不是德意志人的，这便是一个极具代表性的例子。不过，人们对此丝毫不感到惊讶，因为正是这些"源头民族"的存在揭露了一个事实:所谓的"德意志人"仍缺少某样东西,这缺失还将持续若干个世纪。究竟缺什么呢? 缺一个从根本上论起来完完全全属于本民族的、能帮助族内个体实现身份认同的民族神话或起源传说。这样一个神话或传说,要至少经过这些民族的"发言人"在民众中间口口相传才行。另外,与此同时,空间范围广、人口规模大的迁徙运动一直在不断发生与进行。在这个过程中被转移的,不光是移民本身,还有后续的他们的亲属群体,在更隐蔽却更深入的层面上,还有他们的知识与想法。无论是在现实意义上,还是从文学隐喻的角度来看,他们形成了整个世界历史的神经网络。

在位于这世界历史中部的若干世纪里,多元的民族汇聚在一起,凝结成了一个被称作"德意志帝国"的整体。在所有这些处于源头位置的族群中,却没有哪个能够算得上真正意义的原住民。根据在那些民族中流传的神话传说,他们所有人都是某种意义上的移民。例如法兰克人,便是诞生于特洛伊(今天的土耳其)而后迁至莱茵河畔的代表。直到公元 15 世纪,人们仍然相信,土耳其人动用武力占领拜占庭-希腊治下的君士坦丁堡,是特洛伊人向希腊人发起的一次迟来的复仇行动。不过,伟大的人文主义者恩尼亚·席维欧·皮可洛米尼并不认同这种观点,他的论据是:特洛伊人的后代最主要是罗马人,其次包括一部分的法兰克人和英国人,怎么论也绝不可能是土耳其人。[16]

关于施瓦本人,书中是这样说的:无论发源自何地,"他们跨海而来";来自亚美尼亚的巴伐利亚人则迁往诺里库姆(Noricum)定居,此后那里也就成了巴伐利亚人的聚集之地。巴比伦的萨克森人，虽然真正的故乡在今天的伊拉克，但也乘风破浪，最终在欧洲大陆上了岸。这些内容都出自那本诞生于1080年前后，作者不详甚至鲜为人知的《安诺之歌》。它本是献给科隆红衣大主教安诺的颂歌，据推测，应该是在锡格堡修道院（Kloster Siegburg）创作完成，通过一两份手写稿的形式得以保留，并最终经马丁·奥皮茨（Martin Opitz）之手，1639年首次以印刷体面世。写下诗句的僧侣们呈给世人的当然是一个经过构思、创作与打磨的建构物，将中世纪早期的诸多民间神话传说完美地糅合在了一起。到了今天，学者并不认为这些神话传说还值得人们认真对待。不过，这份珍贵的文献资料至少向我们提供了一种思路，展现了这些神话素材的传播及其成形的过程。

在每段讲述民族迁徙的历史中，都免不了出现各种变化。但令人惊诧的是，无论讲故事的人、文学创作者还是他们的受众，都不约而同地表现出一种倾向：不把"众多被唤作德意志的民族（deutsche Völker）"中的任何一支定义成原住民。相反，他们给出的更合理的解释是：组成德意志民族的各个成分全都是或远或近的外来户。移民人口与引进的族名占据了"德意志"历史的开端，同时也伴随了它整个的内化过程。颇具规模的人员迁入已被证明是德意志早期历史中的建构性元素，发挥的作用与影响一直蔓延到今天。这也跟德意志民族名称的外来语词源相契合。另外值得一提的是，不光德意志人的名字是由外族确立的，享受同等待遇的还有法兰克人（意为"自由的民族"）和阿勒曼尼人（意为"所有人"），这两个族名的词根虽说都出自日耳曼语，不过真正给他们定下来这个名字的,却仍旧是罗马人。

虽然从叙述的宽泛程度来看,确有令人不解之处,不过要说这整部移民史是错的,也是冤枉了它。事实上,在一批又一批原有移民与新增移民的共同作用下,一个意为"大众的、百姓的"的新民族才得以诞生。这种性质的作用过程早在石器时期就已发端,德意志本族的诗人与哲学家当然不会在他们的作品里提到这一点,不过它的真实性已经得到了考古学家正面的印证。这对未来的德国国土及其居民的组成结构来说,是至关重要的第一步。在后来属于德意志民族的疆土上,最早的一群常住居民,第一批在此处扎根、建村修路的迁入者,来自遥远的地方,来自安纳托利亚,来自今天隶属于伊拉克与土耳其的部分地区,来自叙利亚,来自巴尔干。7500~8000年前,他们带来了关于开垦农田、种植粮食、饲养牲畜方面的知识,非但如此,他们还逐渐用自己开创性的文明,超越了这片大地上原有的那些单纯从野生环境中进行掠夺与狩猎并居住在洞穴里的人;不过,就算是后者,也是约42000年前穿越了一望无际的原始森林,从非洲来到这里的迁入者。

此后,一波又一波的外来移民接连不断地拥入这里,花了或长或短的时间,最终与早前定居下来的人们交会融合在一起。下一批独具遗传特性的移民是在大约4800年前,从黑海地区的荒漠以及西伯利亚游荡而来的。他们抵达后逐渐发展壮大,最终排挤掉了早前移居此地的那几个族群;只是过没多久,又一批人迁徙至此,与他们再一次重演历史上的交会与融合。需要补充的是,这样的现实经历造就了一个不单在遗传基因上,更是在文化意义上的大熔炉:

自从形成了一定的稳定人口之后，这一本质特征便始终影响着整个欧洲的民族内核与外观，直至今日。语言、宗教仪式、生活形态，它发挥的作用渗透到了方方面面。如果针对眼下的欧洲人进行一次全面的核 DNA 检测分析的话，就不难发现，这段历史留下了怎样的足迹。检测分析的结果会告诉我们，他们身上传承下来的血脉有大概 30% 来自中石器时期以狩猎与采集为生的祖先，大约 50% 来自新石器时期以耕种农田为生的祖先，还有另外 20% 来自那群在荒原上生活过的祖先。而且，发生在欧洲大陆内部的民族迁徙也从未间断，它们同样加强了不同文化之间的融合。伴随着这一类移民进程的，不总是和平与安康，相反，战乱与疾病竞相出现。例如著名的黑死病，就是在 4000 多年前，由荒野上的游民迁入欧洲大陆时携带并传播开来的。[17]

没过多久，凯尔特人也来了。至今人们仍能在莱茵兰-普法尔茨、黑森乃至巴伐利亚找到他们留下的文化痕迹——童话素材、祭礼器具、遗址、地名；当年他们也是从西边迁来这里的。一样是移民。比他们稍晚一些，一群说着日耳曼语的人从据推测是波罗的海东部上岸，来到这片大陆。原本分散为许多个小型群体的这批移民，最终亦与农耕时代的早期居民混杂在一起，跟此前发生过的每一次民族融合没什么两样。一部分——比如条顿人——从这里再次出发，前往南方。在那里，斯拉夫人融入易北河东岸的各个国家，或者来到美因河地区北部以求定所。究竟有多少夸迪人（Quaden）、伊朗的奄蔡人（Alanen）和萨尔马提亚人（Sarmaten）通过罗马军队进入德国，在多瑙河两岸安家，跨越了所有河流的界线相互联姻，跟罗曼人、凯尔特人及其他种族从此交织在一起？又有多少汪达尔人（Vandalen）、勃艮第人和中亚细亚的"匈人"（Hunnen）留在了他们原本打算穿越的莱茵河-美因河地区？同样说日耳曼语的各族之间残酷血腥的相互杀戮，也是民族迁徙无休无止的补充原因之一。尼伯龙根的传说或《希尔德布兰特之歌》（Hildebrandslied）至今都可视作这段历史的见证。"德意志"历史的开端，或者更确切一些说，德意志前史是这样的：后一批移民融入前一批移民，随处可见跨民族的家族联姻，以及在西方世界史这口"熔炉"中炼造出的民族文化大杂烩。直到我们写下这段文字的此刻，情况都没有发生任何本质的改变。

德意志人在文化上受外族影响越来越明显，而进一步加快这历史进程的，是罗马人。原本生活在帝国疆域内的其他民族，也都跟着来到这片土地。这些人来自中东、埃及、北非，以及多瑙河下游地区。他们带来了东方的宗教、基督教、文字文化、大量的中世纪文学、价值观乃至工程艺术与科学，在德国境内的各个省份大力推进文化与现代化运动。只不过很长一段时间里，这场运动在德国的北部与东部都没能得到预期的效果。其间有些东西渐渐衰亡没落，人们必须在日后对其进行更新或再造，有些东西则就那么原封不动地保留了下来。罗马人在那些野蛮的民族——主要指的是马可曼尼人（Markomannen）和夸迪人——中启动了最古老的君主政体。最初几位的国王是法兰克人，出身于墨洛温（Merowinger）王朝，他们作为罗马人的盟友丰盈了后者的宝库。那几任国王里，第一个叫得出名号的是希尔德里克（Childerich），他下葬的时候按照本人的意愿，身着罗马-拜占庭风格的军官长袍；他的儿子克洛德维希（Chlodwig）受洗时采用的则是罗马-天主教的仪式。这直接决定了日后教廷对阿里乌教派（arianisch）的基督教持反对立场，后者正是来自东方的哥特人所习惯遵从的宗教信仰。在礼拜祭祀的实践中，源自东方-地中海地区的宗教却跟异教徒们野蛮的做法混在一起。所有的"在地文化"都被"外来文化"改变了原本的形态。

漫长的 1000 年过去以后，卡尔·楚克迈尔（Karl Zuckmayer）不惮与当时德国的现实气候背道而驰，回忆起了后来成为德国人的那个民族最初的诞生环境。在他的作品《魔鬼将军》（Des Teufels General）中，主人公赫拉斯（Harras）将军正在安慰自己的少尉哈特曼（Hartmann）。哈特曼少尉接受的教育使他成了一名纳粹，他的未婚妻却因为自己一位女性祖辈的出身不详而想要与他分开，因为虽然出生于莱茵河地区（亦如楚克迈尔本人），她却并不持有雅利安人护照。[18] 赫拉斯是这样说的："您倒是想想啊，在一个古老的大家族里面，能有什么事发生不了。何况还是个来自莱茵河地区的家族，这就更能说明问题了。莱茵河地区可是众多民族混杂在一起的大磨坊。那不就是整个欧洲的榨汁机嘛！您现在再回想一下您自己的祖先——就从基督诞生那时候开始。看到了吗，那有一位罗马的步兵统帅，是个皮肤黝黑的小伙子，黑得像颗熟透了的橄榄一样，他正在为一个金黄色头发的姑娘教拉丁语。然后，就在这时，一个犹太香料商走进了这个家……"以此类推。各种族群，不管出于什么原因，只要曾经在莱茵河畔露过一次面，就都被写进了哈特曼那本不为人知的族谱里面——那也是我们每个德国人的族谱。作家把这根血脉溯源的红线一直捋到了贝多芬与马蒂亚斯·格吕内瓦尔德（Matthias Grünewald）那里："亲爱的，他们是精英。放眼全世界的人中龙凤！那么问题来了，为什么会这样？还不是因为所有的民族都在那里交会到一起。交会——就像来自山泉、小溪与河流的水交汇在一起，最终奔涌成一股强大且生机勃勃的洪流那样。来自莱茵河地区，就等于说是来自欧洲。这是天然的贵族血脉。这就是人种啊。您就骄傲吧，哈特曼。"高级的文明需要的是融合与交会，绝非近亲繁殖；这就是楚克迈尔要传递给我们的信息。

自罗马人入侵以来，两大文明区块将整个欧洲一分为二，长达数百年之久。两个分区之间的界线在那片未来被称作德国的土地上贯穿而过，并留下了至今可见的印记：曾经是罗马人的帝国属地，后来成了"古老的欧洲"，疆域直逼莱茵河与多瑙河；而那个"年轻的欧洲"，或曰"新欧洲"，则指"旧欧洲"以东及以北的地区［彼得·莫拉夫（Peter Moraw）］。三大语言区——罗曼语、日耳曼语、斯拉夫语——继续共同统治着这片"德意志的土地"（deutsche Lande）。"德意志的土地"这个概念首次亮相亦是在《安诺之歌》中，那个时候它还叫作 diutsche lant。从古今词形的变化中我们可以看出，第二次的辅音转移／音变已经发生了，它也是高地德语、中地德语与低地德语之间最主要的区分标志。使用罗曼语的人生活在西部，法兰克人、弗里斯兰人、萨克森人、图林根人、阿勒曼尼人和巴伐利亚人聚居在南部，数目众多的操斯拉夫语的小部落继续在东部活动，而斯拉夫的卡兰塔尼亚人则集中在东南部生活。这会儿的人们离精神上的统一还远得很，离一个自成体系又站得住脚的文化整体那就更远了。只有贵族和个别从事外贸生意的商人才拥有跨地区的往来且会维系它。对外来影响的开放程度越高,德意志越是急于迎来一个新的文化高峰。

前文提到的那些中世纪早期的源头族群,从种族学上来论,本身也都还算是相对年轻的结构。他们的再上一辈是迁居至此的种族混合体,起初彼此陌生甚至相互敌对。也是直到后来,被引入的宗教仪式及文化才与本地的宗教仪式及文化渐渐杂糅。正是从这花样百出的未知与陌生之中(而不是什么天然的纯正血统或单调乏味的统一外形),诞生了后来的德意志领土及生活在那片土地上的人群,即《安诺之歌》中的 *diutischi liuti*。那么,整个过程下来结果如何呢?稍早的移民与后来的移民、原有的与外来的文化和语汇、起初彼此为敌的各个宗教、陌生奇特的祭祀仪式、风格各异的生活方式全都被混在一起,相互交织、相互渗透,结果就是一支混编的队伍、一件五彩斑斓的纺织品、一锅五味杂陈的大乱炖。每种外来的影响力量都以自己的方式适应了本地原有的环境条件,早先的野蛮传统也仍滋养着文明开化的当下。当然,在接下来的日子里,德意志内部一定还会有一些变化相继出现。不过,促使它们发生的,一定不是专属于德意志的成规旧俗,而是它们在跨文化交互影响下获得的混合动力。这种跨文化的交互影响力自加洛林王朝起,就伴随着德意志人。说拉丁语的地中海高级文明始终渗透于其中,左右了德意志本质内核的形成。所有的一切都在不停地变动之中。因此人们无须讶异,为什么在那个年代,没有任何一个作者,没有任何一位诗人、神学家或哲学家有这个能力,将一种德意志独有的民族文化拿笔记录下来。这个民族虽然已经有了自己的名字，但自己的"民族文化/大众文化"并没有结伴而来。

是意大利人、高卢人和法国人，还有爱尔兰人与盎格鲁-撒克逊人，再加上之后的拜占庭人，教会了那帮族名意为"民间大众"的人：什么是精神文化，什么是基督教的一神论，什么是伦理，什么是文字文化，什么是古希腊、古罗马时期拉丁文学做出的榜样，什么是价值观，什么是科学。出身于外族的学者们在查理大帝的宫廷内来来往往、熙熙攘攘，他们所带来的影响既独特又大有裨益。听听看这些人里都有谁吧：伦巴第人（Langobarden）彼得（Petrus）与保罗（Paulus）、盎格鲁-撒克逊人阿尔昆（Alkuin）、哥特人狄奥尔多夫（Theodulf）和克劳狄乌斯（Claudius）、爱尔兰人克莱门斯（Clemens）及卡迪克-安德烈亚斯（Cadac-Andreas）。他们先是将这些文化与知识传授给了法兰克人，让古希腊、古罗马的灿烂文明在本是野蛮人的族群中获得了新生；作为法兰克人的继承者们，未来被称作德意志人的那一群人自然也从中受益良多。自奥托大帝及其后人开始，意大利、拜占庭与南高卢在文化上亲德意志的姿态愈发明显。那里的知识分子们又一次急不可耐地纷纷投向各条顿民族的怀抱。

拜占庭公主塞奥法诺（Theophanu）与国王奥托二世的联姻，以及他们的儿子作为奥托三世继承王位，帮助起初尚未找寻到自我的德意志人了解文化、知识与东方艺术等领域。"我们，我们就是罗马帝国！"葛培特·冯·欧里亚克（Gerbert von Aurillac）向他的学生，塞奥法诺的儿子这样呼喊道："我们就是你啊，恺撒，罗马人的王，还有你，奥古斯都，在你们担任国王时，我们利用了最高贵的希腊血统，反而超越了希腊人，你们遵照继承法统治罗马，又都在精神与文采方面是那样的卓越不凡！"不过，把这话当成了德意志的欢呼似乎又太早了一点，因为奥托帝国还远远算不上是"德意志的"。更何况，这个王朝马上就将迎来一场漫长且一发不可收拾的衰败与堕落——尽管在接下来那个令人惊艳的千年中，当时的德意志人确实也被包含在帝国的势力范围之内。[19]

即便如此，知识、文学及它们背后的图像世界与韵律规则——简言之即一切精神文化，虽然并没有消除，但实打实地跨越了一切政权的界线。它们一样早早地就让德意志人见识了自己的厉害，并在将德意志人纳入西方文明世界的过程中做出了自己的贡献。甚至犹太人与阿拉伯人的知识与技术也从意大利南部与属穆斯林的西班牙涌向了这里，之后是来自叙利亚与非洲的文化。在这片德意志人生活的土地上，来自他者的文化影响力一直不断地在当地碰撞出新的火花，并且已经落地生根，来年还能够再次发芽开花。在这之后，对个人的未来发展有要求的青年纷纷去法国或意大利接受大学教育，因为跟巴黎、博洛尼亚（Bologna）、帕多瓦（Padua）、牛津相比，德意志人自己创办的大学要晚了大概250年。就连葡萄牙科英布拉（Coimbra）或波兰克拉科夫（Krakau）的高等学校都比德语地区最古老的大学历史还要悠久。

也就是说，自古以来，德意志人就仰仗着别人从别处带过来的知识生存发展。可他们显然也总是忘掉了这一点。甫一认同自己的族名（*diutischi liuti*）就开始拿移民开刀。聚居在莱茵河畔的犹太人族群是第一批受害者。1096年,他们不幸撞到了患有受迫害妄想症的十字军枪口上。宗教的狂乱、社会上流行的妒忌再加上排外情绪作祟,种种这些配料最终被做成了一款致命的饮品。掳掠与杀害如今排山倒海般向犹太人涌来。无人能够幸免,男人不行,妇女和小孩也不行。当然了,一部分居高位者,像是施派尔(Speyer)的主教或美因茨的红衣大主教,都曾竭尽全力保护受迫害的人群。可此刻的局面已是群情激昂,怒气冲天的不再仅仅是十字军了。为表恭顺亦为求解脱,美因茨的犹太人竟然做出了不同寻常的自我牺牲,一种真正意义上的大屠杀(Holocaust):"唯一且至高无上的人啊,为了您,我们(更)乐意被杀、被捆绑,/比起向奸淫掳掠的恶人低下我们的头颅来。"这群"人"(原文为 *Gojim*,希伯来语种指人民、民族)并没被具体地指名道姓,他们被统称为"无恶不作的渣滓"(Ausgeburt der Unzucht);或照别处的记载,被称作"蝗虫""垂涎(犹太人的)财富、前赴后继的饥渴之徒",实实在在的杀人凶手。[20]他们当移民的学徒当了100多年,现在反过头来却迫害他们,洗劫他们以中饱私囊。可这仅仅是大幕被拉开,此类的浩劫将不断地卷土重来,大屠杀的火焰将一路烧进20世纪。

即便各股民族力量现已汇成一个叫作"德意志神圣罗马帝国"(它倒台前叫的是这个名字)的政体,也无论诗人如何高歌,都不能改变一个事实,那就是:在1870至1871年以前,甚至在这之后,于任何时间点上都不曾出现过一个真正和谐一致、团结稳固的大一统德意志民族。它始终是一个由异质的众族混合构成、一体程度时好时坏的民族集体,这个集体中的王公贵族多少存有异心、相互敌对，各封地领主更是无时无刻不怀揣妒忌、冷眼望向彼此。匈牙利人、瑞典人、法国人、俄罗斯人以及波兰人在不同的历史时期闯入这片土地，带着他们的战士、家人与劳力，留下了基因与文化上的双重印记。蒙古人的足迹到访过西里西亚，土耳其人的队伍则抵达过维也纳。

从种族基因学意义上来说，德意志人算不上真正的幸运儿。他们在政治上的一体化进程是到了 10 世纪之后，通过王权统治或跨族的贵族联姻才逐渐开始的。可人们刚看到点儿统一的希望，这希望还是由共同使用的语言所贡献的，就不得不眼见着建立起的政治制度再次分崩离析。原本初具规模的整体现在又被分成一个个小国甚至小小国；割裂、外迁随处可见。这种局面在延续至今日的整段德意志史中拉起了一根红线。事实上，就算到了许久以后，这群"德意志人"也未曾是个统一的民族。内部的分歧与不合、逾千年来各源头族群争战不断导致即便形成了集体也脆弱不堪，以及王公贵族间的长期彼此仇视与敌对，这些都是始终没能真正得到解决的潜在危险，崩塌一触即发。诗人总是一次又一次地将它们记录下来。哪怕在同一支军队里，直到现代，人们都建议相互保持警觉、不要轻易信任对方。卡尔·楚克迈尔在他的自传《就像是我的一部分一样》(*Als wär's ein Stück von mir*) 中，将这一事实提炼成了一句简洁而又精准的格言："古老的德意志恶习——嫌隙。"[21] 中世纪的那些德语诗人以及他们之中的顶尖代表瓦尔特·冯·德·福格尔魏德对此很可能也不会有什么异议。

只不过，就算是中世纪的德意志人也已经感受到了他们与自己的国家之间在情感上的联结（跟法国人相比，他们在这方面当然又晚了一些，晚了整整100年）。这种感情最初的证明正是来自刚刚提到的瓦尔特·冯·德·福格尔魏德，他在一首诗作中批驳了普罗旺斯式的乡野粗话，捍卫了自己的民族。他对陌生的外来习俗持否定态度，反而对德意志的男男女女热赞有加。德意志人的"管束"（Zucht）让他着迷："德意志的管束在任何方面都最杰出……苍天在上，我可以向你起誓，这里的妇女/比任何地方的妇女都好/德意志的男人们各个富有教养，/而女人们则要比天使还要正直善良……美德与纯洁的爱，/如果这是你要找的，/那么就到我们的国家来吧：这里洒满了和煦的阳光。"这是首为了维护那群挨骂之人所做的赞歌，不过，他这么写，初衷之一也是为了拿到那份许给自己的酬劳（56，14）。

与此同时，早于他们百年诞生的法国人则不求任何回报，用《罗兰之歌》（Chanson de Roland）——一首关于罗兰（Roland）与查理曼（Charlemagne）的英雄颂歌——来赞美他们的祖国，称它为"甜蜜的法兰西"（la douce France）。这听起来可比什么"德意志的管束"（tiusche zuht）要真诚多了，也亲密得多。不过，德意志人至少曾经"拥有"皇位，这个位置根据保罗派教义（2 Thess 2.6~7），在救恩-末世说中可以扮演拦阻者（Katechon）的角色，即阻止末日审判的到来，[这个意义也曾多次被亚历山大·冯·罗伊斯（Alexander von Roes）或布拉班人埃德蒙·德·丁特尔（Edmond de Dynter）等德语作家重点强调］。[22]

在法国，甚至就连政治影响也是通过上述的爱国情感散发出来的。有一份非同寻常的报告或许可以形象立体地说明这一点。公元1124年，德意志皇帝亨利五世率领一支由他治下所有叫得上名的民族组成的军队入侵法国，据法国国王路易六世的传记作者记载，当时所有的王室仆从都围在国王身边，为的是击退进攻的敌军。他们试图阻止敌人"肆无忌惮地掠走每一件他们在忘乎所以的激情中碰触到的物品，而罔顾法兰西土地真正的主人（terrarum domina Francia）的意愿"。他们希望这帮人"能在这个国家里感觉到，除了法国国王的法令之外，作数的还有法国人的意见"。这样的话语和这种观念都无法证明，当时的法国人已经拥有了独立自主的民族意识。可知道法兰西亚（Francia）这个概念曾经得到过怎样的延伸与拓展，这一点十分重要，也不该被遗忘，因为几百年后它将以新的形式发挥作用。刚刚那个场景中提到了，王公贵族应与平时鲜受他们尊重的国王表现出一致对外的团结，这个情节所折射出的自尊与自信，让人们看到了某种集体意识的萌芽，或者说，它至少向群体成员发出了呼吁：要有集体意识。这在东边是找不到能拿来作比的对照物的。[23] 在那里（东边），诸侯还在忙着跟他们的国王或皇帝争权，或干脆搞起了分裂，只有在偶尔出现的和平期间才匆忙地暂时表示服从。至于说一个长期稳定的权力中心，那是压根不存在的。一个圣女贞德那样的人物，一个来自洛林地区、肯为了捍卫法国的王权而甘愿活活被烧死的普赛勒（pucelle）小姑娘（卒于1431年），在德意志人中无论哪个时期都没有出现过。既通过民族事务的经验，也通过语言形式的表达，东方与西方都展现了截然不同的情感世界。不过话说回来，至少在德国，反映这一历史事件的戏剧作品《奥尔良的姑娘》(*Die Jungfrau von Orléans*)还是被搬上了舞台的(1801)。

同样从法国飘到东边来的，还有宫廷里的爱情，恋歌①的乐音。它的名字很有可能来源于11或12世纪穆斯林-犹太人聚居地安达卢西亚的名曲《恋人之歌》(*Cantigas d'Amigo*)，其歌词的内容有明显的求爱与挑逗意味："我将更加爱你，不过只有当你……"²⁴ 这或许会让人回忆起奥维德(Ovid)的一本书，名字就叫作《爱的艺术》(*Liebeskunst*)。而直到百年之后，瓦尔特先生②才敢提起笔来，写下他的"啾啾鸟鸣"③。成功地模仿他人加上自己的学习收获，德意志人在这二者的合力之下创造出了惊世的杰作《马内塞古抄本》④（创作时间为1340年以前，地点为当时仍属德意志领土的苏黎世）宫廷文化与早期城市文化在这里共同发挥了作用。这份珍贵的手稿用语言和图像见证了，德意志的文学与绘画已经攀登到何种艺术高度，技艺是何等的高超与精湛。只不过到底有谁从中受益，这就不得而知了。

数百年里，在德意志人寻找身份认同的过程中，始终处于中心位置、相互角力的几支分别是帝国、皇权、罗马远征军、意大利、内部矛盾以及与教皇之间的关系。奥托大帝在公元962年不仅从罗

---

① 原文为 Minnesang，是德意志12~14世纪抒情诗与歌曲的形式。——译者注（本书页下均为译者注）

② 这里指的就是德意志诗人瓦尔特·冯·德·福格尔魏德。

③ 原文用词为 Tandaradei，古德语中用来指代夜莺的歌声或普遍的鸟鸣，常用于古代诗歌或民歌中，瓦尔特在他的歌谣诗作《菩提树下》中便反复用到该词。

④ *Manessische Liederhandschrift*，是已知内容最全面也最著名的中世纪德语诗歌手抄本。

马带回了象征皇权的王冠,同时也带回了相应的义务,而且随着时间的推移,这些义务更是演变成了难以承受的重负。还在公元10世纪的时候,就已经有一部分掌管权势的贵族(他们来自条顿人帝国边界的另一侧)不想把这副着实不轻的担子再放到自己身上扛了;到了下一个百年,压力一方面来自罗马的皇室,另一方面来自德意志内部的反对力量(主要是针对与教皇之间的关系),双重压力导致了德意志人千年来最为惨痛的溃败。下场是"帝国"权力无可阻挡地四分五裂,以及罗马教廷再一次将德意志皇帝逐出教会,这次代表罗马的是教皇格里高利七世,代表德意志的是亨利四世(1076/1080)。没有哪一任后继的国王或皇帝能够彻底挽回由此造成的损失。后来,格里高利七世将当时的王国更名为 *Regnum Teutonicum* 或 *Teutonicorum*,意为"德意志帝国"或"德意志人的帝国"。看,外部力量又一次起了作用。

弗里德里希·巴巴罗萨激化了与教皇以及意大利地方力量之间的矛盾。军事与政治上的挫败相继而来。不论是皇帝本人,还是他的顾问,很有可能还包括当时在德意志土地上有统治权力的大部分贵族,都没能够及时、正确地解读时代所发出的信号。就算有一些德意志学生正在巴黎或博洛尼亚求学,这也无法帮助他们真正地把握万能的教皇及他的教廷律令有着何等的跨民族意义,他们也就更加无法领会科学本身有着怎样的跨国性质与宣传力量。

对这种无知与落后开出的罚单随即就被送到了他们手上。敌方军队盘踞在帝国边界虎视眈眈,反对力量来自内部且具有相当的威胁性,紧张的对峙从未停歇,"新闻媒体"糟糕透顶甚至后患无穷。

"是谁指定德意志人做了众族的大法官？谁给了那些既愚蠢又暴躁的人们权力，单凭他们想这么做，就将王公贵族的利益凌驾于百姓子民之上？实话实说，这群人已经尝试发泄他们的怒火太多次了，只不过，每次刚开了个头，就被上帝的手钳制住了。上帝先是让他们感到困惑与迷乱，随后就会为自己所行不义而感到丢脸。"在1160 年对德意志人（Teutonici）发出这一番抱怨的，是约翰内斯·冯·索尔兹伯里（Johannes von Salisbury）。[25] 这位在法国接受了教育的学者，是那个时代里最富学养的人之一。于是乎，罗马诗人卢坎所述"条顿式的疯狂冲锋/战斗狂热"（furor Teutonicus）再次现身纸上。这种说法在知识分子圈里是从上一个世纪之交才摆脱了被遗忘的命运，其地位随后不断攀升，直至成为当时最具现实意义的政治阐释模式。[26] 德意志人被提醒了要有羞耻心，他们给出的回答却是顽抗。两种特质都将在德意志人这里长期栖居。不过单看眼下，他们暂时还没有失去勇气，为自己的"暴戾"举杯欢庆。

对"条顿人的战斗狂热"做出回应，甚至可以说形成了它的回声的，是泰根湖地区（Tegernseee）的"敌基督"（Antichrist）戏剧。这一起源于斯陶芬（Staufer）王朝的宗教剧种虽具有时代批判性，却并没有在当下就流行起来，而是直到今天才广为人知。在这出戏中依次现身的角色有罗马皇帝（Imperator Romanus）、条顿人的王（Rex Teutonicorum）以及其他统治者，如法国国王、"耶路撒冷的国王"或"希腊人的皇帝"〔巴西尔二世（der byzantinische Basileus）〕等，另外当然还有"异教徒""基督徒"和"教会"。表演反映的内容是末日到来时统治世界的局面。首先，皇帝重新启动了罗马对世界的统治权,所有信仰基督教的国王当然纷纷臣服于他。唯独身为异教徒的巴比伦国王挑起了战争,不过,最终也被战胜。接下来,罗马皇帝迁居至耶路撒冷的一处神殿内,并将他的王冠作为祭品献给上帝。随后出场的便是敌基督和他的贴身侍卫们。全部国王都转而皈依于他,"德意志人的王"也一样,哪怕在战场上打赢了敌基督,却还是没能经受住一系列神迹的考验。此刻,全部异教徒也都一一对敌基督俯首称臣,直到在最后一幕中,后者才被基督击败。不过,德意志人因军队的勇猛强大而备受称赞。

歌颂德意志人军事力量的缘由总是数之不尽:"在那些兵戎相见的时刻,德意志人的表现总是格外突出,/这一点在战场上遇过他们的人都可以证明。/跟德意志人陷入纷争?那可真是欠考虑的行动。/一旦亮出刀剑,他们可就仿佛瘟神一般。"为了对抗这种力量,敌基督应当与其他各民族联合起来:"到时候德意志人的暴戾如何还能与你抗衡?/德意志国正在嘲笑你呢,诽谤你统治的欲望。是愤怒的条顿人与日耳曼尼亚(*Germania*)。"在这里再强调一遍:那些异族的国王们因为帮助敌基督击败了"条顿人的战争狂热"而被视作了他的同伙。[27]这一刻,德意志人的意义在神学家那里被创造了出来。"德意志的愤怒"在这个上下文里非但没有受到谴责甚至咒骂,反而收获了敬佩与赞颂:他们是一支教会了魔鬼什么是畏惧的军事力量。就连敌基督都不曾有胆量挑起针对德意志人的战争,至于说能把他们拉到自己一方的阵营里来,敌基督则更乐意将其视为奇迹。德意志人在弗里德里希·巴巴罗萨统治时期内的这种对自我的阐释方式实际上有着十分长久与深远的影响,它甚至协同决定了衡量德意志价值的标准：骑士、雇佣军、职业军人。

然而，约翰内斯·冯·索尔兹伯里却谴责了红胡子巴巴罗萨对刚刚爆发的教廷分裂的非法干涉。最终，分裂之争以皇帝一方再次败北而宣告落幕。这可就跟那末世-救赎的戏剧一点关系都没有了，在那出戏里，罗马-德意志的皇帝倒是扮演了一个杰出非凡的角色呢。在对自由的渴求方面，统治着以米兰为首的大面积意大利人聚居区的领袖的迫切程度很有可能跟盎格鲁-撒克逊人差不了多少。从这个角度出发，内部的自我认知与外部对其的认知之间产生了分歧，此时的德意志人更是被帝国式的权力愿景晃花了眼、迷得神魂颠倒。事实上，中世纪晚期的德语文学创作中也不太会提到"德意志人"或"德意志国"了。被放到更容易引人注目的位置上的是皇帝与王侯，以及像奥地利、图林根一类的地方势力。以奥斯瓦尔德·冯·沃尔肯施泰因（Oswald von Wolkenstein）为例，他曾游历了半个欧洲，为所有到访过的国家及单个城市吟诗作赋，从阿拉贡到匈牙利，从海德堡到纽伦堡，唯独没有任何一个有关"德国"的字眼从他的嘴里蹦出来过。

尼古劳斯·冯·库斯看出来，是时候了。他在自己的早期作品《论天主教的和谐》（De concordantia catholica）中一开头就帮德意志人挽回了面子。他解释道，德意志人所掌握的拉丁语虽然欠缺优雅，但换个角度说，他们在理性上则颇有天赋。"虽然我们德意志人因为星象有别的关系，拥有的理智比起旁人（也就是意大利人）来没缺多少……但我们由于天生的条件受限，只能磕磕巴巴地用拉丁语来进行表达。"因而，对意大利人来说，德意志人在文化上的落后程度着实扎眼；可论起思考来，依库斯的话，跟意大利人相比，他们的能力只高不低。德意志人也确实从由罗马法/皇权法（Kaiserrecht）统治的意大利，通过13、14世纪——在自己的大学里——对意大利法学的接受，引入了民法。这项法典被一直保留至1899年，又是一件舶来品。[28] 对这种文化接受起到补充作用的，还有15世纪初期国名的演变。自斯陶芬王朝统治时期起，它就被称作"神圣罗马帝国"，如今，一个可以充分展现其全新自信的扩展说明语被加了上来，即"与德意志民族"（und die deutsche Nation），后来又干脆变成了"德意志民族的"（deutscher Nation）："德意志民族的神圣罗马帝国。"没过多久，各种出土的手稿与人文主义的概念就以人们料想不到的方式为这个名字镶上了各种修饰的花边。可一开始的时候，德意志人确实总是需要别人给他来开个小灶。

在这"德意志民族"帝国的天空上方始终笼罩着宗教的庄严与神圣，它来自人们信仰末日论的传统。根据中世纪对《圣经》里《帖撒罗尼迦人后书》（Thessalonicherbrief）的阐释，阻止末日来临的拦阻者与罗马帝国最终将合二为一，帝国即拦阻者，拦阻者即帝国。这正是基督徒们日夜祈祷的结果。帝国之所以能在中世纪诞生并存活，其合法性同样来源于这一释经传统的继承。不过也正是从那时开始，乌云就向帝国徽章上的那一对鹰头飘了过来。[29] 15世纪的作家埃德蒙·德·丁特尔曾常年担任巴拉班亲王的顾问，同时也是鲁汶大学（Universität Löwen）的共同创建者之一。他从科隆牧师会成员亚历山大·冯·罗伊斯（Alexander von Roes）的观点出发，意味深长地警告德意志人，有鉴于当时（1443～1446）所处的政治局势,一旦罗马帝国"全面瓦解"（nisi prius Romanum imperium penitus sit ablatum）,敌基督便会旋即出现。[30] 等到那个时候,为了保卫教廷,帝国将被转交到日耳曼人（Germani）的手上。

日耳曼这个名字因出现在恺撒的作品中而为人所知,一开始指的仅仅是居住在莱茵河右岸的族群。随着时间的推移,对它的使用渐渐地先是在大学里流传开来,到了中世纪后期,尤其在意大利,它基本上已经演变成了德意志人的同义词,不过还没有蕴含任何民族或国家的意味。丁特尔正是援引了这一说法,提出了如下的猜想:"他们之所以叫作日耳曼人,那是因为他们跟罗马人,即特洛伊人,是从同一把种子（germine）里长出来的……或者,有着同宗同源的血缘关系（de germanorum germine germanati）……唉,但愿他们能看清楚啊,背靠罗马帝国这棵大树,他们才得到提升、变得出众;但愿他们能领会到,交付于他们手上的财富有着怎样的意义与价值;但愿他们不是这么不知感恩的人啊！……唉,但愿他们能顾念到,此国有朝一日亦会倾覆（novissima）,但愿他们会对国王被彻底除掉（sublationem）那一天的到来心怀畏惧啊!"然而,警告没有起到任何作用；恐吓威胁亦来得太迟。德意志人一点都不长记性。

"现在所有导致帝国无法存续的因素,都是敌基督的排头兵和报令官。德意志人得留神一点,以求在上帝公正的裁决下,即便他们犯下了种种罪行,也不致从手上丢掉王权。德意志的主教与王侯们也当小心谨慎,以期不会为了满足尘世间的权力欲望而将帝国的权力占为己有,甚至僭越篡位。因为——白纸黑字写得清清楚楚——分歧（scandala）必将发生；可谁先挑起嫌隙，谁便会先被消灭！没有什么能够阻止这个局面出现。此等的统治癖与占有欲已经虏获了他们的心，以致他们既无法效力于自己已知的真相，也不再愿意从他人那里听到自己不曾得知的真相。"[31] 最终还是隔阂与嫌隙唱起了凯旋之歌。

　　什么？德意志人，一个救世史（Heilsgeschichte）上的角色？没错，他们在中世纪确实没费自己的半点力气就得到了这个位置。他们的"帝国"升华成了一个挥洒着宗教甘霖的神话式人格，接下来的几百年里，无论何种程度的启蒙都没能撼动这一点。就这样还远远不够。在那备受后人称颂的古希腊、古罗马时期，曾经响起一个声音，它说，"日耳曼人"在世界历史中的排名应当与它的这种身份地位相匹配才对。这比丁特尔当年教导德意志人的话听上去还要更充满自信、令人骄傲。丁特尔那时对德意志人说的是，他们有理由和权利去感觉自己比之前的任何时候都更伟大、更崇高。针对德意志人这种夸大其词的过高的自我评价，针对他们狂妄而不自量力的成为世界霸主的欲望，以及针对他们那个仅仅诞生于假说的救恩史上的特别角色，新一轮的反抗已经等不及了。发出反对声音的众人之中，甚至不乏 16 世纪著名的国家理论家让·博丹（Jean Bodin）这种级别的学者。[32] 不过，就目前来看，德意志人尚且自我感觉良好得很呢。

2

"所有种族都混合搅拌。把整个欧洲扔进榨汁机！"
塔西佗的《日耳曼尼亚志》

意大利人文主义者波焦·布拉乔利尼（Poggio Bracciolini），同时也是教皇的秘书以及一位富有才华的作家。因为读了当地一位教士的笔记，他在1425年来到已经衰败不堪的黑斯费尔德（Hersfeld）修道院，费力穿过断壁残垣，从废墟之中将塔西佗的《日耳曼尼亚志》挖掘了出来。据说，那书稿还是他从猪嘴里救下来的，再晚一步，珍贵的历史资料就被喂了牲口。一份后来这么有名的文本，在德意志的修道院里被发现，发现它的却是个意大利人，德意志人甚至连想都没想过去找。够丢人的！不过，要发掘这件藏身于德意志的宝贝，还真得接受过意大利人文主义教育才行。

这部不世出的古籍中包了罗马人塔西佗撰写的若干短章——例如他岳父阿格里科拉（Agricola）的传记、演说家的对话以及《日耳曼尼亚志》。直到它们出土之前，都没有人知道这些文字的存在。是外国人认出了它作为孤本的价值。1455年，教皇尼古拉五世委派以诺·阿斯科里（Enoch d'Ascoli）将其运回意大利，在那里，出于商业上的考虑，这本合集被拆成了几个部分。意大利的人文主义者们则为其轰动性的内容而激动欢呼。打那开始,关于这部绝世佳作的消息在15~16世纪的知识分子圈子里广为流传。写着《日耳曼尼亚志》的那部分今天已经不见踪影,目前保留下来的只有几张大开本活页的《阿格里科拉传》,这份来自9世纪中期黑斯费尔德的手抄本,记录了阿格里科拉的生平。直到过了一代人的光景,德意志人才意识到他们究竟错过了什么,此时只好把它当作进口商品,任由别人开价就是了。即便如此,它带来的后果也已经足够令人惊叹了。

现在,人们宣布,塔西佗口中的日耳曼人,莱茵河右岸的居民,就是自己的祖先。直到这会儿,德意志人才认祖归宗。他们所认的祖宗,据称还是一群高贵的人,浑身上下都是与生俱来的美德(尽管他们的本性中也有危险的一面,个个好斗成瘾,懒惰且粗鲁,不过塔西佗倒是把这些方面好好地剪切拼贴了一番)。另外一位在德意志历史上颇有影响力的意大利人文主义者席维欧·皮可洛米尼,也证实了这种观点。他曾有很长一段时间因为服务于国王腓特烈三世而居住在德意志,并因此对德意志人的风俗习惯,包括那里的教士阶层与贵族阶级、百姓大众、城市与市民都有一定的认识与了解。塔西佗当初使用的赞美之词,更适用于当下的"日耳曼人"(Germanen),也就是德意志人,与皮可洛米尼同时代的人;然而,以前那些日耳曼人反倒被这位人文主义者视作野蛮的,他们的国家亦是落后的。

恩尼亚·席维欧之所以对当下的德意志人(塔西佗原文中使用了 *vos Germani*)发出呼告,是为了召唤他们加入反抗土耳其人的军

52

事行动中来。他偶尔才用 Theutonici（Ⅱ,6）来称呼这些德意志人，剩下的时候就都把他们叫作 Germanica natio（Ⅱ,1）。[1] 通过这样的方式，这群人自然而然地就会被认作从前日耳曼人的后代了。这也是历史上第一次出现"德意志民族"（teutsche Nation）的说法，"马上，他们就要叫这个名字了"。只不过，这跟团结一致的"德意志人民"（deutsches Volk）还远不是一回事。无论怎样，后来的教皇庇护二世（恩尼亚·席维欧·皮可洛米尼）当时是支持德意志人这个新历史形象的。1454 年，他受罗马帝国皇帝之托，在法兰克福的议会大厦发表演说，号召人们奋起抵抗土耳其人并发起十字军东征。他拿日耳曼人当年战胜了罗马人做例子，热情洋溢地赞颂了"德意志人"在军事上的强盛——一切都是在为战争做广告呢。[2] 但这番大张旗鼓的宣传最终什么作用都没起到：腓特烈大帝压根没在法兰克福现身，大多数的王侯亦丝毫不为所动，整个计划都落空了，恩尼亚·席维欧失望透顶。德意志人作为"日耳曼人后裔"（deutsche Germanien）的形象在他心中大打折扣。

几年后，美因茨教区大主教狄特里希·冯·埃尔巴赫（Dietrich von Erbach）的重要官员马丁·迈尔（Martin Mayr）高声谴责罗马教廷，称光向教皇履行支付义务就把德意志人的钱袋都掏空了，他还顺便就一些其他问题冲身处罗马最高席位的那位发了一通牢骚。作为对这些批评的回应，恩尼亚撰写了一篇全面透彻的分析文章，标题就叫作《论德意志的品德、地位、性质与状态》（1458）（De ritu, situ, moribus et conditione Germaniae）。他反驳道，马丁所言哪句都不属实。对金钱的贪欲在德国的大地（Alemania）

上一样横行（Ⅰ，46-7）。在这里，"你可以发现许许多多这样的种族（gentes），他们要么直接相互欠债，要么借用任何理由向彼此勒索钱财。试问还有什么比纽伦堡人带着他们的斤斤计较突然造访年度大集更招巴伐利亚人与奥地利人烦的吗？"财富在这个国家遍布各处。那么多城市都是见证。"稍微细看几个最有名的德意志城市就不难发现，这个民族华贵、壮丽与辉煌已经达到何种程度（Ⅱ，7）。"这里的城市是全欧洲最干净的（Ⅱ，16）。德意志人身上一点野蛮粗鲁的东西都没沾，做事谨慎细致又聪明伶俐。小偷小摸不曾发生，所有从外面来的客人（hospites）都被热情接待。就连科学发展在这儿也是一片蓬勃之态（Ⅱ，27）。就这样，赞美与讴歌一句接着一句，目的就是反驳迈尔，进而抨击他的虚假指责。于是，对罗马的批评与控诉也就自动失效了。

　　同时，恩尼亚在文中也承认了，如今的"帝国"（*imperium vestrum*）已经不复查理大帝治下的盛世繁华，尤其是自腓特烈（斯陶芬王朝）之后，版图甚至缩水到"不说德语的地方均非王土"（*extra Theutonicam linguam nihil obtinemus*）的程度。谁该为此负责？许许多多的德意志王侯以及他们之间没完没了的分歧与隔阂。哲学家或许会排斥这种放眼望去划地皆为王的统治局面，"不过，你们德意志人对此可是感到很欣慰呢。没错，你们是认可了皇帝的权力大过天，他是国的王、人民的主子，可他呢？很明显，他用起自己的权力来，就跟乞丐没什么两样。说到底，他那点儿权力跟没有也差不到哪去。你们只在你们想听话的时候才听他的话，可你们想听话的时候也着实不多啊"。这样的后果就是抢劫、纵火、杀人及其他罪行相继产生。"要是人连自己都控制不住的话,还凭什么去禁止别人做这做那呢?没有哪个人类群体、哪个民族或国家不是先臣服听命于某位统治者,而后才将自己的统治触角伸向别人(Ⅱ,32)。"这就是恩尼亚·席维欧对德意志在他那个年代所面临的困境做出的分析。要说这通分析造成了什么影响、起到了什么作用?并没有。事态后来发展到了路德改革及宗教战争的地步,这一历史走向是谁都阻挡不了的。那位德意志人的教皇(即恩尼亚,后来的教皇庇护二世)证明不了,德意志民族是思想家的民族。

不管怎么说,也是通过他,德意志人才认识并喜欢上了塔西佗的《日耳曼尼亚志》的。在这之前,他们没有任何属于自己的民间传说。现在好了,所有的神话作家都在摩拳擦掌,看谁能先以此为素材基础,讲述出一个本民族独有的开篇传奇。看吧,又是旁人来给定的调子。如今,荒诞离奇的虚构与压根站不住脚的发明竞相冒出头来,意欲在那篇古希腊、古罗马时期的文章被发现之后,与高贵的罗马人一较高低。要是能在懂拉丁语的行家中激发起某种民族情感,那就更好了。[3] 这次上阵来给德意志人做"课外辅导"的,不出意外,又是一个意大利人,即多明尼哥会的修道士安尼乌斯·冯·维泰博(Annius von Viterbo)。他发明出了一个据说是古希腊、古罗马时期作家的人物,名叫贝罗索斯(Berossus),并号称是这个人传讲了关于图伊斯托(Tuysco)的故事。Tuysco(在塔西佗那里,这个名字被写作 *Tuisto* 或 *Tuisco*)又是谁呢?就是传说中德意志人的老祖宗(根据1499年的版本)。他原本是诺亚的第四个儿子,在巴比伦长大,后来一路升至斯基泰人(Skythen)的第一任国王。是他把日耳曼人带到了西边,并在很长一段时间里,主要通过文字与歌谣的方式向希腊人与罗马人讲授关于日耳曼人的知识。这里就出现了一个关键表达:"哲学的开端,在野蛮人那里,不在希腊人那里。""即便是现在,许多事情亦仰仗来自东方的移民,与起初就居住在那里的人群半点关系都没有。那一番胡说八道虽然很快就被证明是虚假的、编造的,但印刷术推广普及了关于古希腊、古罗马时期与人文主义时期作家的知识,在它们的帮助之下,德意志人创造出了一个全新的自我形象:一个思想精神丰沛的民族。甚至就是一个思想家的民族?

康拉德·策尔蒂斯(Konrad Celtis)、将塔西佗的《日耳曼尼亚志》于1500年在德意志交付批量印刷的某个维也纳"桂冠诗人"(*Poeta laureatus*)[4]、雅各布·温菲林(Jacob Wimpfeling)、约翰内斯·罗伊希林(Johannes Reuchlin)、比亚图斯·雷纳努斯(Beatus Rhenanus)等人和许许多多其他的德意志人文主义者均接受了这番慷慨激昂的赞颂之词,但始终只是跟在意大利人后面,亦步亦趋。[5]这样做的后果就是不清不楚、稀里糊涂。虽说王权落在了德意志人的手上,他们也有权共同享用基督教的声望,可与此同时,以往的野蛮形象仍旧纠缠着他们不放。人文主义者努力在这其中取得某种平衡,并因而不得不跟本族同胞的双重人格做一番搏斗:得把他们既当作有文化的人,又当作野蛮人。这就导致了他们与意大利人及法国人之间的对立局面。康拉德·策尔蒂斯称,德意志是"一个由土著居民构成的族群,它并非起源于另外某一个氏族的派生物。这群人是在自己的苍穹之下,直接被创造出来的"。[6]但他同时也承认，意大利确实因其民众对科学的热爱而日渐蓬勃繁荣。相较之下，德意志人却总是跟在人家屁股后头，甚至连自己家的几省几国都不认得，真该知羞。"绝大多数我们的同胞都粗暴、莽撞，全是些猪猡一般的乡野鲁夫……狂躁、粗心、嗜酒如命、蔑视科学"[7]就是他们的性格特征。接下来，羞耻与酗酒这两个关键词还会更加频繁地被记录在册。野生、粗鲁的笨拙与愚蠢作为一种性格特征给这个民族思想精神的发展与进步带来重重磨难。

温菲林感觉，自己肩负着一个使命：编写第二部《日耳曼尼亚志》，献给斯特拉斯堡这个城市。[8]这部作品驳回了法国人对该市以及莱茵河边界的占有权，同时，也对抗了意大利人提出的专有化要求；它首要主张的是一种人文主义的学说。因此，查理大帝在文中被当作德意志人。温菲林在书中称，罗马人在莱茵河右岸的居民身上看到与自身相同的本质特征，因此才把这群人叫作日耳曼人（Germani），意思是将其视作"我们的兄弟"。这群人的男性子孙，用作者的话来说，应当学习拉丁语，这样他们才知道如何正确且恰当地称呼外国使者、主教、红衣主教甚至教皇本人；也唯有如此，他们才能读懂《圣经》上的故事。智慧、正义、敬神、聪颖、成功的执政、公正的法律、向善的风俗，甚至包括应用于战争之中的管束机制和手工艺技能，这些都要通过拉丁语的习得才可一一解锁。还得建一所文理综合高中，用来教授、学习和研究罗马人的精华典籍。而他们的女性后辈，则应远离喧嚣的人群，切忌四处乱逛、搬弄是非及游手好闲。这样做的目的是将她们培养成贤惠的家庭主妇，把她们留在机杼边、绣床前和针线笸箩旁。这也差不多就是皇帝与侯爵历来的期望了吧。德意志人文主义者笔下的这种"日耳曼人"应该向他们的兄长,也就是罗马人学习,以求达到与他们比肩的程度。可是,咱们自身的价值呢?除了模仿能力之外,总还得有点什么别的长处吧?很快,一个笃定的事实唱起了凯旋之歌:"在整个有教养的欧洲,几乎全部的精神市场都由我们德意志人统治。"⁹

这样一个信息落在了本就肥沃丰产的土壤上;最新的发明——印刷术更是为其提供了富有营养的腐殖层。乌尔里希·冯·胡滕(Ulrich von Hutten)是一名曾由国王为其加冕的诗人,他写过一篇名为《去向何处或罗马的三位一体》(*Vadiscum oder die Römische Dreyfaltikeit*)¹⁰的对话录,献给自己的连襟塞巴斯蒂安·冯·罗滕汉(Sebastian von Rotenhan)(1519)。胡滕在文中表示,他认为教皇威胁到了"德意志的自由"(deutsche Freiheit)。"正是出于这样的原因,我自己也要为了德意志的自由而做一件善事。我要解绑那被束缚、被教皇的阴谋诡计绕颈的德意志自由。我要恢复基督教的真理,这一真理被套上了苦难的枷锁,驱逐到比印第安人或加拉曼丁人居所更远的流放地。而对于这一善举(倘若准我毫不谦虚地付诸行动),我并不期盼我亲爱的祖国——德意志民族——给予我何等荣耀的奖赏。但我请求,如果有人因为我所宣扬并记录下来的真理而追捕我,那么所有善良的德意志人会支持我,并保护我免受暴力与不公。"针对从意大利那边传过来的批评与指责,胡滕予以了反驳。"若以良好的品行论,看人是否遵守礼尚往来,以及是否对美德有着孜孜不倦的追求,是否看重内心的坚定与诚实,那么这个国家大可被称为礼仪之邦。相反,古罗马人却因其表现出的野蛮行为而蒙羞。"[11] 新的关键词出现了:耿直、正派。

胡滕曾由衷地赞美德意志贵族的尊严。他在《对话录》(*Gepsrächsbüchlein*)的前言中向他的资助人,同时也是他的朋友弗朗茨·冯·济金根(Franz von Sickingen)致敬,称其为一名高度体现了德国贵族美德的骑士:"在这个时代,随处可见的是,每个德意志贵族似乎在内心的坚定上都有所消减,但你却证明并向我们展示了,德意志的血脉尚未枯竭,德意志后代身上的美德尚未完全凋零。我们祈祷、我们祈盼,上帝能够赐予我们的首领查理大帝美好的品德,无畏的勇气,以及对事物的见解,他可以依你的才能而定,并依你所需加以睿智的点拨,以便你在崇高的事务中,在涉及罗马帝国,甚至整个基督教世界的事务中,做出恰如其分的行动。"胡滕写下这番话的时候,是 1521 年。那会儿他已经转换了阵营,站到了路德一边;即便如此,他还是告诫皇帝要对土耳其开战,因为那是德意志民族当下必须去做的事。它亦是高贵的"德意志美德"(deutsche Tugend)要求人们去做的事,无论那美德究竟指的是什么。不过,在他眼里,"德意志的骑士美德"(deutsche Rittertugend)已经渐渐消失殆尽,只有在以他的朋友济金根为例的少数几个代表人物身上还能隐约看到它的踪影。

就是这位乌尔里希·冯·胡滕,因塔西佗的著作而陷入了对"德意志起源说"的狂迷之中。切鲁西人(Cherusker)阿米尼乌斯(Arminius)原本是罗马人军队中的一名士兵,后叛逃出走,率部下宣称要"为自由而战",并在条顿堡森林战役中一举击败由瓦鲁斯（Varus）指挥作战的罗马人军团。因为这样，当初的逃兵在胡滕的笔下摇身一变，成了德意志的布鲁图斯。从这种阐释角度出发，阿米尼乌斯是将德意志人从罗马人的压榨与束缚中解放出来的大英雄（塔西佗原文为 liberator haud dubie Germaniae），他心中除了自己祖国人民的福祉之外别无他物（Held liberimum, invictissimum et Germanissimum）。[12] 这样的阿米尼乌斯，不少罗马的历史编纂者都对其有所记述，这里面也包括塔西佗本人。塔西佗的《编年史》（Annalen）被发现于 1508 年，刚一面世就通过印刷术的复制流传开来。在头几册中就记录了阿米尼乌斯其人其事，以及他后续几次针对罗马人的军事行动。[13] 通过这些书写，塔西佗成了德意志人延绵超千年的日耳曼主义（Germanentum）中最常援引的权威人士。在另外一边，切鲁西人赫尔曼（Hermann，阿米尼乌斯进入德语文化语境后就叫这个名字）到了对神话传说追求成瘾的 19 世纪，则被塑造成统一德意志诸部落的人，简言之，成了民族英雄；虽然对他曾服役效力的罗马军队来说，此号人物就是个不折不扣的叛徒。但对将其奉为英雄的本族后人来说，他曾叛变的事实却一点负面影响都没有。比那更重要的是，他唤醒了一种民族自豪感。这自豪感本身是新近产生的，但同时通体浸染着古希腊、古罗马时期的传统，亦受基督教-宗教改革中救赎说的滋养。

以赫尔曼为主要人物，或以他的故事为主题及素材的戏剧作品、诗歌与歌剧能列出一长串来，从时间轴上看，它们一直延伸到了 19 世纪，其作者包括了克里斯多夫·马丁·维兰德（Christoph Martin Wieland）、克洛普施托克（Klopstock）、海因里希·冯·克莱斯特（Heinrich von Kleist）、克里斯蒂安·迪特里希·格拉贝（Christian Dietrich Grabbe）等人。此前作为人名并不多见的"赫尔曼"也从那时开始，一直到20世纪初期，成为德国人最爱取的名字之一。就连阿米尼乌斯妻子的名字索斯内尔达（Thusnelda），都是无数人受洗时的第一选择，这股热潮一直持续到了20世纪。位于条顿堡（Teutoburg）森林的赫尔曼纪念碑是全德国境内最高的雕像，1841年开工建设，1875年竣工并举行了落成典礼。直到今天，这尊塑像在很大程度上起到的是证实赫尔曼叛变的作用。他的行动事实上也并没有带来自由，而是长达千年的退步与落后。因为就是由于他的关系，本来可以通过罗马人引入的古希腊、古罗马高级文明，虽已传及亚琛、科隆、奥格斯堡或雷根斯堡等地，却在数百年间未曾踏足德国的北部与东部。

我们现在说这些还是有点太超前了。德国的人文主义者还想再过一阵开开心心的日子，还想再好好夸夸他们的德意志民族呢。要离了意大利，他们可什么都办不到。这个德意志人的国家和它的居民持续从周边环境中汲取养分，在与左邻右舍的互动中收获见效最快的动力，靠着其他民族传来的观点、理念与技术生存。他们依然以古老的民族自居，论年资、论学养，都把法国人、意大利人、罗马人和希腊人远远甩在身后，后面这几个民族至多能把自己的出身往特洛伊上面靠，可能如《圣经》中上帝子民一般崇高的，唯有德意志人。人们似乎想刻意忘记，在比塔西佗《日耳曼尼亚志》重见天日更早的13世纪，就已经出现了一种假说：据传最初有那么一个巨人，名叫 Theuton，他的所有子嗣均身材魁梧，甚至略为臃肿笨拙。[14] 人们更乐意被记住的，是作为 Teutonici 的后代，这个词来自 Tattern，即鞑靼人。据说这个人种中典型的一支是巴伐利亚人，当初就是从东方迁移过来的。也就是说，都是来自东方的移民，一批又一批。

然而，"德意志"（Deutsch）在历史上的任何时刻都不曾等同于"日耳曼"（Germanisch），"日耳曼人"（Germanen）也从未是一个团结统一的民族。就算是英语里有"the Germans"这种说法也证明不了什么。塔西佗本人也将斯拉夫人、芬兰人和萨米人（Samen）都算作了"日耳曼尼亚"（Germania）中的一员。他们在罗马的官方语言中一概被称为 Germania magna，因为他们都居住在莱茵河的"右岸"。[15] 这种在地形上的分布在恺撒时期就已经基本被定下来了。那会儿有一小群凯尔特人聚居在如今的南比利时地区，他们在当时就被称作 Germani。只不过，德意志族的人文主义者如今将一种后果惨烈甚至致命的全新解读/误读方式带到了对塔西佗作品的阐释之中。日耳曼人从现在开始就是彻彻底底的德意志人了；从此，塔西佗所记所述，就是德意志人的起源。在这个开篇故事中，德意志人的老祖宗叫作图伊斯托（Tuisco 或 Tuisto），是一个从地里破土而出、集双性于一身的人物形象。他的儿子叫作曼努斯（Mannus），其后裔有三支，分别是英该沃内斯人（Ingävonen，也称因加冯人）、赫尔米诺人（Herminonen）和伊斯特沃内人（Istävonen）。又过了没多久，在人文主义者圈子里就已经开始流行发明各自对应的众神形象了。与移民再没半点干系，人们谈论更多的是那些从土里蹦出来的原始居民。骄傲自豪的情绪让与此相关的知识像滚雪球一样，不断地扩大、膨胀。

59　　德意志人凭借这样的故事，胆大妄为地编造了一段他们根本配不上的历史。而且，还远远不止这些。照他们的解读，那位古老的罗马人（塔西佗）通过他的文字，还为自己本族的百姓竖立了一面明镜，镜中的榜样就是那个日趋理想化的日耳曼人形象——他们纯洁、正派、坚守道德风尚，他们本性质朴，不懂得任何奸诈与心机。[16] 作者在用文字记述这一切时，抱持着一种"道德主义"的姿态。"在塔西佗作品中，最终成形的是一部共和制贵族统治体系下的行为准则法典。其中的核心要素是意义非凡的功绩（*virtus*）、用来赞颂这些功绩的奖赏（*gloria*）以及内部与外部的自由（*libertas*），最后一点是功绩和奖赏发生的前提条件。"[17] 所谓的"德意志人"（*Teutonische*）却并没能够看穿这个罗马人的用意，他们只是从字面上理解了他写的话，就立即昭告天下，称那部作品为他们的精神财富。这帮人那会儿连自我约束都还没能力做到呢，突然之间就坐拥一大笔宝藏，里面满是罗马时期的美德（关于他们的弱点，塔西佗倒是也没吝惜自己的笔墨，只不过关于他们的恶习与不道德行为，作者只字不提就是了）。这样做并不能帮助他们改变自己所处的现实，变了的很有可能是他们的诉求、他们的自我感觉和他们的自我意识。[18] 难道真的说中了：作家也是民族的奠基人之一？

　　但与此同时还有个问题，书里面反复提到的那些，到底是不是专属于德意志的价值？所谓价值，应该指的是生活中具有普遍性、原则性且能经受住时间考验的事物或状态。它们为活在这世间的人们提供方向上的指引，确定身份上的认同，而不能仅仅限于某些个人或集体的自我指涉。与生俱来的德意志美德？在伦理、观念及社会等方面，独特的德意志品格？优于所有其他民族的对智慧的热爱与追求？已经大功告成、奋斗到手的自由？这一切的一切，都只是一场场美梦而已。太多确凿且直白的证据向我们指明，无论后来扎根本地发出了什么芽、开出了什么花，都不能掩盖那粒种子是出身外族、被带到这里来的事实。把价值挂在嘴边的那些人，心里想的一般都是原则而已。根本不用搬出来什么柏拉图、亚里士多德或西塞罗——只需要想人文主义者、贵族子弟乔瓦尼·皮科·德拉·米兰多拉（Giovanni Pico della Mirandola）和他题为《论人的尊严》（"De hominis dignitate"）的演讲就行了。他在其中论述了人之尊严何其重要，盛赞意志的自由。在他看来，上帝将人类置于世界的中心，就是为了让他们能有机会环顾四周，并依从本身自由的意志塑造自我——虽然在这之后，说这话的人遭遇了谴责、诅咒甚至迫害，但他所提出的这一思想观念却自此长存于世间，没人能够把它彻底清除。米开朗琪罗在为西斯廷教堂创作祭坛壁画《最后的审判》（"das Jüngste Gericht"）时，将皮科画在了与太阳神阿波罗形似的基督头像旁，让他在被拯救的人群中得以永生。[19] 而类似这样的行为在德意志境内则要再等上很久，才有人出来对其进行理解、感受和思考。

要是把相应的表达工作交给那会儿的德意志人去做，一切则要简单直接得多。在路德时代，曾经流传过这样一首《民歌》（*Volkslied*）："重振吧，以上帝之名，/你这有价值的德意志民族/没错，你们应当感到羞耻，/美誉如今将消亡/你们曾长期拥有的，/通过你们的荣耀与骑士精神/因而要像前人那样/亲爱的上帝必须执掌一切，/他会将他神性的力量借给你们。"[20]出现在这几行诗里的"德意志民族"，是贵族阶层，他们不是农民，不是这片土地上的穷人们，而主要是骑士、战士和士兵。

正是在这样的背景下，路德本人崭露了头角。他的首篇宗教改革名作即《致德意志基督教贵族书》（"an den christlichen Adel deutscher Nation"），其目标群体为何人，再清楚不过。其具体目的亦在于"对基督教阶层进行改良"（Von des christlichen Standes Besserung）（1520）。[21]是时候发出声音了（第151页）。不过，即便路德发出了自己的声音，也绝对不等于他在煽动某种民族情绪，或宣扬某种民族意识。因为就算他的文章成书后旋即被复印了好几千册，传遍世界各地，其中内容针对的依然是"全民族"在基督教信仰及道德层面的感受，文章的宗旨也是帮助他们形成一定的自我理解与认识。在此时的语境中，德意志人指的除了贵族之外，还包括教士、牧师和有阅读能力的市民阶层。如今德意志人的概念内涵不再仅仅局限于宫廷社会的精英圈和在那里活动的诗人作家，也并没有囿于大学的围墙、传教的祭坛或人文主义者的聚会。书籍和传单将信息、价值判断或自白性质的文字带向了范围越来越广的公共大众，率先受益的便是城市中有阅读能力的那一部分人群。路德的文字便是最早的例子之一。数不尽的大众"代言人"引用他的话为自己的演讲增色，并唤起了群众极高的期待。

对基督教界的担忧像是一块大石头，重重地压在宗教改革家路德的心上。在当时，几乎所有的阶层都在抱怨自己眼下的贫困，但其中问题尤为突出的,就是那些"从属德意志的小国"(deutsche Lande)。因此,路德作为宗教改革檄文的作者,面向国王与贵族请求援助,希望能帮到他"可怜的同族百姓"(elende Nation)。此文撞开了三面由罗马修筑起的防护墙:宗教神权相对于世俗人权的优先性;教皇的最高指导权(Magisterium)以及教皇召开高级神职人员大会(Konzil)的行政权力。"因此,让我们醒过来吧,亲爱的德意志族人,让我们比起敬畏凡人,更加敬畏上帝。唯有这样,我们才能不与那些可怜的灵魂同罪,它们在罗马人卑劣可耻的魔鬼统治下迷失了自我;也唯有这样,魔鬼的力量才不会越来越强,或许我们可以让一件事成为可能,那就是这样的地狱统治不再变得更加糟糕,以至于难以收拾。"

所有德意志的主管教区均必须向罗马支付一定的费用,这被路德视作丑闻。少设置几个红衣主教,教皇的吃穿用度稍微不那么铺张浪费一点,也就能省下这笔钱了。路德认为,教皇征收所谓的十字军东征税,表面上号称是为了对抗土耳其人,实则是在滥用德意志民族善良淳朴的辛勤劳作(guter, einfältiger Eifer der deutschen Nation)。现如今,"愚笨的德意志人最好永远这样……世世代代地傻下去,祖祖辈辈都只管当个掏钱的冤大头就是了。当下也正是时候,轮到主教与诸王侯为他们治下的百姓……撑起一把保护伞,领导他们、守卫他们,防止他们的物质财富与宗教财富被"众饿狼撕咬分食(第171~172页)。皇帝应当下令立法,禁止向罗马支付税款(Annaten,即圣职首年收入)。要是真跟土耳其人打起仗来,"德意志民族"自己就能准备足够的人手。这篇洋洋洒洒的文章中对罗马的谴责与批评随处可见，另外也不乏相关建议，敦促王室制定有反抗效力的法令。这些法律条文不该只针对具体的德意志机构或特定的行为标准，而是要从普遍的意义上为（西方）基督教更换新鲜血液。只不过，他的威胁听起来颇具革命意味："我们宁愿罢免所有的主教、大主教和享受教皇特权的人，把他们都变成普通的牧师，那也比教皇一个人高高在上、凌驾于我们所有人要好。"（第185页）这句恐吓性质的话，恰恰把宗教改革与德意志民族联结在了一起。"我只想在自己受到启发之后，让那些有能力且适合帮助德意志民族，在经历了饥寒交迫的、异教徒式的、非基督教的教皇统治之后，重新皈依基督教并获得自由的人，好好思考一下这一切的缘由。"（第187页）路德的话起作用了，那作用还撼动了整个基督教。

路德的撰文是反对那些狂风暴雨般的农民百姓的，他在死后才得以发表的席间演说中并没有给全体族众献上什么谄媚之词。当然了，这些话语能够广为传播，又是托了早期印刷术的福。[22] 他痛斥德意志人没有信仰。西班牙人（暴虐且凶残的民族）、法国人、意大利人（狡诈的杀人凶手）、威尼斯人（贪财之徒）；其他人被骂得更狠："德意志人从西班牙人身上学会了小偷小摸/正如西班牙人从德意志人身上学会了大吃大喝。"他紧接着还说："德意志人的举止像剑客，步履像公鸡，面容邋遢，声如牛，行为粗鲁，姿态松松垮垮。"对这位演说家而言，法国人更优雅，西班牙人更华丽，意大利人更善于雄辩，而"整个德国，好像从未把什么真正当回事儿地放在心上。要是一个意大利人下决心想做点什么，那他肯定不达目的誓不罢休"。或者说，我们总是追求新鲜玩意儿，这才是我们最可怕的谬误。[23] 所以在路德眼中，意大利人是靠得住的，而德意志人却是邋遢和懒散的。"不幸的是，我们已经在黑暗中沉沦堕落了太长的时间；早就变成了一群德意志的残暴野兽。"这份反教皇的呼吁旨在动员所有德意志城市的议会改革学校，重新奠定基督教信仰的地位。根据路德的观点，德意志人最严重的民族病是囿于口腹之欲；"德意志的魔鬼肯定是个绝佳的酒囊饭袋，必须给它起名叫作'酗酒'（*Sauff*）……而且这种永远也止不住的口渴与德意志的苦难将会持续下去（我担心），直到最后的审判日。"与此同时，土耳其人却保持清醒，或许因而还有未来。[24]

但至少，这位宗教改革的领袖认为，德意志人（"彻头彻尾的贪吃鬼；几乎是半人半兽的恶魔"）是比罗曼民族更热爱真相、更单纯的，他们忠诚、勇敢、正直且诚实，外人却总是嘲笑他们的粗鄙，跟动物没什么两样。在路德心中，德语是最完美的语言。自我认知和他人对自己的看法相去甚远。路德试图通过他一系列的改革诉求唤醒这个国家的良知，从道德上塑造他们。"我在这里不是要寻找属于我的东西，而是属于你们德国人的，救赎与幸福"（IV，第244页）。所以他在1531年奥格斯堡帝国会议后不久就发出了警示。"我在这里告诫我亲爱的德意志人……同时也立此为证，我绝无意煽动或挑起战争、骚乱或反抗，一切只是为了和平。"（IV，第273页）他很快就会有预感，德意志的土地将因他的学说陷入战乱，而他的教诲给德意志民族带来重塑性的影响之大，甚至可能再次导致这个国家的分裂。

为了对症下药，路德开出的方子是：强化诸侯的力量，赋予他们宗教上的合法性以及相应的神圣与庄严。这样做更符合《保罗福音》所述（Röm 13，1），而后者亦为更受路德青睐的权威依据。"每个人都要服从掌权的当局，因为一切权力均为神授。所有受到路德明显或隐晦影响的德国国家理论都透露出一种认识，即国家是某种不可推导的原初存在，是上帝所建立的秩序。"研究路德的专家海因里希·博恩卡姆（Heinrich Bornkamm）这样总结道。[25]

而天主教一方对某些问题则持另外的看法。德意志的人文主义者约翰内斯·科赫洛伊斯（Johannes Cochlaeus）发布了一本反对路德派的《基督徒的劝告》（*Ein Christliche vermanung*）传遍世界。[26]"哦，德意志啊，我告诉你，如果你继续容纳并听从路德及其邪恶团伙的话，那么最危险的敌人便是你自己。"科赫洛伊斯也看到了这样做的后果："你的人民因不和而互相谋杀、焚烧、陷害彼此，使生命、财产和荣誉都蒙受羞辱。上帝因德意志人背离信仰而愤怒。你，路德，你已经将超过10万农民交付给了魔鬼……你从肉体上和灵魂上抛弃了他们，你让寡妇和孤儿陷入无边的困境，你通过无用和有害的书籍让穷人为了金钱付出代价，而所有的赎罪券商人，就如你所称，二三十年来，做的亦是同样的事。"

可是，路德为德意志指了一条反教皇的民族主义之路。胡滕接过了这面大旗，把它和人文主义的理念结合到了一起。印刷术则负责将这一类的思想传得更快、更远。最终，路德式的普鲁士主义决定了，在接下来的几个世纪里，直到1870年乃至1918年，整个德意志的态度都是：当权者至上、民族至上、民族价值至上。在德意志人被塑造成形的过程中，这种奴仆精神发挥的影响力越来越大，从意识形态的角度，用好听点的话来说，叫温驯。另外，天主教对此的反应则从16世纪开始，为这个从头一天起就不曾团结一致的族群埋下了新的紧张关系。

塔西佗对路德来说并不重要。路德眼里只有基督教大业，并把希望寄托在了皇帝身上，这位君主当时可是执掌着一个真正的日不落帝国呢。路德看到的是基督教教徒正遭受来自土耳其人的威胁，而他的目标就是动员百姓、奋起反抗。然而，那部重见天日的《日耳曼尼亚志》也并非通篇都是兴高采烈的欢呼声。汉斯·萨克斯（Hans Sachs）通过自己的反复吟唱让人们听到的，就是那文章中的声声怨叹。汉斯既以修鞋为生，同时也是一位著名的工匠歌手。他从未井底之蛙般地以为，整个世界的幅员不过就自己家乡的一亩三分地儿么大。他生活在纽伦堡，一个当时的全球性大都市，这让他拥有了足够的经历与体验去理解和把握，在城墙的另外一端都发生了什么。汉斯是宗教改革的支持者，他将自己的见闻与认识编到了像这样的诗词中："维滕贝格的夜莺啊/如今人们到处都能听到它的歌声。"歌手在这里运用了一个比喻，本体是路德与他反抗教皇的斗争。这首歌中充满了类似的修辞，例如教皇利奥十世被比作雄狮，主教与高级教士们被比作群狼，修道士们则像蛇一样，他们联合其他的猛兽一道偷听夜莺路德的歌声，并徒劳地向那羽翼丰满的歌唱者展露他们的獠牙（1523）；歌中突出赞颂了《圣经》的德语译本（*die heilige Schrift... in teuscher sprach*）。事实上，它也的的确确在标准德语（德意志众族普遍使用的通用语）的形成过程中，发挥了至关重要的作用。

工匠歌手汉斯亦再三表示出对暗藏的土耳其人威胁的担忧。他在歌中呼吁人们,"要反抗嗜血的土耳其人"。这呐喊既是朝着皇帝与德意志王侯发出的,同时也面向"整个德意志民族从严律己的骑士队伍"。不仅于此,兵器制造及其他行业的工匠、农民等也是他的宣传对象。因此可以说,依汉斯所言,每个德意志百姓都该是抗土战争大军中的一员(1532)。因为:"土耳其人正威胁整个德意志/让我们百姓饥困、疆土荒芜/他们杀戮、纵火,干尽坏事/唯有上帝方能宽恕……"但是,凶险同样暗藏于基督教大军一方:"皇军的各位将士啊/请严守基督教戒律与目标/切勿过量饮酒/也别参与任何赌局/谨记女子皆毒。不要侵占别人的东西,不要被贪婪蒙蔽,只过你自己的生活。让上帝来安排一切,保护基督徒,忠实地维护王国和公众的利益,拯救德国这片祖国,使其摆脱土耳其的威胁,只信赖上帝。"召唤声有多殷勤,那针对酗酒、结盟、赌博、强奸与劫掠的警告声就有多刺耳。事实上,皇帝军队的暴虐程度比敌军也好不到哪儿去,所作所为骇人至极——这就是那位纽伦堡市民兼当地最著名的补鞋高手所总结出的经验。

直到过了将近15年以后,歌手才重新打起精神来,再度吟唱起了悲叹之歌——《悲哀的德意志之国与忠诚的艾克哈特》(1546)。在这首歌中,作者听到了"日耳曼尼亚"是如何哭诉皇帝和帝国想要把它毁掉,听到了它是如何因这土地上的饥寒交迫而痛泣,听到了它是如何呼号,和平与团结正在此处一步步走向掘好的坟墓。"这斧头放在树根旁。"不过,忠诚的观察家同时也一条条地列举出了之所以会这样的原因。"从你自己出现这种损害,因为上帝在怜悯之中让他的光芒照耀,你却没有在那光明中行走,只是在黑暗中,在所有过度的罪恶中。这使你明白,这样的惩罚必须降临,罪行不可能躲避光明的审判。""日耳曼尼亚"如今坦承了自己的过错,人们甚至进一步补充,这个过错正是在宗派的冲突和不和睦中得以自证的。现在,"日耳曼尼亚"指的就是"德国"(Teutschland)了。

塔西佗笔下的"日耳曼尼亚"最终成了所有"德意志部族"(Teutsche Lande)的统称。从这一刻开始,"日耳曼人"和"德意志人"就是一回事了。后来的历史编纂者都是这样认为的。布克哈德·戈特黑尔夫·施特鲁韦(Burkhard Gotthelf Struve)是一位在他生活的那个时代名望极高的法学家,并且是一位公认的博学之人,他曾为泽德勒(Zedler)编写的百科全书贡献过一篇详尽的百科词条,用了整整四章的篇幅勾勒出整部德意志历史。"《德意志帝国变迁简报:从可靠的史家角度呈现德国历史的概述》(*Kurzer Bericht von Veränderungen Teutschen Reichs als ein Begriff Teutscher Historie aus bewährten Scribenten dargethan*)(1712):在第一部分中考虑自由的德意志地区,在第二部分中考虑受罗马人统治的德意志地区,在第三部分中考虑在法兰克人统治下的德意志地区,在第四部分中考虑在自己的皇帝统治下的德意志地区。"后来,他又在这概要的基础之上加以拓展,补充了许多翔实的描述。[27]在这些描述中,"自由的德意志国"(*freye Teutsch-Land*)是这片土地上的最高原则,而非罗马的统治。因此也可以说,塔西佗在施特鲁韦这里得到了背书。后者作为一名历史学家的影响一直延续到很久以后。他提出了一个（巴洛克式的）概念，即"自由日耳曼"（Germania libera），取代了塔西佗所使用的"大日耳曼"（Germania magna）。这个概念在雅各布·格林（Jakob Grimm）的努力下，渗入了具有一定意识形态的"日耳曼"研究领域中。

数十年以后，确切地说是在 1541 年，"德意志米歇尔"（deutscher Michel）这个德国的拟人化形象首次出现。[28] 神秘主义者塞巴斯蒂安·弗兰克（Sebastian Franck）将其运用在自己的格言警句中，这个形象就是一个货真价实的蠢货。[29] 德国人的这种自我阐释方式之所以能得到一定程度的传播，同样也是托了书籍印刷与传单满天飞的福。这个"米歇尔"存活的时间久到直至今日依然可见其踪影，为漫画、自发的影射、外人的取笑提供了绝佳素材。1642 年的一张讽刺性传单上，他作为语言纯洁主义者出现。[30] "这是一首名为《德国米歇尔》的美妙新歌 / 反对所有的语言腐化者/娼妓/编纂家和秘密顾问，他们如此多地混淆、扭曲和破坏古老的德国母语，使用各种各样的外来/拉丁/意大利/西班牙和法国词，以至于他们自己都已看不出，几乎连一半都认不出来。"这只是传单的标题。正文是这样开头的："我，德国的米歇尔/几乎一无所知/我的祖国/真是可耻/现在人们说话/就像瑞典人一样/在我的祖国/真是可耻。"文章以问题结尾："什么是'allegrament''Patent'和'mancament'/何为'retranchiment''malcontent'/'Präsident'又是甚劳什子/傻瓜百万次的侮辱/完成你的荒唐行为/也终结了它的性命/你们是否明白，你们是如何带着嘲笑和耻辱/扭曲语言，完全毁坏了它？"这因而也可以被解读为对德意志人总是以法国为跟风指标这一做法的抵抗。只可惜，这种导向在三十年战争之后非但没有中止，且愈演愈烈，甚至成了一种时尚的象征——包括"德意志的米歇尔"在内的不少人都对此发出了遗憾的感叹。[31]

在那之后，法国人所使用的语言依然被当作"文明语言"(*Kultursprache*)的最佳典范，就如同在法国国内，法语被认为是法兰西文化的集中表现一样。法式的优雅、细腻与理性似乎成了法语在德国的推广大使，用它的人越多，越是让原本就笨拙的德语显得更加无可救药。只要能负担得起，所有的家庭都想为他们的子女提供法式教育。再加上印刷体书籍与报纸作为新兴的交际工具进入百姓生活，为法式时尚在德国的快速传播提供了便利。

随着语言的普及，来自法国的影响很快扩展到了另外一个层面，它为德国人打开了视野，帮助他们认识了人类的核心价值：人的尊严、自由、启蒙、人权、平等、民主、司法保障、多元化与世俗性等。德国人慢慢学会了珍视这些价值，可从起源来看，它们无一例外都是进口货，都是德国人或早或晚从书本上看来的；无论自愿抑或被迫，都是被其他人引入这里的。就连德国人的勤奋与可靠同样如此。意大利的人文主义是其诞生的摇篮，法国人树立的榜样则是师父，将他们领进了门。诚然，后来一位叫海因里希·海涅的人认为，"人本主义、四海之内皆兄弟、世界大同"这些精神都是通过——莱辛、赫尔德、歌德、席勒、让·保罗（Jean Paul）等——德意志的"大人物们"才得以盖章认证的。可无论这些思想界的大英雄们如何卖力地在自己国内为它们摇旗呐喊，那些理念说到底毕竟不是他们的发明。事实上根本不存在源于或专属于"德意志"的价值或美德,不管德意志人关起家门来是如何自以为的。他们口中的价值或美德,不过是追随法式时尚的后续作用而已。那些都是从古希腊、古罗马,从希腊和罗马,从基督教,从拉比犹太教,从意大利或就是从法国进口来的,他们像是一块块饱含水分的海绵,供德意志人吸取。反观政治部分,在很长一段时间里,能够将所有德意志人联结在一起的纽带却是他们标志性的地方主义、奴仆精神以及对当权者的绝对臣服。一切更高级的文化产物都是或早或晚的舶来品,这一趋势从未中止;德意志人的"代言人"们只不过是起到了辅助的作用,帮助他们本民族的百姓去接受这些文化,并将其内化于心。

从巴洛克时期开始,德国境内的政治分化才变得具有一定的文化繁殖功能。原因在于那个时候宫廷戏剧正开始流行,而无论权位大小,只要是个有头有脸的人物,就都想拥有属于自己的剧团与剧目,用以表现其威望之显赫与庄严。只不过,这种行为当然也不是德意志人的原创。熬过了三十年战争,人们想给自己的日子重新添点生机与乐趣了,于是众多的德意志小国公侯开始模仿起那为数不多的几个大型潮流风向标,比如法国,比如威尼斯。直到今天,这片土地上的剧院数量依旧多于世界上任何一个有可比性的国家所拥有的。相似的情形也发生在宫廷管弦乐队的身上。席勒的剧作《强盗》(*Räubern*)就充分使用了这一有利条件。然而,戏剧的创作与演出却还是并没能鼓励德意志人对自身进行阐释与说明。

3

"丧钟为惨遭蹂躏的德国而鸣"：三十年战争

反正，在那场浩大的"德意志战争"爆发后没多久，马丁·奥皮茨的作品《德意志诗学》（*Buch von der Deutschen Poeterey*）就于1624年出版了，这本书旨在将德语文学创作重新提升到社会可接纳的水平，并借此与那些使用新拉丁语写作的人相抗衡。这充分表明，德国人在经历了相当长的一个伴随着羞耻的自卑情结阶段之后，自我意识开始抬头了。[1]因此，这本书变成了一个寻求合法化身份地位的战略行动。"当我们谈论德意志诗学的时候，／不应发生这样的误会，即认为，／我们国家目前的精神文化大环境是恶劣且粗野的，／我们之中绝不可能出现那样的诗学天才，／如同太阳底下任何其他一个国家一样。"因为，在此之前，奥皮茨已经明确指出："就算是德意志的诗学，／我正以自身贫瘠有限的能力与资源为其摇旗呐喊，／亦有强大而丰沛的精神与头脑作为支撑，／因而完全不必说，我们的祖国在法国与意大利面前一无是处。"也就是说，人们用德语也可以写出优秀的文学作品，跟那些受欢迎的罗曼人没什么不一样。为了证明这一论点，仿照古希腊、古罗马诗人的范本，奥皮茨自己提供了一些韵律与诗行的写作模板。在他看来，德语诗人最终能够,也应该找到与世界文学之间的连接点。

战争年代里的一位杰出诗人,安德烈亚斯·格吕菲乌斯（Andreas Gryphius）,正是用这门已经具有了合法性的语言作为自己的写作工具。1636 年的时候,他创作了一首名为《丧钟为惨遭践踏的德国而鸣》（*Trawrklage des verwüsteten Deutschlandes*）的诗歌:"我们从现在开始彻底地/没错,彻底地腐烂了!"只有那个"我们"亮明了作者的身份,他也是这个惨遭践踏的国家中的一员,而且还是刚刚从但泽回来的,所以说是"从现在开始"。1643 年,诗人将这些诗句重新进行处理,改编成了一个十四行诗的版本,连标题也换作了《哀祖国之泪/1636 年》（*Tränen des Vaterlands / Anno 1636*）。这么说,德国此时被演绎成了一个"祖国"。那西里西亚呢?这首十四行诗在重新编辑的时候,牺牲掉了在关联现实事件时对真实性的要求:它运用了闪回的技巧,把过去六七年里发生的事压缩在一起,叙述者所在的地点也不是战时的德国本土,而是更为安全的莱顿,那个地方属于自由的、免于战争侵袭的,甚至不再是德意志的荷兰。格吕菲乌斯本人就曾在那里居住过。他说:"我们现在真的彻底/没错,彻底地遭到了毁灭!"这里的"我们"依然把诗人自己也包含了进去,只不过,还保留了一定的距离。那么,在这一刻,他觉得自己到底算是哪里人呢?直到 1647 年,全国重新恢复了和平状态,格吕菲乌斯才再一次踏上西里西亚的土地。从那以后,当他言及祖国的时候,指的都是西里西亚,并且仅仅指西里西亚（1658）。"忧伤的西里西亚/震惊错愕的祖国//还有什么瘟疫带来的愤怒你不曾咽下过?//还有什么刀剑挥出的迅疾闪电不曾对你下过毒手?"² 在法国，人们对这类的情景一无所知。那里的战争非但没有带来浩劫般的破坏，反倒通过战争的胜利不断地扩展延伸自己的疆界。

战争与随后而来的和平，给德国人对自我的理解刻上了极深的伤痕。早期德国人文主义者所缔造的那种兴高采烈的情绪氛围已烟消云散。诸王侯之间的差异因宗教信仰上的分歧而进一步加深与强化，死亡人数持续攀升，雇佣兵军团每到一地便烧杀抢掠，掩埋了一切道德规则，遍布德国各地的墓穴被越挖越深，甚至都无须用土将它们填上。单凭一部格里美尔斯豪森（Grimmelshausen）的《痴儿西木传》（Simplicius Simplicissimus），就足以充分揭示当时百姓所蒙受的苦难、饥寒交迫的困境，甚至预言了日渐逼近大众的灭绝危机。在全书最后的结尾处，作者给"世界"写了一封沉重的绝笔信，信中便列举出了人民陷入以上绝境的种种原因。幅员辽阔、此前完完全全属于"德意志"的国家，在那段时间里，彻底且永久地离开了帝国的联盟。选择留下来的诸王侯，在行动上也比从前任何时候都要更加独立自主。就在这个节骨眼上，那位语言纯洁主义者出现了，他的海报传单不断被人引用。³ 但到了要形成一个强大且有自我保护能力的民族意识的时候，德国人的脚步显得拖拖拉拉。诗人不知歌颂什么好，而思想家，那会儿还没真正诞生呢。

在《威斯特伐利亚和约》（1648）签订20年后，汉斯·雅各布·克里斯托弗尔·冯·格里美尔斯豪森（Hans Jakob Christoffel von Grimmelshausen）使用日耳曼·施莱夫海姆·冯·苏尔斯福特（German Schleifheim von Sulsfort）的化名（这是将作者本人姓名隐

这是 1669 年《痴儿西木传》（*Simplicius Simplicissimus*）首版的扉页插图。图中是一只有翅膀的魔鬼，尾部像鱼一样，手持剑，脚下有一本用于战争器材的手册和面具。

去前两个名字之后剩下所有字母的倒序排列结果），发表了作品《德意志人西木卜里其西米妙趣横生且颇有教益的传奇故事》（*Deß Teutschen Simplicissimi Redi-vivi Lust- und Lehr-reicher Schrifften-Marck*）。作者本人曾在皇帝的军队中服役。他将自己的亲身经历加上从各处读来的奇闻逸事,汇总在一起,化身为一个名叫梅尔希奥·施特恩费尔斯·冯·富克斯海姆(Melchior Sternfels von Fuchshaim)——这个名字也是一个易位构词游戏的结果——的人物,出现在这部集战争小说、冒险小说及流浪汉小说等流派于一体的文学作品中,数不清的小插曲中都能看到这个人的身影。借此,他不但创造出了史上对三十年战争最令人印象深刻的描写,更为重要的是,他还记录下了战争的残暴、农民的狡诈,以及持续了相当长一段时间的德国人在法国与瑞典取得胜利后感受到的屈辱。这场由文字再次构建起来的战争除了有其残酷的一面之外,同时也展现了幸存者一方对和平的渴望,这种渴望在德国内部却极有可能变了味道,走向另外一个极端,即麻木不仁的消极被动。自19世纪初期被重新发现之后,这部小说影响了许许多多彼时刚好也是年轻人的读者。

在其中一章里,有那么一个傻子的形象,他自诩朱庇特,即古希腊、古罗马众神之首。他[像沃坦(Wotan)那样]周游世界,目的是考察人类在世间的所作所为:他想要惩治恶人,保护好人,并按照自己的意志来引导他们。这位自封的朱庇特计划着,唤醒一位"德意志的英雄":"他应当用剑的锋刃完成一切,他将杀死所有卑鄙小人,而虔诚的那些,则会得到他的保护与提拔。"这有可能在不爆发战争的条件下实现吗?依他的想法,这位英雄在复活之后,不需要任何的士兵,他用来征服他人的手段是他本人的友善,他将对全世界进行改革,唯一的武器就是火神武尔坎(Vulcanus)为他锻造的铁剑,这就足以"迫使全世界向他低头"。他会用这把剑"将所有不敬神的人统统杀光",只消轻轻一挥,利剑的威力就可以透过空气传到远方，无论敌方的军队身处何地，"所有的人头颅都会同时应声落地"。这是一种由超世俗力量指挥的条顿之怒（Furor Teutonicus），是一个古老而受欢迎的烙印。在朱庇特想象中的那个英雄会将所有杀人凶手、放高利贷的人、盗窃犯、通奸者、妓女和坏小子一一惩治，还会"把农奴制度外加所有的关税、国内货物税及交通税、利息、土地税等在整个德意志土地上流通的不合理的税费全部一笔勾销"。在这样的文字中，既树立了目标，又勾勒了光明的未来，还预示了德意志的伟大。

紧接着，他，朱庇特本人，会与众神一道，"降临至德意志人头上，在他们的葡萄藤与无花果树下愉悦我们的身心，在那里，我将把赫利孔山（古希腊神话中文艺女神缪斯所在的山）摆放在他们边境线内的正中间，缪斯们将在那里重新生长出来。我将把受宠的阿拉伯人、美索不达米亚人及大马士革地区所享用不完的恩赐，全部拿来赏给德意志人。再接下来，我会立即发誓放弃使用希腊语，从此以后只说德语，简言之就是我自己也以一个德意志人的形象重新现身，我要让他们……像此前的罗马人那样，获得对整个世界的统治权力"。帝国因而将拥有一个升级更新过的版本；英国、瑞典、丹麦都将……"因为他们同样有德意志的血脉与出身"，而西班牙、法国、葡萄牙，"因为以前的德意志人曾经接纳并统治过他们目前所在的那几块领土"，现在也就理所当然地该被划作德意志的封地。这样的话，"在全世界的所有民族之间就真正实现了天下太平"。难不成希特勒也曾熟读《痴儿西木传》一书吗？

小说的叙述者和在文中与这位所谓的朱庇特进行对谈的另外一

方都对此表示震惊："那诸王侯与统治者又会有何反应，如果那位即将降临的英雄胆敢如此放肆，以这样一种非法的手段，从他们手上夺走所有本该进到他们口袋里的东西的话？（……）难道他们不会用暴力进行反抗吗，或者至少在众神或者众人面前提出抗议？"这位傻瓜神将这个反驳的理由不屑一顾地甩到了一边："对于这一点，我们的英雄压根不会有丝毫的在意或费心。"反正，只要持反对意见的，都会跟其他百姓一起被惩戒，相反，如若有意归顺，他们也会跟一般人一样得到奖赏。"很快，德意志人的私人生活就会因此而变得惬意与幸福许多。"这个英雄还会建造一座巨大的神庙城市，神庙中全都是钻石、红宝石、绿宝石和蓝宝石；全世界各个角落的珍奇异宝都被搜罗来，放置在神庙的艺术品收藏室里。印度的莫卧儿、鞑靼人的可汗、俄国的沙皇、土耳其的苏丹，所有这些人都将对德意志俯首称臣，并献上他们的贡品。

不同教派之间亦不再策划任何战争。"我的这位英雄将以十分睿智的方式解决掉这个隐患，他会在开始一切其他动作之前，将整个世界上所有基督教派别统一起来。"他会组建一个大型的高级神职人员会议，这个组织拥有不可辩驳的根基，负责宣布一切神圣经文与教会神父们要向世人传达的真相。若谁对此有异议，便会在一个秘密会议中被活活饿死。更不听话的，有刽子手的斧头伺候。压根就不认同这个信仰的人，硫黄和沥青正等着他们。简而言之，为了达到条顿人的和平，不惜将一切暴力形式派上用场。

傻子的这一套说法，既非乌托邦，也不是在进行针砭时弊的讽刺，其实，更像是为德国人彼时的愿望，甚至是一个令人着迷的未来蓝图绘制的恶毒漫画。[4] 它揭示了那个时候是什么在折磨着德国人，令他们痛不欲生，也透露了什么才是他们认为自己可以得到并应该得到的，也就是说，他们是如何看待自己的。这个近似历史的前景从今天的视角看来是十分骇人的。如此一来，它宣告建立起的，无疑是一个德意志的世界霸权，一个德意志的世界文化，一个德意志的全球统治地位。要想达成这样的一个目标，一方面需将其北面的各民族地区纳入自家的版图，这并不难理解，毕竟他们使用的几乎是同样的一种语言（但在这个扩张方向上，也还不能漏掉海上霸主英国，以及多次赢得海战胜利的瑞典）。另一方面，中世纪早期的那些说日耳曼语的部落与氏族，他们开展的针对当时德意志边境线以西和以南的占领与争夺，产生了一个十分有利的后续影响，那就是许多外部民族与国家（哪怕是像法国这样的常胜军）都被加诸了一个对"德意志"俯首称臣的合法性基础。因而，无论是处在哪个方位上的近邻，最终都将被划入一个"德意志国"的框架。自然也不能少了意大利，不过，它在更大程度上从一开始就是属于"帝国"的。世界、文化、宗教，所有的一切都向德意志人宣誓效忠。

那场战争，格里美尔斯豪森口中的"德意志战争"，唤起了许多情感。"哀祖国之泪。"傻子的一番试图安慰人的话，并没有造成多大的响动。诗作依然是学术上的事儿。"正统的巴洛克诗人，"如一位行家所言，"并不跟随自己的感受而写。他写下的，都是适合被写出来的。[5] 它听起来应该是这样的：德意志的情感可谓典范，它走在所有人的前面，/随便别的人讲什么长短！/作为一个德国人，最首要的目标就是，/因自己的耿直正派而得到他人的喜爱……从前在古人们那里就是如此/这是可爱的德国人最佳的荣誉……正如同他们很久以前唱诵过的那样：/致德意志的耿直与正派！"但事实上，德国人在当时也喜好追逐那些来自异乡的潮流，尤其是拿法国人当榜样，这一点受到了不少诗人的谴责。耿直正派？"人们不是一成不变：他们也会更改风俗习惯，/那件由古老的忠诚与德意志的正派制成的罩衫/在我们今天的时尚世界看来，简直是条难看得要命的连衣裙。"[6]比起赞歌来，恩诺赫·格拉泽尔（Enoch Gläser）唱诵的倒更像是安魂曲；汉斯·阿斯曼（Hans Assmann）也表示同意。德意志的美德？"从前在古人们那里就如此。"眼下的情况似乎要更加骨感。

《和约》里谈的也确实不是德国的问题，而是帝国王侯的利益协商，及调解他们的贸易纠纷。"一架特洛伊的木马貌似给我们带来了和平：/里面却塞满了怒气，把许多的情感都一并拽了过来。"这首写在1654年的箴言诗是弗里德里希·冯·洛高（Friedrich von Logau）众多格言警句中的一篇，他发表过的类似絮语并不比百年后（1759）的莱辛更少。对"帝国"衰落的怨叹格外响亮，直到19~20世纪还有不少诗歌作者跟在旋律后面继续着这个调性的吟唱。可不管人们提德国这个名词提了多少遍，实际上指的依旧是在那个"帝国"里被联合到一起的若干小国以及他们的居民，并不是一个团结统一的民族，更不是一个民族国家，他们的民族自信还有待增长。这场战争揭示了法国在军事，尤其是文化上的优越性。这个认识在民族自信方面折磨了德国人许久。他们越来越以自身的落后与所受的屈辱为耻。

　　他们当然也想像其他的欧洲国家一样，吸纳那些历史悠久的道德伦理、外来的理念、新鲜的知识，将这一切都进一步发扬光大，实打实地学到它们，最终真正地"据为己有"。可他们并不曾真真正正地发明过什么，作为开创者发现过什么；许多东西都是在模仿的基础上产生的。德国人缺乏一个坚固的基石，可以拿来在上面立住本已摇摇欲坠的自信。不安全与自卑情结是他们几百年来一直背负的烙印。"法国将它发展壮大/法国将它创造了出来//于是那么多的国家和民族才成了效仿法国人的猴子。"关于这一点，洛高已经写出了自己的评语。德国成了学法国人手风琴的猴子？不！绝不！人们赶紧追赶法国人的潮流，一直追到了时装领域。"仆人总喜欢与他们主人的爱宠调情。/难道说，这样法国就是主人，德国就变成仆人了吗？/自由的德国啊，看看你这卑微的臣服的样子，为此而感到羞耻吧！"[7] 这样的羞耻，和与之恰好相反的顽抗，是正处在萌芽期的德国人民族情感中的两个重要标志。模仿欲正是自卑感与羞耻感的产物。这一点，尼采到后面还会加以批判。[8] 当然，执拗的骄傲也唤醒了人们，在他们的设想中，"德"语作为一门语言其历史之悠远，完全够称得上人类最古老的语言之一。[9]

　　洛高的箴言诗一步一个脚印地见证了德意志人民族情感的发展。它有的时候还加上了用挖苦讽刺的幽默感调配的风味。"致德意志人。就这么喝下去没错！继续喝得醉醺醺！真正的德意志人，都是这样把自己灌醉的！只有时装，只有时装，才会把人引向魔鬼。"[10] 这可不是什么洋溢着民族自信的诗行。它更像是在提醒人们注意,那个早在路德的笔下就得到刻画的德意志人的性格特征。在这之后,一位女士肯定也知道了个中缘由,发出了同等程度的怒斥,她就是奥尔良公爵的夫人,来自普法尔茨的李斯特(Liselotte von Pfalz):"如今,似乎在德国流行着一种非常不当的行为,那就是,人人都想要追随法国的时尚。德国人,尤其是淑女们,其实更应当为自己赢得一种荣誉,这荣誉是因其美德与诚实而来。它才能将德国人与其他民族区分开来,并给他人树立良好的榜样。"若有人能通过这种"富有美德的品质与偏好"而与众不同,"便不应该自己为法式时髦的范本所惑,以致犯下恶毒的罪行"。[11] 可此类的提醒与警示并没能改变多少当时的现状。

尽管如此,更高的价值仍然能够在此地扎下根来、发芽开花,当然了,就像我们曾经提到过的,那只是因为土壤本身做好了准备,这还得归功于那些曾当过德国人老师的外国人,以及过往所有那些从国外被引进到本土的陌生而新潮的观点与理念。比如,"义务"这个词(虽然从词源上看,它是由古高地德语中的"pflegan"一词派生而来,意为"关心、照料")作为一个价值概念,在社会文化中的重要意义便来自这种所谓的进口传统,无论康德后来从中发展出的定言令式多么令人印象深刻,都改变不了它外来户的出身。"真理"这个名词也是,第一次出现的时候大概是在公元1000年前后,是由德意志人诺特特记录下来的——它是拉丁语的"*veritas*"一词经由外来语翻译方式进行转译后得出的结果。[12] 而到了今天,德国人学习及进修的动力与对象又换成了法国。就连在饮食文化与烹饪技巧方面,法国人在德国人身上所起到的榜样作用也相当明显。来自普法尔茨的公主就曾怨声载道，称宫廷里的佳肴都不合她的胃口。那道"法式炖肉"，王储跟他的儿子都只有配上一大把盐才能享用，而她本人则干脆恨极了这菜。"我在所有的方面，就连在吃喝上，都仍旧十分德式，我一辈子都是这么生活的。这里的人永远做不出好吃的薄煎饼来，牛奶质量一般，黄油的成色也不尽如人意，一点都比不上我们那儿的，这儿的人做甜点毫无天分，端上桌的东西都跟白水一样寡淡无味……就是法国的厨子，也怎么都掌握不了精髓。我多想再吃上一回你们宫里侍女做出来的薄煎饼啊！那肯定比我这边的厨子鼓捣出来的所有玩意儿都香甜。"[13] 她说的也没错，德国人至今都对薄煎饼吮指难忘。不过，薄煎饼能被当作德意志的价值吗？

三十年战争为洛高的箴言诗带来了尖酸刻薄的笔锋，给德意志百姓带来的，却只有无尽的困苦，什么民族团结统一，压根不在人们的想象之中。接下来的几十年中，分裂进一步加深，虽然以帝国宫廷法院为最高标志的皇家政治管理系统，其功绩对比往昔有了长足进步，尤其是在司法裁决领域的成就如今已获得了比原来高得多的评价，但是一样无济于事。[14] 而且，即使是这样，伟大的法学家塞缪尔·普芬多夫（Samuel Pufendorf）仍然称，此时帝国内部的局势，就是由一群要么拉帮结派要么胆小怕事的本地人决定的、"粗糙而无序的一团"，这比纯粹的"混乱"还要糟糕。事实上，那些以国土划分的国家，所谓的帝国政治体，觉得自己的地位反倒是得到了巩固。虽然在维也纳有那么一个皇帝，虽然有像是帝国议会、帝国法院等各种不同的帝国机构，可以延后或搁置发生在帝国内部的各种争议，但诸王侯在面对这个帝国时的那种最基本的一致态度已经消失不见了，越来越多的领主走上了自己的特殊道路，此间尤为明显的举动，要数勃兰登堡的统治者将自己的地位提高到了普鲁士的国王（1701），而这个普鲁士则成了一个从未归属于德意志国的独立国家。普鲁士的腓特烈二世，即"士兵国王"（腓特烈·威廉一世）之子，推行的就是一种强权政治——就像他在自己的"政治遗嘱"中暗示过的那样——已经起心动念要建立一个以普鲁士为导向的下德意志国，随后彻底撤出帝国联盟。

还有其他的一些人，他们感受到更多的，是一种田园风情。例如腓特烈的皇帝约瑟夫二世，玛丽娅·特蕾西娅之子，他本身是一位接受过启蒙教育的开明君主。当他穿过山路（Bergstrape）上的魏恩海姆（Weinheim），准备"出席法兰克福的皇帝加冕礼"时（1764），"据说，发出了这样的感叹：'在这里，德国将要成为意大利！'的确，这个地区幸运地有充足的日光，因而各种植物在此繁茂生长，看上去越来越有一种伦巴第的特色。就连道路两旁那遮天蔽日的白色枝叶，都让人很难不联想到意大利的模样"。[15] 这样的观感丝毫不能说明那个时候的德国人其真实心理状态如何，跟普鲁士以及奥地利就更不相关了。或者，说不定还真的暴露了点儿什么：德国，跟意大利一样，柠檬花到处绽放，这样的德国，是所有德意志人魂牵梦萦的故乡？

随着时间的推移，那些并不属于王侯贵族阶层的帝国居民对帝国这个"庞然大物"的共识与认同感，自然而然地渐渐消失了。这样的表述，连带尖锐的批评，都出自一位德意志人之口，他就是在世界舞台上颇为活跃，也颇有影响力的自然法与国际法学家塞缪尔·普芬多夫。作为一个萨克森人，在说这话的当口，即战争结束20年后的1667年，他正在海德堡为普法尔茨当局效力。但这样的批评，也不是一点儿危险性都没有。作者也担心，他那用挖苦的口吻写成的分析会招致压迫，因而，他给自己取了一个强烈暗示意大利背景出身的化名塞为林努斯·德·蒙赞班诺（Severinus de Monzambano）。不仅如此，紧接着在第二年，他就立马响应瑞典国王的号召，前往了隆德。

实际上，普芬多夫对于自己已落笔的批评采取了放任自流的态度。在作品的一开头，他虚构出一个自己的兄弟，并给这个兄弟写了一封致辞性质的信，当作全书的导语。[16] 在这封信中，他开篇就说："在德意志人那儿是这样的，如果你从阿尔卑斯山的顶峰能瞥见意大利的话，在某种程度上，你就算已经给自己赢得一个了受教育程度还不错的名声。"尽管如此，他还是惊讶于"这个民族所具有的力量与权力，觉得它的各个部族以及那个将这个奇形怪状的躯干围拢在一起的联盟（第4页）"，十分神奇，也正是因为如此，他将自己投入了对这个躯干——"帝国"——宪法的研究中。德国当地对这部宪法的研究文献像是一片看不到尽头的汪洋大海，尽管波澜壮阔，仔细看去，却发现它并没向人们昭示什么。根据这个特点，普芬多夫得出了以下认识："德国人被一股难以抑制的狂热所席卷，沉迷于写作，可他们写出来的东西，只有极少的一部分真正贡献了什么。不管是在创新天赋方面论敏锐度，还是在想象力方面谈多样性，德国人都很难赢得同处一个时代的知识分子们的掌声。"

而普芬多夫拿来当作正面典型的范本，是让·博丹与托马斯·霍布斯（Thomas Hobbes），一个是法国人，另一个是英国人。在他看来，德国人并没能正确领会这些理论家的精神。因此，德国人第一条要挨的批评，就是他们的"愚蠢"（第5页）。那个所谓的帝国只是靠一个"松散的"联盟在维系着（第7页）。"罗马帝国"的名号并没给德国带来什么好处，相反，造成的损失却是巨大的（第24页）。

这里并不是要仿写普芬多夫对帝国宪法的历史学及法学分析，他的文章具有自己独特的吸引力。上一段中引用的那几个评价与结论，放到本书的语境里，已经能够充分说明问题了。普芬多夫称，"国家形式不具备常规性"，这是帝国的标志（第97页），帝国"将若干个不同的国家形式混合在一起"，产出的只可能是一个"庞然大物"（第105页），这就是帝国身上的一种"致命的疾病"（第107页）。能做出这样的现状分析，作者在下笔时显然丝毫没想留任何情面，全然算不得是对德国人的称赞。不过他同时也承认，德国有丰富的牲畜种类、数量，及其他物质财富。尤其是"各种各样令人酣醉的饮品，德国从来都不缺"（第109页）。不过，在德国人中存在的一个最主要的特征是内心的矛盾与分裂。千百年来，不论是罗马帝国，还是后来的神圣罗马帝国，都以基督教中的"拦阻者"（Thess 2，6-7）来阐释自己的身份，可即便是这个合法性依据，也已经将它的职责履行到了尽头，哪怕在普芬多夫写下这一笔之后，帝国这个庞然大物又存活了将近100年，哪怕再后来，帝国仍旧时断时续地做着重生与复兴的美梦。普芬多夫的所有文章都只有一个意义,那就是证明,德意志人到底有多么的落后与空洞。或许不是每个人都爱听这些,也不是每个人都对此表示认同。比如在道德哲学领域,普芬多夫就与同时代的另外一位大人物发生了分歧与争执,那位大人物名叫戈特弗里德·威廉·莱布尼茨(Gottfried Wilhelm Leibniz)。他对德国彼时境况的阐释,又是另外一个样子。

虽然从二人各自所做的分析之中看不出明显的差别来,但在通过分析要得出结论的时候,刚满24岁的青年莱布尼茨给出了与那位著名法学家相左的评断。此时的他正受美因茨选帝侯的顾问约翰·克里斯蒂安·冯·博伊纳伯格(Johann Christian von Boineburg)之托,着手起草一份关于欧洲、法国以及德意志各侯国间所结同盟的鉴定意见,这份意见书将成为人们解决德意志困境、提出相关建议的背景依据。最终,莱布尼茨把它写成了一份涉及全欧洲范围的和平计划书:《关于如何在现有条件下实现长久的国内外安全及维持帝国现状的几点思考》(*Bedenken, welchergestalt Securitas publica interna et externa et Status praesens im Reich jetzigen Umständen nach auf festen Fuß zu stellen*)(1670)。[17] 他在文中认为,站到整个欧洲的视角来看,一个这样的结盟是有益的。"整个帝国是最首要的关节,而德国,则是欧洲的核心,在这段时间以前,对于其他邻国来说,德国曾是一个极具威吓力的存在,但是后来它内部的分裂,造成了法国威胁性大大增加、西班牙的力量急速壮大、荷兰与瑞典亦迅猛成长的局面。德国就是希腊神话中那个引发纷争的金苹果,就像刚开始的希腊、后来的意大利那样。德国变成了一个皮球,谁想夺位登基,谁就得先把它占领了才行;德国亦是一个战场,洒满了自家与外人的鲜血，那血都是为争夺欧洲霸主的地位而流的。这样的状况会一直持续下去，唯有德国苏醒过来、修复自身、团结一致，并从此让所有妄图取得统治德国权力的人都死了这份心，局面才有可能发生改变。"因此，根据莱布尼茨的判断，德国的分裂与弱点，导致了"帝国"的弱点，也因而点燃了蔓延整个欧洲的战火。

依照莱布尼茨的观点，德意志人内部的团结统一，同样也会为欧洲带来安宁与和平，因为如此一来，其他的几个大国——例如法国、英国或瑞典——便会把目光投向外部，并在那里寻求他们各自殖民地的扩张。这位大学者的见解和建议，步子未免迈得有点太大了，即便是放到今天，也不应用这种方法来促进整个欧洲的持续发展。不过，他给德国下的评语倒可以从中挑出来单独考察。战争并没有结束，德国的统一也遥远得看不到边际。整个帝国都像是欧洲强权手中传来传去的一个皮球，只有当它苏醒过来，才有可能变得强大。"因为当德国变得不可战胜，当所有试图压制它的力量都变得毫无希望，那么它邻国的好战性将会如同一条河撞到一座山，必然会朝着另一侧转向。"（Ⅰ，91）莱布尼茨担心，倘若统一无法实现，最糟糕的状况便会发生："于是，我承认我绝望了，我们的困境不会得到改善，那盘旋在我们脖颈上方、争分夺秒朝着我们奔来的灾难已不可阻拦。我看到意欲惩罚我们的上帝，他的正义之手已显现在我们的眼前。"（Ⅰ，100）

终于，隆隆战鼓渐渐平息。随着大同盟战争的结束（1697），整场大战似乎有了和平收尾的迹象。眼下重要的是，在受辱的德国人中间，重新唤醒他们对未来的信心。诗人与思想家此刻的感受是，轮到自己上场了。莱布尼茨就是其中一员。他给自己布置了这个任务。[18] 他甩开双臂，大步向前，远远地走在时代的前端。他的文章《一些想法，关于德意志语言的实行与改善》（"Gedanken, betreffend die Ausübung und Verbesserung der Teutschen Sprache"）就是一部完完全全关于德意志人自我阐释的作品。

因着帝国的"尊严与权利"，德国人有了更多要发起进攻的理由，这是莱布尼茨的推理。"德国人越是显示出他们的尊严，就越有可能受到攻击，因为他们可以比别人更早展现出智慧和勇气，就像他们的领导地位在尊荣和权威方面走在别人前面一样。因此，他们可以让那些嫉妒他们的人感到羞愧，迫使他们内心承认，即使不是外表上承认，德国的卓越性。"（3）拥有帝位与皇权，这一点就将德意志人提升到了高于其他民族的位置。"同时，在德国应重新树立军事纪律……现在德国人靠头脑取得同样的胜利与荣誉大有希望；但这必须通过严谨的秩序和勤奋的练习来实现。而正确的智力训练不仅要在课堂中进行，更重要的是要在大师的教导下，即以语言为媒介，到世界或社会中去学习。"（4）这一点在德国人那里，尤其是关于实践知识的方面，得到了最佳的发展，可一旦涉及精神事务，特别是在逻辑与形而上学这两个领域，德语就存在明显缺陷，只能一瘸一拐地跟在拉丁语后面了（10）。

这位大学者的语言理论或许是自洽的。他之前抱怨过，那个诸王侯割据导致帝国四分五裂的地方本位主义，也没留下什么残余。对于现在的莱布尼茨来说，让他倒胃口的，就只有掺进了许多法国人的"混编军队"了，这支队伍从三十年战争开始就被引入德国，随后不断地发展壮大（20）。这样的情形跟德意志在面对其他欧洲民族时所享有的优先权并不相符，莱布尼茨在研究15~16世纪时对塔西佗的接受史时得出了这样的结论。他极为自信地宣告："由此看来，在德国历史，特别是古代德国的语言中，暗藏着欧洲民族和语言的起源，及部分远古的宗教崇拜、风俗、法律和贵族阶级，这些比所有希腊和拉丁书籍的时代更久远。"（46）所以，光是语言理论，不能让莱布尼茨止步不前。他进一步地拓展扩充了自己的语言理论，形成了一套适用范围广泛且普遍的文化理论。并且，他认识到，"在我们德意志人这里"，有着"整个欧洲本质的起源与源泉"（48）。后来，跟这套话语相对应的自信的声音越来越频繁地响起，当然，更多的时候是在表达一种希望，而非一种现实。

即使是莱布尼茨这位伟大的数学家也没能预料到未来的变化。他虽然看清了德意志的悲剧的根源在于王侯割据，在于永无止境的争执，在于没完没了的竞争，还在于德意志王侯间持续的彼此妒忌，可他提出的那些具体的解决方案与建议，都只不过是空中楼阁，并没有得到贯彻实施。他本人也不再回过头去继续在那些问题上纠结打转，而是将更多的精力投向了科学研究，他觉得，唯有在科学之中，方能见到"德意志人"的开拓性成就。而德国的统一，以及实现了统一的那个国家，实际上真的给欧洲带去了更大、更新的战争威胁。

这个时候，统一当然还算不上是个真正能展开来、谈下去的话题。一位用德语写作的法国人就这一点发出了讥笑与嘲讽。这是一位法学家兼作家，名叫戈特利布·康拉德·普菲费尔（Gottlieb

Konrad Pfeffel），出生于法国的科尔马。当他在法国的兰道要塞（Festung Landau）那里准备穿越边境线的时候，相当尖刻地描绘了当时德国的情况："现在，我要离开祖国的土地了，就算我之前自己还不太清楚，很快，那些想从每个打这经过的人身上捞一笔的路蜂以及海关官员也会提醒我，我在接下来的六个小时里，将为那普法尔茨的选帝侯，为施派尔的大主教，为享有这个名字的帝国城市（光是它街道的名字就看起来恶狠狠的），交上七倍的路桥费，这还不包括那一笔总的过桥税。"[19] 这个阿尔萨斯人的祖国指的是法国，鉴于条顿人那落后的地方主义，当然是法国人的进步更能让他生出认同感来。

在普芬多夫、莱布尼茨和普菲费尔之后，又过了差不多一整个世纪，情况发生了改变。启蒙运动抵达了德国，只不过，它还没有唤起任何民族层面的狂热情绪。新型读书协会相继诞生，报业赢得了一批又一批爱好者，文学口袋书激发了德国人的阅读热情。崭新的观念以前所未有的速度扩散开来。书籍文化不断得到促进与拓展，这些都为民族视角的产生与展现，创造了基本条件。

"德国人看的书，自巴洛克以降，在极大的规模与程度上，都可被视作'家庭读物'。"开出这个诊断的人是诗人卡尔·沃尔夫斯凯尔（Karl Wolfskehr），说这话的时间是1929年。他收集了大量的德语书，是一名坚贞的德意志爱国主义者，并且因此逃往国外，在流亡中结束余生。[20] 他在描述德国人对书籍的欣赏时下的这个判断，也是出自这个阶段。他总结道："德国人的阅读，有一个极其显著的范畴，是家庭内部的阅读，它涵盖了极大一部分德国人的书籍流通版图。在几乎每个德国家庭里,书籍都与其他物品占有同等的地位,是家庭总财产的一部分。书籍与阅读,不仅仅是高等教育的承载者,不光是科学与国家艺术的保险箱与传播渠道,也不单单是为了广布神圣话语、反映宗教生活:它总是能够帮助人们,将那些未曾实现或被压抑的种种情感,期待、愿望、梦想或思念,激活它们、满足它们、振奋它们……直到社会最底层的最细微的一条皱纹里,都蔓延着阅读,不只是阅读的艺术,还有阅读的兴致。"德意志人,作为一个阅读的民族?只是,就连沃尔夫斯凯尔本人也发现并承认了,在他所处的那个时代,人们的阅读意愿已日渐消沉。

诗人沃尔夫斯凯尔除了创作与收藏之外,还从事过外语诗歌的翻译工作。他将自己在这个领域的经验用短短的几句话就总结了出来。这几句话篇幅虽短,却清晰地揭露出:第一,在理解外语文章的时候会出现哪些典型的问题;第二,在跨越语言边界进行精神交流的时候,会遇到哪些常见的困难。这些问题与困难在那个受法国影响极为深远的年代,当人们迫切地想要与他人的思想观念互通有无的时候,朝着德国人扑面而来。[21] "我们的语言,在表现手法与表达方式、词汇量、整个构造的规模与层次、句法的联结等方面,都拥有无可比拟的丰富性,但是,这些语料并不总是够用,尤其是当要再现某些已经老化过时的语言等级,它的贫瘠与缺陷具有哪些独特魅力的时候。与之相反,我们的语言在某一个特殊的领域展现出了令人惊奇的能力,那便是当我们要传递感情的层次渐变时,当我们想要表达狂热情感都有哪些形式,每种激昂的情感分别有哪些特征时,就算是描述在时代性与民族性方面他者痕迹最为浓重的情绪与感觉，我们也相当在行。另外，在情绪这个体量庞大且广袤无垠的国度里，无论具体要形容的对象是疯狂与猛烈、过度与极端，还是让人放松的笑容，哪怕是恶毒的冷笑，我们的语言都是撑得住场面的当家女主人。"沃尔夫斯凯尔借此证明了，德国人及其语言，都有古老的历史，这些历史也渗透在古德语的文字之中；而且，这种语言的特色及特质在于，对情感的过度表达。尤其是后者，在拿破仑时代德国人的自我反思和各种旨在反抗法兰西皇帝的煽动情绪的文章中，都能找到相应的证据。只不过，就连在德国人那里，启蒙运动的日头也越升越高。

伊曼努尔·康德挑出了几个不同的民族，将它们的性格特质进行了比较，他把自己所做的笔记汇总，在1764年写成了《论优美感和崇高感》（*Beobachtungen über das Gefühl des Schönen und Erhabenen*）一书。在它的《第四节》（*Der vierte Abschnitt*）中，阐述的便是"关于民族性格"，具体来讲，是民族性格中涉及优美与崇高的部分。这位从未离开过家乡半步的柯尼斯堡人，在文中将意大利人、法国人、德国人、英国人、西班牙人和荷兰人放在一起，互相比对。再差一点，他就连"阿拉伯人、黑人"和"野人"也提到了，不过最终，还是对这些人种的特质保持了沉默。

在他看来，德国人跟英国人与西班牙人的情感特质相近，他们都更加偏重"崇高感"。其中，他还给德国人安上了一种"对华丽"的好感，这种华丽"究其本质并非一种原始的景象"，更多的是由优美与高贵交织而成的一种混合体，因此也可以说，德国人的这种好感，是"对那些闪闪发光的崇高之物"的。因陷入爱恋而为无聊琐碎的小事浪费时光，这是法国人爱干的。至于悲剧，则是英国人擅长的领域，还有"玩笑这块沉甸甸的金子"（指英国人出了名的诙谐幽默与机智圆滑）。"在德国，玩笑想要闪闪发光，还得靠外面罩一层金箔。过去，德国人的幽默也颇有存在感，可那些笑话必须通过具体的例子才能让人理解，而且，因为这个民族与生俱来的理智，虽然幽默感里多了一分魅力与高雅，却少了许多单纯的幼稚，或者迸发出的效果不再令人咋舌的大胆，这就是它稍逊于刚刚提到的其他民族的地方。"所有的这些，都不是在说德意志民族有多伟大，因而也构不成任何理由，使它的百姓洋洋得意乃至骄傲自满。此后，康德在发展他自己的学说中的重要概念，如看重伦理法则、善的意志以及内在法则时，很自然，并没有把这一点当成德意志人的民族特性，拿来为己所用，尽管未来的年轻哲学家与文学家很乐意如此宣称。从康德当初的写作意图出发，这个特质具有广泛的适用性，而非仅仅局限于德国人。

将理性敬奉为神的做法，很显然，跟这个民族的自信没什么太大关系。直到旧帝国彻底解体（1806），再加上费希特的理论，本地的情况才有了稍许改变。正是在这时，克里斯蒂安·弗里德里希·达尼尔·舒巴特（Christian Friedrich Daniel Schubart）的"德意志的比德曼（Biedermann）"概念（1774）也正式登场亮相。文学创作者在这里看到了重新开始的可能。戈特霍尔德·埃弗拉伊姆·莱辛（Gotthold Ephraim Lessing）和约翰·戈特弗里德·赫尔德（Johann Gottfried Herder）刚好站在转折点上。在1764年，莱辛为他的《文集第三及第四部分》（*Dritter und Vierter Theil seiner*

Schriften)［这位作家最初的几出《喜剧》(*Lustspiele*) 亦在此书中面世］写下了这样的前言:"谁能指名道姓地给我说说,有哪几位人物值得德国负责喜剧的缪斯自豪骄傲? 在我们被净化过的戏剧里,正充斥着什么? 难道不统统是来自外国的笑话吗? 无论我们怎么为之惊叹折服,那不都是一句接着一句对我们自己幽默无能的挖苦讽刺吗?"简而言之,那都是别人的,很少是自己的,而且,这个境况十分可笑。类似的评价洛根已经写过了。而现如今,是该改正自己的时候了。自信是跟随着文字工作者一同成长起来的。

赫尔德满怀着希望。他在1773年出版了自己的散文随笔集《德意志的文化与艺术》(*Von deutscher Art und Kunst*)。在《飞舞的页片》(*Fliegende Blätter*)中,他向德国人极力宣传莎士比亚。造成的结果便是,这个英国人简直就快成了一个日耳曼-德意志的作家。早在两年前,22岁的约翰·沃尔夫冈·冯·歌德(Johann Wolfgang von Goethe)就已经构思了一篇题为《莎士比亚纪念日的讲话》("Zum Schäkespears-Tag")的演讲,不过当然,这篇文字直到1854年才交付印刷,得以与世人见面。歌德的文章反映了,这位英国作家给当时的德国人,以及德国的戏剧艺术造成了多么巨大且深远的影响。[22] "我刚读了一页莎士比亚,就已经让自己活在了他的那个时代里。这个年轻人极其坦诚地吐露了心声:'莎士比亚,我的朋友,要是你还在我们之中,我就无法想象自己除了跟你在一起之外,还能在哪里生活下去了。'"歌德发现了莎士比亚戏剧中所讲述的"世界的历史",并对此表示惊叹与钦佩。它像是"一个秘密的关键点,还没有任何一个哲学家看到它、确认它的存在，但就是在这一点里，我们身上自己独有的那部分本质特征、我们意志中不可被压抑的那份自由，跟整体的必要运作之间发生了分歧，产生了无法弥合的裂痕"。而歌德那会儿也已经开始提笔创作个人最初的几部戏剧作品了。他认识到："我就是一个可怜的罪人，莎士比亚的作品中昭示着自然的真相，而我的同胞们还像是一个个被小说吹胀起来的肥皂泡。"

莎士比亚将受众的目光引向了作为个体的人。歌德从中学到了不少。那时候是1771年，他正在埋头写作自己的下一部戏剧——《格茨·冯·贝利欣根》（*Götz von Berlichingen*）。两年之后，它的最终版本问世了。这部剧作冲破了"狂飙突进"，正式迈入"德国古典主义"。其典型特征便是情节、语言及行为中的自然。比如这一句："告诉你的首领，对于你们尊贵的皇帝，我始终敬重万分，甚至抱有一丝歉疚之感。可他，你就这么跟他说，他在我的眼里，屁都不算！"（第三幕，第17场）这就是莎士比亚在德国人那里引发的回响：一种新型的自信萌生了。"我呼唤的是自然！自然！再没有什么能比莎士比亚笔下的人物更加自然了。"

老百姓是怎么说话的，"自然"就是什么样。当权者——暂时——得以保全，非但没有受到半点伤害，甚至还颇受重视与尊敬；只有在面对竞争对手、敌人及迫害自己的人的时候，这种粗鄙的嘲讽才像竹筒倒豆子一般劈头盖脸地落下。作为第一阶段，它现在先是占领了德意志的舞台，随之而来的还有一种展示自己力量的偏好，隐藏在这个大力士角色背后的，就是始终流淌在德意志精神里，甚至快要满溢出来的那份自我感觉过于良好。只不过，这并没有持续多长时间。受过教育的市民阶层,他们的品位与上述倾向产生了抵触。这种品味要求,纸上应当多出现一些对世界来说举足轻重的高贵人物形象。在这样的期望之中,人们当然还看不出什么特别德意志的地方。到了席勒那里,被搬上舞台的更多是反映民族大逃亡的作品,这个朝着远离德国的方向发展的题材已经超越了表现德国人对自己进行观察与反思的分量,更不用提席勒本身对外族及外国素材的偏爱。可不管在德国诗人与思想家的笔下,德意志人得到了怎样的评价与结论,反正都跟对"自然"的呼唤不沾边。在那些文字中,始终掺杂着一种庆典般的庄严与隆重。"请您给予思想的自由吧!"这样的念头是普世的,不是德意志的,它呼唤的是人类的尊严,而不是德意志的伟大。这里所谓的思想自由,指的是人们寄希望于国王提笔一挥,"大地上就出现了新的形式与内容"。[23]从这个角度来看,德意志大力士起到的作用反倒更像是负面的、有伤害性的。首演两年后,法国大革命爆发,这一历史事实看上去似乎为人们贡献了一种实现期望的可能。

歌德与赫尔德对莎士比亚曾献上的赞歌,其回响一直延宕到了百年之后。那位英伦诗人功勋卓著,在塑造德意志文化、戏剧、文学创作,乃至德意志民族对人这个形象的理解方面,贡献了权威性的典范——看看,又是由外人来打造的德意志文化。多亏了歌德与赫尔德当初并没有用德国人惯有的保守封闭的排外思想来对待莎士比亚的作品,我们才能幸运地收获这份宝贵遗产。一直到20世纪初期,还能听到人们在讨论"德意志的莎士比亚"呢。[24]从民族层面上来说,德国人已经接受了这位英国人的创作,这个过程所取得的成果直接影响了奥古斯特·威廉·施莱格尔（August Wilhelm Schlegel）与路德维希·蒂克（Ludwig Tieck）（1796~1807）在翻译领域的工作。现如今，莎士比亚已经正式成了"德意志民族的所有物"［奥古斯特·柯贝尔施泰因（August Koberstein）语，1864］。[25] 市面上出现了不计其数的译成德语的莎士比亚十四行诗，其中就包括施特凡·格奥尔格（Stefan George）的译本。[26] 还有一部分，出自莱纳·玛利亚·里尔克（Rainer Maria Rilke）及卡尔·克劳斯（Karl Kraus）的译笔。当然，歌德曾经期待看到的那种能够撼动根基的巨变，只得到了一种平和缓慢状态下的实现。而且，当歌德自己到了晚年的时候，也能够开始用较为冷静客观的目光，来观察这整个发展过程了，一开始将莎士比亚引入德国时，他本人曾经拥有过的那种狂热激情，在老年歌德这里，已经不复存在。

赫尔德的著作《飞舞的页片》中的最后一篇杂文借尤斯图斯·莫泽（Justus Möser）之口，道出了德意志历史的四个阶段。[27] 前三个阶段沿用的是同一条线索，都是关于衰败与堕落，发生在军队、法律、自由或自加洛林王朝以来财富方面的萎靡与衰落。而到了第四个阶段，则画风骤变，展示的是一幅《威斯特伐利亚和约》签署之后，"举国上下享受着幸福主权"的和美画面。虽说"野心、妒忌与幻想"引诱着君主们，保有了"常设军队"的机制，而且，"内忧外患也开始对他们提出挑战"。尽管这一切的发生都是为了帝国的利益着想。"不过，要是一位通晓德意志历史的行家，处处留心审视的话，便会发现，这所有（能带来好处的发展进程）最终都能结出丰硕的果实，并且他也会很容易就认识到，要想为我们的祖国赢得一段既可用又实用的历史的话，就必须有那么一个人，他要具有十分了得的洞察力，可以将自己摆到一定的高度上，对所有发生在帝国这片大地上，以及所有跟他自身所有物相关的变化，都能在联系前因后果的前提之下把它们放到帝国的每个细节里去理解把握，从而收获一个对全局了如指掌的俯瞰视角。在此基础之上，他还能做到从各个方位入手，把整个帝国庞大的身躯进行分解、掰开揉碎，之后，却依然可以重新将它恢复竖立，使其依然强大，依然纯粹如常。"这里奏响的，是明日之歌，谈的可不是此时此刻。

作者接着说，从眼下到那时，我们的祖国还需要度过一段时光。"即便是这样，对于一个德意志的天才及他的勤奋精神来说，留下这样一部作品总是合时宜的，付出的辛劳也会得到回报。"一边是君主，另一边是众民族的自由或尊严，要想对这二者之间的张力进行探讨的话，最佳的路径就是创作一出"华丽壮美的戏剧，这部剧作要既能令人惊叹，又能同时给人以启迪。而当人们开始权衡，在刚刚提到的那两边都有哪些力量在发挥作用时，权衡与思考的结果，对哲学家来说，就是最可观的真相了：已经有了这么多举足轻重的动机与缘由，我们怎能不打起精神来，为自己的祖国争得这份荣耀"。而且，不光这样，我们还要把这份荣耀拿到台面上，舒展开来，让那伟大的历史记录者看个真真切切。这样的话语在"德国古典主义"的前夜被说出来，相当于暗示了人们，有一个具有重要民族意义的任务正等着完成，在这个任务里，所有的近邻都被拉了进来，能不负这个期待的，当数哲学家与记录历史的人。在此期间，历史学家或许还有可能曾经想过，要坚定地转向德意志的历史，但将这个民族写进历史，目前还没有人做得到这一点。比如，百姓之中那最下面的阶层，就是他们无论如何都够不到的——那个时候，争取普罗大众的好感这事儿，还不怎么受古典主义者的待见。

其间有那么一些篇幅短小的挖苦与揶揄，倒是说得颇为中肯贴切。这当中有个作者，他既是数学家、物理学家、天文学家，又是文学家，名字是格奥尔格·克里斯托夫·利希滕贝格（Georg Christoph Lichtenberg）（卒于 1799 年）。利希滕贝格作为一个留心观察自身所处时代的人，将个人的反思写进了相当有价值的《簿记》（*Sudelbücher*）里，可惜，这些文字都没能在他在世期间得以发表。他写下的箴言警句中有这么一段："我曾经在某个地方说过，人类要想不断得到优化，就得像英格兰的马儿一样。我们的精神产品，很显然，就是在我们引进了希腊的和英国的种马之后，才日臻完善的。现在，人们又想得到德意志的马了。"[28] 对于德意志的启蒙运动，利希滕贝格一点儿都看不上眼。在他的眼中，跟发生在英国的种种相比，德国的启蒙简直像是恶化与倒退。

文化"杂交"是从别人身上学来的，从英国人那儿学到的理性与研究（想想哈雷与牛顿就行了），也促进了德国科学的发展。相反，货真价实的德意志"近亲繁殖"产物，却拉低了它们的质量水平。只不过，关于这种"繁殖"，德国人一点都不想深入了解。利希滕贝格的精神马匹育种术，基本上也可以被改写成这个样子。称赞之中暗含指责。作者还说了不少人的坏话，他的讽刺打击对象有康德，有"狂飙突进"，特别是歌德的《维特》及《格茨·冯·贝利欣根》；在私人笔记里，让·保尔也同样没能被他放过。这一类型的评论与阐释，自然而然没有多少读者群，或者至少是勉勉强强地，才被大众接受。因此，要说能有多大的效力、发挥多大作用，这些文字根本谈都谈不上，只不过，作为一个时代的特征，它的价值与意义倒是很值得关注。顺便提一下，类似的针对德国国内哲学发展的质疑，老年歌德也当着他秘书艾克曼的面承认过。[29]

利希滕贝格的观感与评断，在知识分子那里受到了截然不同的待遇，他的影响独具持久性，这一点十分引人注意。他说过的一些话，有人拿去再反复地说，也有人在引用它们的同时对其进行拔高、升华，更常见的情况是，有人干脆直接把他的话反过来用，当赞歌在用，而且在不知不觉之中，把这种倾向与意图制造成了更为显眼的主流。几乎每一个赞美性的字眼，只要是从德语作家笔下流淌出来的、关于德意志人的，就会一概引发怀疑、唤起质问，就算那个字眼似乎像是在表扬，它也会在被人说出来的时候，一听就知道是断然的批评。在这个地方被当作自身价值大加宣传的，到了外面，在别人那里，反而常常被看成一种无价值乃至无意义的东西，外人害怕沾染这些东西，但正是这种畏惧的情绪，回过头来又变相地提升了德国人的自我评价，他们把这也当作某种夸奖。按照今天的诊断标准来看，这种态度属自恋无疑，并且危险至极。这跟曾备受褒奖的人文主义扯不上半点关系。就算是出了歌德、海涅或尼采之类的人物，他们几个也只能算是反常的现象，他们的存在并不妨碍德国诗人与思想家通过反思做出的普适判决。

青年歌德是在斯特拉斯堡上的大学，在那里，他了解了斯特拉斯堡大教堂，结识了大教堂的建筑师埃尔温·冯·施泰因巴赫（Erwin von Steinbach），并且研究了与这二者紧密相关的哥特文化。[30] 在那之前，歌德对"哥特"这个概念的理解，只限于"一切丑陋事物的统称"。可当他亲眼看到大教堂建筑本身的时候，那一刻，某种启示向他袭来："而我此时不该再为这样的事情动怒了，神圣的埃尔温呀，就算那些妒忌心重的邻居们用捕风捉影的小道消息诋毁你，磨灭你作为德意志建筑大师的卓越功绩，把你的杰作用那令人费解的词语——'哥特式'加以贬低，我都不生气了。因为你的才华真的应当感谢上帝，因为它，我们才敢大声宣告，这是德意志的建筑艺术，是我们的建筑艺术。在这一点上，意大利人都没有半分继续自吹自擂的余地，法国人更是不用提了。"通过歌德获得的这一启示，对于德意志人，尤其是他们中的精英群体来说，一种新的民族自信诞生了："德意志的建筑艺术，我们的建筑艺术。"这样的表述此前从未有过。

但这种说法自然也不十分确切。没错，在哥特式建筑领域，意大利事实上也真的从来都不是什么指标性的范本；唯有米兰大教堂是个例外（但当时的歌德并不知道它）。但你说法国也逊德国一筹？那里可是自12世纪以来哥特式建筑的老家啊。巴黎的惊世之作——"圣母院"与"圣礼拜堂"？沙特尔或兰斯的主教座堂？都不算数吗？只不过，是那个斯特拉斯堡的大学生压根不知道这几个法国的代表性建筑物罢了。不光是这样，他不知道的事还有：一方面，他口中的大师埃尔温其实并不是设计斯特拉斯堡大教堂的唯一建筑师；另一方面，埃尔温本人学习与研修建筑科学的时候，也并不是身在德国。连他自己都是个法国的学生。因此，何谈"德意志的建筑艺术"？

恰好在这个问题上，年轻人歌德搞混了。更奇特的是，这个法兰克福人竟然对自己家乡的皇帝选举及加冕教堂，即历史悠久的修道院所属的圣巴尔多禄茂教堂只字不提。甚至后来，当他看到科隆大教堂的建筑图纸的时候，又改变了自己曾经对哥特式建筑给出的评语，转而将科隆大教堂称作非凡超群的建筑纪念碑，他也称赞过弗莱堡的主教座堂，但在那动荡不安、爱国主义持续回响的拿破仑战争年代，即便是语带些许的谨慎与保留，依然选择了在自传《诗与真》（*Dichtung und Wahrheit*）中更加强调自己在早年间对斯特拉斯堡做出的评价："如今我发现了，这栋建筑物的基石在古老的德意志工坊里，而它的盛放，则是在真正的德意志时代，就连建筑师那朴素的墓碑上，都刻着他祖国的底色与起源，因此，我在这里斗胆说一句，之前将这种建筑样式命名为哥特式是错误的，这栋建筑物本身的价值要求我们，要更改这种称呼方式，并将其修正为：我们民族特有的德意志建筑艺术。然后，我还会抓住任何一个机会，先是在口头上，继而用一篇小小的文章，向大师"埃尔温·冯·施泰因巴赫"致敬，借以展现我的爱国之心"。就在歌德写下这些关于斯特拉斯堡的笔记的时候，德国境内的爱国主义波涛正汹涌翻腾，一浪高过一浪。这位魏玛的内阁部长眼下果真被这些浪花推举着，到达了前所未有的高度。

正是在这里，在德意志本土，诞生了一种崇尚天才的文化。赫尔德在著作《飞舞的页片》(1773)中用其对"裁相"的研究,开启了这一潮流。康德仿佛为这天才崇拜赋予了哲学上的深度,而歌德能贡献的则是语言上的繁茂与雅致,不过说到底,这一切从根上论,源头还是在英国,具体来说是在夏弗兹博里(卒于1713年)那里。现如今,在德意志诗人的圈子里,盛行起另外一种全新的腔调。"狂飙突进"将德国百姓从他们的冷漠与麻木中摇醒,带来了某种意义上的解放。歌德用他的《格茨·冯·贝利欣根》庆祝的是胜利,用长诗《普罗米修斯》(*Prometheus*)——这里只是想提到它——来塑造的,则是与300年前皮科·德拉·米兰多拉笔下相近的人的形象,即一个能够实现挖掘与激发功能的人:"我坐在这里,造出一个个人来/根据我自己的模样,/他们跟我同一种属,/同样受苦,同样痛苦,/同样享受,同样欣喜,/而且,同样视你为无物,像我一样!"这几句话是说给宙斯听的,他是众神中地位最高的那个。

当然了,这里的"德意志"除了语言之外,并没能体现在其他方面。一切都是歌德创造出来的。没错,那是个完全不一样的调子。而这个调子马上就在年轻的诗人那里找到了倾听的耳朵,并且,这些诗人也很快就带着听上去民族意味鲜明的诗句登了台、亮了相。比如,早亡的诗人路德维希·赫尔蒂(Ludwig Hölty)就用大众更为熟悉的语言,写下了一位农民对自己儿子说出的话:"你需要始终练习,忠诚、正派/直至躺进那冰冷的墓穴,/半根手指都不要离开/上帝的安排——不然的话,等待你的就是地狱的痛苦折磨。"位于波茨坦的驻军教堂从18世纪末开始,每隔半小时播放一遍这首歌曲（不管怎么说，给这几句诗配的伴奏毕竟还算有名：莫扎特在《魔笛》中给帕帕基诺写的那首思慕曲《一个女孩还是一个女人》），代替敲钟的声音，甚至还曾作为钟声在那里为希特勒演奏。现在，地狱的痛苦折磨也很难把人吓到了。显然，并没有那么多美德稳坐灵魂深处，就算有，它们也被滥用了。不过，那些"狂飙突进"的年轻诗人及歌颂者，还是唤醒了一部分德国人。

突然之间，我们抵达了18世纪末19世纪初。这是属于法国大革命与拿破仑的年代。就连在德国，苏醒与崛起、打破与重建，这样的氛围也开始在空气中不断涌动与蔓延。不少德国人都加入了革命者的队伍。诗人与思想家为此指明了一条道路：我们要进行文学创作，我们要进行哲学思考，唯有这样，我们才能跟得上这崭新的时代，唯有这样，我们才能为自己的期待与欢冀发声。我们的目标不再是推翻贵族的统治，而是要启程前往更高层面上的文字作品，下一步，是写作与传唱民族性质鲜明的歌曲，最后，我们要教会人们，练习体操、舞动花剑。这些就是法国大革命在德国土地上结出的果实。如果说，我们想为这个时代缝上一个文化史意义上的，同时得到年轻一代文学批评人士承认的标签的话，那么，这个标签就该叫作"德国古典主义"。

确实是"德国的古典主义吗"？歌德的《伊菲革涅亚》（*Iphigenie*）或许给出了答案："那希腊人的国，诗人通过这位女主人公之口抱怨道，始终用灵魂在寻找。"这位德意志的**希腊人**用这样的表述，至少是在戏剧舞台上说出了，当时在说德语的那片国土上，所谓的古典主义究竟是怎么一回事：无它，唯有怀念而已，怀念某种精神上的文明，怀念其精神与政治的家园，而这文明、这家园，从来都不是德意志特有的、自有的，他们只得从古希腊、古罗马时期，到外人那里去寻觅。戏剧观众有理由激动兴奋了，《街上来的男人》(Mann von der Straße) 并没有参与其中。

几十年后，这位伟大的人文主义者用敏锐的目光和清醒的头脑反思了那个年代。在提到苏格兰诗人罗伯特·彭斯（Robert Burns）之后，他为自己的民族感到悲痛与惋惜："恰恰相反，到了我们德国人这里，境况看起来是多么差劲糟糕啊！（……）就拿我自己创作的那些歌曲来说吧，有多少还鲜活地流传着？或许有那么一两首，偶尔会被某个立在钢琴旁的漂亮姑娘唱出来，可在我们自己的百姓那儿，只剩下了一片寂静……我们德国人是属于昨日的。虽然整整一个世纪以来，我们都相当奋发努力，只为提高自己的文化水平，可要想让那么多的思想、精神与更加高级的文明产物真真正正地进入我们同胞的心里去，让它们逐渐变得普遍甚至稀松平常，以至于德意志的大众也会像希腊人一样爱戴与敬重美的事物，也会为一首悠扬的歌曲而激动不已，以至于最终当别人提起德意志人的时候能够说，作为野蛮人的他们已经是许久以前的事了，要想达到这个程度，一个世纪远远不够，恐怕还要再花上几百年才行。"这是个相当严厉的批评，细品之下，还掺着些许的听天由命，1827年的时候，歌德向他极亲密的秘书爱克曼，供认了自己的判断与结论。[31] 欢天喜地的赞歌听起来肯定是另外一种曲调。而且，断言若不这么狠，人们对情况好转的希望之火还会继续熊熊燃烧下去。"昨日"这个词本身就已经说明了一切：那个以启蒙-人文主义为导向与主张的教育纲领,还远没有得到贯彻实行。[32] 只不过,在这个地方,很快,意愿就要变成行动了。

为了刚好在德国也能迎来更加高级的文明,1789年的法国大革命一开始暂时充当了助产士的角色,这比歌德写下那句死心断念的名言要早了几十年。王权在法国被推翻的消息很快就在欧洲各地的王公贵族之间传播开来。德意志诸侯自然也不例外。弗里德里希·戈特利布·克洛普施托克(Friedrich Gottlieb Klopstock)先是对大革命表示欢迎,"终了却又在它身上用尽咒骂的字眼。他反而赞颂的是德国,我的祖国:此刻,对他来说,祖国二字指的是那个日暮西山的古老的'德意志民族神圣罗马帝国':你的头上环绕着/千年的荣耀!你踏着不朽的步伐,/走在许多其他国家的前面……我爱你,我的祖国!这里,一个新的音调发出了它的响声:我爱你,我的祖国!"迄今为止,还没有人用这样的兴奋之情谈论过德国。可谁又把它听进去了呢?

那么高亢的语调,那么文雅的语言,果真不是大众需要且能够接受的东西。与其说,诗人希望看到自己的祖国被建立起来、被一点点打造成形,还不如说,他对那些在其间发挥作用的东西抱持着更多的是轻蔑与鄙视的态度。他倒是也把希望寄托于革命,但这场革命得通过文人与学者来发动,要由那些聪慧的、能言善道的人来传播。[33] 至于说那日渐衰落的"德意志民族神圣罗马帝国",它的"千年荣耀"几乎吹不到农民与佃农、仆人与侍女、城市里或乡村中的无产阶级身上;克洛普施托克的反思诗并没有接触到这些人。他们哪听说过什么切鲁西人阿米尼乌斯?他们对塔西佗笔下的日耳曼人了解又有多少？他们知道哪些古罗马帝国的现实真相？"你推翻了那高贵的罗马，/我的祖国！"写下这样的诗篇，就能写出一个国来吗？靠诗人的发明创造？只给大学生和市民中的精英阶层？"我……哦，祖国，我把你唱给你听。"德意志人，推翻了罗马统治的那群野蛮人的后代与继承者，如今真的是，或者说变成一个诗人与思想家的民族了吗？已经接近"不朽"了吗？

克洛普施托克发现了价值："品行纯良、思想睿智严肃且深邃、言语有力、钢铁般的臂膀。"有了这些，族群就能够不断地繁茂生长。可细究起来，这里没一样是纯德意志的。至于革命，正如同后来的历史展示的那样，也不是德国人的专长。人们吓坏了，惊诧于发生在法国的一切，并且害怕，那一幕幕会在自己身上重演。于是，德意志的王公贵族开始集结自己的军队，1792年的炮击瓦尔密使得他们命令军队进入战备状态——这一战役对于法国的共和党人来说是传奇式的胜利，对于歌德来说是世界历史意义上的转折点。歌德不但与他的大公共同见证了这一事件，还在很长一段时间之后，将炮战奉为英雄之战。他很乐意回忆起，自己曾对那些疲惫、抑郁、挨饿甚至挨打的德意志士兵，发出过怎样的鼓舞士气的呼喊："就在这里，就在今天，世界历史正进入一个崭新的时代，而你们，大可以说，你们曾亲历现场。"[34]这个所谓的新时代，在德国人那儿，是由败局掀开的。

分散到了支离破碎的各个小国乃至小小国的德国人，他们的革命即便到了更晚一点的时候，也没能取得成功。另外，对于这份成功的渴望，已经有一些人急不可待了。"德国？可这个德国坐落在哪儿呢？我不知道去哪儿能寻到这个国，/学者开启的，政治将它关上了。你们想建一个国，你们抱了希望来着，德国人啊，都是徒劳的；/还是先将你们自己，如果你们做得到的话，建设成更自由的人吧。"[35] 从这几行诗里，人们听到的是一个再清楚不过的评价与判断，这个评断的效力持续了若干个百年，或许，直到今天它都有一定的合理性。一个团结统一的德意志民族还是一直都没有出现。这个认识是诗人在1796年得出的，那时，法国大革命的足迹已经被拓印到了全世界的各个角落。难道说现在又到了竭力模仿乔瓦尼·皮科·德拉·米兰多拉的时候吗？重人而非重国？重视《普罗米修斯》的个人胆识？那人们向往与追求的那个国，又何时能建造起来呢？

或许在这个节骨眼上，法国可以再当一次楷模。尤其是，在被法国革命军占领的普法尔茨，大概位于特里费尔斯山麓的安韦勒地区，有那么一棵"自由之树"（Freiheitsbaum）已被栽下。动土仪式上的演说，向人们厘清讲明，什么是新法国人。人们应当"欣喜于，此生有幸，逃离了独裁专制的统治，被吸收进一个伟大的法兰克共和国"。"因此，你们要团结起来，像亲兄弟一样。你们这些公民！忘掉所有过往，放弃所有对邻人的仇恨与压迫，你们要配得上这份幸运，因为它是赠予你们法兰克人的厚礼。"[36] 这话的意思是，要把能融入法国，当成一种荣耀。如今看来，路易十四的目标是实现了；法国的莱茵军也已经向前逼近到了莱茵河岸。这条河就是边界线。成功的佐证数都数不过来；多少的普法尔茨人对革命高唱凯歌，为之欢呼雀跃。而这种被赐福的感觉，他们将有很长一段时间都难以忘却。德语被保留了下来，依旧是当地人使用的语言，但法语的与法国的，却成了公共秩序的标杆，它才是更贴近大众的希冀所在。

彼时，政治上的德国已成为一片苦海。1800年前后，在以往全部属于帝国的疆土上，割裂出了将近100个主权有效性或高或低的国家或小国。其中，具有宗教背景的邦国君主占大多数。所有的对家乡的热爱，无论由谁来提出，如今都更加集中在了这些组织上。基本可以说，光是花在地方爱国主义和拥护邦国君主这两点上的，就已经掏光了人们的全部爱国热情。这时，唯有诗人的语句还能起到些许的宽慰作用，可即便是这些文字，最远也只能抵达知识分子中产阶级乃至他们的子孙，对于广大的老百姓来说，文学依旧遥不可及。毕竟，孟德斯鸠都还对帝国宪法赞赏有加，在他看来，这部宪法之所以能够当作榜样，其示范意义正在于因地方小国主义而产生的权力分化。[37] 而且，后来还有人称，为"美利坚合众国"这一建制起导向性作用的，亦是普芬多夫口中的这个由众多邦国组合而成的庞然大物（Monstrum）。

4

"何为德意志人的祖国?" 拿破仑及其后果

在这之后,拿破仑来了,他收拾整顿,他唤起希望,他迫使人们着手改革。曾在 1808 年被介绍给拿破仑的歌德,对他赞叹有加。席勒则大胆地构想出了一个乌托邦,其完美无缺的形象正好站在当下一系列全球性事件的对立面,这个乌托邦的名字就叫"德意志之伟大性"(Deutsche Größe)[日耳曼语言文学研究者伯恩哈德·苏凡(Bernhard Suphan)在 1902 年之前发现了席勒写于 1797~1801 年的若干断简残篇,其中就有这样的标题]。"如此一来,他(指德国人)便成了人类的核心……我们的语言将统治整个世界。以下几行诗句勾勒出了这个想法的大致模样:每个民族都有/它在世界历史中的一天,而当那一天/属于德意志人的时候,便是所有的日子里,用来收割丰硕果实的时刻。"这位民族教育家在这里运用的是反思的方式;但没有人听出来他的意思,或者干脆——到后来——将他的原意曲解成民族主义的主张。于是,席勒隐遁于艺术。"德意志的缪斯",虽说她被那些王侯贵族排挤到了一旁,"不受保护,亦不受尊重"。但也正是由于这一点,使得她与众不同、脱颖而出:"德意志人有资格夸耀赞叹,/他们的心还可以跳跃地更高一些：／就是他们自己，为自己创造了价值。／／由此一举站上了更高的拱桥，／由此汹涌着更响亮的波涛，／那由德意志吟游诗人唱出的赞歌声。"不再是统治世界，而是唱赞歌了。行动力欠缺却歌声响亮。

在这几句诗里，希望与反思被鸣唱出来，德意志未来的远大前景被勾勒出来，唯一缺少的，就是可实现的计划。当然，席勒不想看到这类好高骛远的词句付梓印刷。他怕那描绘的希望落了空，而此类的失望，他早在此前就已经用苦涩的文字表述过了，如今也依然坚守这样的看法与表达。盲目高飞的下一步，必是重重坠落。在他的《格言诗》（*Xenien*）（1797）中，有那么一首，题为《德意志喜剧》（"Deutsches Lustspiel"）："傻瓜我们或许是有的，鸡毛蒜皮的小事也能列出一堆；／只可惜光靠这些，凑不成一出出喜剧。"而且在更早以前，1782年的时候，他就已经开始有意识地对当代德国戏剧进行挑剔与批评了："最近这十年来，德国的文化生活有一个最显著的特征，那就是，几乎在我们祖国的所有省份里，戏剧都迸发出勃勃生机；这是非常值得注意的，因为在以往任何历史时期，人们都不曾如此频繁地为人物灵魂上的伟大而鼓掌，另外，也为其性格上的弱点与缺陷而喝倒彩。——遗憾的是，这样的经验只发生在舞台上……我们亲手为自己的激情与热爱，套上了绞刑绳索。"[1] 诗人指明了道路。但诸王侯呢，丝毫不为这生机勃勃的赞歌所动，他们的政策并不受歌曲的指导；至于老百姓本身，即德国大众，也正如歌德很快就要责备的那样，并没有能力去跟随文学中所传达出的精神。[2] 灵魂虽伟大，行为却令人颜面无光。这下该怎么做？赞歌的调子越起越高。发生这样的情形，也符合那个时代的大环境条件。可相应的行动呢，滞留在哪里了？

这些很有可能会动摇根基的断章碎片真正开始发挥作用与影响的时候，其实已经是在20世纪了，因为直到那会儿，它们才得到迟来的与世人见面的机会——而且，还来得特别不是时候。正因如此，它在"格奥尔格圈"（George-kreis）里格外受追捧。举例来说，恩斯特·康托洛维茨（Ernst Kantorowicz）曾于1933~1934年冬季学期，在美因河畔的法兰克福发表过一番开幕演说。在那篇著名的讲话里，他便引用了席勒残篇中的最后几行诗，用来对自己当时身处的非人道的政权统治表达尖锐的不满。[3] 现实比诗行中的内容还要令人捉摸不透。"……统治世界……整个历史的丰收时刻……"很难再找出哪个阶段能像那时一样，调子高、胆子大的话语让人在品尝过苦涩的失望滋味之后，仍兴奋狂热地假装有盛世豪情。如今，诗中的思想与精神鼓舞着史上最具灾难性质的狂妄自大症患者，世界大战的鼓点，已经开始敲响了。

正在法国蔓延的热情与干劲摇身一变，成了介绍人的角色，它撮合成的结果是，冠冕堂皇的大话如今在德国也就那么自信满满地被说出来，丝毫不加任何掩饰。而由此产生好高骛远想法的不光是席勒一个人。其他人的脚步也跟了上来。影响力较大的，要数奥古斯特·威廉·施莱格尔。他的观点与席勒相近，跟自己弟弟弗里德里希的看法更是完全一致，他也觉得，自己将德意志人定义成一个肩负未来的民族，是十分合情合理的。"真正的德式思维是这样的，他根本不问一样事物是德国的还是外国的，他只在乎，这事物是否真实、高尚、纯粹且正派。"因为:"对外国那些伟大的诗人与思想家,如果我们能真正领会到他们原始意蕴的本质与精髓的话,那么,这些作品也会变成我们的,而那些它们在自己故乡,因为时代的局限性而被丢掉的部分,或许还能在我们祖国这里重新找回来。"97 这是一种汇总的概念。他的意思是,德国人被赋予了这样的使命——至少在教育方面是这样全然要求的:"将各个不同民族及国家的优点统合起来,深入所有文化中进行思考与感受,然后通过这样的方式,为整个人类的精神世界贡献出一个全球性中心。"⁴ 他最后的话言简意赅却至关重要:"总汇性、全球性,这是真正的德意志本质特征",一种世界主义,它本是对那些囿于诸王侯割裂造成的困顿之中,乐意学习,并希望通过学习克服眼下难题的外族开放的。但恰因这种世界主义的广度,过不了多久,就又把自己绕进了危险的狭隘思维之中。

弗里德里希·施莱格尔于1800年写下了《致德意志人》("An die Deutschen"),他在文中呼吁,德意志民族原本拥有的伟大荣光已经被慵懒的众人浪费了,但他们不该这样,他们应当回想起自身曾经具备的古老骑士精神,用这种精神来重新活化德意志民族的伟大:"对处在这伟大中心的个人来说,他们有可能欠缺的是什么?/在行动上,上帝的旨意对我们是种限制,/但在艺术力量方面,他又对我们格外青睐……欧洲的精神之火已熄灭;在德国,流淌着/新时代的涌泉。谁能从此中汲取养分,/谁便是真正的德意志人;英雄的队伍将其//散播至各处,他们鼓舞了法国人,/激活了意大利人,让罗马//苏醒过来,还有那众神高歌的希腊,//因其永葆年轻。想想我们的先祖吧；那幻影/那懒散的、已逝的人不过沧海一粟，/时代的巨浪只会暂时被抑住势头。//而你们，去战斗吧，就像忠贞的骑士们那样，在神圣的精神之战中！"针对反抗拿破仑的战争，他又写了另外一首激发斗志的诗歌，题为《誓言》（"Gelübde"）："我发愿，将自己的心与血，都奉献给/拯救你，我的祖国的事业。/那好，开始吧，直到你自由为止/让我们来炸开捆绑你的锁链！（……）德意志部落古老而强大/心中充满自信，信仰虔诚。/忠诚是我们荣耀的标志/即便狂风来袭，也不能令它动摇半分。"在接下来的所有战争中，人们都传唱着这首诗歌。按照这首诗里的意思，不是大革命的诞生地法国，而是反动的德国为欧洲在精神上的更新铺平了道路。这个信息很快就被否认。但通过这些诗句，德国人再一次获知他们原本的身份：这个民族孕育了诗人，这些诗人的笔触，具有修复更新这个世界的力量；如此的文化自信，随后还会在思想家那里得到进一步加深。

对自身民族性评价高于现实的风气还在愈演愈烈。施莱格尔在1803年的《法国之旅》（"Reise nach Frankreich"）中勾画出了一幅光明且值得赞美的未来景象。[5]在这幅图景中，他为"德国人的贫困与卑贱"而扼腕叹息，"这么伟大的民族，此刻所受的苦难比起那些重要性一般的民族来，竟然不少半分。或许，必须将正打着盹的雄狮重新唤醒。或许，未来的世界历史，就算我们自己有可能无法经历那一天了，亦将再一次全部由德国人的行动所写就。在一切曾经占领世界的民族之中，德国人必居首位。就算现在拿德国人跟罗马人或阿拉伯人作比，比较的结果也会是，德国人显现出的优势与长才将完全盖过自己的弱点与缺陷"。可是，他们败也败在自己的伟大上。斯陶芬家族的腓特烈二世，被施莱格尔视作浓缩了所有德意志悲剧英雄于一身的集合体。"如果在过去那么多不同的年代里，曾将教会的中心搬至德国，而不是意大利，那么整个欧洲在真正的自由与教育领域，将获得多么无限广阔的空间，取得多么长足的进步啊，因为，在德国，思想的重要性自然明了，人们的心胸也更加自由，这些都会跟那至上的目标更为相配。"施莱格尔是一名新教教徒，而这些话是在他转信天主教之前的看法。不过即便在他改变了信仰之后，德国人也对这样的言论笃信不疑。

现在，拿破仑成了人们眼中的暴君。借着对他的反抗，在人们，特别是大学生与市民阶级的心中，一股仿佛此前从未出现过的对民族统一的希冀被点燃了，原本只是一种愿望，后来则发展成了一种对一个理想中的、尚不存在的祖国的爱意。这个起初由各个大学生兄弟会在极短时间内提出的概念，随着时间的推移，变异成了一种心胸狭窄的民族主义。这正好为歌德与克洛普施托克定下的那个情绪化、尤以渴慕为首的调子提供了可用的工具。那曲调有极强的感染力，能将人一下子就带入相应的心境之中。这并不是一夕之间就可完成的事项，而是在接下来的几十年里，自由与对统一的诉求始终交融在一起。"自由，我指的自由，/那个能填充我内心的自由……自由，多么诱人的东西，/虔诚、大胆与温柔，/你已经挑选了许久，/这就是被你选中的德意志本性。"这是马克斯·冯·申肯多夫（Max von Schenkendorf）在那些年里咏唱的诗句，听上去仿佛自由是一种专属德意志的特权。

德意志的浪漫主义者或许还显得有些摇摆不定。但老百姓,农民、织工,以及底层的广大群众,却仍然彻底停留在被那些诗文触及与打动的小圈子之外。直到它们的后果显现出来,这部分人才对此有所察觉。不过,他们面前更为紧迫的问题,还是贫穷与困窘的生存条件。他们接受过的语言教育,或许根本不足以用来欣赏、哪怕只是理解那些由诗人写下的情绪激昂的词句,以及由哲学家写下的进行反思的文字。"在整个德国,或许我们这个地区(指普鲁士)表现得尤为突出,在母语方面反映出的教育缺口到底有多大,由此可见一斑。"这样的话出自弗里德里希·施莱尔马赫(Friedrich Schleiermacher)之口,彼时,1810 年,他正在为所有的德国文理高中撰写一份简短的评价报告。[6] 在上述批评之后,他紧接着提出了几点改善的建议,其中包括在学校要有长达数小时的书法课程,要加强对词汇量、词形变化以及格韵的练习,等等。这些做法不光是为了达到更好的语言教育效果,而是从最普遍的意义上来说,为实现更高的教育水平打下基础。而今天的教育者则推荐人们去走与之完全相反的那条路:"字迹"哪怕再糟糕,也是自己的,使用它,其实是在彰显自身的个性。

可那个用《法国民法典》(Code Civil,又称《拿破仑法典》)帮这个国家里的大部分地区都建立了现代化宪法秩序的人,那个清除了糟糕透顶的诸王侯割据状态,或曰至少将其程度大幅降低的人,那个带着公民权利向百姓招手的人,那个让新的、土地面积更大的王国——巴伐利亚、符腾堡、萨克森——成为现实的人,毕竟还是拿破仑啊。就算人们拿起了武器，准备把他驱赶出自己的家园，但不能忽视的一个事实是，这位皇帝扮演了一个援外工作者的角色，帮助德国国内的各项秩序完成了不同程度的现代化。无论是巴伐利亚、新成立的巴登大公国，还是同样刚刚降生不久的萨克森-魏玛-爱森纳赫——这可是歌德的地盘啊！——它们都是最先拥有成文宪法的德意志邦国。还远远不止这些。那些由拿破仑发起、针对德国人的战争，奏响了新的民族强音，他可以说刚好发挥了一名助产士的作用，帮德意志民族将建国的心愿与期待带到这个世界上。只不过，就连这些民族之歌也都是由外人来定的音。

当荷尔德林满心欢喜地迎接法国大革命，并设想以此为标准去丈量德国人自己的未来的时候，他所寄托的希望，也是这样的一个关于自由与统一的远景吗？如果真是这样，那这个希望也落空了。他的书信体小说《许珀里翁》（*Hyperion*）正诞生于此时（1797~1799），并且，他使用的语言，也是一种充满质疑的语言。他拿不出什么好话来献给德国人，差不多就像许珀里翁给贝拉明（Bellarmin，与许珀里翁通信的人）的信里说的那样："就这样，我来到了德国人之中。我要求的不多，若找到的比那更少，我也做好了准备……他们古时候就是野蛮人，通过辛勤与科学，甚至通过宗教，他们变得越来越野蛮了。他们在感知神性方面极度无能，败坏堕落到了允许获得神圣优美之幸运的临界点，不管是论夸大其词的程度，还是比谁更捉襟见肘，他们达到的级别足以让任何一个良善的灵魂觉得有辱颜面。他们一方面闷不吭声，另一方面却自己人跟自己人之间充满了矛盾与纷争，就像是一只被扔出去的酒壶，最终只剩一地残片……我想象不到还有哪个民族，能像德意志人这样破碎不堪。你能在他们中间看到手艺人，但看不到人本身；能看到思想家，但看不到人本身；能看到牧师，但看不到人本身；你能看到主人与仆从，甚至能看到愣头青和成熟稳重等不同类型，但看不到人本身——这难道不像一个战场吗，手掌与上臂，或者四肢其他部分都从躯干上被分开来，零七碎八地散落一地，而汩汩涌出的生命之鲜血，最终只得在沙土之中隐遁无形？（……）你们这些德国人啊，却依然只乐意停留在最最必要的事物上，所以在他们那里才会有那么繁重的麻木劳作，和那么稀少的自由的，以及真正令人欢喜的事情……我现在必须再一次离开德国了。"在这样的语句中，字里行间都透露着荷尔德林对祖国无尽的爱，同时也有他对祖国运转失灵的深切惋惜。多苦涩的字眼啊："闷不吭声，矛盾纷争"，一群埋头苦干的国家机关工作人员。

荷尔德林给德国或者说德国人下的结论达到了一个极富戏剧性的激化效果；失望加剧。"你们也别去嘲笑，那挥舞着马鞭与马刺的孩子，／他坐在木头制成的小马驹上，想象着自己无比英勇与强大。／因为，你们德国人啊，其实也跟他一样／富于想象，缺乏行动。"无论是从思想里，还是从书本中，流淌出的行动都少得可怜。但渎神罪的危险让诗人觉得有义务向世人发出警示，否则将招致严惩（《致德意志人》，1798）。接着，在下一年，他又创作了《德意志人之歌》（*Gesang des Deutschen*）。这次，他唱出的，是充满思念与爱慕的音调："你是高尚而严肃的天才们的国度！／你是爱的国度！我已是你的，/我常落泪恼火，你怎么总是/愚蠢地否定自己的灵魂……而且你还犹豫不决，还闷声不语，你正酝酿着一件令人欣喜的作品，/你就是它的缔造者，你正酝酿着一个全新的产物，/它是唯一，跟你自身一样，/因爱而生的果实，它品质优良上乘，亦如你所是。//而你的提洛斯在哪里呢，你的奥林匹亚呢？/我们本可以在那个最高级的盛宴上寻到自己身影的呀。/可你的儿子又能如何猜中呢，你原本为/你的后人，早已备下的那些不朽的精神？"在这里，受他召唤的那个缪斯名叫乌剌尼亚（Urania），是乌拉诺斯的曾孙女，掌管占星术与天文学。可她并没有应答。荷尔德林洗耳恭听的姿态是徒劳的：在法国已改天换地之际，他还在为德国人企盼着一个伟大的形象出现，他的地位要高于世人，应当能与理想化的古希腊、古罗马文学、哲学泰斗比肩。那份失望，尝起来真是苦涩。

最终还是提出了劝告，但仍未放弃希望，充满期待，同时却又无比失望，这几种不同的音色都能从荷尔德林1799年的《致德意志人》里听出来："……更具独创性的，哦何时，我们民族的天才/何时你才能显出全貌，祖国的灵魂？"这个问句承袭了1798年那个版本开头几句的中心思想，并在此基础之上对其进行了拓展与延伸。从这几行诗里迸发出的，是德国人的向往与渴望，他们想认识真正的自己，想把那个自己叫醒，想亲手打造一个自我，想超越眼下这种沉闷压抑的文化现状，得到诗学上的自我确认。"若我们的众城如今/明亮而开放，清醒且充满着更加纯洁的火焰，/若是德意志的山脉/能成为缪斯之国的山脉那样……"一个由自家的天才组成的祖国？一个新的帕纳塞斯？① 意思是，还真的是一个诗人的国家？作为希望？还是作为一个乌托邦？又或者说，这番冲着德意志人的喊话，实际上是对当下的弱点、自身的缺陷，即想得多做得少的一种供认不讳？这样的话，会发生什么呢？"若是灵魂连自身的时间也能超越／却始终在渴慕与怀念中摇摆，那么你将悲哀地流连于／冰冷的海滩／你在自己的子孙身边，但没法将他们辨认出来。"这听起来哪像是胜利的赞歌啊。"在冰冷的海滩上。"那蓬勃生长的希望马上就要开始枯萎凋零，幻象将被戳破。诗人也最终落入疯癫。

有那么一个人——哪怕其作品中清楚明白地展现出了一种积极正面的基本态度——对德国人的失望之情亦丝毫不弱于荷尔德林，这个人就是弗里德里希·冯·哈登柏格（Friedrich von Hardenberg），即诺瓦利斯（Novalis）。他在1797年就曾给自己的朋友，同时也是伟大的莎士比亚翻译家奥古斯特·威廉·施莱格尔，写信表述过自己对其翻译作品的反思。能写出这样的反思，同样需要大量，甚至可以说是无穷的学养作为仰仗，也需要对外国文学的高度理解能力，反思文章的写作，本身也是另外一种形式的创作。在他的眼中，这符合"德意志人的品质特征"。"德意志性（Deutschheit）就是世界主义和最强烈的个人主义的混合物。"[8]诺瓦利斯的作品《繁花成尘》（*Blütenstaub*）（1798）最终停留在未完成的状态。[9]在这部残篇中，对德国人的种种

---

① 帕纳塞斯为希腊山名，古时作为太阳神和文艺女神们的灵地，因而后被引申为诗坛、诗人之国。

期待如风一般拂过作者的思绪,但实际上却从未像他憧憬中的繁花一样茂盛绽放:"德国人在很长一段时间内都是那个小汉斯。但可能很快,他就会成为所有汉斯里的那个汉斯头领。在他身上发生的事,跟在许多傻孩子身上会发生的一样:当他早已把其他更早慧的兄弟姐妹都干掉,独自成为一家之主的时候,他才会生存下去,并变得聪明。一家之主,正是这样。"有什么人类普遍的经验能让诗人觉得德国人有资格提出如此之高的期待,形成如此的自负与傲慢吗?

类似的思考也出现在了诗人那篇题为《基督教抑或欧洲》("Die Christenheit oder Europa")(1799)的著名杂文中。这篇文章再一次——跟席勒的愿望亦相差不远——给德国人许配了一个伟大的未来:"当(剩下的那些欧洲国家)因为战争、投机及党派之争而忙个不休的时候,德国人则用全部的勤奋与努力,将自己建设成了一个在文化方面更高一级的时代同龄人,而这样一个赢在起跑线的开局,随着时间的推移,将为德国人在面对民族国家的时候,创造出巨大的优势地位。"作为歌德崇拜者的诺瓦利斯[对《威廉·迈斯特》(*Wilhelm Meister*)的评价尤佳],他给德国人在未来委任了一个卓然超群的角色,却没有列举任何特别的理由。歌德自己在论及德国人的时候,语气还要更保守、疑虑更多一点。

德国人在伦理道德方面秉持的价值,诺瓦利斯并没有详细举例,他们有哪些特别的成就与功绩,诗人也很少提。不过就某一点,他倒是解释清楚了德国人的资质(1798~1799):"只有在德国,人们才发现了自身的粗鲁,并且实现了文明的教化。"如果说粗鲁是德意志人普遍标志的话,那这未免让人有些幻灭。接下去的那句话则更是让人无法开心欢呼起来:"跟一个真正的伟人做同时代的人,这并不是多么值得期待的事!在所有受过教育的德国人中,当下的大多数对此观点肯定无法认同。他们已经足够高雅,能够无视及否认一切伟大的事物,他们所遵从的系统使所有对象都光滑无痕。"(1798)诺瓦利斯放弃了继续针对德国人与德国进行反思。拿破仑的雾月 18 日改变过后没几年,诗人便撒手人寰。(1799)但他或许发现了宗教与神秘主义的妙处,因而动笔写下了《夜之赞歌》(*Hymne an die Nacht*)与《圣歌》(*Geistliche Lieder*)中那些优美到令人着迷的诗句。后者听起来是这样的:"我在千幅画卷中见过你的身影,/玛丽亚,你被它们呈现得妩媚迷人,/可没有任何一幅画能描绘出那个,/我用灵魂看到的你。"那个关于德意志的问题对他而言变得陌生起来。希望是骗人的,失望逼迫人躲到宗教里去。这个民族还没做好更新换代的准备。

那个"所有汉斯里的汉斯头领",要是依然保留着这些美德,并且还是那么自负与傲慢的话,可成不了什么"一家之主",哪怕国内的诗人一次又一次地试着把他们摇醒也没用。德国的浪漫派诗人压根就极少或者说根本不转向政治。他们钟情于往日时光,憎恨拿破仑与法国,期盼着德意志帝国的王冠有朝一日能够重回某个哈布斯堡继承者的头顶。在他们眼中,柏林至多是理性的所在地,但全民族百姓的心却鲜活地跳动在维也纳。革命或政治上的那些熙熙攘攘,让他们提不起半点兴趣。里卡达·胡赫(Ricarda Huch)本身也是一名声名远扬的女作家,她在刻画德国浪漫派作家政治姿态的性格特征时说出了以上的话，而她在其中主要考虑到的是晚期的约瑟夫·格雷斯（Joseph Görres）与亚当·穆勒（Adam Müller）。[10]

没错，克莱门斯·布伦塔诺（Clemens Brentano）后来确实是给笔杆子界的战争英雄特奥尔多·克尔纳（Theodor Körner）献上过以韵诗为形式的悼词。但不管在哪个时代听来，他的句子都一点战斗意识都没有："你或许也知道，我要想实现自由／非得跟我的德国一起，通过德意志的艺术与风格才行，／而且还要以德意志的形式，投入我的德意志式生活，／就如同踏上骑士征程的德意志诗人。／他必须创作过，爱过，生活过，／那把死亡看成天大事的人，绝对得不到自由。"莱茵河，恩斯特·莫里茨·阿恩特（Ernst Moritz Arndts）留下的民族主义圣物，现在也不再是德国的，而成了克莱门斯本人的洪流："哦欢迎！欢迎！欢迎！／谁曾在你怀中畅游，／谁曾取你的激流痛饮，／他便已为祖国而醉。／／洪流与江川我见过／湍急奔涌，不知不觉间足迹已遍布祖国大地，／但没人懂得／要如此神圣而壮美地穿越整片祖国的河山……哦欢迎！欢迎，欢迎！／喜悦的浪涛击出回声，／要让父亲河莱茵听到我们，／听到我归来的脚步声。"这个"神奇号角"①的扮演者，这个创造了罗蕾莱（Loreley）的人，在德国人之中唤起了另外一种与政治歌手阿恩特截然不同的灵魂回音。只不过，他没能成功地写出点燃民族主义火把的诗句。无论他创作的歌词多么优美动听，在布伦塔诺的诗句

---

① 指布伦塔诺的代表作《男孩的神奇号角》。

中，人们都无法发掘出德意志人究竟有何特别之处。

海因里希·冯·克莱斯特，那个普鲁士人，却反倒被点燃了。这个写出《赫尔曼战役》（*Hermannsschlacht*）（1808）的作家对拿破仑并不怎么欣赏，甚至在他的戏剧里就已经开始试图煽动对那些"罗马人"的仇恨了，而这背后的意思就是：反对罗马皇帝。在这出戏剧中，他以《旧约》中《士师记》里的一个故事（19，29）为模板，设计出了这样的人物与情节：一个日耳曼少女，在遭到罗马军团士兵的强暴之后，被自己将此事视为奇耻大辱的父亲，出于谢罪的心理亲手处死。他还把女儿的尸体献给了民族英雄赫尔曼，任其肢解，最后，这位父亲将女儿尸骸的碎片分装在信中，寄给了所有出身为日耳曼血统的氏族部落，为的是号召各方发动起义。看起来是一出旨在宣传鼓动的大戏。可惜并没有起到预想中的效果。只有在1860年与1861年首演的时候，那会儿战争的激情也正最为膨胀，再有就是在1871年之后，作为对法战争的胜利宣言，该剧才获得了舞台上的小小成功。

克莱斯特本希望通过自己孜孜不倦的努力，赤裸裸地向人们展示拿破仑的暴政，以期德意志的知识分子们，在自己民族经历了那么多场军事上的受辱之后能够挺身而出。因此，他在《日耳曼妮娅女神致她的孩子们》（*Germania an ihre Kinder*）（1809，另有1809~1811版本）中写道："德意志人，围成一圈的勇敢的孩子们，／痛吻过他们，爱，亦吻过他们，／他们爬上我的膝头，／我用母亲的双臂环绕着他们，／我的胸膛，给他们保护与遮蔽，／他们的身体里流淌着不可被征服的马尔泽尔（Marser）之血，／他们是狂风暴雨般列队行军的人的子孙,/他们是将终结罗马统治的一群暴民:/合唱:拿起武器!拿起武器!/闭上眼睛,手边抓到什么,就是什么!拿起长矛,拿起棍棒/像汹涌的波涛,涌进疆场的深山纵谷里去吧!"(第2节)这首诗歌在节律上,借用了席勒的作品《欢乐颂》,而在处理历史细节方面,这位出身于普鲁士贵族家庭的诗人,将在面对瓦鲁斯及罗马军队时战无不胜的马尔泽尔,跟切鲁西人,即"狂风暴雨般列队行军的人",捏合在了一起。他将那个日耳曼的神话形象升华为了所有日耳曼人的母亲,即日耳曼妮娅女神,还引用了当下最炙手可热的《马赛曲》。最终,他把所有的德意志人都合一起,把他们视作一个整体,不管他们是居住在美因河畔、易北河畔、多瑙河畔、奥得河畔、莱茵河畔,无论是在地中海地区、波罗的海地区还是北海地区的人(第1节),只要你是德意志人,你都会通过手边的——注意,是"闭着眼睛"抓到的——长矛与棍棒,成为这支反法大军中的一员,哪怕他们在暗中,其实是偷偷钦羡法国人的。然后,在这首颂歌的最末,出现了最惊人也最可怕的字句:"所有的牧场,所有的工坊/拿他们的骨头,刷出一面面白墙;/谁看不上乌鸦与狐狸,/就只配得到小鱼;/用他们的尸体,为莱茵河筑起堤坝;/浸泡过他们腿骨的河水,/泛着泡沫,柔软地在普法尔茨周边围成一圈,/那便是我们新的边界线!"被杀死的法国人,他们的躯干与腿骨将成为堤坝,依莱茵河形成的国界将借此而西移,环抱住整个普法尔茨。

  这是一种德国的人文主义?不,一种新型的抒情诗而已,一种煽动情绪的诗体——《马赛曲》鼓舞了它。这首充满蛊惑意味的颂歌在最新的版本里加上了一段怨叹式的合唱，缘由则是拿破仑大胜德军这一现实给人留下的深刻印象："德国人，德国人，你们所受的屈辱/是星辰无尽的光芒，/海滩的沙粒，/广阔的地球都无法衡量。"这几句话，再一次带出了德国人那因遭到侮辱而产生的羞耻感，这种感受在1812~1815年后，曾貌似与德国人生性的执拗汇成了一股志在得胜的洪流，孰料，1819年的《卡尔斯巴德决议》（Karlsbader Beschlüsse）、"王朝复辟"以及（彻底视自己为德意志人的）奥地利首相梅特涅（Metternich），为彼时饱含期待与喜悦的统一热忱，横加了一道障碍。[11]

一个世纪以后，诗人弗里德里希·贡多尔夫（Friedrich Gundolf），本身师从施特凡·格奥尔格一派，尽管对克莱斯特钦佩有加，却还是毫不留情地选择了与其对簿公堂："海因里希·冯·克莱斯特，一会儿被当作浪漫派，一会儿又在自由作家的行列里发现他的身影，若依照他的个人关系或政治观点来判断的话，他可以算作所有德国作家中，最难用某一特定的代表德意志精神的整体流派来为其归类的一位了。同时，他也可能是最伟大的一个独行侠，他的孤僻，并非出于故意或深思熟虑，而是天生本性使然。内心深处不受羁绊的野性、特立独行且不断重新开始所带来的快感与折磨、作为一个独自学习并独自冥思苦想的人所经受的不安与执拗，炽热燃烧着的隐秘与幽暗，为了实现最高条件的'我'而难以自拔的对无条件的'你'的猛烈追求——这些几乎是自路德以来（先不论这现象是否根本就因路德而起），每一个德意志天才都必有的特性，而它们在任何一位其他的诗人身上，都没有像在克莱斯特这里一样，成了其命运与创作的本源。我们之中,有怪癖的人和行事古怪的人都不少。"[12] 克莱斯特在所有德国人中,但他始终是一个异乡人,他并没有像自己同时代的伙伴荷尔德林那样找到他的迪奥蒂玛。以上这些文字,就是由贡多尔夫亲自执笔的《克莱斯特读本》的开篇。

克莱斯特的每一位崇拜者是否都能认同并领会贡多尔夫对这位戏剧家兼小说家的性格刻画,我们暂且搁置不论。这其中更加重要的是作者自认为,通过对克莱斯特作品的解读与阐释,他发现了克莱斯特针对全体德国人做出的下意识评价。贡多尔夫认为,克莱斯特通过情愿与众不同、始终重新开始、坚持自己学习自己冥思苦想,也就是通过当一个脾气古怪、行事特异的人,以一种最富有天才性的表现形式,示范性地成了所有德意志人的化身。贡多尔夫的这部作品被印于 1922 年,刚好是世界大战结束后,莱茵兰地区处于被法军占领的时候,它提醒德国人,不要忘记彭忒西勒亚的暴怒,不要忘记阿米尼乌斯或赫尔曼德的洗劫,同时,它也通过民族层面的泛化,起到了相当的震骇作用。格奥尔格对此书的问世却并没有表现出多大的热情。他心目中的德意志人是另外一番样貌:并非喜好独来独往,而是执着于等候专属德意志人的那一天,在一个"秘密的德国"里。德国"古典主义者"们在面对自己本民族的大众时所抱持的那种批判的、质疑的立场,并没能在同时代的人当中获得多少热烈回应。

刚刚提到的这本书,在结尾处同样也固执己见地表达了一种分裂矛盾而摇摆不定的赞扬——但这份赞扬的对象不怎么像是那位诗人,更大程度上是献给了他的族众。"克莱斯特是浪漫派时期德国在文学领域最强的一股创造力,是我们唯一且最初的悲剧作家。而拥有这份原始天资的他,身陷一个如此反戏剧的民族与反戏剧的时代之中,这便是他的灾难,或者说是他个人厄运的一种表现形式了。"反戏剧的?席勒辞世短短几年后?在德国人受到莎士比亚的启示之后?当然,要是谁读到过歌德是如何评判他那个时代,家乡舞台上上演的一切有多么平庸陈腐,那么他就也就能够认同贡多尔夫的上述说法了。[13]

有洞察力的发声并不稀缺。其中有那么一位,他的作品读起来并不容易,在作者身处的那个年代,时而遭到谩骂,时而又备受褒扬,这位天赐讽刺笔触的作家就是让·保罗。他曾是拿破仑的崇拜者,即便在这位皇帝最终败北之后,他也仍未改变自己对其的观感与立场。1808年——彼时法国军队在对德战争中取得了辉煌胜利,古老的帝国已行将就木——让·保罗发表了《致德国的和平布道》("Friedens-Predigt an Deutschland")。[14] 这篇文章劝告德国民众,不要仇恨与战争,要审慎思考,要在不放弃自身原有之物的基础之上,习得并内化法国人的价值与教育。文中将两个民族相对对方而言的长处与优势进行了比较与权衡。布道者随后表达了他的期望:"拿破仑,或是不管什么人,请你来拯救最后的这批德国人,并把其他人改造成该有的样子!"

以下这段文字可以证明,自信在作者那里并不是什么匮缺的东西,恰恰相反:"正如同德国在地理上占据了欧洲的中心位置一样;德意志在道德风俗方面的核心地位亦不可动摇;也正是因为这样,在那幅象征性的少女像上，德国被画成了它的心脏，而不是像一些其他的欧洲部分地区那样，只是它的头颅或臂膀。正是这颗良善而诚实的心，用它的一枚枚炮弹打下了欧洲战场上几乎每一场胜仗！——现如今，鲜血流失得差不多了。不过也正是在这种状况之下，所有不是伤口的，皆为疗伤香膏。"德国作为欧罗巴这位处女心脏的形象，的确可谓长久地驻足于人们的记忆之中。可拿破仑是她的情郎吗？

作家试图提点德国人，要有"放眼世界的眼光"，要着重于"与其他各民族之间的精神交流"。由于法国人占领了陆地，而海上又是英国人的天下，不管怎么说，德国人毕竟两头都沾一点儿，我们这里的空气包容万象，"甚至还能……为脆弱的民族担任黏合剂的角色"。在让·保罗眼中，"一种民族主义性质的以毁灭手段达到的和平"算不上什么冒险，作者接着写道，因为，"我们文学的气质与特性，同时也是我们政治的与民族的气质与特性，这一点（……必须）保持不变，只不过，法兰西民族的确在教育与生活自由方面，领先于坠入野蛮与行业僵化泥沼之中的德国人。在这一点上，德国人必须通过他们的放眼世界的视角和教育深度，在他们的中产及知识分子阶层中实现对法国人的赶超"。

跟我们之前引用的那些诗人都不同，让·保罗始终满怀信心，将希望就寄托在法国身上：眼下的"德意志帝国作为一个整体"，更多地表现出了一个"国家的躯干"（即"木头做的齿轮组"），却没有表现出足够的"国家灵魂"（比如诚实守信、道德风俗、音乐等方面）。它是一个"没有公共灵魂的公共躯体"。它缺少"统一的对生活的感受与感觉"。跟鸵鸟差不多,"虽然有强大的胃,却没有翅膀:这种德意志之憾,将由时代的范例与影响,由一个在政治生活中相当活跃的民族所展现出的——就像我们用文字实践的那样——那种亲密度与渗透性来一一击破"。诗人给德国人开出的药方是,建议他们学习法国人的长处:"学习他们对自己对祖国所抱持的那种温柔的荣誉感,学习他们的谨言慎行,学习他们轻松欢乐的生活态度,也学习他们很快就能下定决心的速度。"很可惜,这种所谓的"世界视角",德国人最终也未能习得。不然,如果真实现了的话,有许多罪,他们本不必遭的。

每一个生活在19世纪初期的德国诗人都曾有过关于大革命的念头,期望在德国内部也能来上一场彻底的转折。不是每个人都因此感到失望。无论琴弦被拨弄得多么急切,文学中的德国毕竟还是没能造就出一个民族国家。政治家追随的是他们自己给自己定下的韵律,并且再一次损害甚至侮辱了德国人、德国诗人与思想家对一个民族国家的祈盼。但诗人为民族情感配上了辞赋,他们赠予了无声的大众一种语言,并在接下来的时日里,从解读席勒或让·保罗开始,步步紧逼,推动了民族情绪被煽动、提出民族国家的诉求,以及镶着军国主义花边的胜利一一实现。

就这样,在黑-红-金三色旗的指引下,"发起于吕措的狂野放肆的狩猎行动"开始了,足迹遍布德国的每一块土地,不禁让人想起了奥丁:"法国的狗腿子们纷纷倒下……野蛮的狩猎,德意志的猎人/循着每一滴刽子手的血、紧跟着每一个暴君前行!"其中的一名猎手,就是特奥多尔·克尔纳。他在1813年发出了呼吁,鼓舞他的追随者:"再一次,我的人民!(……)重新为自由开辟出一条小径。——洗刷大地吧,/这是你的德意志的土地啊,用你的鲜血将它洗净……这是一场十字军东征。是一场圣战/法律、风俗、美德、信仰与良知/都被暴君从你的胸膛里扯了出来……为神圣的德意志本性而殉道的人们,/哦,我们应当将他们视作复仇的天才,呼唤他们的姓名,/把他们当作正义之战的守护天使吧……为此而战,勇猛的人民!为此而战!呼唤自由,为此而战。"这番宣言中,人们已经能够听到所有在下一个世纪里德意志民族情感需要的各种基本音调,它们想表达的第一个便是战争。神圣的战争。而且:"为此而战!为此而战!"

琴弦与刀剑在诗人那里,应是合鸣的关系,这样才能"吟出美妙的小曲":"请继续如此魅惑我吧!——祖国的旗帜,/它高高地飘扬在德意志的自由港口。/我们祖先神圣的语言在呼喊:你们诗人,冲到前线!去保卫我们德意志的语言!/果敢的心不会让人长久地催促,/争战的波涛咆哮着奔涌向前,/古琴沉默,光亮的刀剑奏出音响,/出鞘吧,我的长剑!你也该唱起你的歌了。//……而若是在归乡的队伍中少了我这人,——/亦无须为我哭泣,艳羡我的幸运吧,/因为在那琴弦令人迷醉的地方,刀剑做出了自由的选择。"如此的浓情与迷恋出自特奥多尔·克尔纳的诗集《古琴与刀剑》(*Leyer und Schwerdt*),这首诗被刊印在作家去世后才得以出版的《爱慕》(*Zuneigung*)中。该书一再被加印,成了一代又一代的德国人爱不释手的心头好。克尔纳同样也是费希特的门生,他给自己的古琴定下的音准,恰好可用来呼唤亮剑。这就是他作为诗人得到的角色分配：用诗行来美化为祖国捐躯的行为，学着领会它的甜蜜，最终实现招募爱国英雄的目的。就这样，他也下到了自己曾经歌颂过的战场上。

反复出现的，都是那些同样的辞藻。它们擂响战鼓，它们宣扬英勇就义，纯粹地只是煽动情绪，目的是改变德国人的世界。不过，这些言语未能唤起人们的质疑，质疑这些针对敌人的教唆与挑拨是否具有合理性，质疑是否真的通过一场反对皇帝的战争就能促进德意志的文化扩张，质疑是不是让·保罗给出的其实才是更合适的建议。因为，"法律、风俗、美德、信仰与良知"，难道真的是由拿破仑把它们从德国人的"胸膛里"扯出来的吗？所谓的法律，难道是指《拿破仑法典》？所谓的美德，难道是"自由、平等、博爱"？所谓的良知，难道意味着"拿起武器"①？不是的！再强调一遍，不是这样的！法国驱使过德国进行现代化，但德国人长时间来都无法真正领会与掌握。他们还牢牢抱着自己的那些反法的"自由"歌曲不放，依旧是那些动不动就眼红的贵族与公国手下的吟游诗人。"为你们自己建立起一个国家，你们希望这样，德国人，可那只是徒劳。"

尽管如此，克尔纳的诗句仍然代表了某种民族使命。它们乘风破浪、勇往直前，直到今天都还在德国的诗人与歌手中间流传，也就是说，在大众心中"安全着陆"了，带着它里面期冀传承的"德意志"美德。真的是"德意志的"吗？对着灯光仔细端详的

---

① 原文为法语，《马赛曲》中的一句歌词。

话，如今只能看出是当初法国革命热情的一种回响。难道人们不该从现在开始把目光放得更加高远，让自己更加确定，"……当德国团结统一，便可为世界定下规矩"吗？号召解放的英雄，在另一处吟出了这样押着韵脚的诗句。乐于沉沦毁灭，做好了为祖国与自由献身的准备，这种精神填满了年轻英雄的心，而这种精神也被误认为是"一个令人骄傲的时代留下的亘古遗产：向世人展示，你具有的价值配得上一场庄严的葬仪，/你，日耳曼妮娅，在古老的忠诚里，/你是男人的骄傲，是果敢的英雄之妻"。[15] 给世界定规矩？这是要复兴远古的"皇帝法令"吗？当一个自负的民族沉浸于战争迷狂之中，胜利者的高傲已经清晰可见了吗？难道"德国"要像800年前那样，成为战争的赠品吗？那死去的英雄们呢？当这位猎手告别人世的时候，布伦塔诺为他献上了悼词。很显然，猎人克尔纳的诗句击中了布伦塔诺，甚至是撼动了他。不过，布伦塔诺并没有追随这些诗词的脚步，而是像诺瓦利斯一样，埋头投入了宗教的怀抱。

诗人英雄般的辞世（1813）似乎为他笔下的诗句镶上了一圈恒久有效力的光晕。这些诗句传递出的战斗氛围尤其在大学生兄弟会成员中得到了回响，而那些人，正是在克尔纳去世短短几年后聚集在瓦尔特堡，并在那里策划上演了一场民族庆典（1817）的主角。这是一场民族主义的、新教的、唯日耳曼的、反犹的、仇视伊斯兰教的大典，并且最终以一场得到了公众与审查机关极大重视的、所谓的焚书运动收尾，当然了，被烧掉的只不过是一堆上面写着书名的废纸而已，其中包括奥古斯特·冯·科策布（August von Kotzebue）

的《德意志帝国历史》(*Geschichte des deutschen Reichs*)、卡尔·路德维希·冯·哈勒(Karl Ludwig von Haller)的《政治学的复兴》(*Restauration der Staatswissenschaft*),以及绍尔·阿舍尔(Saul Ascher)的《日耳曼狂》(*Germanomanie*)等。最后提到的这位作家,因犹太人的身份饱受同时代人的攻击,他除了是一位写作者之外,同时也是一名目光精锐的批评家,他看透了德国人在面对法国大革命时其态度的矛盾性,也揭穿了他们在谈到——由费希特打下开篇——基调为种族主义且反犹的"德意志性"(Deutschheit)时前后相抵触的地方。[16] 官方对这场庆典感到十分恼火,只是那时,第一批大学生兄弟会之类的组织已经诞生,他们将爱国加反犹的战斗气氛散布在全国各地。

有关于民族的念头并没有被浇灭,但同时,它也继续停留在就说说而已的阶段。只有被克莱斯特及克尔纳请来的那尊"日耳曼妮娅"女神依旧活力十足,在下一个世纪里,再次现身于数百篇诗歌及画像、石雕、铁铸的她,挑衅一般手持长剑、一边警示一边巡望,饥渴地寻求着复仇的机会,满腔愤怒地守护着莱茵河。1814年,弗里德里希·魏因布伦纳(Friedrich Weinbrenner)就已经提出了《竖立一座关于莱比锡决定性胜利的德意志民族纪念碑的意见》,在这份纸质的草案上,时间与地点那一栏,他填的是:"1813年10月19日,日耳曼尼亚。"[17] 而那场"葬礼",甚至贯穿了后世的音乐剧与元首的命令。德国人用来自我塑形的核心物料依然是战争。

然而,歌德与这位以笔为矛的自由斗士的天性截然相反。他与克尔纳亦有私交,并在1813年撰文,愿上苍保佑这一帮手持兵器的人,他们当中虽然没有克尔纳本人,但也是另外几名参与了由吕措少校领导的军事行动的大学生:"如果你们这几个志在解放祖国的年轻人认为,我的赐福能够给你们的武装带去成功,那么请收下吧,来自我内心最深处的祝愿与祈祷。"[18] 几十年过去之后(1830),在面对他的秘书爱克曼时,歌德却将语调降了下来:"我心中根本没有仇恨,如今教我怎能写出仇恨之歌!"[19]

战争到达高潮之际,当时颇有声望的历史学家海因里希·卢登(Heinrich Luden)(逝于 1847 年)邀请歌德为其担任主编的反拿破仑、反法倾向杂志《复仇者》(*Nemesis*)撰稿,1813 年的歌德拒绝了这单从名字上看就意味着"复仇"的邀约。数十年后,卢登回忆起当时两人就此展开的一段对话:"您根本不该相信,"——这据说是歌德本人的解释——"我对诸如自由、人民、祖国之类的宏大概念是冷漠淡然的。不;这些概念跟我们是一起的,它们构成了我们的一部分本质,没有任何一个人能把它们从我们身上拿下来、扔出去。德国,亦在我滚烫的心头上。只要想到德国大众,每每想到他们作为一个个独立的个体是那么值得尊重,作为整体却又遭受着怎样的厄运,我都会感受到一阵苦涩的疼痛。把德意志民族跟其他民族做比较,便会让我心生难堪之情。而这种难为情的体验,正是我想方设法也要逃离躲避开的。在科学与艺术之中,我找到了或许能够带我飞离这痛楚的翅膀:因为科学与艺术是属于全世界的,在科学与艺术面前,国家与国家之前的界线不再奏效;不过,它们所能提供的慰藉,是一种令人生厌的慰藉,它并不能取代一个伟大、富强、受人尊重且令人敬畏的民族应有的骄傲与自信。同理可见,能真正宽慰到人的，唯有相信德意志的未来；对此，我跟您一样坚定不移；没错，德意志民族的未来可期，它会有一个未来。用拿破仑的话来说，德意志人的命运，还远没有完结。"

　　按照歌德的意思，做一个爱国者，意味着接受教育，而不是粗鄙的民族主义，也不是煽动情绪；这是德国的古典主义："加强对人民的教育……这样才不至于造成精神的枯萎，精神应当一直保持鲜活与明朗，这样才不会气馁沮丧，不会小肚鸡肠，而是要一直保有建功立业的能力，当荣耀的那一天真正来临。"[20] 这是魏玛那一拨人在乎的。就算那荣耀的一天其实直到他们生命终止之时都不曾来临。歌德主张的并不是仇外，而是要对外来者的统治说不。因此，他必须被算作一位懂得珍视他者的德国诗人，因为正是这些他者给德国人带来了科学与艺术。歌德并没有放弃这样的希望："有朝一日德国人也能达成与曾经的希腊人，或如今的法国人比肩的成就。咱们俩私下说，我根本不恨法国人，我确实感谢了上帝，当我们终于摆脱了他们的时候。可我，一个只在乎艺术与野蛮之事的人，又怎能对一个全世界文明水平几乎最高、我本人的绝大部分教育都归功于其的民族心生憎恨呢？"[21] 通过与古希腊和法国的教育作比，德国这才获得了意义。

　　与众位诗人相比，哲学家约翰·戈特利布·费希特在为民族主义发声这一点上，其影响与作用有过之无不及，尤其是他那 14 篇针对如何培养与教育年轻一代所写下的《对德意志民族的演讲》（"Reden an die deutsche Nation"）（1807、1808），激起的回响更是深远而悠长。它把身居象牙塔里的听众们一下子唤醒，尤其是在大学生中点燃了一种新的民族意识，与其说它是新的，不如更确切地说，那才是他们第一次拥有了对民族的意识。"我不讳言，我就是在为德国人说话，直截了当地说，我要说的就是关于全体德国人，我不是要认可他们，而是要站在他们的身边，抛却所有发挥离间作用的分歧，这些分歧是造成一个民族在过去好几百年里经历一切灾难与厄运的主要原因……而我头脑中的那份精神，才是将整个德意志民族中有文化修养的那部分人汇集起来的宗旨与原则，无论这些人身在哪个国家，只要德意志精神被传播到了那里，他便属于这个精神集体。"[22] 演讲的第一篇开宗明义地这样说道。他强调了，所谓的德意志人本属于同一个民族，只不过分散在了各个不同的国家与领地，而且，能够对抗数世纪以来趋势与传统的，只有德意志人中那"有文化修养，受过教育（gebildet）的那群"。进行哲学思考的，并不是作为一个种族的整体。既然德意志人被分裂及纳入了不同的种族与国家中，那么他们还得先意识到自己与其他德意志人在民族上的一致，然后，发展并实现一种欧内斯特·勒南（Ernest Renan）所言的"每日例行公民表决"，直到他们寻回自我，并且能够对自我进行反思。可是，要做到这些，当时的德意志人已经足够成熟了吗？还是这一切都只是操之过急的哲学家做的美梦呢？

费希特知道"德意志"的意思是什么：德意志人，是一个"原始民族"，他在第七篇演讲的开头说道，"这个原始民族，跟那些从它里面分化出去的一支支氏族部落不同，它有权利干脆就沿用那个最初的名称，德意志这个词本身是什么意思，这个族名也就是什么意思"。[23] 只不过，这个原始民族必须承受它自身帝国的衰落，冲破它由外到内对法国人的依赖,去除它随时准备臣服的仆人特性,才能得以解脱,从整个民族的被奴役状态中获得拯救,可单单后面这两点,能做到就已经很难了,毕竟它能让人过上舒服的日子,诱惑太大了。针对这一点,费希特向自己的听众们高声疾呼:"为人奴仆可能带来如蜜糖般甜蜜的惊喜之感,但我们一定要对此抱持高度的警惕,因为它甚至会从我们的后代身上,夺走未来获得解放的希望。"[24] 费希特的演讲看上去有着义不容辞的必要性,它要在受到羞辱的百姓心中再次激起斗志,为其灌注新的勇气,强化其自我意识,向其许诺一个未来。当然了,犹太人是不被包括在其中的。

这成组的系列演讲在一声振臂高呼中完成了它的最终乐章,费希特发出的号召中既包含了对世人的警告,同时却也不乏对民族意识的提升与强调:"如果,我在这些篇讲话中所描述的一切皆属实情的话,那么,你们,就是众生之中脱颖而出的那一族,在你们身上,最明晰确凿地蕴藏着人类能够抵达至臻之境的萌芽,在你们身上,载录着人类发展一步步向前的印记。要是你们带着你们的这种本性特征行将消亡了,那全人类从灾厄的深渊中得到拯救的希望也就不复存在了……如果你们沉没了,随之沉没的那将是整个人类,并且再无重筑的希望。"

唱高调加上极度甚至过分的傲慢,把德意志人看作全人类的救世主,这一类型的言论在接下来的几十年里依然不绝于耳。其中闪现的关键词,亦为后来希特勒席卷全德的罪行提供了精神上的指导。有法国与英国的榜样典范在前,有旧帝国的自我瓦解在前,有反拿破仑之战中灾难性的节节败退在前,他们能说出上面那些话的底气到底从何而来呢?那群号称群族之首的老百姓,得重新建立他们的祖国,更确切地说,是要重新创造出一个国来。可说到底,那所谓的"他们",不就是一群知识分子、大学生、底层贵族和市民阶级吗?只靠"不是法国人"这一点就够了吗?究竟是什么赋予了他们救世主的身份与地位呢?能提供其合法性的来源似乎只有一个词,那就是"德意志":"我们必须"——用费希特在第十二篇演讲中的话来说——"恰好回到我们原本的位置上去,那个位子的名称就叫作德意志人。"[25]

继哲学家费希特之后登场的,是一位教育家,弗里德里希·路德维希·雅恩(Friedrich Ludwig Jahn),人称"体操之父"。诚然,他既非诗人,亦谈不上什么名声显赫的哲学家。但他发表的言论与意见,总是能在公众心中占上分量,也因此在全德国都获得相当持久的影响力。雅恩很有可能聆听过费希特的演讲,或者至少是听说过它们,就在他刚好也暂居耶拿的那段时间里。不管是哪种情况,反正在1808年,他撰写了《德意志民族性》(*Deutsches Volkstum*),书中表述的正是与费希特近似的观点与思考。这部付梓于1810年的著作是一篇与教育相关的文字,它旨在推广德意志人的母语以及民族性服饰装扮,唯有这样,才能对抗自身民族性的进一步沉沦甚至是销声匿迹;而他所倡导的德意志服饰,则只有入了籍的德国人才有资格穿戴。针对德意志的语言,人们必须要警惕的是继续借用法语词汇及表达方式下去可能带来的对德意志性的威胁。[26]这些说法,一直到进入21世纪仍然能听到它们的回声。

有可能是通过费希特,也有可能是通过他自己个人的语言历史研究,无论怎样,雅恩得出了这样的结论:"德意志这个词本来的意思就是大众的、民俗的。不同于我们新德国人。一再发生的源于自身的罪责使得我们的民族性,或曰德意志性行将没落。"[27]新德国人,指的就是那些法兰西崇拜者,用一种近乎宗教性质的目光来看,这不亚于一桩罪孽。出于亲法的立场与态度,在母语中混入过量的外来词,这一点在 1642 年的洛高及其"德意志的米歇尔"那里就已经引发了不满与抱怨。[28]当民族的、反法的、反犹的情绪一并在雅恩心中被点燃的时候,那些所谓的影响与效用便一下子被他拔高到了已对德意志性构成严重威胁的程度。对他而言,德意志本身就是这个概念的价值所在,所有德意志人都应当要努力维护它、强化它、为它更换新鲜的血液。德意志是一个"可以为人增添荣光的赞誉之词",那位"体操之父"在回首历史时这样说道:"德意志的男儿,讲着德意志的语言,一个德语的词语,一次德意志式的握手,德意志的忠诚,德意志的勤奋。"(难道说跟德意志的忠诚相比,法兰西的忠诚就是另一种忠诚,法兰西的男儿跟德意志的相比,就完全是另一类人了吗?)按照雅恩的说法,当年的罗马人给人类留下的,是"民族混战过后苦难的深渊",而"被我们继承所得的那部分遗产",就叫作德意志性,它是"具有人类本质的一种民族性"。可是,将逻辑思维、增进认识的方法以及科学传播给这些德国人的,不是德国人嗤之以鼻的罗马人及其门生,又是谁呢?

雅恩所言"民族性,是从民族角度衡量伟大与否的一把真实的尺子,是从民族角度称量价值几何的一架正确的天平"。这是他,一位为大众做出示范体操表演的人的原话。雅恩后来加入了吕措的志愿军。他将民族性具象化、实体化的举动发挥起了政治上的影响。1815 年，以雅恩的体操运动为缘起，在耶拿诞生了德国历史上的第一个大学生兄弟会。它将雅恩想表达与传递的信息带到了接下来的几个世纪里。瓦尔特堡的焚书事件中，雅恩的理念亦有贡献，尤其是在挑选作品予以谴责乃至唾弃方面。在他那里，跟"德意志性"的意义画上等号的，是对外来者的拒斥，而从历史的视角出发，则会得出德意志人等同于古希腊、古罗马时代的日耳曼人这一结论。就这样，那个被总结为"强大的德意志民族"（gewaltiges Deutsches Volk）的概念，如潮水一般，翻越了阿尔卑斯山脉，涌向罗马，奔入大不列颠，在跨过比利牛斯山后，淹没了几乎整张地图。[29] 日耳曼独大的意识形态又一次攀至历史性巅峰，这次跃升，到了下一个历史阶段，也没有从人们的记忆中被抹去。或许是因为雅恩的体操运动引爆了某种革命的势能，在梅特涅的心中点燃了对此人的猜忌。出于这一缘故，"体操之父"在囹圄之中度过了六年的时光，获得平反后的他以保守派议员的身份于 1848 年迈进了法兰克福的圣保罗教堂。雅恩的形象，在整个 19 世纪乃至深入 20 世纪，都是一个受人爱戴的民族英雄，明确的反犹立场，让他在纳粹的意识形态中成了百姓为之树碑立传的圣人般的战争英雄与民族教育家。[30]

这下，该是它亮相的时候了："强大的德意志民族。"（1808）费希特和雅恩发表演讲和著书立论的背景都是刚刚被击溃的"德意志民族的神圣罗马帝国"。自那片废墟中，德意志民族骄傲地挺身而起,像是一位周身环绕着光芒的伟人——或者更确切地说,他们得重新创建起这么一个民族才行。实际上,莱茵同盟的各成员国已经通过1806年8月1日的解除关系文书,脱离了皇帝的约束。这一历史事件无疑给予了两位思想家的言论直接的政治回应。费希特的论调是反思式的,是哲学的,它在文学界留下了长久的余韵,而雅恩则发挥了更多的社会作用与影响。只不过,面对政治上的发展态势,无论哲学家还是体操选手都无力回天。北方联盟迫于拿破仑的压力与南方决裂。那个被瓜分殆尽却仍苟延残喘的帝国实体如今唯一的存在合理性,在于它方便承接德意志人心中冉冉升起的民族感,那是一种对内、对自己本身所施加的强烈意志,它要再一次治愈这副千疮百孔的躯壳,或者说,干脆重造它,赋予它全新的生命力。

在雅恩看来,曾经将各方领地都作为德意志国家实体的关节联结在一起的那一条纽带,已然松脱了。"对于这一真相的感觉,其实在每个德国人的心底都潜藏已久。1795年以后就出现了北部德国与南部德国这样的区隔化说法。所有涉及共同的祖国与共同利益的那些概念都隐去了它们的踪影。人们只是还徒劳无功地在德意志这个帝国实体中寻找着一个所谓的德国。"王公贵族之间的实情明明白白地被记录在1806年的《莱茵邦联条约》中,至于老百姓,只有无奈咽下这个现状的份儿。基本上,这样的一份供认书,跟那古老的、其历史可一直回溯至11世纪的贵族-帝国阶级自由,也没什么性质上的差别了。最终,与法国之间达成的单方媾和,为这一切画上了句点。哲学家为了表达反对意见而进行的演讲,完全只是在白费口舌。

　　由于拿破仑的施压,在刚刚提到的那份声明发表五天后,皇帝弗朗茨二世便宣告退位。就连他也看出,那条"将德意志帝国作为一个国家实体捆成一束"的绳子已经被人解开了,因而不得不宣布,所有"曾受他管辖的德意志各省以及挂帝国之名的各小国"就此解除与帝国之间的从属关系,这些地区的领土均被他划归至"奥地利国家实体"治下,连带着他自己,也摇身一变,被封为了奥地利的皇帝。[31] 在奥地利以外的地方,人们在唱诵赞美皇帝的圣诗《天佑吾皇弗朗茨》(*Gott erhalte Franz den Kaiser*)时,还加了对原词最后一段的改写:"他打破了奴役的桎梏,／带领我们飞升至自由之境！／早年间的他经历了德意志土地,／德意志各族最为繁荣昌盛的时刻(……)！"[32] 这一画蛇添足之举,无疑更添此地无银之嫌。在"德意志联邦"的基础上,压根就没产生过什么全新的、统一的德国。众领土国家对权力的掌控欲远比对统一德意志的意愿来得猛烈。费希特也好,"体操之父"也罢,没有哪个挥舞着笔杆子的人能在短时间内改变这一切。不过,他们的演讲或诗行,的确影响深远,它们把民族情感与民族意愿下沉到了包括后来的德国人的灵魂里,它们为政治配置了另一套语言。

　　为了反思诗人与哲学家的角色与作为,拿破仑尚在执政时,斯塔尔夫人就写下了颇有争议且备受抨击的《论德国》(1810/1813)一书。它是一部德意志的教育史,排首位的目标读者便是法国的知识分子精英群体。可是,她竟然在书中跳过了荷尔德林与克莱斯特,对恩斯特·莫里茨·阿恩特也是只字未提。尽管如此,她的影响力依然经久不衰,在法国尤甚,却绝未止于此地。甚至在遭受了百般反对与拒斥之后,反而走进了中小学的语文课本里。这本涵盖范围广泛、内容题材丰富的大部头,给正在学着,或曰应当学着去重视德意志文学与德语哲学的法国,画出了一幅全新的德国全景图,当然了,与之相随的也少不了那些不请自来的对图中这处或那处的批评或谩骂。就连在英国,该书都同样起到了促进人们对德语圈哲学家认识与尊重的作用。只不过,在那幅关于德国的图画中,并没有奥地利的一席之地。

在德语版的前言中,作者对拿破仑的落败发出了胜利者的欢呼,并赞扬了德国人在其中做出的贡献,在她看来,德国人通过击败并赶跑拿破仑,证明了德意志民族的存在与力量。作者对这一论点有多笃定,下结论的角度就有多片面(其实全书皆有此之嫌)。即便如此,她还是在字里行间暗示道,德国人的军事精神——主要原因是缺少对祖国足够强烈的爱——已有所减弱。[33] 在这一背景之下,无论对康德、费希特、谢林,抑或对诗学理论与德国哲学之间的统一发出怎样的敬仰与赞叹,都无法掩盖"德意志人骨子里的某种无能为力之感,在这一点上,德意志哲学能做的也不多,根本不够用来让一个民族成形"。[34]

现在,作者要请求人们的原谅了,她所使用的方式是,在德语版发行的时候,于全书之前,加上一段令人目眩神迷的引言(1815):"我在我的作品中声称,德意志人并不是一个民族,可是,就在全世界的眼前,他们千真万确地对这些谎言进行了英雄般的惩戒……或许对那个贫穷但高贵的德国来说,正是由于身处战争造成的荒芜之中，依然拥有自己的精神宝藏可回忆，才更能给人带去些许慰藉吧。三年前，我将普鲁士及环绕它的几个北部邦国，称为思想的祖国，从那之后，又有多少辉煌的壮举是由这思想引领着成了现实……其灵魂的独立，必将造就诸国的独立！"³⁵ 这本书里讲的，的确是关于诗人与思想家的事（必须重申：我们开头提到的那句口号并没有在该书中出现）。但是难道他们，作为市民阶层精英群的代表，就这样成了铸就一个民族的能工巧匠了吗？还是说，那些参战的邦国所派出的部队，不仅打下了江山，还打出了一个民族？从诗人与哲学家笔尖流淌出的那些文章，难道不是仅仅在变戏法耍花样吗？他们让你看见的那个统一，不是依旧停留在远不可及的地方，不曾有人抵达吗？

就在同一时间（1813），恩斯特·莫里茨·阿恩特发表了一篇题为《莱茵河，是德国的河流，却不是德国的疆界》（"Der Rhein, Teutschlands Strom, aber nicht Teutschlands Gränze"）的短文，他在极其有限的篇幅里，用类似自白的方式剖析了自己对祖国的看法与情感，后来文中的语句与段落不断被人引用，因而发挥了非同寻常的作用与影响。这篇文章的主旨在于庆贺反拿破仑战争的胜利，并要求法国将莱茵河地区的土地归还德国。³⁶ 从阿恩特的字里行间，时不时透露出一种强烈的宣传意图，他颇具说服力地提请人们注意，自1600年及1610年以来，先是通过叙利公爵，随后经由黎塞留公爵及其他诸公爵之口，法国持续不断地在对莱茵河提出领土要求，所用的理由是，它构成了法国的"自然疆界"。"面对始终觊觎着我们运气、荣誉与自由的法国人，我们大可以把这份铁证用笔与剑递到他们眼前。可是,就连许多德国人也认为,那所谓自然疆界的形成过程真的就是那么自然而然,他们试图跟法国人一起,甚至是想为了法国人证明这一点,这样的做法,就只能被看成既蠢又坏了。紧接着,指控来了:那潜滋暗长的恶霸暴君们惯用的伎俩啊,哦,那耍了三次的、让人瞧不起的奴颜婢膝花样啊!(这话大概是冲普法尔茨人说的)那伟大而公正的拿破仑之所以会烧杀抢掠、奴役镇压,一定是有他的理由与必要性的吧,就连这种话,都能在德语作家中找到愿意为它解释开脱、粉饰美化的人啊。怪不得我们像被诅咒一样,目光所及之处遍是灾难与困厄!"

文章到此戛然而止,并没有继续穷追猛打下去。阿恩特把仇恨打造成了一种专属于德意志的美德,把这个概念与法国一词紧紧地捆绑在一起,并用数不胜数的诗歌来帮助它得以传播与推广。他把战争说成一种神圣庄严的行为,把自己的民族提升到了宗教的高度。[37] 在此之前,阿恩特就已经开始显露出他从亲法到仇法的转变了。出自他笔下的那几句著名的诗行,好似几记重锤,一下猛过一下地将这种深仇大恨凿进德国人的心中:"哦德国人啊,不再是德国人啦!/不是男子汉,而是爱慕虚荣的娘们!是什么令你们把自己的腰杆深深折弯/面对着抽打你们的奴隶主的皮鞭?是什么令你们似家犬,贴地伏行于刽子手与土匪之前?(……)//啊!想想我们勇敢的父辈吧/啊!想想我们伟大的祖先/那些英雄们,那些日耳曼人!/他们是果断的行动派,/不是只会舌灿莲花的演说家,/不,取得过令人骄傲的自由的孩子们啊/战胜了暴君统治的人,/你们是为那些已被折磨殆尽的美德而战的复仇者。(……)//是你们点燃了那熊熊烈火，／你们得用自己的鲜血将它扑灭，／你们还要与强盗们搏斗，／直至你们重获自由。"³⁸ 这里提到的土匪曾经也是令人们折服与钦羡的对象呢。出于羞耻心与遭受的侮辱，人们把战斗呼号喊得越来越大声。以煽动情绪为主要手段的战争宣传一波又一波接踵而来。像是写于 1811 年的："拿起武器来！拿起武器来！／让那群异邦的猴子下地狱……拿起武器来！拿起武器来！／上帝创造我们是让我们成为男子汉／飘扬吧，旗帜！吹响号角吧，吹起来！／德意志的忠诚团结起了所有兄弟！／冲进去！没人重返家园，／如果他不能把胜利也带回来。"要么凯旋归国，要么战死沙场，男子汉的气概与日耳曼人的忠诚。这是在煽动人们去煽动情绪。它们并不负责传播人类的普遍价值，只是借用了《马赛曲》中的部分口号而已。这样的声响喊醒了大众，几十年后都还有人对这种腔调情有独钟。如铁锤落下般的节奏，极富冲击力的画面，具有强烈暗示性、洗脑式的语言，这一切排山倒海，令人顾不得喘息与反思。在它们的强效作用之下，人们接受了德意志民族之伟大的设定，对胜利的渴求被制造了出来，所有的这些，都在 20 世纪听到了它们的回声。

同时，阿恩特并没有停止于此，他用手中的笔，继续为德国人供给着美化暴力的战争诗歌，并通过它们，成了一位不折不扣的爱国主义诗人："上帝用钢铁令人成长，／卑微的奴仆他不想要，／因此他才将刀剑与长矛／交到正义一方的手上……那么，我们所欲所想，无非是把上帝的意愿，／用满腔忠诚来守望……可若是有谁无端挑衅，要个把戏，让我们蒙羞受辱，／那人便定会被我们狂殴，直至片甲不留/他万万不该，在德意志的土地上/与德意志的男儿交手。//哦德国啊，神圣的祖国/哦德意志的爱与忠诚……//我们要么获胜，要么在这里牺牲/自由者的死亡都是甜蜜的。"后来的历史也证明了，这几句诗确实有极强的煽动力量。它在人们心中点燃的那支火把，既是成功的，也是可怕的。战争，即所谓的"上帝用钢铁令人成长"，造就了这个民族。"因而，我们的所作所为，不过是遵循了上帝的旨意而已。"

阿恩特的诗句让德国人彻底地陶醉了。它们所发挥的效应，就像一个预警信号，提醒着人们，接下来将有大事发生。可没有人能预料到，诗中描述的那种德国人铭誓"犯我者片甲不留"的审判角度与方式，有朝一日将诞生出何种恶劣、可怖乃至惨绝人寰的所谓"义举"。民族主义与军国主义打着宗教的名号同时向对方伸出结盟之手。在这位民族主义元老的文字中，并没有蕴藏什么我们至今仍能遵循的行为模式。可受他鼓舞的爱国者与好战者之间的击掌声，则在后来的很长一段时间内始终不绝于耳。威廉皇帝统治下的德意志帝国将阿恩特尊为民族诗人，在所谓的"第三帝国"，他更是被当成为整个民族指引道路的预言先知，到了民主德国时期，人们更是发现了他反封建主义的调性。能像这位诗人一样，为德意志民族在塑形自我意识与自我感觉时打下的烙印如此深远且持久的作家，纵观整个历史也没几位。

返乡（听好，可不是撤退）的号角被吹响了，但问题是，返到哪里去？肯定不是再回去找原来的那些主人们。特里尔、美因茨、科隆，还有以普吕姆为例的帝国修道院及其他相似的具有精神意义的地标，已经被逐一世俗化，其私有财产被没收，它们所占的领土也被判给了像是普鲁士或巴伐利亚之类的地方王侯。又是这熟悉的颠倒是非的招数：一方面，对拿破仑恨之入骨，因为他给德国人带去了灾难与厄运，另一方面，他制造不幸的那些手段，又都被德国人在消化吸收之后彻底学了去。一方面，他们简称是仇敌法国人迫使他们进行的世俗化，而另一方面，在这过程中变现的一笔笔丰厚的意外之财，却又都被他们一声不吭地接受了。没有任何一位德意志的王公贵族在尝过了物质化的甜头之后，还想着要打断这个进程，还希望一切能回到从前。稍有些洞见与智慧、能看出这其中问题所在的德国人，遭到了不具名的诽谤与侮辱。就连歌德都无法扭转这一宿命的走向。前文中曾引用过的他的那段文字，或许可以提醒世人，在这片土地上，曾活跃过精神文明，哪怕到了此时此刻，它的作用已几乎荡然无存："我"——歌德本人——"并不恨法国人……我怎么能……对一个民族，当它拥有这世界上最高级的文明之一，当我接受的教育大部分都要归功于它的时候，还恨得起来呢？"

在1813年那篇以莱茵河为主题的战斗檄文之后，阿恩特又创作出若干直到进入20世纪仍被人念念不忘的诗篇："何为德意志人的祖国？/是普鲁士吗？是施瓦本吗？/是莱茵河畔绕满葡萄藤的那片土地吗？/哦不是的，不，不！/他的祖国，得再壮大一些才行！"为什么扯到陌生的普鲁士？因为阿恩特已看清，德意志民族之所以陷入困境，最根本的原因在于，无论是从领土上看，还是在人们的思想认识当中，都存在着四分五裂、各自为政的情况。诗人希望能够通过具有情感煽动力的词句，结束这一局面。他在节奏鲜明且强烈的诗行中,向原有的各德意志公国,另外又包含了奥地利、瑞士及蒂罗尔,即从贝尔特到埃施的所有地区,都发出了同样的呼吁。他的这一构想像是某种预先设定好的模板,后人霍夫曼·冯·法勒斯雷本(Hoffmann von Fallersleben)创作的德国国歌便是在此基础上深化而成。尤其是那随后旋即被压制下去的第6小节,其中就回忆起了那业已形成的分裂:"何为德意志人的祖国?/是我们对这片伟大土地的爱称!/它是那被王公贵族扯碎瓜分的零星封地吗?/是被皇帝与帝国蛮横地掠走的那份吗?/哦不,不是的,绝不!/祖国还要比那更壮伟才行!"在这里,壮伟的意思是,要比那已经陷落的神圣罗马帝国走得更远才行。要多壮阔?要多高远?"所有能听到德意志的语言的地方,都在我们的疆界之内!/……要这样才行!要这样才行!/这,无畏的德意志人,才是你们的姓名!那么手段呢?用什么来实现这一目标呢?这就是德意志人的祖国,/在这里,怒火烧尽所有外来户的破烂玩意,/每个弗朗茨曼都等同于我们的敌人。"(第9小节)

这是一种被写成诗行的陶醉与迷狂,诗人(作为一个出生在吕根岛上的瑞典人、同时也作为一个逝于波恩的普鲁士人)亦深深臣服于此。起到让人陶醉与迷狂作用的那一剂药,就叫德意志。人人对他心生惧意的那个"弗朗茨曼"被赶走了,德国获得解放。看上去是这样。这首诗不但沦为了煽动仇恨的喧闹鼓点,还成了《全德国》("das ganze Deutschland")(第10小节)的伴奏音乐。诗中的许多言辞,阿恩特也清楚这一点,描述的与实际上根本不是同一回事。那不管,反正诗句被保留了下来,也还听得到回响。学校向它们敞开了大门,并且负责在德国人中间传播这些诗行,这一点倒是跟他们族名最原始的意义相符合了,本来就是一个通过语言形成的民族。如今,语言区域被迫变成民族的疆土。把它拿到灯下细观,会发现,这种视角只是一种错觉与幻想,是对法国的拙劣仿造,是自古以来就蠢蠢欲动的向莱茵河边界伸长的双手,除此之外,还有一份报复心在里面,是对所受屈辱针尖对麦芒式的回敬。阿恩特构想中的德国,和与之相关联的他对王公贵族的斥责,很显然,根据《卡尔斯巴德决议》,不再适合那个日渐膨胀的普鲁士了。作为波恩大学教授的他被开除(1820),直到后来在莱因危机的大环境下,方于1840年获得平反,名誉亦被恢复。可无论诗人本身的命运如何多舛,他的诗歌所造成的影响与声势都盖过了他的个人经历。仇法成了德意志的美德,"德意志"全然就是最高的价值原则,也为这个整个成天围绕着自己打转的民族提供了最根本的意义。很快,弗里德里希·吕克特(Friedrich Rückert),哪怕他还算是一个颇受欢迎的德意志诗人,也钻进了同一个牛角尖里。

马克斯·冯·申肯多夫的莱茵之歌听起来就悦耳多了。"这是神圣的莱茵河,/一个统治者,具备丰富的才能,/它的名字就已经,与美酒谐音,/值得享尽忠诚的灵魂。/在所有人的心里/都涌动着祖国的欣喜与伤痛,/当这首德意志之歌一被唱起,/关于莱茵河,关于高耸的悬崖峭壁。"[39] 这个地区再一次被罩上了光环。此类的诗句清晰地表明了,莱茵河是如何被神圣化,如何成为象征着德意志民族自由与团结的代名词的。这位歌者亦同样仇视法国,即便

122 他没有像阿恩特那样，以仇恨为自己歌词的主要线索："悠远地响起，如教堂的钟声/德国啊，你的庄严与神圣，/它激起的涟漪是如此甜美/竟惹来外族止不住的妒意。"充满怀旧与乡愁的文字，将诗人对法国人毁掉了海德堡教堂这件事的情绪也一并都写了进去。"啊！它已落入尘土/所有的骄傲，全部的壮阔与美妙：/兄弟们，你们最后的火炬，/不要让它在这时候熄灭，/让我们结成联盟/再造前人曾创下的辉煌，/让我们从他们的墓穴中，从他们的文字中/使我们的思想终得解放。"一段压根称不上义举，与现实并不吻合的过往被涂上了英雄主义的色彩，民族思想被一下子煽动与点燃，目的则是让那位打败了瓦鲁斯人的胜利者赫尔曼，让那位最终在对教皇与诸侯的战争中失利的红胡子，从他们的墓室中一惊而起，再次为了德意志的华丽与璀璨而战。

路德维希·乌兰德在不断地发掘新的音调，用来歌颂德意志的美德、德意志的自由、德意志的团结一致，他在创作祖国的诗歌这一点上，始终坚定不移。1815 年的时候，他出版了一部诗集，名字就叫《祖国的诗歌》(*Vaterländische Gedichte*)。"众民族大会战已告捷，/外族让出了德意志的田野，/可那些被解放的地区仍承载着/过往窘境的一部分痕迹；/而正如人们从已沉没的城市之中/挖掘出庄严的神像一般，/某些神圣的权利也将获得拯救，/不再苟活于荒芜的废墟之下。//……德意志人古时候敬重/王侯因其神圣的职业，/但他们更热爱自由地前行，与其并肩/且姿态笔直，就如上帝将他们创造出来时那样。//你们结成了坚固的联盟，也当发挥此等的作用，/我们的权利，由你们来守护！/你们在我们古老的历史基础之上,建设/未来民族的福祉。/不计较普遍的薪酬/你们坚定、勤奋、忠诚;/民族的尊严,仿佛皇冠,/神圣的敬畏是你们对它的尊重。"这是对优秀的历史权利发出的呼吁,这权利应当由贵族与百姓一同来维护。而面对德意志联盟的局面,乌兰德也很快地做出了调整与妥协,完全不成问题。

没错,民族思想的根基与依据,确实应当到它往日历史的纵深处去挖掘。为此,人们找来了历史研究,还帮它做了相当成功的推广与宣传。也正是在这时候,具体来说是在 1819 年,施泰因帝国男爵(Reichsfreiherr vom Stein)号召建立"古德意志历史研究协会",他的号召果真得到了积极的响应,该机构也一直存在到今天。*Sanctus amor patriae dat animum*,"神圣的爱国心给人以勇气",这是他们的竞选口号。将目光投向过往,投向那属于奥托及部下、属于霍亨斯陶芬家族灿烂辉煌的中世纪,这样的目光将刷新人们对民族、对祖国、对这种精神的认识。按照创立者的设想,该协会将出版所有诞生于德意志历史早期、具有历史意义与价值的文物手稿。就连当政的贵族王侯们,也纷纷订购那备受期待的书卷。[40]

这样的开端被黑格尔的历史哲学,引向了世界精神不可衡量的深度之中。罗马教堂圣伯多禄教堂的落成,以及米开朗琪罗为西斯廷教堂绘制的《末日审判》,在哲学家眼里看来,都为教会以及末日审判说,尤其是它们的陷落拉开了序幕。在这方面,德国人(黑格尔本人是新教教徒)以一种极为出众的方式,进行了协助与配合。更确切一点:"德意志民族具有一种古老的、一代又一代传承下来的亲密性(Innigkeit),它从最简单质朴的内心出发,完成了这场颠覆性的变革。正当世界上的其他国家还在向着东印度及美洲等地扩张的时候……整个基督教此前在俗世间石凿的墓穴之中找寻的东西……被一个普普通通的僧侣，在精神之中发现了不说，还在人的心灵之中将它展示了出来。"终于，德意志人有所作为了！黑格尔的世界精神，利用了德意志人素来的亲密性，目的则是要借助路德的宗教改革，实现自由原则，因为整个世界历史都只不过是自由这个概念的发展史而已，即自由是一种理念，是人们对自由的意识。[41]在柏林，或许这样的演说还能发挥一些影响，但在慕尼黑或维也纳，连门都没有，而民族主义的思维，无论在哪个地方，都没能得到有效的传播与扩散。

民族主义的声调让贵族王侯们觉察出了危险；审查机关很快就盯上了这些文章，并对其进行了严密的考察与跟踪。在这样的政策环境下诞生了不少牺牲者，其中一位就是当时革命性较强但还算谨慎小心的约瑟夫·格雷斯。他于1819年在科布伦茨发表了题为《德国与革命》（"Teutschland und Revolution"）的文章，并在开篇就强调："在整个德国，所有试图广泛地酝酿及发酵各种情绪的做法都正在受到压制，有一种氛围正在生成，而这种氛围在历史上恰恰常是大型灾难的前兆。哪怕是最积极活跃、最变幻莫测、最足智多谋的蛊惑行为，都无法自下而上地实现它们的目的，即让和平的、热爱安宁的、冷静理智的、自律有节的德意志人民激动不安、恼怒气愤，不管他们的层次或状态如何。他们能够幸运地达到上述的状态，是因为当杠杆的长臂从上方降下，对其进行攻击的时候，德国人总是能够灵巧地应对或闪避。"但这是一个错误的判断。王权的复辟最终获胜凯旋,而格雷斯自己,却不得不逃往斯特拉斯堡,并在那里成了教会革新之后的保罗。接下来的几十年里,若是按照那些言语狂热的预设,将有一幅民族的自画像被绘制出来,只不过,这幅画像无论从哪个角度看,都跟现实的局面相去甚远。缺少的是建立并维持民族秩序所需的可实现的纲领与计划。人们差一点就相信了,看上去似乎还将有一系列的赞歌抑或洋溢着希望与期盼的文字井喷式诞生,就像上文中提到的那些为民族化而做出的努力一样。但事实却是,很快它们就受到了复辟政权与审查机关的打压与阻挠。魏玛依然是魏玛,巴登也还是那个巴登,奥地利仍旧是奥地利,至于说普鲁士,虽然已经开展了一系列的改革措施,对大学也进行了升级与更新,不过,在本质为容克国家这一点上,却并没有发生任何改变。

5

"眼下的德国横尸遍野"：政治复辟

一些对此情此景持批评态度的人，躲到了巴黎——例如格雷斯——或是斯特拉斯堡。这些人里包括路德维希·伯恩（Ludwig Börne）、海因里希·海涅、格奥尔格·毕希纳（Georg Büchner），以及卡尔·马克思。其中伯恩是一位笔锋极其辛辣且似乎永不知疲倦的书评家。他下笔的时候从没给任何人留过情面，不管他是歌德、E. T. A. 霍夫曼（E. T. A. Hoffmann），还是海涅。他谈到胡格诺教派移民的后裔、浪漫派作家穆特·福开（Friedrich de la Motte Fouqué）的时候，用词颇为恶毒。[1] 而评论"体操之父"雅恩及其后辈的时候，嘲笑与讥讽亦贯穿始终。而在这后辈之中有一个名叫海因里希·多林（Heinrich Döring）的人，现在已经没什么人知道他了，这也很正常。他在当时费尽心力出版了一部紧跟时事的诗集，取名为《讽刺幽默诗：主要针对新近发生的一些时事事件》（*Satirisch humoristische Gedichte. Vorzüglich in Bezug auf neuere Zeiteregnisse*）（1820）。这部作品诱使伯恩对其展开了赤裸裸的嘲讽。"令人厌恶地发表自己的言论、反驳别人的言论、一边写作一边证明：究竟谁才是个地道的德国人，谁又不是；一个人超级理性地想要从德意志服饰的必要性开始做点什么，这帮得上什么忙？这能帮上什么忙？"这就是多林指责伯恩的话。

针对这些指责，伯恩用一种在人背后说三道四的口气，把它们称作一个文学新兵的狂热举动："作者……耗费了全身的力气，端着一块充满诗意的树脂蛋糕，阿谀奉承的算盘打得叮咚作响，他的目的似乎不是让整个德意志民族通了电般地激动起来，反倒更像是要整个民族因为他而慢慢把电放光似的。"为了进一步解释澄清，伯恩把这丛所谓"讽刺幽默的野草里的一株茎秆"直接塞到了读者手中："德意志的自由颂歌。前进！驱除那老旧的一切！／新的世界必须建立起来，／王冠必须摇晃、摆荡，／贵族得像小绵羊一样瑟瑟发抖——／这需要，全部的品格与美德，／德国勇敢的英雄青年……看看我们的榜样！比他更纯粹的人，／全德意志民族里也挑不出来了。"这几行诗褒奖的英雄就是雅恩。那位科西嘉人"确确实实地坐在，不是他的小岛上，／而是现在仍在法兰西的宝座之上——但雅恩用力地扇旺着／几乎快要熄灭的最后几丝德意志精神的小火苗！／谁要是不想感受到这一点，——那就行行好，彻底跟我切断联系吧，／我也没必要接着讲述自己的愤怒之感了"。[2] 这位受到谩骂的作者，比起那位热衷于讥讽别人的书评家来说，或许更对德国学者的胃口，对他们的情感把握得也要更加精准一些。诗人与批评家之间的这个例子形象地刻画出了此时存在于德国市民阶层中的分歧与矛盾，他们用一种令人较为舒适的角力来反抗革命的颠覆活动。

讽刺文章、体操、仇法情绪，对于作为民族统一的黏合剂来说，仅仅这些还不够。伟大的歌德保持了一贯的怀疑态度。在长时间对法国文学及文化赞不绝口之后，他也在跟秘书的对话之中正好谈到了法国那些具有政治性的诗人。他解释说："在我们德国，相类似的情形是不可能发生的。我们没有一个城市，甚至是，我们根本没有一个国家，就这个国家，我们能够坚定地说出：这里是德国。要是我们去维也纳提出这个问题的话，得到的回答将会是：这里是奥地利！在柏林提出这个问题，得到的回答则是：这里是普鲁士！仅仅在16年前，当我们终于想要摆脱法国人的时候，那会儿到处都是德国。"[3]这话也可以当作对前文引用过的回绝海因里希·卢登的一种补充。那个时候，1813年，德国还貌似无处不在——连在歌德的思想里也是。现在，1830年，整个世界都变了："吾已无国。"

在他的《浮士德》第二部里，歌德将几乎整个第一幕（1832年前的部分）都献给了皇帝。魔鬼被委任为宫廷小丑。没有人察觉这一点。诉状只是有人朗读，但迟迟得不到判决，无辜的人被判了刑，因为可被收买的法官根本不起任何作用。假面舞会和"火焰把戏"让人纵情取乐，仿佛并非身处"德意志国境之中"。至于纸币的发明，——"皇帝发话了：我预感到这其中有诈，是令人愤慨的作恶！"然后签上了他的大名。人们用宫廷舞蹈来消磨时光，至于人民百姓的疾苦，这不是皇帝宫里该被感受到的东西。"皇帝的朝堂"与其说是严肃的大臣们聚集的场所，不如说是小丑骗子们交替登场的地方。歌德作为一位在魏玛宫廷内有任职经验的大臣，他给已逝的王朝、给昨日的德国所下的结论是：一部宏伟壮丽的讽刺作品。那儿还真出现了一位"讽刺作家"。"你们知道,作为一个诗人/什么才是真正让我感到喜悦的吗?/那就是,我可以唱一些、说一些,/没人愿意听的东西。"(第二部第一幕:在宏伟的大厅中)这是一个苦涩的、以韵律形式写成的、躲藏在诗意包装之中的洞见:"在德意志的国境之内",真相往往离政府的运作很远。剩下的那部分只不过是洋洋自得却意义贫乏的假面舞会而已。具有革命思想意识的作家也改变不了这一点。只不过,歌德本人至死都是拿破仑的崇拜者。[4]

一个老实听话的戏剧爱好者,或许会因为这种对皇帝当权者诽谤式的描绘而感到惊呆与错愕。换作另外一个读者的话,有可能这些事在他眼里看上去要更加糟糕恶劣。而歌德的仰慕者格奥尔格·毕希纳选择的做法是,更加尖锐、更具社会批判性且更具革命性质地咒骂了德国当时的局面。《黑森州信使》(*Der hessische Landbote*)是一本只有八页的小宣传册,作者是毕希纳,弗里德里希·路德维希·魏迪希(Friedrich Ludwig Weidig)为编辑,1834年虽然已经印刷了两版,依然一册难求。[5] 它用一种煽动性、同时却以《圣经》为依托的语言,攻击了德国复辟时期由诸王侯掌权的国家制度,目的则是彻底推翻这个政权。这位所谓的信使希望能唤醒受剥削的农村百姓,做好起义和革命的准备。里面的文字极具鼓动性,简单朴实,却能营造出富有强烈冲击力的画面感,即便是对于农民来说,也一听就懂:眼下诸王侯的地位是靠出卖皇帝、出卖人民大众换来的,"他们的本质与作为都是受上帝诅咒的"。《黑森州信使》还详细地一一枚举,国家的管理和王侯的内廷以税收的形式给整个国家套上了一副多么沉重的财政枷锁:"如今的德国可能无论在哪都这样,最无耻的流氓恶棍此刻都跟王侯贵族挨得最近。"

然后紧接着,毕希纳借用了一句让·保罗说过的话:"在你们身上正爬着一条水蛭,王侯就是它的脑袋,宫廷大臣是它的牙齿,公职人员则是它的尾巴。"这份宣传小册子尖锐地揭露了时下普遍的压迫与枉法,并对其进行了猛烈的抨击,但它的炮火在地域上并没有仅针对黑森大公国:"几个世纪以来,德国的司法机构就是诸王侯的娼妓。向她靠近的每一步都是走在靠银两铺就的路上。"随处可见的局面是:"眼下的德国横尸遍野"……尽管如此,毕希纳依旧说:"德意志民族是一副身躯,你们就是这身躯上的一个关节",这里的你们指的就是"黑森州农村的百姓大众"。然而,两位作者还是心怀着希望:"全体德意志人民必须为自由而奋斗。"并且,他们还预言:"黑暗的帝国已渐近末日。在一个如今任由诸侯榨干我们血汗的小德意志国之上,将有一个自由的国度、一个由人民选举产生的政权重新复活。"

这份宣传册收到的回响少得可怜。毕希纳在达姆施塔特创建的"人权协会"(Gesellschaft für Menschenrechte),1834 年的时候会员只有六个大学生、一个"屠夫"和一个"铁匠"。无论什么州信使,什么人权协会,怎样引人入胜的雄辩之才,在当时都没有能力强迫诸王侯、建立共和国。反倒是宣传册刚一传到农民手上,就被他们转头上交给了警察。魏迪希再次被捕,并且在狱中亲手结束了自己的生命。毕希纳先是逃到斯特拉斯堡,后又把地点换成了苏黎世,在那里,不到 24 岁的他死于伤寒,跟魏迪希在同一年,即

1837年，告别了人世。⁶ 他们二人的希望在1848年革命中令人悲哀地落了空，就连这，两个德意志革命者再也没机会去亲身经历了。看起来，好像荷尔德林的认识此刻依然有效：想法多多，没什么行动。光是诗人出来说话，帮不上什么大忙。

过去那个帝国的谎言如今已经消失得无影无踪。黑格尔对这个如今也不再是帝国的皇帝之国，毫无惋惜悲叹。⁷ 其他人则满足于无害的爱国主义。他们更愿意拿威廉·豪夫（Wilhelm Hauff）的浪漫派传说《利希滕施泰因》（*Lichtenstein*）来当作依据。这部首次出版于1826年的作品，在接下来的几十年里不断再版。豪夫当初是想创作出一部可以跟在德国境内读者众多的苏格兰作家沃尔特·司各特（Walter Scott）对标的本土作品。"比起德国的哈尔茨山、陶努斯山、黑森林众山脉，或许苏格兰的山上铺着更加灿烂夺目的绿野；比起内卡河与多瑙河来，或许特威德河里流淌着更为妩媚迷人的碧波。可是，他们的河岸比得上莱茵河河岸的华美壮丽吗？比起居住在我们祖国土地上的人来，苏格兰人是一种更为有趣的人种吗？比起古时候的施瓦本人与萨克森人来，他们父辈的血液更加鲜红吗？比起德意志的女儿们来，他们的妇女更加惹人怜爱，他们的女孩更漂亮吗？"作者在前言中提出了以上这几个问题。就在这里，那个有着数百年历史的德意志招牌执拗再一次露面了，哪怕是以民俗文化的形式，哪怕经过了温柔的装饰。依旧是那种在面对外人的成功时，不忘自我肯定的执拗。那些会在豪夫笔下乌尔里希公爵的成功与失败中迷失自我的人，是不会策划什么革命的，有家庭幸福他们就满足了。不过，通过一部后续影响更大的中篇小说《犹太人苏斯》(*Jud Süß*)(1827),这位曾经的男大学生社团成员、童话作家将反犹的思想注入了笔尖,这下可是在德国取得了毒害相当大的"成功"。

把日子过得平静安逸的,还有伟大的童话作家——格林兄弟。他们指引自己的读者关注具有浪漫主义色彩的、仿佛镀了金一般的民间文化,但在这种文化上面,丝毫不沾染任何煽动性民族主义的气息。1816年,他们在为《德国英雄传说》(*Deutsche Sagen*)写作前言的时候这样说道:"每个人,在拥有家乡的那一刻,就都同时拥有了一位善良的天使,这个天使将陪着他一同走入生活,成为最值得信任的旅伴。如果这人还没有意识到,这善良究竟给他带来了什么,那么,他将在跨越祖国的边境那一刻意识到,他离开的是怎样一个地方。"根据格林兄弟的设想,德意志这个听话的民族此刻不应当再将自己置身于沙场,陷入无穷尽的征战,而是应该转头,去童话与传说中寻找避风港,将自己托付给那值得信任的"善良天使"。尤其是对于身处异国的德意志人来说,令人心碎的思乡之情更是印证了,本民族这时的的确确有这种情感与精神上的需求。

当雅各布·格林1844年再版他的《德国神话》(*Deutsche Mythologie*)(首版问世于1835年)时,为其所写的前言仍闪现着一种明亮而友善的爱国主义光芒。他在书中避免运用任何一种尖锐刺耳的语调或口吻,哪怕这位眼下正在柏林流亡的学者在不久之前才刚刚作为"哥廷根七君子"(die Göttigener Sieben)中的一员现身政治舞台,他们在提交的抗议照会里明确反对了汉诺威王国颁布的旨在复辟的新宪法。格林拒绝对新国王宣誓效忠这一举动无法升华为路德式的抗议,这也是刚刚被定性的事。[8] "一道闪电……击中了我宁静的小屋",这位流亡者随后写道。1838 年获释之后,他为了试图缓和此前的矛盾与紧张,用一种影影绰绰的口吻补充写道:"我对自己祖国的爱,永远都不会屈服于那些个帮派团伙的淫威,他们分裂成两党,相互仇恨。我看见了,原本充满爱意的心正在这桎梏之中渐渐变得固化僵硬。"[9] 无论他收集并支持印刷出版了多少德意志民族的童话、传说以及法律方面的古籍,也不管他将塔西佗笔下的"日耳曼人"定义为早期德意志人、将冰岛神话传说"埃达"判定为古德意志宗教的源头,以及将童话定性为祖国的心脏与灵魂这三件事有着怎样至关重要的意义,这位大学者,始终都没有那个勇气变成一个真正的革命者。至多可以说,他创立了一种民族性的神秘主义派别。但他很有可能正好以这种立场和态度代表了当时德意志市民阶层的普遍状态,他们似乎是怯于立起真正的路障与堡垒,口头上叫嚣一番就可以令他们心满意足了。缺乏行动的人,倒是挺乐意学学这、学学那的。

在刚刚提到的"哥廷根七君子"之中,最热衷政治的,应该是年轻的格奥尔格·戈特弗里德·盖尔维努斯(Georg Gottfried Gervinus)。1835 年的时候,他出版了后来大获成功的五卷本《诗意的德意志民族文学之历史》(*Geschichte der poetischen National-Literatur der Deutschen*)中的第一卷。在前言中,他明确表达了自己寄托在此书之中的期待。他希望:"全民族能理解并把握自身当下的价值,重新焕活之前已经几近枯萎凋零的对自身的信任,让德意志人民除了骄傲自豪于过往的荣耀之外还能为眼下的每时每刻感到欢欣鼓舞，并更有笃定的勇气去面向未来。"盖尔维努斯将"哥廷根七君子"起草的抗议文书寄往柏林、寄往汉堡，并以此在全德国境内引发了公众对哥廷根行动的关注，使他们的作为具有了一定象征性的价值。[10]与之相呼应的是他在《史学概论》（*Grundzüge der Historik*）（1837）中的发言：当一个有思想的人"想要涉足公共事务的时候，必须学会将自己那些会推动时代命运的观点，理性地接入当下的话语体系之中，因为只有在我们正确地以协调一致的步伐、与时代的命运并肩前行的情况之下，我们能够发挥的影响与作用才有可能迎来可喜的繁荣景象"。盖尔维努斯是这样说的，也是这样做的。1847年他创立了《德意志报》（*Deutsche Zeitung*），报社中最重要的编辑之一就是他本人。第二年，他被选入法兰克福国民议会，自此之后封口不言。拿笔的人，包括他自己，不适合做政治家。他们所有人，这些演说家都善于在言语之间打转，却迟迟落实不到行动上来。

在一个共同的祖国中实现德意志的民族统一，这是市民阶级，即"整个德意志民族中有教养、有文化的那部分"，期盼着有朝一日能够成真的梦境，可这个梦最终还是没能朝着现实再靠近一点。缺乏将其转化为现实的具体纲领与计划，也没有跟它相匹配的随时采取行动的待命状态及决心。毕希纳对"所谓的正直市民应具有的公共美德并不抱多大希望"。[11]光靠仇法情绪去起作用是远远不够的。绝大多数德意志人本来就觉得自己跟一个民族国家的形成没多大的关系。从古至今连一个能让人归为一体的国籍都没有过，他们拥有的只不过是一门共同的语言，和一种流传开来的"自己是德意志人"的感觉，再加上一点对那个古老帝国的朦胧记忆。谁要是1802年前后在时属阿尔萨斯的兰道市出生，就会被当作"法兰克人"/法国人在下莱茵省长大。维也纳国会通过决议，将"法国人"判为巴伐利亚国王的臣民。如果这个人在1834年为了学习艺术而前往罗马的话，那么，就连他的护照也会将他，这个作为法国人出生的普法尔茨人，称作"来自巴伐利亚的画家"（pittore bavarese）。

德国一直维持着分裂状态，在接下来的时间里，只是出于应急的需要才偶尔抱团，1815年时以"德意志联盟"（Deutscher Bund）的形式，其目的是为诸王侯势力复辟服务，到了1833年，又是以"关税同盟"（Zollverein）的形式。"德意志各邦国中施行的复辟，其首要目标不是重建过往现实，而是巩固天赐皇权。"[12]这个联盟起初在不将其融合为一个共同实体的前提条件下，联合了35个王国与四个自由城市；最终仍有35个成员得以保留。

在1815年的结盟文件上，有梅特涅的亲笔签名，它清晰且强迫性地做出区分，德国是一回事，德意志联邦众加盟国的独立性与不可侵犯性又是另一回事。这个口吻听上去跟1806年时如出一辙。诸王侯并没有向这个梦寐以求的民族国家转让出一星半点儿的自身权力。根本不存在什么德意志的祖国，有的只是奥地利、普鲁士或其他小国。市民阶级与"复辟"这个现实之间达成了妥协，他们狂热地撰写着民族诗歌，在行动上却一筹莫展。"顺从是一种德意志的美德；一旦当权者展现出如父般的关怀体贴，臣民们便仿佛稚童紧跟其后。"路德维希·雅恩，所谓的"体操之父"，早在1813年就对复辟王权宣誓效忠，而在当时，他说的话有不少人都肯听、肯信。[13] 这种臣民服从的有效性因此得以保留。而反抗拿破仑的"为争取国家独立自由的民族解放战争"被发明出来，也算下了一手好棋，这是政权及其主人公们的一项安抚策略，他们用这招来加强那些诞生于拿破仑时期的新兴小国之间的一体化，而这个一体化是在"以国土定义国家"，而非"以德意志民族定义国家"层面上进行的。率先为这个历史进程拉开大幕的是巴伐利亚，它于1833年在慕尼黑建造了一座留存至今的战死者纪念碑（其中甚至还包括了牺牲于拿破仑在俄国作战时期的、出生于巴伐利亚的将士！），这些人被称作"为了祖国的解放"而牺牲的烈士。[14]

这座纪念碑很有可能是对一首歌做出的回应：由沃格兰（Vogtland）地区新教教堂唱诗班领唱人之子尤利乌斯·莫森（Julius Mosen）于1831年创作的《安德雷亚斯·霍费尔之歌》（Andreas-Hofer-Lied）。这首歌一经面世便广为流传，今天已经成了（北）蒂罗尔（Tirol）州的"州歌"。由它引发的后续影响则一直延续到了下文中即将提到的"哈姆巴赫集会"（Hambacher Fest）（1832）。歌曲号召蒂罗尔州与弗朗茨皇帝统治下的德意志帝国团结起来，居住在蒂罗尔的德意志人应当为了反抗巴伐利亚人与法国人而奋勇作战。这样的歌词在慕尼黑自然不受欢迎："在曼托瓦城里／忠诚的霍费尔，／在曼托瓦壮烈牺牲／凶手是成群结队的敌人。兄弟们的心在滴血，／整个德国，啊，陷入屈辱与哀痛／和他在一起的是蒂罗尔州，／和他在一起的是蒂罗尔州。／／可是从监狱的高墙中／在固若金汤的蒂罗尔州／忠实的战友／伸出了双手，他看到了／在此时大声呼喊：'上帝与你们同在，／与遭到背叛的德意志帝国同在／他也与蒂罗尔州同在/也与蒂罗尔州同在。'//……我愿死去,在我征战的时候!就像此刻,我站在战壕上这样,/我的好皇帝弗朗茨万岁。"在当时,蒂罗尔地区与奥地利同属于德国,发生在蒂罗尔州沃格兰市的反"法属"巴伐利亚人的战争,大可以被歌颂为一种民族行为。

这首歌迅速传遍了各地,不难理解,它是对1830年(失败的)革命的某种回应。歌曲赞颂的是在同一个皇帝统治下的帝国统一,在巴伐利亚,人们却并不珍惜或重视这位皇帝。歌词叫人回忆起当初霍费尔为反抗法国人与巴伐利亚人而发动的起义,歌词的字里行间甚至将其神化,他当年就已经取得了巨大的正面回应,这会儿到了歌中,就更是被唱成了一位解放全民族的战斗英雄。起义爆发之时,正是巴伐利亚人作为拿破仑的盟友,在奥地利人(及俄国人)于奥斯特里茨落败之后,根据《普雷斯堡和约》(1805),不仅仅重获王冠,还取得了对蒂罗尔州(直至1814年)的所有权,并且于1809年征召蒂罗尔的新兵入伍。直到最后一刻,也就是在1813年莱比锡战役发生前不久,巴伐利亚才重新换边站队。因此,矗立在慕尼黑的纪念碑可以说是再现了一份与之刚好相反的独家记忆,在这回忆之中,所有巴伐利亚人不加区分,一并被赞颂为反拿破仑皇帝的自由斗士,他们用这样的功绩盖过了蒂罗尔人反抗巴伐利亚统治的起义。

很显然,以失败告终的几次起义带给诗人很大的触动。但他那时同时也歌颂了波兰的十一月起义,以及奥斯特罗文卡战役(1830~1831),以一首名为《第四军团的最后十人》("Die letzten zehn vom vierten Regiment"）的诗歌。尽管如此，尤利乌斯·莫森都还算不上自由主义的"青年德意志"作家之一，后者的基本特征有：受到七月革命的鼓舞，主要创作反复辟政权的作品，对更早之前的古典主义与浪漫派持无视态度，1835年联邦代表大会通过决议禁止该类作家的著作流通。他们当中头一个被禁的是海因里希·劳贝（Heinrich Laube），而最重要的代表人物就是路德维希·伯恩，是他将革命思想从法国带回了德国。海因里希·海涅为那群"青年人"辩护，名字于是也登上了1835年的禁令，即便他本人并不认为自己与这些人同属一个群体。[15]

已经固化成形的市民阶级并不欢迎这帮人。一个批评家，当他讲故事的时候还会得到尊重或赏识，可当他开始写诗的时候，就没那么成功了。比如奥托·路德维希（Otto Ludwig），就很适合作为一个活生生的例子出现在这里。他感到自己因为这些"以背离一切形式的虔诚为本质"的"青年德意志人"而受到了伤害。奥托甚至破口大骂道：他们只会喋喋不休地编造"一些像是在糖水里泡了太长时间导致毫无原则与个性可言的散文小品"。接下来，这位不怎么成功的作家开始抱怨："可大众却也慢慢地从这些东西上面品出了些滋味，躺在这些浮皮潦草的文章上晃来荡去，也挺悠然自得……这就是青年的德意志。你们读读看他们的文字就知道了：试图想象或理解这个虎穴，是根本不可能的。他自己创作的诗歌呢？"字里行间对他人指手画脚、好为人师的措辞风格泄露了他无法成功的原因。像是那首《致某些新诗人》（"An manche neueren Dichter"），它听上去是这样的："你们可要成为真正的男人啊，老天！/别再一直像个小男孩一样了。/永不枯竭的矿山就是德意志意义上的力量。/不要老是听信别人是怎么说的，/回到你们自己身上。/鼓足勇气大步向前，一直向前，/目光始终朝向前方。/德意志就是你们该做的事，该读的书，/朋友们，跟我来吧，/你们当拜伦当的时间已经够长，现在该是做一次自己的时候了！"又或者，诗人致力于赋予革命一定的现实意义，可他虽然给自己的诗作取了个听上去前途一片光明的标题——《民族的春天》（"Völkerfrühling"），但那些大合唱一般的诗行却从头到尾一丝革命的微风都没有刮起来："春天，春天在山上，春天在河谷中，/春天在德国，每一地每一处。/最美的春天来到了这个国家，/自由，自由，人们这样称呼它，/自由！哦民族的春天啊！"[16] 这样的诗句纯粹只是"三月革命前的时期"以及1848年革命空洞的回声，在当权者那里没有激起任何的反应。不过，人们倒是可以从它过度殷勤的文风中多少领会到，为什么革命在德国注定以失败告终。路德维希的诗句让那些庸俗市侩的小市民们感到极为舒适，这些人——就像海涅后来以漫画手法刻画出的那样——很快就又会开始关心爱护起他们的圣诞树了。都只是些爱国主义的空洞口号罢了：德意志式的教科书，德意志式的（不）作为。

眼下，对于整个民族，尤其是他们当中的民主人士来说，严酷的时刻来临了。不愿同流合污的人，便会受到监视与跟踪，陷入困境的人，寄希望于逃往美国。社会问题日益凸显，可很少有人像毕希纳和他的朋友们那样，因此而被唤醒良知。只有极少数的中产阶级和他们的政府正面危机，采取了一定的干预措施。笔锋中充满了苦涩嘲讽的路德维希·伯恩这样写道:"我们幸运的德国有30多个王侯,和30多个王室转款项目。您算算吧,这得花费多少钱,您边算边呼吸吧,如果您还能喘过气来的话。数以千计的人出走美国……只为了在一个陌生的世界寻找能让他们填饱肚子的幸福!"[17] 许许多多德国人,不光是黑森州人,纷纷跑到西方去开拓世界。这会儿人们敢放开手去做的事情相当有限,像极了1789年大革命前后的那段岁月。那个时候的德国人选择逃遁入"狂飙突进"运动之中,让自己沉浸在"纯粹理性批判"里,他们的下一个避难所是"内在",然后是"浪漫派",再后来,则是辩证思维与大学生社团。现在,人们想要驱散的是贫穷与困顿,却总也无法逾越小市民阶级的田园生活梦想。无论怎样,文学先锋总是更为大胆一些。他们策划了一场又一场民族性质大型集会,比如从1817年开始庆祝的瓦尔特堡庆典,又比如在1832年,作为对1830年七月革命以及次年比利时革命迟来的反应,他们组织了哈姆巴赫集会。

参加哈姆巴赫集会的邀请函是由菲利普·雅各布·西本普法伊费尔(Philipp Jakob Siebenpfeifer)起草的,他就是这个集会的发起者,同时也是一名记者。"我们看到,所有的德意志部落都加入了这场神圣的战斗之中(为了争取法律上的自由与德意志民族的尊严),因此,全体人民皆受邀请,参加一场盛大的国民集会",地点就在普法尔茨,在立于废墟之中的哈姆巴赫城堡。启程吧,"你们这些德意志男子与青少年,无论出身于哪个阶层,祖国与自由的火苗都将你们的胸膛映得通红,如潮水一般,涌来吧!"而就连"妇女与姑娘们",也应该出席现身,为节庆增光添彩。西本普法伊费

Die Einladung zu dem Feste, verabfaßt von Siebenpfeiffer lautete also:

„Neustadt an der Haardt im baierischen Rheinkreis, 20. April 1832.

„In öffentlichen Blättern, namentlich der Speierer Zeitung, ist eine Einladung zu einem Constitutionsfeste auf dem Hambacher Schlosse erschienen. Solche ist ohne Auftrag ergangen; mit Beziehung auf nachstehenden Aufruf, bitten wir, jene Einladung als nicht geschehen zu betrachten.

„Der Deutschen Mai.

„Völker bereiten Feste des Dankes und der Freude beim Eintritte heilvoller großer Ereignisse. Darauf mußte das deutsche Volk seit Jahrhunderten verzichten. Zu solcher Feier ist auch jetzt kein Anlaß vorhanden, für den Deutschen liegen die großen Ereignisse noch im Keim; will er ein Fest begehen, so ist es ein Fest der Hoffnung; „nicht gilt es dem Errungenen, sondern dem zu Erringenden, nicht dem ruhmvollen Sieg, sondern dem mannhaften Kampf, dem Kampfe für Abschüttelung innerer und äußerer Gewalt, für Erstrebung gesetzlicher Freiheit und deutscher Nationalwürde."

„Alle deutschen Stämme sehen wir an diesem heiligen Kampfe Theil nehmen; alle seyen darum geladen zu dem großen Bürgerverein, der am Sonntag 27. Mai, auf dem Schlosse zu Hambach bei Neustadt am Haardtgebirge statt finden wird."

„Im Mai hielten, nach germanischer Sitte, die Franken, unsre ruhmbekränzten Väter, ihre National-Versammlungen; im Mai empfing das heldenmüthige Polen seine Verfassung; im Mai regt sich die ganze physische und geistige Natur: wie sollte, wo die Erde mit Blüthen sich schmückt, wo alle keimenden Kräfte zur Entwicklung streben, wie sollte die Empfindung des freien Daseyns, der Menschenwürde, starren unter der Decke kalter Selbstsucht, verächtlicher Furcht, strafbarer Gleichgültigkeit?"

„Auf, ihr deutschen Männer und Jünglinge jedes Standes, welchen der heilige Funke des Vaterlands und der Freiheit die Brust durchglüht, strömet herbei! Deutsche Frauen und Jungfrauen, deren politische Mißachtung in der europäischen Ordnung ein Flecken ist, schmücket und belebet die Versammlung durch eure Gegenwart! Kommer Alle herbei zu friedlicher Besprechung, inniger Erkennung, entschlossener Verbrüderung für die großen Interessen, denen ihr eure Liebe, denen ihr eure Kraft geweiht."

1832 年哈姆巴赫集会邀请函

尔的最后一句话是："敢于打破自身的枷锁，与我们结盟，誓为自由抗争到底的各民族万岁！"

由西本普法伊费尔创作的歌曲《德意志的五月》（"Der deutsche Mai"）驱使大家动身前往坐落在高山之上的哈姆巴赫城堡。该歌曲的节奏和曲调都沿用了由席勒创作于 1797 年，后来被其收入《华伦斯坦》（"Wallenstein"）三部曲（1800）的《骑兵之歌》（Reiterlied）。[18] 歌词的内容大意旨在号召德国有一定教育程度的中产阶级（书中别处提及的"文化市民阶层"）重新进行思考，以求做得更好。"到上面去，爱国者，到城堡去，到城堡去！/德意志三色高高飞扬：/种子正在发芽，希望很大，/在精神上，我们已经开始捆绑：/麦穗成熟，闪着金边，/金灿灿的收成是什么，就是我们的祖国//……德意志男丁在什么地方，我们就定要相随/我们托举起一个德国，骄傲而自由。//巴登人用他们的黄色和红色浪费什么时间？/为了跟巴伐利亚及黑森的白-蓝-红一争高下吗？/德国此时每种颜色都迫切需要，/凝聚在一起的力量才会造就伟大的国家：/所以说，别再花力气去纠结哪种颜色更厉害了！/眼下只有一个颜色，因为只有一个祖国！/如果能够做到每一个人都为所有人而战，/而所有人也不会放弃任何一个人，那必将似锦绽放的/就是民族力量与庄严的繁花，/这时，每一个人的心上都在燃着熊熊的火光，/为了同一个目标，受同一种激情的驱使：/熊熊燃烧的是自由，驱使我们的是对祖国炽热的爱……/打起精神来，爱国者，到山上去！/我们种下自由，我们种下祖国的希望！"可是，即便是华伦斯坦的歌声，即便是号召一场将以失败告终的革命，即便是猛烈燃烧着的向往自由的激情，都无法将那属于诸王侯的颜色擦掉一星半点。

在普法尔茨，人们对于曾经归属于法国的那段历史仍记忆犹新；老兵俱乐部将他们聚在一起，不是每个人都兴高采烈地乐意效忠巴伐利亚国王，葡萄种植者饱受关税和税赋的困扰。法国人，"法兰克人"，被西本普法伊费尔直接点名道姓，而在波兰人和希腊人那里，他也期许他们拥有团结与自由。虽然最初的出发点是希望能够实现民族的团结统一，但在城堡里，实际上举行的主要还是一场盛大的节日庆典，主题是"要自由"。即便如此，人们，譬如一位从兰道来参加盛宴的客人，还是感受到了一种令人升华的喜悦，并将这种感受写在了自己的日记当中（1832年5月28日）："自从我感觉自己是个德国人以来，我的意思是说，跟之前感觉自己是个法国人相比而言（指的是在拿破仑最终失败，通过维也纳代表大会将欧洲秩序重新整合之后），我的观点变成了（哪怕这听起来有些过于诗意）：所有的德国人都应该视彼此为兄弟，愿他们现在可以想举什么颜色的旗帜，就举什么颜色的旗帜……每个德国人都能够住在他所希望居住的地方，身着他们中意的绶带，只要这绶带能为'德国人'这个名字增光添彩。"[19] 可他本人呢？却保持了对他自己原出身的颜色，对国王路德维希的忠诚。

参加这次集会的主要是记者、大学生、市民阶层，还有一些妇女。活动取得的反响也是巨大的，大约有3万人响应了它的召唤。那么，这就能说明时机已经成熟，幼童已经长大成人了吗？还不到那个时候。复辟给那些"反动头子"赏了一记重重的耳光。入狱、流亡以及辞职均是他们的下场。[20] 哪怕人们起再重的誓，号称要争夺与捍卫神圣的统一与自由，结果却是相应的行动并没有跟上。海因里希·海涅对此深感失望。统一与自由对德国人来说，是闪闪发光、高高飘扬的崇高价值，只不过，它发光、飘扬的地方只限于纸上；它是神圣的火焰，却寻不到什么东西用以将其点燃。因此，连奥托·路德维希这样的人都可以作为歌颂自由的诗人出场，也就不足为奇了。

"男孩们"想要的是别的东西。光有意志，帮不上什么大忙。这时候，开始流传一首《德国人之歌》（"Lied der Deutschen"），它的作者是奥古斯特·海因里希·霍夫曼（August Heinrich Hoffmann），当时是一位古日耳曼语言文学教授，居住在隶属于普鲁士的布雷斯劳，原本来自（不伦瑞克－吕讷堡公国治下的）法勒斯雷本（Fallersleben）。这首歌后来在 1922 年被定为德国国歌。它的歌词步子迈得相当之大："从马斯到默默尔，从埃施到贝尔特/德意志，德意志，高于一切，高于世间所有万物/无论何时，为了保护和捍卫/兄弟们永远站在一起。"恩斯特·莫里茨·阿恩特播下的种子在此间萌芽。整首歌不仅反法意味浓重，从丹麦人那里夺走了他们的贝尔特地区，还首次明确地将当时非德意志的普鲁士纳入"德国"概念之中。在它诞生的那个年代，即 1841 年，这首歌可谓为政治上令人忧郁沮丧的"族尚无国"状态提供了一个避难所，因为不管怎样，它都在文中提到了一个三重且跨民族的希望："统一、正义和自由。"

这几句我们刚刚引用的歌词模仿了瓦尔特·冯·德·福格尔魏

德的口吻，目的是为了向一个辉煌灿烂的"神圣罗马帝国"效忠。当然，在瓦尔特生活的那个历史时期，德意志的王侯时而发起战争互相打斗到死前最后一刻，时而利用谋权篡位或构陷出卖等手段实现自身目的，完全谈不上任何对统一的期待。既然这样，说这话又有何用呢？人们现在要效仿的民族榜样——即便自始至终没人承认过——都是法兰西，那个"伟大的民族"，分别在 1830 年与 1848 年发动的革命为德国领土上的觉醒与起义带去了强烈的信号。[21] 而且，瓦尔特唱诵的是一首献给德意志人的赞歌。可到了这位不伦瑞克-普鲁士学者这里，不管是奥地利人、巴伐利亚人，还是卢森堡人，都觉得这首歌是唱给自己听的。

那个外人树起的榜样遭到否认，统一也并没有实现，针对法国人的仇恨情绪却被保留了下来。诗人甚至不惜使用美化暴力的文字来赞颂对宿敌的仇视。正如弗里德里希·吕克特笔下的那位"德国祖父"（Der deutsche Großvater），表面上貌似无害地将孙子揽到自己的膝上，实际上却用这样的字句来教育眼前的这个小男孩："我要打断你，小子，/别再玩那战争游戏了，/在温暖的房间里为你自己选一个/符合年轻人勇气的目标。//去，从钉子上把剑取下来，/然后在那儿，在那张旧桌子上，/像新下的一场大雨一样，/让击打有如冰雹一般不停地落下。//你就把它当作法国人的洗礼；/用刀剑剖开他们的胃，割断他们的肠。/他们逃不出你的手掌，/也不会反过头来咬上你一口。"[22] 乍听上去是充满爱意的舒心与宽慰，平静水面之下却是漫无边际的恐惧与暴力。这位艺术感觉灵敏锐利的《古兰经》翻译家，是从哪搜罗来的这么多血腥画面呢？另外，这位祖父究竟是为什么要将这些血腥暴力传递给他的孙子呢？就是在这种诗句中，在这些诗句赋予的意义与合法性中，这一代年轻人渐渐成长起来，成长为进攻法兰西的壮年男子，他们将入侵巴黎，然后同样地用他们自己的方式去教育他们的孩子。难道这个"把别人打死为止"的民族，就是诗人为之吟唱、赞颂，甚至将其神圣化的民族吗？

关于路易十四的记忆，关于革命和拿破仑的记忆，塑造并强化了德国人那份由来已久且深埋在心底的对法国人的畏惧——尽管他们发表了哈姆巴赫自由宣言。这种畏法情结，就像是无法去除的伴奏音乐，每一次在德国人民族情感汹涌澎湃、几近喷薄而发的时候，都如影随形地盘旋在其上空。德意志人在将自己视作一个民族来面对这位成功的近邻时，情感中掺杂的尽是些嫉妒、恐惧与仇恨，同时也以一贯的坚持，甚至是执拗来要求建立一个属于自己的祖国。在吕克特看来，能为德国带来自由的，应当是英国这个榜样。[23] 人们记得还很清楚，《马赛曲》最初的名字是叫作《莱茵军团的战歌》（"Kriegslied für die Rheinarmee"）（1792），作为在进攻斯特拉斯堡的时候，面对自莱茵河右岸而来的普鲁士及奥地利的军事力量，为法兰西将士进行的心理上的武装。但这一层历史背景很快就被忘记了，这首歌转眼间变成了马赛军营的军歌，迅速传遍了巴黎的大街小巷，直到法兰西的复辟政权宣布禁止它的流传。后来，在1830年七月革命中，《马赛曲》再次被奏响："仆人，暴君……自由，珍贵的自由。"

莱茵危机逼人们交出答卷。[24] 它爆发的起因，是法国为了转移人们对其他一些战败结果的注意力,再次对莱茵河左岸的部分地区提出归还要求,那些领土本来就是他们的军队在几十年前通过征战所占领获得的。但这次危机最终演变成了一场外交上的把戏,而并没有引发军事上的对峙。尽管如此,德国诗人对这次危机给出的回应(在法国人那里,则是由维克多·雨果来作为代表发言)却是充满了军国主义的色彩:"干杯!干杯!莱茵河,/要是只跟葡萄酒相关就好了,/莱茵河必须留给德意志人。//把来复枪从墙上取下来,/原来的那几根球棒都拿在手上,/一旦那些来自外族的敌人/打起我们莱茵河的主意!/出发,弟兄们,奋勇向前!/古老的父亲河,莱茵河,/莱茵河必须留给我们德国人。"这样的口号来自瑞士移民格奥尔格·赫尔韦格(Georg Herwegh)在1840年10月创作的《莱茵酒之歌》("Rheinweinlied")。该流淌的不应是红葡萄酒,而是鲜血。法国人屈服了。

更加出名的,是另外的几行诗句:"你们不该拥有它,/自由的德意志的莱茵河,/哪怕你们像贪婪的乌鸦一样/为了它喊破喉咙。"这几行诗出自一位莱茵兰人法学家的笔下,这个叫尼古拉斯·贝克尔(Nikolaus Becker)的人此后也再没有以诗人的身份登上过历史舞台。诗的标题就叫《嘶哑》("Heiser"),在这里指的便是《马赛曲》那牵动人心的旋律与歌词,实事求是地说,德国人并没有能力创造出任何在这方面跟它比肩的作品。[25]不过,这几句诗激发了普鲁士国王腓特烈·威廉四世的热情,他赐给作者1000塔勒作为奖赏;数不胜数的作曲家为其谱曲,这其中甚至包括了著名的罗伯特·舒曼(Robert Schumann);只不过他们创作的都是艺术歌曲,而不是军队进行曲。[26] 贝克尔的诗歌同样引起了公众的注意,甚至皇室都不遗余力为他大做宣传。莱茵河成了德国一致性的象征。通过捕杀乌鸦来实现人性的、道德的价值?海因里希·海涅试图为这首走到哪里都被套上光环的诗歌降温,他在自己的作品《德国,一个冬天的童话》里将贝克尔调侃了一番:"在比贝拉我吞下了石头,/讲真的,它们的味道可真不怎么样!/可要论堆积在我的胃里更不好消化的,/那还得算尼克拉斯·贝克尔的诗句。"

人们不厌其烦地重复着对即兴诗的创作,诗中充满了爱意、忧虑和战斗精神,他们用诗句来确立意义,用文字来宣泄暴力,用一个个的词动员大家做好大打一仗的准备。这些字句应当不仅能激发人们感性的爱国主义情绪,更要达到一定的政治目的。"一声怒吼似霹雷响/像海在啸,像剑在鸣/快去莱茵,快去莱茵,快去德意志的莱茵河畔/谁来保护她不受侵犯?/亲爱的祖国,请放心!"与贝克尔的诗作同年(1840)面世的,还有这首《守望莱茵》("Die Wacht am Rhein"),它的作者是来自符腾堡的青年马克斯·施内肯布格尔(Max Schneckenburger)。这首歌后来经过了几番改动,在当时成了几近国歌一般的存在。印刷术与宣传使它在短时间内就获得了迅疾且广泛的传播。那雷鸣呼啸着穿过了若干个十年,一直传到了20世纪30年代,甚至40年代初期人们的耳边。那霹雳般的声响响彻人们的心扉,贯穿了人们的情感变迁,点燃了所有德意志人的政治自觉与自信,更在一段时间以后带来了难以磨灭的恶劣影响。双唇之间哼唱着这样的歌词,德意志的军队在1870年开赴西部,他们的结局要么是牺牲,要么是胜利;就连在迈克尔·柯蒂兹

（Michael Curtiz）于 1942 年执导的电影《北非谍影》（*Casablanca*）中，这首《守望莱茵》都被用来当作《马赛曲》的对标，被德国军人传唱。

这些拿起笔杆子来的，都不是什么伟大的诗人，就连《马赛曲》的作者，克洛德·约瑟夫·鲁日·德·李尔（Claude Joseph Rouget de Lisle）也不是。可他们创作的旋律与词句却的的确确击中了人民大众的心，它们帮助百姓明确了自己的情感，同时也没有违背军队与掌权者的心思，并且，在现实中也引发了持续的影响。

与卡尔·马克思有着密切往来的格奥尔格·赫尔韦格是那个时代最受欢迎的德国诗人之一，他在 1841 年不仅仅歌颂了莱茵河与葡萄美酒。这个施瓦本人是典型的内陆居民，还为《德意志舰队》（*Die Deutsche Flotte*）兴奋不已。这首诗与他之前的名作一样，也起到了道德上武装、政治上煽动的作用："醒过来吧，德意志大众，带着新的感官！/翻阅命运这本金色的大书，/从星象上读出你的运途：/你将赢得整个世界！/醒过来吧，我的人民百姓，让你的女儿们赶快穿针引线，/我们又需要德意志的麻布了/用来鼓起我们德意志的风帆。//丢掉那怯生生的仆人姿态！/毁掉故乡的蜗居小家，/勇敢地走进大千世界闯一闯。/你将成为自己的主人！/你还将是众族百姓的牧羊人，/你是世间最伟大的希望与幸运……做一个世界的创新者吧！/你是上帝选中的忠诚之人。"这些都已经不能用狂妄的图景来形容了。德国人作为上帝的选民，众族的牧羊人？这只会让他们在自大的假象中迷失自我。

这位诗人虽已身处流亡境地，但为人们描绘了一个跨越整个世界的希望蓝图。拿破仑去世20年后，德国人竟开始梦想着统治世界、复兴世界了！而且，这并不仅仅在用一种隐喻的手法意指在精神上攻占全世界，同时它也提出了非常具体的设想，比如那个对帆布生产的要求就是一例。这样的诗句——将德意志人定性为站在上帝一边的百姓——就算它们的作者因参与革命运动而遭到贬斥，还是被威廉二世皇帝和他的海军上将提尔皮茨听进去了，也正因如此，这两代领袖在若干年后发起了他们灾难性的舰队计划。

那个时代德国真正的杰出诗人，海因里希·海涅，由于信仰犹太教而受迫害，另外，他也幸运地避免了跟这种成功光环沾任何边。非但如此，他反而还在去世前不久（1856）高调地赞颂过"法国大革命的丰功伟业：普世意义上的民主"。[27] 他以清晰的眼光把握并领会了莱茵危机时究竟发生了什么，并阐释了那些战斗檄文式的诗句所营造出的氛围。他看得很明白，到底是谁点燃了这种情绪："因为"，正如他本人在10年以后回忆道的那样，"在那个时候［阿道夫·梯也尔（Adolphe Thiers）任法国首相的短暂时期］，我们的祖国被牵扯进了一场伟大的运动之中，那场运动唤醒了所有德国人的政治生命。是梯也尔再一次迫使我们所有人作为一个民族整体站起来，他的这份功绩将被赋予极高的评价，铭刻入德国的历史。"看看，又是通过外面人的敲锣打鼓才催生了这种爱国主义！就算放到现在，这个事实及这种论调德国人也不是太爱听，他们可不领梯也尔的情。

可我们自己的东西到底在哪儿呢？海涅紧接着不无尖刻地补充道："法国人会很乐意把马铃薯留给我们，而他们自己呢，则将拥有佩尔戈里的黑松露。或许，他们会放弃我们的莱茵葡萄酒，因为他们自己就有香槟。"[28] 德国人自己出产的东西实在是有点拿不出手，这就是人们从那显而易见的隐喻中该读到的意思。虽说德国人也乐于享用"松露"与"香槟"以饱口腹之欲，可那美味珍馐必须靠进口才能获得。那首在德国传唱度高到几乎是家喻户晓的《马赛曲》（这首歌原本就是受一位德国将军的委托，为法国军队创作的），也被收入了 1847 年版本的《德国歌曲大百科全书》（*Allgemeine deutsche Lieder-Lexikon*）。[29] 在那几场所谓的解放战争中都没能实现的，这一次莱茵危机便做到了：德国人民族观念不断加强、对团结统一的渴望日益增长。简单朴实的文字赋予了人民一种声音，哪怕这声音是从外边，确切地说是从法国人梯也尔那里传过来的。

那会儿，在莱茵危机还没有完全消除的时候，王座上的浪漫主义者——腓特烈·威廉四世在大教堂的复工仪式上发表了演说。[30] 到那时为止，一直作为中世纪建筑工程部分成果存在的科隆大教堂重新开工，这具有极强的象征意义，象征着"德意志的团结与力量"（1842）：大教堂是"所有德国人、所有信众视彼此为兄弟，共同呈现出来的作品。大教堂的落成向全世界宣告，一个人民与王侯团结一致，伟大且强悍，能不使用武力便为世界带来和平的德国，正式崛起了！"多么夸大其词的语言。这些话或许影射了通过外交手段实现调解的莱茵危机。接下来那句收尾的呼喊至今都能让人兴奋不已——"阿拉夫（Alaaf），科隆！"至少是在狂欢节上。先不论后来事实证明这一切是多么不切实际，至少在当时，这种王者之言相当令人着迷，因为它以一种听上去和平无害的方式宣布了德国对整个世界拥有的强制约束力。他用高度与强大之类的字眼迷惑人心，实际上则是在为人们植入一种关于民族的意义。当然了，整个大教堂的建筑工事直到1880年才正式完成，也算是个象征普鲁士执行力的标志了。

年迈的恩斯特·莫里茨·阿恩特在当时（1840）因斯特拉斯堡的哥特式教堂建筑——他读过歌德吗？——而沉醉于自我赞扬之中，却仍没有忘记用尖酸刻薄的口吻对法国人挖苦一番："分辨什么是真正简洁的德国艺术，什么是繁复灵活的外国艺术，不是什么难事。"[31] 何况还有"满溢的热诚和典型的直来直往"，甚至是阿勒曼尼人独有的那惹人怜爱的"粗犷不羁"。可就连现在也是一样：那正在逐渐成形的民族意识之中总还是包含着一种——想想看那么多的王侯与种族掺杂在一起——异域风情以及矫揉造作。还能有什么嘶哑的叫喊能敌得过《荣耀之日》（*Tag des Ruhms*），敌得过《圣洁的爱致祖国》（*Heilige Liebe zum Vaterland*）呢。那自己的一亩三分地儿，那或大或小的土邦，依旧常常被置于一种体制之上，那就是众臣民的家乡是否紧密相连，一句话总结，即置于民族观之上。一个个体，他首先是一个普鲁士人，或者黑森人，或者符腾堡人，或者巴伐利亚人。过去是这样，此时仍然是这样。

国王发表的那番演说，同时也揭示了《德意志人之歌》第三段中的一个重要信息：团结，原文就是这样说的，以及"正义与自由"。团结，正是德意志"王侯与各氏族"纷争连连的对立面；团结，这里用的可不是统一。把"统一"这个概念放到一个由众多氏族与邦构成的祖国身上,压根就无法成立。差不多过了一个世纪之后,夏尔·戴高乐(Charles de Gaulle)试图将一个与之相类似的概念推广到整个欧洲:一个团结一致的欧洲,一个虽然保留了众多祖国或国家,却仍能一致行动的欧洲 [*l'Europe des patries*(或 *des États*)]。可是当国王在莱茵河畔发表这番言论的时候,它听上去还是十分不切实际的想法,直到今天,这也依然更像是个乌托邦。

这一切当然不会就无人质疑地停留在那里。相反,从各个不同的角落都传来了批评的声音。安内特·冯·德罗斯特-徽尔斯霍夫(Annette von Droste-Hülshof)认识到这一刻具有怎样的意义,大为震惊。这位虔诚的天主教诗人将作品——组诗《时间图景》("Zeitbilder")中的一首献给科隆大教堂及其所在城市。在这首诗中,她对该建筑的民族意义与超验意义提出了质疑。诗的名字是《城市与教堂》("Die Stadt und der Dom");副标题则传递出她本人对这城市与教堂所抱持的距离感,即"众至圣之人的一幅漫画"(Eine Carricatur des Heiligsten)。[32] "'大教堂,大教堂,德意志的大教堂!/谁来助我们一臂之力,建成这座大教堂!'/时光的洪流是那么遥远,又是如此近在眼前/隆隆的轰鸣传在德意志的口中……//再一次,从易北河岸传来回响:/'这个城市,这个城市,德意志的港口!'/又一次,从一个国家传到另一个国家/那乞求善款与募捐的敲门声……"这种讥讽的口吻除此之外只在海涅那里听到过,哪怕其背景上下文并不相同。那传遍全国、热火朝天的民族呐喊,说到底只不过是一种廉价的化缘手法罢了,背后是彻头彻尾的资本利益,跟救赎毫不相关。无论多么爱国的氏族都无法免受沉沦与没落

144 的威胁。"那德意志的城市,德意志的教堂,/一座大型纪念碑,一支记录交易的笔,/越过它们,我看到一个幽灵/正在抹去耶和华留下的文字。//谁朝天空狂吠,/谁不曾在地狱的门前颤抖,/他就站到了起重机旁,/为他的巴别塔筑起了城墙。"这正是对利用宗教题材企图进行民族宣传的诅咒与叫骂。那座"德意志的大教堂",就是建设它的那些罪人们的"巴别塔",在这座巴别塔的最高处端坐着的——虽然没有明说出来——正是信奉新教的普鲁士国王。对民族与国家的信仰——"朝天空狂吠"——威胁到了对上帝的信仰,并不能给人们带来解脱。民族说辞传播的都只是无神的空洞之言。

对整个世界都持批判态度并且在灵魂深处虔诚笃信的女诗人,用自己的文字设计出了一幅与现实相对立的图景:"你们认识那座看不见的教堂吗?/数以千计的柱子高耸入云。/哪里有虔诚的信众恭顺地朝着它伸出双臂,/它就在哪里向上生长。/你们知道那座看不见的城市吗?/数以千计的港口迎来送往。/听到你们那珍贵的银币在叮当作响了吗?/那就是撒玛利亚人结成的协会。/……想知道你们那座巴别塔的城墙是否能/将你们认证为世界第一等的民族?/看看帕尔米拉人在荒原上遭遇的那场大火吧,/它让受了惊的羚羊飞奔赶往四方。/至于那座城市嘛,且向那昔日的巨人望去,/旧地如今只留下了一座竞技场。//……虔诚的、禁欲的民族是强大的,/可罪恶吞噬了那国土的每一寸疆域;/那罪恶的踪迹就在你的荣耀之中,/哦罗马,你缓缓地自取灭亡,/唯有图拉真的高柱还留在那里,/哦可它的王冠上已然落满了尘埃!"留下来的东西孤单地在空中挥手致意。富裕且在《圣经》里备受赞许的帕尔米拉成了火光中的献祭品。就连权势滔天的罗马,那座大型的、罪恶的巴别塔,如今也已被埋在废墟与尘土之下。仅仅诗意地说上一句"改变你们的观念吧!"起不到任何效果。国王的表态渐渐淡出人们的视野,他并没有能力开辟出一个天国。那对民族的、对民族主义的信仰抓住了德意志人的灵魂,就像它曾抓住其他欧洲人的灵魂一样;可再往"里面"看,空空如也。

德罗斯特-徽尔斯霍夫随后又用一首充满警示与告诫意味的诗作来对自己的观点加以补充。诗的题目叫作《致德国与法国的女作家》("An die Schriftstellerinnen in Deutschland und Frankreich")。诗中表达了这样一个观点:女作家不应只沉迷于以小情小爱为主题,像是酒神节那一类的创作,而是该更多地使用自己手中的笔,去追寻那些永存长留的东西。写作关于本民族英雄的诗歌已无可能。"你们是狂野动荡时代的见证人,/你们所经历的,不会就那样灰飞烟灭,/肩章与帽徽或许可以让一个女人做好准备;/不过你们可要小心啊,那翅膀能承载你们飞到多高……去维护那座无人建造的圣殿吧,/并用箴言装点那已被亵渎的墙面,/因为喧嚣与混乱,已塞满灰尘与疲惫,/妻子,或许也是孩子,是母亲,在那里长跪。"爱国主义听起来可不是这个旋律——为国捐躯的英雄人物们从不屈膝下跪。女人们,妻子们,母亲们,她们没有敲响战鼓,走进轰轰烈烈的伟大运动,没有为战争与革命做出自己的贡献,哪怕将士们头盔上的璎珞倒是出自她们的巧手与绣工。徽尔斯霍夫的诗句并不旨在点燃什么民族主义梦想,她更加关注的是灵魂与人类的救赎。在她的这个版本中,民族主义将在巴比伦式的陷落中迎来自己的完结篇。类似这样的警示或许也是可以用来解释一个事实的原因，那个事实就是，在众多高声呼喊、期冀民族国家尽快到来的人中，极少见到女作家的身影。直到第一次世界大战爆发，女作家才拿起笔，发出了自己的声音。

在关乎德意志民族的未来、发展与巩固时展现出一致性，这绝对不能说是后拿破仑时代德国文学家的突出标志。除了上面提到过的那位信念坚定的女诗人外，也有一位政论作者向这些爱国主义的声音投去了质疑的目光。他就是"青年黑格尔派"代表人物阿尔诺德·卢格（Arnold Ruge），一个不信神的自由思想者，正如谩骂他的那些人所形容的。他在1844年写就了一篇反爱国主义的战斗檄文《论爱国主义》（"Der Patriotismus"），几乎对所有在爱国主义者眼里看来神圣的概念进行了猛烈的抨击。[33] 他尖锐的笔锋尤其对准了普鲁士国家本身及其"保守、野蛮、残暴的宪法"。但法国却被他视作与英国、美国并肩的，地球上最自由的国家之一，是值得争取的友邻。"人们在德国媒体上控诉那些亲法的德国人，甚至到帝国秘密法庭那里告发他们。难道他们犯下了不信神的罪行吗？不，他们只不过不是爱国主义者而已。还是说他们密谋了什么不轨的行动吗？只不过是德国人与法国人之间结下了友谊而已。但德国的爱国主义者偏偏就惧怕这份友谊。"这个文风不免让人想起让·保罗。

卢格称，法国的革命与德国的哲学在这份令人充满期待的友谊中融为一体，将德意志的爱国主义者置于恐惧之中。反过来，他们却还强调每个民族的"特性"。针对这一点，卢格写道："可是，什么是值得人百般称赞的特性呢？就正是它们将自己与其他民族区别开来的存在呀。"这番话严厉地反驳了那试图将民族特征个别化的做法。只要是有真相和自由的地方，一切都是所有人共同的。然后才能说到那唯一特别的点：你是一个民族，就像其他民族也是一个民族一样，再没有任何与众不同的地方了。跟这个观点相呼应，他言简意赅地总结了德意志爱国主义的特征："它在理论上的任务就是简单地要求，不要做一个法国人，能做到这一点，就算大功告成，而它在现实中的任务……则就是咬住法国人不放，对其敲骨吸髓。"因此，在卢格的阐释中，所谓德意志主义实际上毫无内容，而它的爱国主义亦毫无意义。最终，政论家以这样的话为自己下的战书画上句号："那么，谁还算是爱国主义者呢？反应（Reaktion）。谁又不再是爱国主义者呢？自由。"

"为祖国而死"，特奥多尔·克尔纳的"伟大的死亡仪式"、他的"洗刷这片土地，你的德意志土地，用你的鲜血，将它刷净"——难道说这一切都是白费，都一文不值了吗？他没有达成卢格的目标，自由。而对于恩斯特·莫里茨·阿恩特煽动民族情绪的诗歌，卢格更是公开表示排斥。只不过这样的质疑没有人愿意听到，王公贵族不想听，爱国主义诗人不想听，秉持条顿精神的哲学家同样不想听；因此，它注定不会流行。卢格曾作为革命者被选入法兰克福圣保罗教堂的议会，他在那里发表布道式的演说，呼吁欧洲所有民族彻底放下武器。这对于德意志的爱国者来说太过乌托邦了，他们还做着对法国开战的美梦呢。不久后，卢格移民英格兰，但在柯尼希格雷茨战役（1866）之后，他又——像个老去的政治家一样——调转了自己的方向,开始赞扬俾斯麦的所作所为,尤其是他凡事以小德意志为重心的普鲁士政策。难道说,他如今要将自由毫无保留地献祭给战神了吗?

让我们再一次回头去看。德意志的诗人与大学生希望统一,也乐于见到统一在自己的手中诞生,但王侯们并不去采取行动。尤其是要在整个德意志地区设立关税同盟这个发想,得不到他们的一致理解。全体百姓保持了沉默。七月革命更像是一把流沙,反正它最终注定将被复辟势力击败并镇压。尽管如此,海因里希·海涅依然感到自己有义务,对掌权人士的相关政策发起猛烈的痛斥。这些话被他写进了一本小册子——《法国的情况》(*Französische Zustände*)(1832)的前言里:"贫穷的、不幸的德国……现在每个人都能看出来,全体德意志人民……都无可救药地受到了蒙骗……借助我作为公共发言人的完美权力,我必须要对这份文件(即1815年的邦联宪法)的始作俑者提起诉讼,控诉的罪名是他们滥用了人民的信任,他们侮辱了人民的神圣与庄严,他们对整个德意志民族犯下了叛国罪,我控诉他们!"[34] 然而,这篇激情燃烧的演说起效不大。所谓的"人民"似乎没有能力理解它。德意志的公共知识分子界则集体缄默不语,或者说,他们非沉默不可。然而,在法国,这番三连发的控诉,回响却一直传到埃米尔·左拉(Émile Zola)那里,促使他写成了那部著名的《我控诉》(*J'accuse*)(1898)。

在这之后没多久,在流亡巴黎期间,海涅回想起了自己原来的故乡。眼下,《夜有所思》("Nachtgedanken")折磨着他:"我在夜里想起德国/然后就再也无法入睡。"全篇的讽刺基调目的不在于激怒任何人。这是一封由流亡在外的游子写给远方母亲和现时爱人的心意表白，但同时也是一纸指控自己挚爱祖国的诉状，此刻，那里的死亡人数正在不停上升。十年之前，这位诗人虽然没有指名道姓，但依旧足够明确地拒绝了斯塔尔夫人，而这封拒信亦是写给法国读者的：《论德国宗教与哲学的历史》（"Zur Geschichte der Religion und Philosophie in Deutschland"）（1834）。在这本书里，作者通过考察古代日耳曼人及其北欧-黑暗的神话与传说世界，回忆了在德国人中盛行的"昏暗骇人的魔鬼精神"，回忆了诞生于血与雾的畸形儿，回忆了那种以"阴郁粗鄙的鬼怪之流"为代表的幽暗北欧精神，回忆了德意志的女巫，并将其与明朗而欢快的罗曼-法国童话与传说世界进行了对比。[35] 他盼望着，在巴黎能够远离那些吓人的杂交怪物。

海涅在这部作品中不无深意地引用了一封费希特在1799年从耶拿不光彩地离职后写给他的朋友卡尔·莱昂哈德·赖因霍尔德（Karl Leonhard Reinhold）的一封信："如果法国人没能战胜这个作恶多端的强权霸主，如果德国，或者说至少其中举足轻重的一部分，没能实施贯彻一系列变革的话，那么，过不了几年，所有曾因为发表过自由思想而出名的人，都不会在德国寻得安稳，这一点，我敢说是再确定无疑不过的了。"[36] 这就是那个在拿破仑战败后于自己的《致德意志民族的话》（"Reden an die deutsche Nation"）中宣告实行多项重大改革举措的费希特，他把心里话说给朋友听了。而海涅之所以引用了这封信中的这段话，就是想唤醒人们的回忆，记起法国在德国民族意识形成过程中给予了那些实质上的帮助，虽然在那个时候（1834），还没有人乐意承认这种帮助的存在，而面对拿破仑时德国人取得的胜利，依然是更为关键、更值得一提的事情。尽管如此，海涅还是将希望寄托于能来上一场由德国人发起的革命。

只是，这希望落空了。此后（1843），诗人从巴黎经由亚琛与科隆前往汉堡。法国伟丽辉煌的革命经验促使他一坐上邮政马车，就拿起了手中的笔，写下了仍以讽刺为基本语调，但言辞之间又充满了苦涩之感的组诗，从严格意义上来讲，这是史上针对德国人发出的最严厉的抨击［这个表述出自瑞士文学研究者瓦尔特·穆施格（Walter Muschg）之口］。[37] 这部作品的名字是《德国，一个冬天的童话》（*Deutschland. Ein Wintermärchen*）（1844）。

这些诗句融攻击与防卫为一体。在散文体的前言中，作者开门见山地提出，法国是典范与样板，德国人的突出问题则是贪得无厌，诗人曾对七月革命（1830）抱有极大期待，可它不但最终失败了，还造成了德国人精神世界的荒漠化。当时不乏人指责，海涅的思想与言论是对德国的不忠，针对这一类批评，作者在前言里这样为自己辩护："阿尔萨斯与洛林将重新属于德国，如果我们能把法国人开了头的事做下去，做好、做满，如果我们不但能在头脑里、思想上完成它，还能把它转化为行动并付诸实践，如果我们能在它带来的所有结果中提升自我，如果我们能摧毁那谦恭的顺从脾性，就连到了最终的避难所——天堂也不放过，如果我们能将那伏身于世间臣民的上帝从他所受的屈辱之中拯救出来，如果我们能变身成为令上帝得到解脱的角色，如果我们能帮助那可怜的、被剥夺了幸福权利的百姓、遭受讥讽的天才以及被亵渎的美，都重新获得它们应有的尊严，就如同我们杰出的名家大师们曾说过、唱过的那样，如同我们期待的那样，我们，年轻一代，到时候，不仅仅是阿尔萨斯与洛林，整个法国都将归我们所有，整个欧洲，全世界——全世界都要变成德意志的。德国一统天下，这个历史使命就是当我在橡树下徜徉的时候，心中怀有的梦想。这，就是我的爱国主义。"阿尔萨斯与洛林作为关键词，是相当长一段时间以来头一次重新被提起；30年后，这两个名字将显现出不容小觑的力量与作用。

　　这几句话里那些最为不切实际的部分，并不是总能被人正确理解。而海涅那深不可测的尖酸讥讽在这里一丁点儿情面也没留。作家回忆，荷尔德林曾做出"行动的矮子、思想的巨人"的评价，也提醒人们注意，这个民族中曾经出现过经荷尔德林唤醒的"伟岸而严肃的天才"，但他们最终却倒退回了野蛮而残暴的状态[38]，也许还借用了歌德在《浮士德》中所传达的救赎信息，最后，十分确定的是，海涅还影射了德国唯心主义哲学的一种解读方式，他在来年出版的《关于德国的信件》（*Briefe über Deutschland*）（1844）中证实了，从这个阐释角度出发，"上帝实际已经在思想上被废黜"。[39]不管怎么说，他至少都影射了对那些年德语界盛行战争修辞表示排斥的其他作家与思想家的隐晦言语。作者在为该书的法语版（1855）前言打草稿的时候，曾辩解过自己为何要这样做："德国又一次睡着了，俄国二月革命（1848）以前充斥在莱茵河右岸的那种普遍的麻木不仁与停滞不前，被此诗以幽默诙谐的形式描绘了出来。"⁴⁰ 一切崇高目标似乎都陷入了停摆状态。缺乏前景，缺乏意愿，缺乏行动，亦缺乏思想。

这部讽刺性作品同时也是苦难的见证，而那苦难的来源则是德国本身，这个德国受政治复辟与思想复辟双重病痛的滋扰，日渐虚弱，这个德国意欲索求的远超出了自身的体量，这个德国错过了革命的时机，这个德国正在经受织工起义的折磨。"一个拨着竖琴的姑娘"张口唱出了悲哀的曲调："她唱的是古老的戒除之歌，/是从天上传来的摇篮曲，/当婴孩哭闹的时候，用这歌来使它入睡，/而那婴孩如今就是百姓，那群粗鄙的下人。"（I，25-28）这几行诗贴切地营造出了德国在革命（1848）再一次失败前，暗淡无光的冬日氛围，尤为形象的是对"德意志洪流"的描述，而海涅本人，正如他充满激情地强调的那样，也曾亲自参与其中："是的，它，莱茵河（曾一度归法国所有，但不应再次被其所夺），属于我。"

在邮政马车行驶的过程中，旅者进入了梦乡。他梦见了那位在基夫霍伊泽的红胡子皇帝，不管怎么说，这位都是德意志的希望象征，他将为那遭到玷污的、"高贵而超凡脱俗/一头金色卷发的处女日耳曼妮娅"（XV，110-111）复仇。可是，他又只不过是一个年迈的长者，已经无法敏锐捕捉现如今的时代需求，只会嘲笑断头台的使用——"毫无尊严与礼仪可言"（XVI，67-68），轻蔑地将其视作与叛国无异的举动。对此，诗人回应道："红胡子大人……/去吧，躺下睡吧，我们/即便没有了您，也必将救赎我们自己。/共和党人正取笑我们（XVI，81-85）。最佳方案莫过于，您就待在家里/留在这古老的基夫霍伊泽/我会把事情一桩一桩记得仔细，/如此一来，我们便也不需要什么皇帝。"充满危险的话语。但又只是个梦而已。他不拦着自己就这么喃喃自语，说出的却都是些没人敢在大庭广众之下出口的言辞。处女"日耳曼妮娅"还得再继续等她的救星等上一阵子。反正审查机关已经把这些诗句看作眼中钉了。诗人脑海中是否浮现出了旧日的诗句？他曾让一位濒死的法国步兵盼望着，能在自己的坟墓上方听到那被流放的皇帝，拿破仑，经过的马蹄声（1821）。[41]"接着，我便将拿好自己的武器，从坟墓中爬起，／我的皇帝，我来守护你。不是皇帝守护百姓，而是百姓守护皇帝。"海涅还真是精准地领会到了那"伟大民族"（grande nation）的本质。"武装起来，公民们，／把队伍组织起来。"

《德国，一个冬天的童话》这部作品所制造出的丑闻，比它本身理当引发的反应要大多了。该作品在德国境内遭到了多重唾骂，甚至一直到了1970年，它还"因为过于复杂"而被认定为不适合中学毕业班的学生阅读，进而从原西德的德语课堂中被剔除出去。[42]尽管如此，这首长诗依旧是在整个19世纪中，写德国人及他们的国家写得最好的文学作品之一。当时亦流亡于巴黎的卡尔·马克思正聚精会神地聆听着。它是一面用诗行写成的镜子，虽然并不受它的听众们——马克思主义者与"左翼"除外——待见，却最应该被他们拿在手里，只不过，得反过来才行，让背面冲着自己。市民阶层的书评作者将其误读为"关于德国人品质的具有普遍危险性的可耻言论"。[43]可实际上，对那群被他形容为"被哄睡的婴孩"的人，诗人是热爱的，他只不过想摇醒他们而已，他想摇醒的不是精英，是百姓，百姓在这里指的更多是以被剥削的织工为代表，是佃农，是穷人，是受压迫的人，而马克思正是看到了这其中反国家的内核，从而有了将所有国家的无产阶级团结起来的愿景。他复印了海涅的《可怜的织工》（"Die armen Weber"）："给错误的祖国一个诅咒，/在那里只有谎言与丑闻在蓬勃生长，/只闻得到腐烂与死亡的味道——/旧德国啊，我们正给你织裹尸布呢！/我们织着，我们织着！"没过多久，海涅就改写了这些诗句，语气变得更加尖锐，并且将全文更名为《西里西亚的织工》（"Die schlesischen Weber"）（1844）："她们坐在织布机前，咬紧了牙关/德国，我们正在织你的裹尸布，/我们织进去三重的诅咒——/我们织着，我们织着！"这样的诗句在普鲁士遭到了法定的禁止。果真是一个值得诅咒的祖国，人民被无视了。

更辛辣的还在后面：《三月后的米谢尔》（"Michel nach dem März"）清点了所有属于"日耳曼癖"的症状，被收录于1851年面世的《罗曼采罗》（*Romanzero*）一书，附在正文之后。大学生社团的成员遭受到了诗人的蔑视，新近发生的革命再次失败，而在"圣保罗大教堂"屋顶上舞动着黑-红-金三色旗的"日耳曼妮娅"对此则漠不关心，这让诗人感到万分失望："可当那面黑-红-金的旗帜/那旧日日耳曼的废物，/再次重新出现的时候，我的激情消却了/连同那些可爱的童话奇迹。//我在这旗帜中认出了那些颜色/和它们预示的含义：关于德意志的自由，它给我带来了/最糟糕的噩耗。//我已经看到了阿恩特，看到了体操之父雅恩/这些另一个时代的英雄/从他们的墓穴里再一次挺身而出/做好了为皇帝而战的准备。//大学生社团的成员们/从我的青年时期就有了，/他们肯为皇帝燃烧自己，/尤其是当他们大醉的时候。"对啤酒的迷恋跟对民族的狂热。在《德国，一个冬天的童话》前言里，海涅就已经就着革命失败的缘故而提及了旗帜的颜色，他的语气里一方面充满了讽刺，另一方面也带着幻想遭遇破灭的失望："将黑-红-金的旗帜种在德意志思想的高处，/让它们成为自由人性的旗帜，而我，乐意为之献出自己最好的心血。"

也有其他的人抱怨德国人的不作为，抱怨他们在革命方面的无能。出名的是费迪南德·弗赖利格拉特（Ferdinand Freiligrath）发表于1844年的《信仰的告白》（*Ein Glaubensbekenntnis*）。诗中反映了德国人自赫尔德与歌德以来，几十年如一日对莎士比亚与哈姆雷特的热情，同时它也将青年德意志对这种热情的批评进行了矫正，最终目的是从这份热情中发现自己作为德国人的、作为自由主义的不作为。诗的第一行就很有名："整个德国就是一个哈姆雷特"——哈姆雷特是谁，一个手中捧着死神头颅的人，一个永远优柔寡断的人，一位在存在与毁灭之间摇摆不定的王子，一个未曾下定过任何决心的人——这样的一个人物形象，被诗人拿来当作缺乏行动力的德国的统称。"整个德国就是一个哈姆雷特！严肃而沉默/每一夜，在他的门里/被埋葬的自由来回游荡……他思索、他做梦，他毫无头绪，/没有任何东西，能将他的心思偷走！/可要想做出一个新鲜而勇敢的行动/他又缺乏一个新鲜而勇敢的灵魂。//这使得他，呆坐了太久的时间，/他整日在床上，躺着，读书。/他变得，因为血液越来越不流通，/呼吸不畅，日渐肥胖。/他在学识上走过太长的路，/他做过最好的一件事就是动脑；他在维滕堡停留了太久，不是在大讲堂，就是在小酒馆。//因此在他身上，找不到坚定与果断……//想想你发过的誓吧，/为你父王的魂灵复仇！/这些绞尽脑汁冥思苦想，有什么用呢，什么用？可是——我配做那个开口咒骂的人吗，对那年迈的空想者？难道我自己，不也正是你的一部分吗，/你这个永远在犹豫、永远在错过的人。"我们所有人，只要是德国人，都是哈姆雷特。这就是弗赖利格拉特想要传达的信息。不但如此，我们亦沉溺于想象，缺乏行动力，而且——跟路德的那个时代也差不了多少——还是在小酒馆里，难免又加上两条，沉默与肥胖。

这几十年，是革命与关于革命的流言不断传来回响的几十年，在这几十年的正中间，1842年，巴伐利亚的国王路德维希一世，修建了他的"瓦尔哈拉神殿"（位于多瑙斯陶夫附近，站在多瑙河上眺望时，大老远就能看见）；当他将这座建筑物交付于世人的时候，他发表了一番民族性极强的讲话。可他以此真的贴近了百姓，站到了他们中间吗？民主及革命人士对他并没有多好的评价。毕希纳的《黑森州信使》往这位国王身上叠加了一连串的斥责与咒骂，称其为"上天指定的卑鄙小人……对神不敬之人……猪猡……豺狼"。[44]这样的用词使作者被迫逃离故土、流亡他乡。可难道说，这座华丽浮夸的建筑物真的应该奋起抵抗像是《黑森州信使》这一类的指控吗？它有理由反对吗？

反正，人们需要民族性的神话，这需要促生了对于一些看得见摸得着的标志的极度渴求，眼下的国王显然并不想放任这一历史使命从自己的身边偷偷溜走。他琢磨着，要满足人民对于民族性的向

古斯塔夫·克劳斯，《坐落于多瑙斯陶夫附近的"瓦尔哈拉神殿"落成典礼》(Einweihung der "Walhalla" bei Donaustauf)，钢板雕刻画，1842年。这座建筑物把人们的目光拉回到遥远的年代，让人想起雅典的圣城及那里的雅典娜神庙。那些拥向高处的人代表着百姓、贵族、王侯，绝对不只有巴伐利亚人。

往，要贡献出一个能做到这一点的象征，但它并不意味着，统一自然而然要被提上日程："愿瓦尔哈拉促进德意志精神的巩固与壮大！愿全体的德意志人，无论他们源自何方，始终感觉，他们有一个共同的祖国，一个他们能够为之骄傲自豪的祖国，愿他们都能倾尽全力，为这个祖国的灿烂辉煌做出自己的一份贡献。"只不过，无论这个"共同的祖国"多让人热血沸腾，关于民族的统一，可是半个字都没提到过。于是，爱国主义者不满意了。

从1806年、1807年开始，名人堂的修建被纳入规划，里面摆放的半身像包括阿米尼乌斯麾下值得赞颂的英雄们、哥特国王托提拉（Totila）、充满传奇色彩的不列颠开拓者亨吉斯特（Hengist）与霍萨（Horsa）、俄国的叶卡捷琳娜二世（Katharina Ⅱ）、歌德与蒂克，甚至连瑞士的历史学家约翰内斯·冯·穆勒（Johannes von Müller）都被算进去了。在这里，阿恩特的愿景被打造成了石头做的现实，一个"大理石的头颅展示间"，这话是爱嘲弄人的海涅说的，让许多巴伐利亚人气愤的是，就连他的半身像也在2010年进入了这座名人堂。可他还是做不到换一个样子，没办法不去讥讽国王赐给名人堂的题诗《献给国王路德维希的赞歌》（"Lobgesänge auf König Ludwig"），以及国王本人："'瓦尔哈拉同僚'，大师的杰作，/他在那里为每个人的/功绩、品德与所作所为高唱颂歌/从条顿到辛登哈尼斯。"（I, 3.2 及第 4 节）[45] 海涅看穿了，这一整场秀都只不过是为了营造出一种民族的幻象。他一点都不为德国感到骄傲自豪，只会觉得不满与失望。

这位压根不需要什么皇帝的诗人，越过了所谓的诗人国王，搬来自己心目中真正值得尊敬的人，献给他们应得的赏识敬重。[46] 将虚构的英雄形象、臭名昭著的强盗与罪犯神圣化，在海涅的眼里看来，这不配获得自己民族的敬意。当时的德意志人，无论是南德、北德，还是东德、西德的人，有谁在事实上能够对那群在"瓦尔哈拉"里受敬拜的人物产生身份认同吗？拿那个哥特人来说，还勉强能够过关［不妨想想费利克斯·达恩（Felix Dahn）出版于1876年的《争夺罗马之战》（*Ein Kampf um Rom*），这本书后来成了德国青年中最热门的读物，也是哥特崇拜的重要理论来源[47]］，可你要把那两位身份可疑的流亡移民亨吉斯特与霍萨,或者那个虽然出身于德意志高等贵族之家,后来却策划了一场政变,推翻了自己的丈夫——沙皇彼得三世——的女沙皇,也都算作千古流芳的德意志名人,这说得通吗?还有那个重要性毋庸置疑,但身为瑞士人的历史学家?

无论是名人堂,还是黑-红-金的三色旗,它们都是一种标志,或许可以作为一种麻醉剂,聊以慰藉人们对民族性的渴慕,说不定,还能把整个市民阶级都哄睡着。人们或许能借由这些象征,错误地以为自己已经从拿破仑时代所受的屈辱中恢复了过来,可以开始自得于自己的意义与价值了。这种对自身的阐释方式还真的被反映到了绘画作品中。比如,短短几年后,菲利普·法伊特(Philipp Veit)就为"圣保罗教堂"献上了他想象中的《日耳曼妮娅》,这位女神一手持剑,一手执黑-红-金三色旗,以该民族的身份象征登场,这也受到了海涅的嘲讽。[48] 象征,然而,它是谁的象征呢?也是西里西亚织工们的吗?

在那几年里,理查德·瓦格纳开始为他的两部"政治"歌剧填词谱曲,这也是他反犹之路的开端,先是创作于 1845~1847 年的《罗恩格林》(*Lohengrin*),随后是 1860 年问世的《纽伦堡的名歌手》(*Die Meistersinger von Nürnberg*)。《罗恩格林》反映的是 1848 年前后的状况。瓦格纳本人也在 1849 年参与了发生于德累斯顿的革命颠覆活动,并因此被通缉。不过,人物传记里的这一段,他的歌剧观众们却是听不到的,他们只会为他的音乐以及它蕴含的新的民族腔调感到如痴如醉。第一幕第一场,就立刻深深地烙入了人们的记忆：国王海因里希唱道："现在，到了维护帝国荣耀的时刻；/东边也好，西边也罢，对所有人来说，都是一样的！/什么叫作德意志的土地，集结起来吧，战斗的军团，/从此以后，没人再敢对德意志帝国吐出一个不敬的词来！"最后，跟随着的是"万岁"的呼喊，这便是那万劫不复的岁月的最初原型："万岁，国王海因里希！/国王海因里希万岁！"国王则回应："为了德意志的土地，亮出德意志的剑！/唯有这样，才能保卫帝国的力量！"男子们则重复着这一句话："为了德意志的土地，亮出德意志的剑！"

一位国王、一个帝国与它的军队。这在当时是一个政治信号，也是一种寄托了希望的信仰：1848年，那会儿，重新恢复帝国曾经的统一还是有前景的事，那会儿革命还没有失败，那会儿的普鲁士还没有跟奥地利闹翻，那会儿的德意志帝国还没有彻底分崩离析。20年后，听上去就完全是另一种声音了：德意志的土地已经四分五裂，老海因里希的帝国也大幅缩水。现实匆匆地远离希望而去。但也还不能说是完全这样了，至少，"德意志的剑"还留在了德意志的土地上。1870~1871年，人们心中洋溢着赢得对法战争的胜利激情，竖起了赫尔曼纪念碑，诗意的表达方式彰显出了它的力量：克虏伯公司捐献了一把极富象征意义的铸铁剑，上面镌刻着这样两句话："德国的团结使我强壮//强壮的我就是德国的力量。"

1848年的那场革命并没能带来解脱，就算有那么几个瞬间，整个民族似乎看到了照向自由、统一与民主的光。也是在那个时候，卡尔·马克思与弗里德里希·恩格斯将他们合著的《共产党宣言》(*Manifest der Kommunistischen Partei*)带到了这个世界上："一个幽灵，共产主义的幽灵，在欧洲游荡。"对两位作者来说，德国扮演了十分特别的角色："德国的哲学家、业余哲学家以及许多文人墨客都贪婪无比地试图将这份文件据为己有。"这份文件，指的就是法国在社会主义与共产主义方面提供的范本。可这些饥渴的读者直到那个时候都还没能明白，如何将这些理论基础转化为革命的硕果。他们此时又需要外人来帮忙了。

与法国的经验相比照便不难发现，此时德国的社会条件已经发生了变化，这份宣言也因此在结尾处解释道："共产党人自己的主要注意力集中在德国，因为德国正处在资产阶级革命的前夜"，因为同 17 世纪的英国和 18 世纪的法国相比，德国将在整个欧洲文明更进步的条件下，拥有发展得多的无产阶级去实现这个变革，因而德国的资产阶级革命只能是无产阶级革命的直接序幕……全世界无产者，联合起来！"事实上，境况更为糟糕的，其实是工人和领日薪的那些打工者。但他们很显然不会成为革命的首批受惠者。坐在法兰克福圣保罗大教堂里参加国民议会的，是来自学术界的代表和市民阶层中的中产阶级，没有一个是无产者。

那么，哲学家能否塑造与引导"人民"呢？关于诗人或文学家，马克思与恩格斯并未提及。再加上他们两个本身是社会与经济理论家，并非政治上的活跃分子。除此之外——跟彼时集权制的法国其革命主要发生在巴黎不同——维也纳、柏林、慕尼黑、汉诺威、德累斯顿、卡尔斯鲁厄、达姆施塔特、魏玛、奥尔登堡，以及其他许多小联邦的公侯并不同意配合进行一场全德境内同步发起的革命。马克思与恩格斯对当下形势的判断有误。小联邦的分权制度

"保护"了王公贵族,使他们免于遭受革命的颠覆。

在圣保罗大教堂举行的代表大会试图从"德意志联邦"里重塑一个"德意志帝国",作为多民族国家的奥地利让这次尝试徒劳地落空了。路德维希·乌兰德曾在1848年10月26日写下这样的句子,欣喜若狂地欢迎崇高的国民代表大会召开:"我们被派到这里来,创立德意志的统一……联邦制的国家开始了。"这个施瓦本人对于民族问题给出的解答,是一个大德意志的概念,可是绝大多数议员们都一致同意,将奥地利排除在外,尽管对他们来说,做出这个决定也不是易事,但这个不包含奥地利在内的方案还是在之后的1866年与1871年实现了。

虽然说,这次代表大会的决议得到了百姓中各个阶层广泛的支持与赞同,但帮助贵族制国家阻挡民族洪流来袭的那几道防护墙,依旧屹立在那里,坚不可摧。"叹息与哀号传遍全国:/我们之中还没有诞生一位领袖吗?没有!这就是我们的缺陷与弊端:/德国群龙无首。"乌兰德在1849年写下的这几句控诉,是一首昭示着死神即将临门的悼歌。他意识到了这一点,从此不再染指政治。[49] 同样是在1849年,克里斯蒂安·科勒(Christian Köhler)将"日耳曼妮娅女神"搬到了油画布上,在这幅画作中,日耳曼妮娅刚刚被手持剑与天平的德意志(大天使长)米迦勒唤醒复活,在黑-红-金三色旗的陪伴之下,拿起了对抗奴役与分裂的剑(1849)。[50] 一边是如此的一个民族象征,另外一边则是海涅在"革命"遭遇了显而易见的失败之后,受极度失望的情绪驱使,写下了这样的嘲讽语句:"狂风渐已停/家乡恢复平静。/日耳曼妮娅,那个大孩子,/重新开始为他的圣诞树而感到高兴。"

一个联邦制的统一国家依旧遥遥无期,甚至连逐步实现它的纲领计划都不见踪影。话说回来,德国也只能是现在的这个样子,它变不成别的:贵族不同意,由来已久的德意志封地制这一整套传统也不可能同意,非但如此,人们还得自己着手,出兵丹麦、波兰、捷克、意大利等国,它们也有自己的民族目标,可不能让它们的实现走到了德意志人的前头。这无疑是一种倒退,退回了革命前时期的状况。阿恩特的言语能够引致成功,却招不来士兵。《吕措猎队之歌》("Lützows wilder Jagd")带来的沉醉与狂热已经消散在风中。那位魏玛的奥林匹斯山居民(让·保罗语)说得没错:"我们德意志人是属于昨日的。"弗里德里希·尼采后来出于对一切价值重新评估的考虑,将这句话升华为:"(德意志人)属于前天,也属于后天——他们就是没有今天。"[51]

不管怎么说,前景已经被勾勒出来了。根据1849年的所谓保罗教堂宪法,只要是在"德意志联邦"境内居住的人,都被认作"德意志人",不过当然了,尽管波希米亚也是德意志联邦的成员,可隶属于它的那几个非德意志国家并不在此之列。除了这一个特例之外,起决定作用的都是住在哪片领土上,而不是你的出生在哪里。"全体德意志人民由构成德意志帝国的国家居民组成(第131条)。每个德意志人都拥有德意志的公民权利。(第132条)。"这其中包含了一些特定的基本权利,例如,"移民自由"(第136条)、"法律面前一律平等"(第137条)、人身自由及其不受侵害的自由(第138条)、"居所不受侵犯"(第140条)。另外还有一些公民权利被定了下来,先前的阶级特权不再生效。不需要有多么渊博的历史知识也能发现,这些民主的基本权利它们的榜样与范本来自何方:来自西边,来自英国或法国。这次预期目标为民族统一与民主宪法的尝试,其意义不应被小视,即便它最后的结果是失败与落空,那也并不违背它的初衷。只不过,在这里值得我们注意的是,这又是一次典型的此类事件,即行动的模板取自外部,德意志人却并没有那个能力,将获取的经验在自身的实践中前后一致地贯彻下去。德意志"人民"还没有任何可用来与他们的诸侯相抗衡的力量。而为了取得这种力量,还需要再爆发几场战争才行。

6

"……留给我们的还有神圣的德意志艺术"：革命失败之后

失望的人不在少数。其中就包括神学家兼哲学家布鲁诺·鲍威尔（Bruno Bauer）。他算不上最出名的德国哲学家之一，却依然是最值得提及，亦是最笔耕不辍的时事观察家。他刚刚失去了自己的执教资格，因为他评价《新约》中的几篇核心文章是"远离现实的发明"。眼下，这种批判精神自然被当作对政治发展趋势的影射。在他笔下少有褒奖之词。尤其是召开于法兰克福圣保罗教堂的国民议会备受其诟病。布鲁诺形容，在那次集会上，人民的代表们可怜兮兮地展示了他们到底有多无能。下一个在他那儿挨骂的，就是德意志的市民阶层。《法兰克福议会的陷落》（"Der Untergang des Frankfurter Parlaments"）因而也成了一篇针对维也纳、柏林，以及整个圣保罗教堂议会的辛辣控诉。[1]

这篇文章请人们回想，那些学生与市民曾经抱持的希冀，那曾因梅特涅的下台，尤其是在参与其中的"殉道士们"做出了巨大牺牲之后被唤醒的期待："他们用死亡的惊骇战胜了这世间所有令人畏惧的事物，那其中就包括专制主义的恐怖——这是胜利的欢呼，也是伴着这声欢呼，3月13日的烈士们在维也纳被投入了他们共同的坟墓。"用这样一句话，鲍威尔开始了他的描述。"在巴黎，成千上万的德国人聚到市政厅前，向那里的临时政府宣告：自由胜利了，在德意志的土地上。德国人与法国人在街头相互拥抱；所有人都陶醉于喜悦之中……专制主义下台了，诸王侯的神圣联盟四分五裂——人民群众的神圣联盟万岁！"圣斯德望主教座堂顶上迎风飘扬的，是德意志的黑-红-金三色旗，同样的旗帜也挂在城堡里的一扇窗子上，随风摆动。皇帝承诺颁布宪法（Constitution），其中代表市民阶层的权利将得到进一步加强。[2] 此情此景之下，人们心中不禁生出一股期待：长期殃及两国人民的法德敌对局势终结。同时，涉及另一方面的希冀也在不断滋长，那就是：在自由的旗帜之下，德意志有望达成政治上的统一。来自这两个角度的希望都是鲍威尔借用那短短几行文字中清楚传达出来的信息。只不过，复辟势力再度凯旋，一举摧毁了以上所有期待。匈牙利、波希米亚、奥地利、普鲁士与其他政治力量并没能在黑-红-金的旗帜下合而为一。

革命究竟是如何失败的，那段历史显然不是这里要讲述的对象。我们感兴趣的只有鲍威尔，这位政治活跃、甚至曾有段时间与卡尔·马克思为友的思想家，对德意志人所下判断如何。"'安稳日子！我们只要安稳日子！'这是全体德意志民众对所有好战分子的一致呼声，激进的革命人士一碰头，三月革命诞生了。由于民众想要的是过上安稳日子，各邦政府都据此认为，建立一个统一的德意志国毫无可能——奥地利以人民的名义反对普鲁士德国的成立……也是出于所有人都能过上安稳日子的考虑，各国政府联合在一起，抵制法兰克福议会……无论已深陷怎样的腐化堕落与精神上的僵化空洞，现存的一切都必须得到保护，这是人民的意愿，也是那些信奉自由的人民代表们的意愿。现在的任何一个决定都不亚于一次暗杀行动。"这就是鲍威尔对他身处的现实做出的分析。

根据鲍威尔的解释，由于匈牙利人（Magyaren，马扎尔人）的干涉，以及出于对匈牙利人与俄罗斯人合起伙来的担忧，德意志诸邦国政府将姿态降低到了"与百姓平起平坐"的地步，他们肯定觉得，"无能的市民加上手足无措的君主，简直就是梦想中的联盟"。不过这同时也清楚地展示了一个事实，那就是"人民与政府之间的纽带已被扯断，二者都将对方当作了外人"。[3] 纵观整部作品，对以市民阶级占主导地位的大众与对自身社会阶层赤裸裸的藐视跃然纸上，这二者的重要标志就是一方面渴求安宁，另一方面却毫不作为。非但如此，作者还用辛辣的讽刺口气为这种轻蔑的基本腔调加上了金边。

布鲁诺·鲍威尔一方面为德意志市民阶层的彻底失能而扼腕叹息，另一方面却也看不到其他社会力量有取而代之的可能。对无产阶级，他——即便作为卡尔·马克思的朋友——缺乏基本的信任。一个毫无阶级之分的社会？他更是做梦都不敢这么想。或许他也认清了，奥匈帝国对德意志的政治统一正起着钳制作用，没错，他看到了其中暗藏的危机，正是由于市民阶级的功能已经失效，也正是由于德意志诸邦国政府纷纷陷入束手无策的困局，从而对"外来"的压力毫无抵抗能力。目前为止，鲍威尔还没有得出跟俾斯麦一样的结论，那结论后来直接导致了"小德意志国"作为解决方案的诞生。不过,他倒是加入了《新普鲁士报》(*Neue Preußische Zeitung*)的撰稿作者行列,这份报纸在政治倾向上是彻彻底底的保守派,亲普鲁士容克阶级,其集团旗下还出版《铁十字》(*Eisenes Kreuz*)、《十字军报》(*Kreuzzeitung*),等等,就连特奥多尔·冯塔内(Theodor Fontane)和奥托·冯·俾斯麦(Otto von Bismarck)都曾为那上面的文章执笔。不管怎么说,鲍威尔觉得,与法国和解还是可以考虑的。但他同时也在文章中散播着反犹太人的思想。就这样,这位失败的神学家,这位充满了自相矛盾的德意志哲学家,竟以他的思想与传记为媒介,抢先展示了德意志在未来的发展道路上将表现出的基本情况。只不过,与其说他是个预言家,倒不如说他是个先锋,可以说,他用自己的笔尖,为德意志即将经历的人间惨剧掀开了序幕一角。随他这个个体一同现身的还有整个德意志的面貌,那副面孔以其特有的扭曲与狰狞,证实了拿破仑时代大文豪们所持的观点:做得太少这点还没改好,如今乱七八糟的想法却更多了。

就跟照搬维也纳似的,柏林同样让市民阶级期待统一的愿望结结实实地落了空。那会儿俾斯麦是普鲁士州议会议员,早在1848年那个节骨眼上,他就已经把赌注压在了"圣保罗教堂"及宪法草案的对立面。尤其是所谓的"人民主权原则"与"普遍拥有选举权下的直接选举"惹恼了他。虽说他的国王,普鲁士的腓特烈·威廉四世曾在几年前(1842)宣誓效忠"德意志团结与力量的精神"[4],并且也还刚刚(1848年3月21日)在题为《致我的百姓、致德意志民族》("An mein Volk und an die Deutsche Nation")的致民众书中明确承认:"今天,我接受古老的德意志颜色(之前被禁的黑-红-金三色),将我本人与我的百姓置于德意志帝国庄严的旗帜之下。从今往后,普鲁士将作为德国的一部分,随时准备为其献身。"⁵可是,过没多久,这位君主就改变了心意,又把船头调转了回去。

"他们,那些与我们祖国为敌的人们,借由'整个德意志的事'这样的说辞,先是在比邻的萨克森,随后在南德意志的零星小国,纷纷挑衅似的竖起了那面令人恼火的旗帜(黑-红-金三色旗)。最让我心痛的是,在我们国家的土地上,在一部分地区,某些被蒙蔽了双眼的群众竟也任由自己被牵涉进去,追随起那面旗帜,并在它的指引下进行了一次次公开的煽动与骚乱,妄图推翻合法的政权,要知道,那可是无论在人类秩序抑或神圣秩序中的最高权威。"腓特烈称,他无法接受由法兰克福国民议会颁发给他的德意志王冠,因为他认为议会根本无权这么做,而且,这种做法对其他德意志邦国来说也是一种伤害。这就是当权的官老爷们做出来的事儿:刚刚接受了德意志的旗帜,又马上撤销了这个决定。"在这一刻,议会与普鲁士正式决裂了。它曾是一个精英荟萃的组织,德意志曾将骄傲与信任的目光投射在它的议员们身上",可如今,从多数情况来看,这种光彩已不复存在。"他们嘴上假模假样地依旧喊着要统一德意志",背后却犯下种种暴行。不过,这位普鲁士国王称,他将把起草一部新宪法提上日程,这部宪法会尽最大可能保留法兰克福议会中已经表决通过的部分。即便如此,他仍呼吁人民,拿起武器,因为"那关乎在自己的土地上以及其余的德意志地区重建秩序与法律……关乎奠定德意志的统一,并保卫其自由不受某个政党的恐怖统治所戕害。那政党为了它的革命激情，宁愿出卖自己的礼义、尊严与忠诚；那政党成功地将一张痴情与迷狂的大网罩在了一部分百姓的头上……若我的人民忠于我，就如同我忠于他们一样……则上帝亦会赐福于我们，神圣庄严的胜利指日可待"。[6]

腓特烈·威廉要求重新成为"承上帝之恩的国王"，他丝毫不想知道，"承百姓之恩的国王"关他什么事。没有任何一位侯爵有能力跳脱出他的阴影，于是也就纷纷跳回到昨天去了。那些前几十年里还备受爱戴、为自由与统一高歌的人，如今被当作虚伪的人和疯子。与之相反，国王则派出了他的儿子——王储威廉——去镇压革命。这位"霰弹王子"（他出面没多久后获得的外号）将革命掐死在了血泊之中，日后还将作为德意志统一之王与民同贺。

接下来的反应，就是那一套在各个时代都大同小异、来自国家层面的压迫政策了："基本权利在各地均遭到废除，各个邦国的宪法要么被加以修改，要么干脆像在奥地利那样被彻底废除。人们在1848年3月以暴风骤雨之势成功争取来的新闻自由、结社自由与集会自由，这时已几乎无处可见，人民武装这茬更是压根提都不用提了。司法从业人员不得不再次服从严格的规范；各行各业，只要涉及公共管理领域，就连国有铁路部门都包括在内，都经历了彻底的'清洗'，要么裁员，要么启动纪律审查程序。在个别的案例中，还针对大学高校开展了叛国罪审判的调查。"历史学家洛塔尔·加尔（Lothar Gall）在他的书中这样写道。[7]

阿图尔·叔本华（Arthur Schopenhauer）对这一发展趋势深表不满。这位重要的、偏悲观主义的德意志思想家并不认同与他同时代的人们所抱持的革命野心与民主目标。煽动民族情绪的做法在他那里并不讨喜。他在生前未曾发表的《摘录》（Spicilegia）一书中曾写下这样的笔记："这个叫德意志的祖国，并没能把我教育成一个爱国主义者。"[8]至于为什么会缺少这方面的热情，原因在遍布全书的各个具体段落中被他逐一提及。在组织语言表述这些理由的时候，叔本华将目光清晰地投向了德意志学院派哲学的界限所在，并借此勾画出革命失败后的德意志正经历着怎样的精神灾难。

《附录与补遗》（Parerga und Paralipomena）的第二卷第九章［关于"法理与政治"（Rechtslehre und Politik）］一开头，叔本华就以十分辛辣的腔调，对学究式哲学进行了一番辱骂，这骂声随后又逐渐发展扩大，变成了对整个德意志民族所下的一个全面性论断："德国人常犯的一个独特错误是，明明就摆在脚跟前的东西，他们却非要到云端去找。在这一点上，最突出的例子莫过于哲学教授处理自然法的方式。他们本来要解释的，无非是那些构成'天赋人权'的基本材料，即最简单的人类生存条件，比如什么是权利，什么是不公，什么是财产，什么是国家，什么是刑法，等等。可他们往往为此动用了最为（甚至是过分）热情洋溢的、最抽象难懂的，因此也最遥不可及乃至最空洞无物的诸多概念，从这些专有名词中，一座又一座的巴别塔拔地而起、高耸入云，就看当时那位教授大人脑袋瓜里一瞬间又蹦出什么与众不同的古怪念头了。"[9]对于这一观点，或许就连歌德也难以反驳。尤其是当叔本华本人顺便还补充了几句的时候，这几句可谓是正好踩到了歌德当初的出发点上："德国人经常遭到指责，说他们一会儿学英国人，一会儿学法国人。但这其实正是他们做得最聪明的一件事,因为要是靠他们自己仅有的那点儿本事的话,还真鼓捣不出什么大名堂来。"[10]

在叔本华那里,康德尚可忍,黑格尔却没少挨骂。在叔本华眼里,"当今的年轻人"只读最新潮的东西,"除了半吊子的行话之外,其他什么德语都不会,整个时代都因黑格尔对其的阉割而变得无能,躲在大胡子下面"……不知道除了诋毁德意志的语言,把它们织成一张横七竖八的大网之外,还有什么更好的事情可以做。[11]对于这些,黑格尔得负全责。叔本华在那会儿就已经拥有了一定的读者基础,到今天依然有人在读他。可他给德国人下的判断,实在是与人们的期望难以契合。"夸夸德国人?"他还真这么发问过。"答案是,我如今变得懒懒散散,真没那么爱国,也真夸不动了。"[12] 这个遭受了此等辱骂的民族,急需有人来抚慰它。

理查德·瓦格纳给了它这种抚慰。他找不到还有什么理由可以讴歌罗马帝国,现在只好把希望寄托在德意志民族和他们优秀的精神上了。跟歌德一样,瓦格纳也退回到艺术之中。是艺术帮助人克服了失望的情绪,让人从 1848 年后的政治灾难中存活了下来。因而诞生了《纽伦堡的名歌手》(*Meistersinger*)。诗人兼作曲家瓦格纳通过它表达了自己的看法与想法,让它向全天下宣布了一个新的消息,一个首先作用于民族层面上的信息:唯有艺术可助德意志重整山河。歌剧在最后结尾处让汉斯·萨克斯发表了一段迷醉人心的讲话:"我们的大师们照料它,/切切实实依循它的本质,/处处为它好、对它百般呵护,/方使得它流传至今:/它尽管不再像被宫廷与贵胄敬为上宾的那个时代得享高贵的荣耀,/却仍在这些窘迫的年月里，夹缝中/保持了它德意志的本性与真实……//小心！我们将面临可怕的挑战：/一旦德意志的百姓与土地沉沦，/到了错误选择出的君主手中/便不再有王侯能够理解他的人民；外来的统治者会将他们错误的价值与错误的文化/硬生生植入德意志的土地之中。不再有人懂得何为德意志、何为纯正/如若没有德意志的大师令它永生。/因此，让我告诉你们：/向德意志的大师们献上他们应得的尊敬吧，/就算消散于雾霭之中/神圣罗马帝国，/我们依旧能留存/神圣的德意志艺术！"

爆发于1866年的普奥战争结束后，歌剧《纽伦堡的名歌手》在慕尼黑首次上演。舞台上响起的是瓦格纳宏伟壮丽的旋律，舞台下感受到的是德意志艺术的神圣与庄严。这艺术之声穿透了老帝国"因腐坏而产生的污浊空气"。到底什么是德意志？瓦格纳给出了一个简单到甚至有些寒酸的答案。德意志是"真实"，自身即价值，德意志是"优秀的精神"，是工匠的歌唱，是瓦格纳本人。来看歌剧的观众大可以陶醉于其中，向德意志的大师们致以自己崇高的敬意，至少在慕尼黑和纽伦堡可以。由它带来的余音此后仍延续了许久。

当然，战争对德意志人依旧起着离间作用。难不成古老的趋势会突然掉头，反倒是通过战争——就像在10世纪、11世纪初期曾发生过的那样——达成统一吗？早在"帝国"时代，各种分裂与割据就从未缺席，它们发挥的影响也威胁到了眼下。就连英国人用来称呼荷兰人的 the Dutch 这个词（本义为 die Deutschen，德意志人），其内涵都已经不再与德国人有关了。这个民族的本质内核正在经历一个逐渐萎缩的过程，这个过程的源头最早可以追溯到中世纪，从那会儿统治洛林地区的领主们说法语，大方向上更靠近法国这一事实中就可以看出端倪。这个过程目前已中断，1866年的普奥战争为其暂时画上了一个句点。

奥地利原本是属于古巴伐利亚人的一个东部省份，过去的几个世纪里，在法兰克福加冕的皇帝一直是它的主人。现在开始，这块土地不再属于德意志了。荷兰也一样，尽管这里亦曾设立过国王；帝国佛兰德斯地区与卢森堡也一样，尽管它们的伯爵家族里曾出过查理四世这样一位颇有声望的皇帝；瑞士也一样，帝国最后一个王朝就是以其境内一座城堡命名的：如今的它们全都为自己添置了一个全新的民族性质。此刻的德意志就像个肺痨病人，一种生机勃勃且涵盖范围全面的民族情感对他们来说简直是奢谈。在欧洲再也找不出第二个民族经历过与之相类似的命运。这时，它的民族意识开始高声渐起：我们到现在还是跟着某个外族的榜样，亦步亦趋吗？

《瓦尔哈拉神殿的同伴》（*Walhallagenossen*）写成之后不到20年，艾曼努埃尔·盖贝尔（Emanuel Geibel）又将他精心打磨、用于创作反讽诗的笔尖对准了海涅。所有竖起来的耳朵在听到他写出的句子之后，都表示获得了极大的奉承，那首诗的名字就叫作《德国的志业》（"Deutschlands Beruf"）（1861）。文学式的现实主义与贴近现实的人生意义同时得以表达。诗作中流露出一股对合法身份地位的执着渴望，这渴望又与普鲁士的军国主义完美地结合在一起。市民阶层的报复心和对胜利的自信在字里行间喷发。前人亦曾书写过的祖国意识，在盖贝尔笔下又被糅进了军国主义的姿态与期待。所谓的"自由之战"被推至民族神话的地位。在阿恩特那里还只是宣传与鼓动,到了盖贝尔这里因为期待中的胜利而已经摆出了凯旋的架势。文学式的现实主义正敲锣打鼓地宣告着爱国主义式现实主义的到来。一个来自自由汉萨城市吕贝克的人,一个在波恩活跃于学生社团的人,对这鼓点无比熟悉。他希望全族的所有"部落"(Stamm)都团结起来,建立一个全新的、反法、反教皇、反俄的、牢不可破的帝国,唯有如此,才能大获全胜。"用武器/创造最终的安宁与和平",这对他来说,就是眼下"德国的志业"。可对盖贝尔而言,到底"欧洲之心"(Europas Herz)、"帝国"(Reich)、"德意志皇帝"(deutscher Kaiser)指的是什么,他并没有在诗句里说清楚。不过,有一点已经清楚了,那就是早于俾斯麦确立自己的志向之前,盖贝尔就打起了普鲁士的主意。每个人都留着自己的旗帜。"然而超越了万事万物/骄傲地高高抬起头颅/挺立于在荣耀的花团锦簇之中/飘扬在德意志皇帝的城墙之上!"

该诗的最后几句乍看之下全然一派沙文主义气息,字里行间充满了自视甚高的姿态,人们很难不立马就从字面上理解了那些词的意思(甚至拘泥于此),并在读到其出人意料的结尾高潮时不由自主地想起格奥尔格·赫尔韦格:"权力与自由,法理与品行/清晰的头脑与精准的打击/管束住了每个惦记着我们的人/心中原始的贪欲/或许只有通过这些德国人的本质/才能让整个世界康复、痊愈。""惦记着我们的人"——指的是对手敌人,例如法国,例如教皇;"权力与自由"——指的是复辟之后遍地王侯的德国;"清晰的头脑"——指的是思想家与文学家(例如盖贝尔本人)。

洛伦茨·克拉森（Lorenz Clasen），《守望莱茵的日耳曼妮娅》（"Germania auf der Wacht am Rhein"），1860，身着盛装的日耳曼妮娅屹立于莱茵河波涛之上，目光如炬，望向——东方。画中光线泄露了她张望的方向。身旁代表帝国的王冠、苹果与权杖清晰可辨。手中的盾牌上刻有双头鹰的帝国标志，鹰头上方的铭文为："德意志的刀剑守卫德意志的莱茵。"

精准的打击，指的当然就是为了实现统一并扩大权力范围而使用的暴力及发动的战争，尤其是这一点，很有可能被普鲁士首相俾斯麦听进了耳中，放在了心里。人们下意识地再一次进入了备战状态，对于帝国学校中的孩童与青少年来说，这种使用暴力的合理性与可能性就像是给他们注射了一剂长生不老的灵药。韵词"康复、痊愈"或许同时也是孕育下一批"德国人本质"的母胎。

极少有短诗能够取得如此惊人的效果，唤起如此巨大深刻的政治反响。这其中起关键性作用的，实际上是之前提到过的属于整个欧洲的共同价值。它们当初像进口商品一样被带到了德国境内，德国人只不过有权也有能力分享罢了。它们身上可没半点儿是德意志特有的，无论从哪个角度看，都不能算作德意志的精神成就。至多也就可能在战争与军队这方面跟德意志的本质沾点边儿吧。当帝国的历史发端于公元 10 世纪的时候，"精准的打击"就已经开始伴其左右。浪漫主义对斯陶芬王朝的狂热追捧使这种暴力崇拜在 19 世纪初期得到了极大程度的加强。眼下，它的地位更是一路飙升。听听盖贝尔的诗句，再回想一下歌德曾说过的"我不恨法国人"，那是怎样的天差地别。从现在开始，人们已经在为下个世纪即将发生的几场大战做准备了。

在盖贝尔诗作《德国的志业》（"Deutschlands Beruf"）问世同年，威廉一世登上了普鲁士的国王宝座。他在首次发表的讲话《致吾民》（"An mein Volk"）中，将普鲁士——顺便提一下，他使用的这个"普鲁士"概念中还涵盖了波兹南与格涅兹诺周边的波兰核心区域——"称作德意志精神的载体"。"我该对普鲁士尽的义务，"这位君主如此解释道，"跟我该对德意志尽的义务是一体的。作为一名德意志的王侯，壮大普鲁士是我的责任。普鲁士拥有声名显赫的历史,亦拥有先进的军队组织,这些都保证了它在全体德意志邦国中应有的地位。"军队的作战能力已经预先决定了普鲁士的领头羊位置:它的诉求因此而起,它的威胁也由此而生。古老的诸王侯之争再现江湖。这一次,考验的是各自的军事力量。在这场对抗中,普鲁士获胜,并强迫奥地利——哪怕它本身是一个多民族国家——退出德意志(1866)。汉诺威国王的下场更惨,他丢了自己的王冠不说,还不得不逃往英格兰,开始了自己的流亡生涯。[13] 这就是威廉给"普鲁士对德意志应尽怎样的责任"所下的定义。逞兵戎之能成了一种德意志的美德——这就是"士兵国王"和他的儿子留下的遗产……

他的首相俾斯麦在其发表于 1862 年的财政预算报告中重申了这一立场。当论及权力话题时,俾斯麦声称,要"面对当前时代的重要问题做出抉择",人们不能再靠演讲和多数表决,只能靠"铁与血"。俾斯麦在这里之所以用到了这样一种说法,或许是因为另外一个人物的缘故:马克斯·冯·申肯多夫,一位拥有近乎狂热的宗教情怀的东普鲁士人,逝于 1817 年,曾在亚琛任普鲁士军事最高长官,征战过莱比锡战役的沙场。申肯多夫曾咏叹过这样一首诗歌,名为《铁十字》("Das eiserne Kreuz"):"只有铁能将我们救赎/只有血让我们解脱/从罪孽深重的枷锁下/从万恶的纵情欢乐中。""铁十字架"指的是普鲁士国王腓特烈·威廉三世于 1813 年向在"解放战争"中奋勇作战的英雄们颁发的功勋奖章。紧接着的第二年(1814),为了纪念在 1810 年去世的王后露易丝,战争时期中做出过卓越贡献的妇女获颁铁制"露易丝十字勋章"(Luisenkreuz)。

申肯多夫的诗句经受住了时间的考验,俾斯麦在演说中对它的引用透露出一点:理想主义在当时是与军国主义紧紧捆绑在一起的,不仅如此,理想还正在开始一步步变成现实。

相对谨慎克制的声音也是有的,同样是面对古老帝国的没落乃至解体,它们希望能用一种逐渐生发壮大的文化自信来进行反抗。身兼记者、作家、诗人的古斯塔夫·弗赖塔格(Gustav Freytag)正是他们之中的开路先锋。他对德意志本质的阐释简直不要太讨人欢心,不过,选取的自然也是普鲁士的视角。在他看来,对历史的回顾必须服务于小德意志邦国演进成为民族国家这样一个发展过程。而当时的历史作为一门科学,就其能力而言,只能够部分完成这一任务。它受权力政治约束过多,太过学术化,十分缺乏形象化表达,过度拘泥于市民阶层。

而古斯塔夫·弗赖塔格则发现了另一种历史。他出版了一部彩印书籍,名为《德意志历史图像》(*Bilder aus der deutschen Vergangenheit*)。这本图册不仅用更加直观的方式展现了发生在德意志土地上的过往,事实上,更是用叙事的手法为小德意志民族国家的建立做着准备。战争在这其中自然是不能被遗忘的部分。那些"图像"在人们眼前展示了一个诚实、正直、勤勉的民族,一个拥护共同伦理道德的集体,就连没受过什么学院派教育的普通百姓也能将自己轻松代入。弗赖塔格或许知道:"数以百万的人都这样活着,他们的存在是静默的,是隐蔽的,他们的生活内容汇在一起,并入巨大的洪流……没有任何一个民族在发展自己的精神生活的时候可以完全摆脱与其他民族之间的关联。一个人会在灵魂与身体上对另外一个人产生怎样的影响，一个民族就会对另一个民族产生怎样的影响……德意志民族也不例外，外来的力量同样在它身上发挥了作用，这是幸事，亦是不幸。"再把范围缩小一点，具体到德意志人身上的时候，弗赖塔格写道："彼时，德意志的土地惨遭践踏，百姓生活到了攸关存亡的时刻；不过，那些大举进攻、强行侵占了我们的外国人，同样也为我们的康复提供了帮助。外族文明曾在科学与艺术领域创造出的功绩，像是意大利人、法国人、英国人带来并留下的那种，也在德国人的生活中得以流传。从三十年战争到莱辛，德意志的文化修养与他们从外国人那里获取的知识之间的联系要说有多紧密，就有多紧密。"[14] 因此可以说，德国人的精神生活是靠着其他民族的救济才得以提升。这种状况直到德国古典主义的破壳以及拿破仑时代才发生了改变。

在弗赖塔格的作品里，讲述的可就不仅仅是一部无能者的历史了，它更多地是指明了一条由内心不满出发、通往灵魂自由的道路。顺从、虔敬乃至迷信，都被当作性格特征——列了出来，可是，罗马式的锋锐、法律原则、逻辑，"这些对于德意志人来说，都显得是那么怪异可怕"。[15] 书中并没有鼓吹相互仇恨，而是展现了餐桌礼仪、疾患护理等方面的日常细节，记录了发生在纽伦堡的首次热气球升空等历史瞬间，揭示了德国普通市民与豪门子弟的高尚品德的基础，描绘了农家百姓的虔诚与田园居家生活的怡然惬意。在这些群像画中，每个人都可以找到跟自己多多少少相仿的影子，借此认识与把握自己作为一个德意志人的本质。而在这个过程中，每个德意志人也都获得了一幅情感充沛的自画像，那画中标明了他们应该是个什么样子，以及他们想要变成什么样子。在这一幅幅自画像中，他们那种（小）德意志的、带有新教色彩的自我感觉和自我意识一步步发展起来。他们开始将自己视为一个有高度文化的民族，而这就发生在1871年的帝国统一前不久。如果说曾有哪部文学作品发挥过全民教育作用的话，那就一定是这本《德意志历史图像》了。不过，普鲁士的军队在书中当然是大受褒奖，他们取得的胜利被热情歌颂，而法国人则被写成了德国人的宿敌。

弗赖塔格笔下的"德意志"历史以哥特人（Gutonen）和条顿人（Teutonen）为开端，而无论哪支都不曾以"日耳曼"为名。接着出现的，是祖先图伊斯科（Tuisko）——这个人物倒是被弗赖塔格从塔西佗的《日耳曼尼亚志》中挑了出来——的几个野蛮的儿子。[16] 这种写法在当时也符合了大众的期望。罗马人独有的民族特征中被注入了一股说不清道不明的恐惧。[17] 不过，与当时的赫尔曼狂热崇拜背道而驰的是，阿米尼乌斯-赫尔曼在弗赖塔格这里彻底退居幕后，"切鲁西人"扮演的角色仅仅是一群种庄稼的农民。从根本上来说，弗赖塔格想让人们看到的就是家庭生活，以及存在于百姓、村庄、城市或商人阶层中的集体生活样式的相关图景。图中展示的，是老百姓的经验，是他们作为一个集体，是他们共同经历过的穷苦困境，是他们最终见证的成功。弗赖塔格为德国人设计的，是一个极其友好，甚至有些可爱的形象：从一开始，他就善用动物寓言来诠释"德国人情感的深远含义"。"德国人在考察自己与他人的关系时，抱持着（与寓言中居住在森林里的动物们）同样的赤诚之心。只要是处在安宁平和的状态之下，德国人就绝对是位彬彬有礼的绅士，但同时，他对自我感觉受到伤害这种事情反应十分敏感。对他来说，展示自己时自尊自信，面对他人时毕恭毕敬，施与受时都能表现出恰如其分的礼貌与体面，这些都是无比重要的事。"[18] 这里的德国指的当然是小德意志。相较之下，哈布斯堡的那群人，"打起交道来个个老奸巨猾，言而无信时有发生，外交手段耍得花样百出，这些做法反而暴露了，他们的本质是真正的弱者"。于是也丝毫博取不到弗赖塔格这位普鲁士记者及历史记录者的任何同情与好感。"当时（指路德时代）曾一度引领德意志历史的哈布斯堡人，压根儿就不是德国人。起初的那批哈布斯堡人富有远见地实施了一系列的家族政治措施，而这恰是不幸乃至灾难的开始。"[19] 通过一桩桩联姻来不断开疆拓土的"幸福奥地利"到了普鲁士人弗赖塔格这里，反倒被证明是弱者，非但如此，它还连累了德国，给整个大德意志地区的统一蒙上了阴影。那个从前的德意志被弗赖塔格从道德上一举捣毁。可他或许还觉得莎士比亚是日耳曼作家呢，毕竟他创造了日耳曼人的戏剧。[20]

正因为那些"图像"有着美轮美奂的表现力，正因为它对巩固小德意志地区的文化意识发挥了十分积极有效的影响，正因为它的读者群体不断壮大，越来越多的人自发地把它找来观赏并阅读，正因为它已经得到了如此广泛的传播，所以，当人们发现，作品中下意识流露出的信息对本就蓬勃发展的军国主义起到推波助澜作用的时候，已经没有任何办法能够阻止这一事实发生或遏制它的势头了。弗赖塔格对那些曾作为德意志的老师们在历史舞台依次现身的邻国文化成就所表现出的尊重，放在那些好战尚武的诗句中显得格格不入，其谦恭的态度不符合精准打击的身姿，不符合铁与血的诉求。它更不符合19世纪下半叶第一个十年中战鼓隆隆的现实情形，拿来当作煽动民族情绪的宣传品的话，它已经不好用了。不过，这几年普鲁士与奥地利的紧张关系，那些彻底摧毁了原德意志民族整体的、发生在德意志族群与另一德意志族群之间的战争，却仍被弗赖塔格无意间写进了他最后所做的判断之中。他的判断就是，最圆满的结局莫过于建立一个将周边小国收入囊中的大普鲁士。即便到了现在，硝烟的味道也要比炊烟的味道更持久。

在这个意义上，盖贝尔为德国指明的志业取得了比诗作本身更大的成功。他的诗句与文章，包括对这些作品的转义与内化，再加上此前不久通过弗里德里希·冯·劳默尔（Friedrich von Raumer）的著作再次被唤醒的霍亨斯陶芬王朝（Hohenstaufen）治下将士们近乎陷入宗教狂热般的英勇表现，这些即便到了1890年俾斯麦下台之后，都仍然是德意志人文学创作时的素材来源，当然他们这么做，有一部分原因也是为了嘲笑基夫霍伊泽（Kyffhäuser）那帮人的老态龙钟，而在这些后辈创作者中，扮演领唱角色的，便是他们的国王威廉二世。他有一段祝酒词，或许可以为这一点作历史的见证："此后我的德意志百姓"，国王这样发言道，"将如岗岩般不移，他们将在神的恩宠中继续建设与完成上帝创于世间的每件艺术品，当初对此做出预言的诗人的话也将得以实现：或许只有通过这些德国人的本质／才能让整个世界康复、痊愈。"整场演说以高呼三声"万岁"（Hurra）结尾，颇有军中的作风。[21] 从位子坐得最高的人嘴里说出来的话，其效果自然期望最高、热情最高、士气最高。

这亦是狂热爱国主义（Hurra-Patriotismus）的胜利。关于那个"冬天的童话"，人们已经忘得差不多了；现在回响在耳边的，更常是军号奏出的"摇篮曲"。也没有人再去思考，德意志本质的核心与精华到底是什么。1896年，同一位皇帝主持了基夫霍伊泽纪念碑的落成典礼，那高高的碑石是为了纪念他祖父的功绩与荣耀而竖立起的。德意志人用石块垒起了对嘲讽者海涅的回应。驰骋于马背之上的"白胡子皇帝"——这是威廉一世最钟爱的昵称，无疑提升了斯陶芬家族的地位，不然他们就只可能在昏睡中沉没于历史的长河。这座纪念碑确立了普鲁士-德意志的身份同一性。费利克斯·达恩创作过一首《纪念皇帝威廉一世》，诗中写道："哦，威廉皇帝，我们怀念您/爱与痛，骄傲与悲伤/充满了我们的心。一整个世界/在我们面前升起，又随着您降入墓穴//……是您啊，白胡子皇帝，屹立于这世界的中央：人们将在尼德瓦尔德竖起一座雕像/为了纪念日耳曼妮娅将法国人战胜！（……）哦不，我们怀念您的时候心中满怀忠诚，/愿我们——像您一样！为了虔心追随的族众百姓/不知疲倦，勇往直前。"诗中影射的，是发生于1883年"日耳曼妮娅"塑像竣工仪式上针对威廉皇帝的一次暗杀行动。老百姓们当时像被蛊惑了一样狂热地拥护着皇帝，再多一点就会发展成为民族主义的迷醉与激情。

在基夫霍伊泽纪念碑拔地而起之前，有竣工于1842年的"瓦尔哈拉"神殿、建于1844~1850年的慕尼黑"巴伐利亚"（Bavaria）雕像、1875年被竖立于条顿堡森林的赫尔曼纪念碑，以及1883年起坐落在莱茵河畔吕德斯海姆的尼德瓦尔德纪念碑（Niederwalddenkmal），正如人们很快就在数以百万计的明信片上看到的那样[22]，碑座上矗立的是手持长剑、盾牌，头戴皇冠的女神"日耳曼妮娅"[23]。随后还有莱比锡战役纪念碑，建于 1913 年。在"日耳曼妮娅"石碑的底座上，喜悦的欢呼被篆刻进这样的铭文："**献给德意志民族团结一致、勇往直前的高尚情操，并致 1870~1871 年德意志帝国的建立。**"在普鲁士国王威廉、首相俾斯麦、若干王宫权贵以及军队将士的雕塑下面，由施内肯布格尔（Schneckenburger）作词、当时在某种程度上几乎成了国歌的《守望莱茵》正高声召唤："**忠勇的德国青年们／去保卫神圣国境。**"以上种种，正是德国人一次接一次的自我确认，他们对此的意志之坚定有如磐石。这句歌词甚至在 1914~1915 年，当战死在兰格马克（Langemarck）沙场上的将士们尚未入土为安的时候，就已经被刻在了军功章上，而那勋章的正面，则是一位英雄般赤裸着身体、顶着头盔、手持盾牌与长矛的"青年"（Jüngling）。这位青年自然是当年歌中"忠勇的德国青年"的现代化身，只不过如今他要做的，已经从防卫变成了进攻。

"世界将借由德意志的本质而复原":
1870~1871年帝国建立

成了更自由的人吗?席勒的任务及愿望已经完成了吗?通过战争吗?是精准的打击?还是通过那一座座的胜利纪念碑?作为上帝坚定不移的磐石吗?隆隆作响的雷鸣声,再一次降临全体德意志人身边,这一次,雷鸣①从那首军歌《守望莱茵》中传来:"河水奔流在国土上/是英雄的血在沸腾。"一位普鲁士人擅自在施内肯布格尔的六行诗后面又接了一句:"上帝信任你,拿起刀剑来,/冲吧,威廉!把坏人赶尽杀绝!/用敌人的鲜血抵偿我们曾受的屈辱。"敌人的鲜血与上帝的信任,铺就了从今往后德意志人要为所谓的民族大义前赴后继的热诚与激情。这热情与激情在一张张印满宣传标语的明信片上,在一份份海报传单中,传遍全国,不知疲倦。这份来自上帝的信任与眷顾被写入军歌的旋律之中,伴着军号声声、鼓点阵阵,号召全体人民时刻做好准备发起进攻。而在学校里,孩子们学到的也是这些。

---

① 《守望莱茵》首句歌词便是"一声怒吼,像霹雷响"。

席勒设下的那个崇高的目标并没有实现，哪怕一场经过周密部署安排的战争令一个民族国家几乎是被迫地就此诞生。与之相呼应的，是普鲁士的"第 34 号传单"于 1870 年传及四方。这份传单上，普鲁士国歌《万岁胜利者的桂冠》（*Heil Dir im Siegerkranz*）"中被赞为"百姓宠儿"（*Liebling des Volks*）的国王威廉下方，以科隆大教堂与斯特拉斯堡主教座堂为背景，印有六位正举手宣誓的士兵。[1] 从配文能够得知，他们一位是萨克森人，一位是巴登人，一位来自黑森；而从身穿的制服上可以认出，另外两位分别出身于巴伐利亚和普鲁士；最后那第六个人，正是象征着未来"德意志帝国"（*Deutsches Reich*）诸邦国的统一代表。

这是一次告密者的集会。他们聚在一起，明约为盟并立誓："我们愿结为一体，兄弟相称。无论何等疾苦或凶险，都无法将我们分开"，这样的誓言刚好可以用来为发起战争辩白。[2] 它到这会儿依旧充满了军国主义的色彩，虽说在某种意义上回归了条顿人的特征，可是从本质来看，是属于"小德意志"的，与此同时，它也会让人感到困惑与慌乱。这个誓约直接引用了席勒在他的作品《威廉·退尔》（*Wilhelm Tell*）中为瑞士联邦公民所起草的"鲁特利山谷牧场誓言"（"Rütlischwur"），并没有对其做出较大的改动。当年"鲁特利山谷牧场宣誓"的出发点，是为了反对哈布斯堡王朝的统治，并最终发挥了反对整个"帝国"建制的影响。[3] 那么，这样一个为了统一而分裂的盟约，同样适用于诗人的民族吗？贴近它的现实吗？当符合普鲁士的统一势力的时候，当那时的非德意志诸国最终也并入"帝国"版图的时候，当德国人带着他们的精神与荣耀从今往后贯彻自己的意志、塑造自己的形象、发挥自己的影响而畅行无阻的时候，这誓约就是符合德意志需求的，是有现实意义的。数十载后的1933年，维尔纳·贝根格林（Werner Bergengruen）的作品传遍全国，他用以下的诗句神化了勃兰登堡统治者的丰功伟业，也同时为曾经的帝国如今的陷落阐明了缘由："旧日普鲁士的疆域，是能够集中体现国家思想的典范之地。国家思想在这里之所以能够得以实现，是因为这里奉行管束、牺牲与劳动。相较之下，那个由加冕于罗马的德意志皇帝镇守宝座的西方帝国，虽然在精神上拥有更加强大的统治权力，这一点毋庸置疑，但它的理念只有到了论及无限世界的时候才能真正发挥效用，在面对立足于尘世间便看得见摸得着用得到的国家思想的时候，发展空间显然就很受限了。"[4] 这一番话里，指名道姓地说出了几个价值的重要性：管束、牺牲、劳动以及《万岁胜利者的桂冠》，即普鲁士国王之歌。

再一次，就跟从前经历过的那几次一样，通过战争实现了统一。只不过，这一次统一之后形成的，既不是所谓的"一群老百姓"，也不是一个有意识使用同一语言的集体，而是一个被清清楚楚地摆上台面的"民族"，不管它到底是谁。此时距席勒已经过去了又一个代际，离圣保罗教堂的国民议会成立又解散也已经有20年了——终于，人们当初的设想与追求首次成了千真万确的现实，哪怕是在凡尔赛宫，以几近枯萎凋零的形象亮相。打败了法国人的德国人，尤其是普鲁士的军队，提出了无休无止的索求，这些毫无节制的条件哪怕是俾斯麦这等的人物出面，也做不到一一满足。当他们看到矗立在柏林的"胜利纪念柱"的时候，还是会想起他曾经的伟大与荣光。每年的9月2日是色当节（Sedantag），一系列的庆祝活动都是为了让人们不要忘记，德意志的英雄们在色当的战场上曾为德国做出过怎样的英勇奋斗与牺牲。"橡树的叶子在祖国的穹顶之下沙沙作响，／一群又一群的德国人相互问候／日耳曼妮娅身着节日盛装，一顶又一顶花冠装饰着她的秀发。"这几句出自弗里德里希·霍夫曼（Friedrich Hoffmann）之笔，弗里德里希是一位作家，在莱比锡写下了这首《色当庆典之歌》（*Festlied zur Sedanfeier*）。[5] 在这几句之后，作者转用第二人称，直接跟胜利的日耳曼妮娅女神（Siegs-Germania）打起了招呼，那会儿她的纪念碑刚刚落成。虽说她的标志性象征是"和平鸽"，但："当你头上的发卷轻轻摇摆，／德意志的刀剑也开始叮当作响。"最后："我们再不受任何耻辱之日的威胁。"诗中提到的德国橡树，是德意志民族这个诗人与思想家的民族最为钟爱的树种。而另外同时提到的，对耻辱的下意识恐惧，则指向克莱斯特曾经谦恭地歌颂过的内容。

这下，壮丽华美且充满象征意义的镜厅成了德意志人实施报复行动的最佳地点与对象，因为它的主人是路易十四，是三十年战争中的胜利者，是对荷兰与普法尔茨开战时的大军阀，是海德堡城堡的摧毁者，更是给德意志人带来一波又一波耻辱的宿敌。对镜厅的发泄性破坏，是德国人摆出的胜利者姿态，是小德意志帝国凯旋的呐喊——同时也是一种相当卑劣的手段。此时的语言和仪式也成了可用来观测社会发展与德意志民族精神的地震仪。可是，当年的"霰弹王子"、如今的新皇——普鲁士的威廉恰恰相反，正如他在1871年1月18日晚上写给妻子的信中表述的那样，他在这一刻，心中满是"愁绪与忧伤"。这种"沉郁不快首先来自他对不得不放弃普鲁士称号感到痛心"。他觉得一切索然无味,决意"全面退出,连同一切让位给弗里茨(即他的儿子腓特烈)"。[6] 所谓的德意志国对这位普鲁士国王来说,只是一个没有任何情感牵绊的"共撑一把大伞"而已,但他的土地与他的人民,整个普鲁士,却是他真正深爱的东西。法国人当然会觉得受到了侮辱。一切明明可以在稍微友善一点的氛围中进行。但德国人偏不,他们非要用《齐来谢主歌》这样的赞美诗歌来为参加庆典的宾客与集结的军队伴奏。殊不知,史无前例的灾难正张开大口,准备吞噬沉醉在胜利之中难以自持的德国,整个欧洲的历史都将因此被改写。只不过这会儿,诗人显然还是乐意把自己的声音一同混进军队及市民精英们的欢呼之中的。

至于政治神经较敏锐的作家,更是想让他们保持沉默都难。盖贝尔很快便创作了一首胜利诗,名字就叫作《致德国》("An Deutschland"):"摘掉寡妇的面纱吧,就现在!/动身去婚礼吧,就现在!/哦德国,崇高的胜利者!/你用哀叹与牺牲/背负了六十四年之久的沉重/无时无刻,你不在悲痛中度过……他们或许以为,你的刀剑已被折断/当你发言的时候,他们或许只是/在众人的掩盖下中冷酷地耸耸肩;/可眼泪后面,正不动声色地滋长/你对神圣意志的向往/,那意志就是通往行动的力量。德国的宿敌,法国人,已被击败。因着正义与自由,力量与忠诚/他们再一次为你把座椅抬高扶正。"盖贝尔用以上这样的字眼,将一个欧洲霸主的梦,牢牢地钉入了德意志大众口口相传的语句之中。

而在这个新建立的帝国里，教派间的分歧注定了内部的紧张局势难以解决。阿道夫·施特克尔（Adolf Stöcker）曾短暂担任柏林的宫廷神职人员，也在麦茨的军队中从事过精神辅导工作，是一位激进的先锋派人士，同时坚决支持反犹思想。他曾发出过这样的欢呼："德意志民族的神圣新教帝国"终于成立了。[7] 但他所说的，亦能代表巴伐利亚人、萨克森国王、巴登边境总督，或者信仰天主教诸王侯们的意见吗？这种自视甚高的态度是否在一定程度上透露了德意志的本质？他国，不光是法国，还有俄国和英国，都正在用疑心重重的目光打量着发生在这个迅速膨胀为军事强国的德国里的一切，打量着这个臣服于汉诺威、黑森选侯国及拿骚等诸侯国的普鲁士。在这个由普鲁士占据主导地位的德国中，只有奥地利被排除在外，其余原本不属于它的疆域，例如石勒苏益格的部分领土，例如阿尔萨斯和洛林，都被强行并入了它的版图。俾斯麦在各方势力间不断周旋，期冀能够将外界对德国的不信任降到最低程度。到了他的继任者那里，这些纵横捭阖的花样或曰手段却都被荒废了。在皇帝的宫廷里，"精准的打击"与"德意志的刀剑"显然依旧是人们津津乐道的话题。说来也怪，发生在凡尔赛宫的那一幕，反倒奠定了法国在宫廷文化方面的典范地位，德国皇帝对其自此开始了孜孜不倦的效仿。拿破仑一世在登基的时候，出于民族意识选择在法国的心脏——西岱岛上的巴黎圣母院，而不是在罗马戴上皇冠。德意志人没有自己的巴黎圣母院，但他们打败了法兰西人。

又或者并没有？德国军队前脚刚离开巴黎，后脚在当地就出现了"巴黎公社"，这一根据卡尔·马克思的理念成立的组织形式

179 持续了数周之久。人们建起了劳动营,妇女们亦拿起了武器,她们要求并且也真的得到了与男性同样的薪酬,以及平等的权利。巴黎公社社员欧仁·鲍狄埃(Eugène Pottier)创作的《国际歌》(Internationale)成了他们的战歌。将工人和农民从致命的饥饿与受奴役的状态中解救出来的,不会是上帝或皇帝,而只可能是他们自己:"这是最后的斗争/团结起来到明天/英特纳雄耐尔/一定要实现!"公社与歌曲,二者旋即在全球范围内成了无产阶级夺取政权的集中化身。而德国,一个由单个邦国组成的国家,一个任由《反社会主义者法》横行的国家,一个社会福利法制极不健全的国家,一个普鲁士三级选举权仍作威作福的国家,离发生在巴黎的那些标志着现代性的发展自然还无比遥远,在这里也就不值一提了。直到1902年才有人翻译出了《国际歌》的第一个德语版本,而最为著名的仿写则由埃米尔·卢克哈特(Emil Luckhardt)创作于1910年:"人民啊,听那号令!/国际工人协会/为人权而战。"法国虽然在军事上败给了德国,但在政治上、法律上、经济上,它依旧走在德国人的前面。德国在最新一次颁布的民法典中才规定了,第一条:"人出生即具备法律行为能力。"这条律令要求,只要是受宪法保障的权利,人人均有资格享用,且该资格不可被废除。这项针对所有人的平等原则,是极新的发明。[8]

在巴黎公社时期,《两个世界的评论》(Revue des Deux Mondes)杂志上刊登了一篇内容丰富、涉猎广泛的文章,作者是埃尔姆-玛丽·卡罗(Elme-Marie Caro),标题为《两个德国——斯塔尔夫人与海因里希·海涅》("Les deux Allemagnes-Maclame de Staël et

Henri Heine")（1871）。他在文中表示，斯塔尔夫人勾画出的是一个扭曲失真的、梦中的德国，这样的德国或许只有在100年前才存在过。只有席勒在她访问魏玛时对其表达了赞赏，歌德则对她过分的民族热情大加批评。卡罗作为居住在巴黎的德国流亡者，虽然下笔时对那位"善良的夫人"充满了讥讽，可要说他是法国的朋友，却也不得不打上个问号。据他自己称，他早就预见到了法国的没落，并因此用一位出身于旧日德意志帝国、嗜酒如命的哥廷根人发出的警告，为自己的德意志之书画上了句号。书里人们将沾染着法国人的鲜血，在那不勒斯的集市广场上，为当年查理一世结束了霍亨斯陶芬王朝康拉丁的性命而复仇。"你们肯定早就把这事儿忘到脑后了。可我们并没有，我们什么都没忘。"一句过时的警告，一场输掉了的战争。可传递出的信息再清晰不过：相互为敌，直至永远。

卡罗明白，这是在向权力（force）发出呼告。权力若再有智力的加持，则必将无所不能。可权力对于道德秩序而言，毫无裨益。[9]他对这一点十分确定，亦借此来安慰自己。"对是非对错的敏感，对法律正义的尊重，唯有这些才能使一个民族的品格变得神圣，带它迈出通往伟大的最后一步。"这是战败者对胜利者的报复，胜利者或许可以援引康德或歌德的理论，却最终选择了诉诸刀剑的力量。这句话背后的真理亘古不变：暴力不能成为正义的理由，更不能提升一个民族的品格。"正义感和对法的尊重：它们决定了民族的伟大"，而不是多少与智识结伴的强权。一个不断变得更聪明、更强大，但同时又毫无道德底线的民族？多么令人背脊发凉的法国人的愿景。这符合了海涅早年的警告（1851）："但我们非常了解/我们日耳曼人懂得仇恨。"

古斯塔夫·弗赖塔格负责煽风点火。自 1872 年开始，他创作了一系列令人陶醉的小说，名为《先祖们》（*Die Ahnen*），也是他最出名的作品。这部小说以一个家族的祖先为主线，讲述了德国人民自公元 357 年以来的命运，那一年发生了罗马皇帝朱利安·阿波斯塔塔（Julian Apostata）对抗阿勒曼人的战斗，也是罗马人在莱茵河上的最后一次胜利。整个故事充满了兵器的碰撞声、背叛和爱情，充满了对教皇统治下罗马的怀疑，很快，路德派的基督徒就会看到敌基督占领了那里的宝座，但更主要的是，字里行间充满了对"瓦尔什人"的敌意，对法国和法国人的敌视。[10] 这部"先祖之书"为广大小资产阶级、大资产阶级以及受过教育的市民阶层所熟知，给精英群体、高等贵族、军队和有阅读能力的百姓对自我的意识及其政治的全球性视野，打上了影响深远的烙印。

关键词在其中第一部小说《英戈》（*Ingo*）的开头就已现身（1872）。一个图林根的贵族担心："一名来自南方的逃亡者……会将罗马式的不忠带入这片土地。"这种在当时十分流行、持续不断发出回响的担心，在以下这句话中到达顶峰："瓦尔什的习俗如同瘟疫一样悄然进入我们的山谷。"傲慢充斥着国王的城堡：人们穿上紫袍，雇用刺客；"罗马的胜利者在斯瓦尔茨瓦尔德山谷里进行屠杀和焚烧，绵延到美因河边。"因而，德意志民族的光芒显得更加明亮耀眼。早先《德国历史图景》中的评价如今得到了有着千百年根基的验证。它成了一种长鸣的声音，不随时间而减色地在德国人的耳畔回荡，一个"永恒"的真理被植入他们的记忆。

序幕之后，令人惊叹的场景随即登场。"海浪和森林从一个世纪奔向另一个世纪，轰鸣中重复着同样神秘的旋律，但人们来来去去，思想的变化从未停歇。将个体与历史联结在一起的那祖先的链条越长，他们的遗产便也越丰厚……孙辈的自由和创造力亦绚烂生长。"皇帝腓特烈二世于1226年进行的十字军东征提供了这种力量倍增的例证。现在，对法国的敌意蔓延到了神圣国家及整个世界。"那些外族人，尤其是高卢人，不信神的恶棍"，他们无法无天，"好斗又不忠诚，对我们民族那些守卫着神圣血脉里传下来的耿直与诚实品格的男子，言行举止中充满了傲慢与藐视"。"德意志这个名字"，意味着荣耀与辉煌，它本身就是"我们这一血脉统治地中海诸国的理由"。小说主人公之所以被"召唤"，就是因为"他是德国人"；"民族所受的屈辱成了对他个人名誉的伤害"，他"有义务为民族献身"。这些句子深深烙印在人们的记忆中，指导他们未来的行动，设立了他们的目标。

就像是为了进一步确认和加深记忆一样，1875年，在经过数十年的修建之后，位于条顿堡森林中的赫尔曼纪念碑作为德国团结的象征被揭幕。这位日耳曼的英雄，赫尔曼亲王［维克托·冯·舍费尔（Victor von Scheffel）这样称呼他］此时挺身而出，作为"日耳曼解放者"，从屈辱的无力感中挥动他的钢铁之剑指向西方。雕像上的其中一则铭文十分煽情地反思了德国的耻辱，批评了他们对法国的垂涎，以及本该彻底清除却总也无法消弭的分歧："正因为德意志的四分五裂，不统一便无力，拿破仑·波拿巴，法国皇帝，在德国人的帮助下征服了德国；直到1813年，普鲁士终于举起了长剑，围绕着它所有的德意志人团结起来，为祖国而战，从屈辱中赢回了自由。"随后，还列举了四次有普鲁士参与的反拿破仑战役的日期。德国的诗人随声附和。

被长者和年轻人一再高唱的、由诗人维克托·冯·舍费尔创作的诗句里充满了讽刺、放肆和傲慢。"当罗马人变得傲慢，／他们向德国北部进发……突然从森林的黑暗中，／克鲁舍克人激烈地发起了进攻；／以上帝的名义，为了君主（后来是国王）和祖国，／他们愤怒地冲向了／罗马军团。／／哎呀！那是一场巨大的屠杀。他们击溃了军团……／现在为了纪念这个故事／我们将修建一座纪念碑，／……'就让他们来吧！'最后的诗句在1875年响起：／为了纪念这个故事／修建了一座纪念碑，／德国的力量和团结／现在在远方广为流传：／／'就让他们来吧！'"[11]跟1813年时战胜者的骄傲别无两样，1870年他们亦做好了战斗的准备；取代了罗马人的，是如今的"瓦尔什人"。一个满腔怒火的刀剑之国，古老的耻辱点燃了引线，"一场巨大的屠杀"万箭待发：跟吕克特或盖贝尔所提到的重新建立帝国别无二致。

因此，在凯旋的那一刻，隐身于背景之中的某种羞愧感再度抬头，那羞愧感来源于所受的屈辱某种程度上是自己招来的。为什么伸出过援手的那些人没有得到任何认可？为什么只有普鲁士成了英雄？为什么只有百姓"洋化"（verwelscht）了？不正是那个普鲁士的骄傲——"老弗里茨"，孟德斯鸠的崇拜者，给这番"洋化"运动开的头、并指引了方向吗？他在颁布法令的时候，签的可不是自己的德语本名弗里德里希，而是法语的"弗里德里克"呢。那个私下闲聊也只用法语、几乎对德语持鄙夷态度的，不也是他吗。"凋零的"国王？是"萎靡的"市民阶级！无产阶级才不会向法国时尚致敬呢。这就好像在冲着老百姓们呐喊：忘记历史吧，牢牢守住胜利的画面；忘记吧，在拿破仑时代我们曾寻求全体德意志人的统一，忘记吧，谈民族都是在自我欺骗。新成立的这个国家，它并不是一个民族国家。

比起这种廉价且带有选择性的凯旋姿态，道声感谢或许原本更加合适一些。多亏了法国大革命与帝国，多亏了由这二者引领的历史发展，多亏了奥地利和俄罗斯，多亏了英国的帮忙，没有它们，拿破仑不会被击败。而几十年后的今天，在耍过了一系列的花招之后，一个属于德意志的民族国家终得成立。这个德国，当然不是席勒、荷尔德林、克莱斯特或费希特心心念念的那个德国，当然也不是霍夫曼·冯·法勒斯莱本在他的《德意志之歌》中歌颂过的那个。因此，眼下的成功从某些角度来看，其实更像是在宣告破产，而正是从宣告破产者剩下的这点儿家业里，要建起一个小德意志国来。不管怎么说，也是建起来了。不光建起来了，这会儿还要利用它的特征，来帮助世界痊愈、复苏？它的特征是什么？是普鲁士的军国主义。就连它的前史都反映出了法国的榜样作用，它为德国定下了调性。

舍费尔对胜利做出了补充，用他的《1872 年 5 月 1 日与 5 月 2 日斯特拉斯堡大学成立典礼之歌》（*Festlied zur Gründungsfeier der Universität Straßburg 1. und 2. Mai 1872*）："今天，我们亲切的渴望不

再分开/没有德意志的莱茵河,也没有高卢人的莱茵河。/我们像洛恩格林的天鹅一样/尽享春日般欢乐地进入'斯特拉斯堡'。(……)干杯吧!让新斯特拉斯堡诞生、成长,充满艺术气息地蓬勃发展,/作为追求新精神的道路/作为莱茵河畔的智慧桥头堡!"[12]

并非所有人都着了迷,被它牵着走。作为冷静克制派的代表,生活在柏林的著名奥地利裔日耳曼语言文学研究者威廉·舍雷尔(Wilhelm Scherer)并没有传染上这种"赫尔曼狂热崇拜",而是做出了清醒的判断:"不知节制似乎是阻碍我们精神发展的一个诅咒。我们越是飞得高,越是陷得深。我们就跟那些在掷骰子游戏中输光所有家当的日耳曼人一样,作为最后一把的赌注,押上了自己的自由。紧接着,在自由也赔掉之后,心甘情愿、卖身为奴。还给这结局起了个好听的名字叫忠诚,fides。"塔西佗记录下了这一切。[13] 从前,不管是人文主义者还是他们的后继者都不曾回想起,自己祖先的性格特质中曾有这毫无界限的一面。他们更愿意停留在骄傲与自豪的那一面。自 1870 年以来,"一方面是喜于在经济与军事领域取得的新进展,哪怕这喜悦中有不少吹嘘夸大的成分……另一方面是在政治上,开始寻求获得一种世界霸权式的角色与地位",这两者共同作用,将德国人的民族感提升到了一个不切实际的高度。一位曾深爱过德国,却被迫流亡海外的学者,用回望的视角这样描述道:"这是一个没有民族的帝国,也就是说,它没有在生活方式上的内部一致性,没有一个整体而言的自然风格和确定调性。"[14]

不过通常来说,对战争的陶醉、自豪、高傲,以及作为世界上最有力的军事强国的确定感,最终还是占了上风。只是,经过思考与反省后的反面图像亦被摆到了人民的眼前，它们就是在1878年或随后不久在慕尼黑绘制的反战画。创作这些绘画的人是俄罗斯画家瓦西里·韦列夏金（Wassili Wassiljewitsch Wereschtschagin）。他当初特意离开就为了参加俄土战争，曾在1877~1878年的希普卡山口（Schipkapass）战役中浴血奋战，战争结束、恢复和平之后，他搬到了慕尼黑。此刻，他用画笔再现的，是俄国军队在普列文城（Plevna）的胜利：背景中占据不起眼位置的是作战的场地与欢呼的军队，背景前同样微小的是获胜的将军与他的护送队；形成强烈对比的是广袤无垠的前景，分布在整幅画面的是不计其数的亡者，他们的身体扭曲着，流着血，头颅已被砍下。第二幅画展示的是一片空旷的战场，或许是在希普卡山口，陈尸遍野的背景中一位东正教教皇，正摇晃着手中的香炉，唯一被单独描绘的士兵裸露着头颅。简言之，他画的是无垠的地狱中，一个个孤魂野鬼在游荡。他关于胜利的记忆点显然与德国人不同，当他把战争的这一面也摆到了德国人眼前的时候，自然受到了来自后者的嘲笑与辱骂。早在几年前，克里米亚战争结束的时候，这位艺术家就绘制了《以战为神》（Apotheose des Krieges），内容是由一个个狞笑着的头盖骨垒成的金字塔。今天，人们可以在莫斯科的特列季亚科夫画廊中看到这三幅画——它们是逝去的战士对活着的一代兵将们发出的告诫。是来自虚无与尸骨的恫吓。德意志的硬汉精神，只不过是自以为的崇高。

与此同时，在德国，又一个战场被开辟了出来，即所谓的柏林反犹主义争端（1879~1880）：新教-普鲁士的民族主义与反犹太主

瓦西里·瓦西里耶维奇·韦雷格夏金，《安魂弥撒》（*Totenmesse*），创作于 1878 年前后。

义、"日耳曼"种族主义及种族优越论被捏在了一起。绍尔·阿舍尔的恐惧开始成真。参与到这场论战中的大多数人都是时事评论员、政论作者，但并不仅限于此。[15] 而掀起这场笔战的，则是在柏林享有盛名的历史教授海因里希·冯·特赖茨克（Heinrich von Treitschke）。此人先是铺天盖地地到处发表怀有恶意的陈词滥调，而后又为了达到哗众取宠的目的，使用了极端化的表达，最后再将这一切都抛向大众。他声称，肆无忌惮的贪婪被归为犹太人的本性，而就是它"应该对当今那种肮脏无耻、令人鄙夷的物质主义负有重大的责任，这……物质主义正叫嚣着，要扼杀掉我们老百姓从前那种舒适自在的、从劳动中获得的快乐"，被广为传播的就是些类似的言论。"在成千上万的德国村庄中，都坐着一位犹太人，正盘算着要怎么才能狮子大开口,将他的左邻右舍一一买下。在艺术与科学领域,领军人物中的犹太人数量并不出众;在艺术和科学领域的领导者中,犹太人的数量不是很多,相对而言,属于第三等级的闪族血统只给了他们有限的才华,仅够他们一天到晚忙忙碌碌地抛头露面、东奔西跑而已。"

客观上来看,这话说得完全不符合事实。人们费了多大的力气才实现了社会福利在法制上的保障,何谈舒适自在的劳动快乐?看看唯物主义者雅各布·莫赖朔特(Jakob Moleschott)和恩斯特·马赫(Ernst Mach),再看看那些钢铁工业的巨头、资本家乃至普鲁士的军队,还说这物质主义与德意志的价值相背?所有的一切都不过是在为反犹主义思想狡辩而已。到那会儿为止,都还仅仅停留在无关痛痒的小吵小闹层面。但正是在这场被柏林的日耳曼学者威廉·舍雷尔定性为令人作呕的犹太人之争中,引爆未来那场灾难的种子已经开始慢慢萌芽了。犹太人曾向这个刚成立不久的年轻国家表示效忠,事实证明,这是在白费力气;他们也曾跟拉比一样,勇敢地渴望过幸运的降临:"在德意志的土地上,立着我们与我们父辈的摇篮;德语就是我们的语言,德意志就是我们的美德,我们全部的心血终将浇灌到这里,这个叫作德意志的祖国。"事实证明,这亦是徒劳一场。赫尔曼·科恩(Hermann Cohen)是一位有名的大学教师,这个身份刚好跟特赖茨克与舍雷尔的相同。他作为"德意志民族中少数族群犹太人"的捍卫者,从哲学的角度切入了这场交锋。对于他来说,这是一个"无可争议的事实(……):德国的犹太人,无论最终的集体利益对他们而言意味着更多的失还是得,他们都曾为德意志文化出过一份力,帮助德国实现了宗教上的发展,单就这一点,便可证明他们有作为德国人的资格"。不过,这样的论证,并没能帮上什么大忙。

科恩作为一名新康德主义者,他认识到,道德律(Sittengesetz)是受所有德国人敬重、康德学说中最神圣不可侵犯的内容,而"在道德律的自治中,则蕴含着整个民族智慧中最珍贵的宝藏"。只不过,现在,这份宝藏遭到了滥用。信仰(属于整个人类的)道德法并不能帮助新日耳曼人抵挡住来自条顿式种族主义及其毁灭性暴虐的诱惑。道德的律令并不能平息"眼下的怒吼与争吵",并不能阻止那些"未完成的思想在新生的德国继续煮沸并在锅里上下翻腾",而这样的结局反而正是特赖茨克在他的战斗檄文结尾处所热切盼望的。"德意志银行"的犹太裔联合创始人、德国马克之父路德维希·班贝格尔(Ludwig Bamberger),由于清楚知晓德国的历史过往具有怎样的持续性影响,因此对当时的争论做出了以下的客观评判:"爱国者没办法逃离的一个事实是,在这个国度里,分歧与争端,既无药可救却也永不消亡,它可谓是德国人通过遗传获得的一个巨大且奇异的毒瘤。这个国家经历过的所有的政治创伤,包括那些已被治愈的和有待治愈的,都可以追溯到这个自我蚕食的特殊本质上。"这番话相当具有预言性质。可惜,没人乐意把它听进去。

自我蚕食是一种"德意志的本性"(deutsches Wesen),班贝格尔作为"德国局势观察家"(Beobachter deutscher Dinge)得出了这样的结论。而事实上,并非所有德国人都乐见德国的统一。早早地就对此发出质疑声音、对 1871 年后的发展感到失望并陷入担忧的人，叫作弗里德里希·尼采。在他《不合时宜的沉思》(*Unzeitgemäßen Betrachtungen*) (c. 1, 1873) 的第一层思考中，尼采一开头就说道，德国人以为在军事上战胜了法国人，自然而然意味着同时在文化上也超越了法国人，这纯粹是一种"妄想"。而这种"妄想"可以"将我们原本的胜利转变为彻头彻尾的失败。失败之处在于，我们会为了所谓'德意志帝国'的利益，而任由德意志的精神财富丧失殆尽"。这位哲学家怀念当初存在于德国艺术家之中的那种风格上的统一；如今他看到的，却只是一种"所有风格的大杂烩"，它们堆在一起，形成的效果"如年终大集般花里胡哨"。在模仿法国人这一方面，德国人也并不曾止步。针对这一点的抱怨，人们已经听了好几百年，这一次再听到，里面却多了些指责与批评的音调。在他的第三层思考里 (c. 26, 1887)，尼采甚至已经论及了"德意志精神的荒凉"。

生于普鲁士、随后成为无国籍人士、生活在巴塞尔的哲学家与文学家弗里德里希·尼采，在批评德国人这件事上，从不曾网开一面、笔下留情。他的作品《善与恶的彼岸》(*Jenseits von Gut und Böse*) 虽然已是字斟句酌的结果，却仍字字句句都与德国人针锋相对。在这本书中，他声称自己发现了德意志灵魂的本质所在：它就在理查德·瓦格纳的歌剧《纽伦堡的名歌手》里，在贯穿全剧的各种张力关系中，在序曲中那几处突然的断裂里。也正是这部剧作，宣告了作曲家已挥别自己早期对革命抱有的希望，昭示着他完成了朝着歌颂德意志文化 (Deutschtum) 之华美壮丽的全面转向。尼采赞扬了序曲中体现出的矛盾性,他视之为一条向全体德国人发出的无字的信息,所有要说的话都被写进了乐谱里:"这是一件华丽的、繁缛的、沉重的以及迟暮的艺术品……它让我们时而感到古朴,时而感觉陌生,时而酸涩生硬,时而又过于年轻。它既肆意妄为,又奢华壮观得一如传统与经典……它既包含了火焰与勇气,却也有晚熟的果子般松垮起皱的表皮。松垮,晚熟?它波澜壮阔地从四面八方涌来:突然在某个瞬间,霎时难以解释的迟疑,马上,一处缺口出现了,就从因与果之中迸发出来,那是一种压力,令我们陷入梦境的压力,近乎梦魇。"在尼采的解读中,《纽伦堡的名歌手》的序曲,是对德意志人本质的揭露,他们既无比老旧,又过于年轻,而且还像哈姆雷特一样,犹豫不决。

188 随后,他下了判决:缺乏诗意。"所有的一切毫无美感,没有南方,没有什么像南方天空那般细腻的晴朗,没有优雅,没有舞蹈,几乎没有意愿去形成逻辑;某种程度上显得笨拙……甚至有些随意且野蛮,又有些庄严而隆重,像是博学多识且德高望重的顶级珍宝却在调情;一些德意志的,包括在提到这个词的时候人们能联想到的那些最好的与最坏的;一种专属于德意志的多彩多姿、不拘小节以及取之不尽用之不竭;德意志独特的力量感与灵魂的满溢,这丰盈甚至不惧将自己掩藏在衰颓的精致之下——或许在那里它才最能感觉到舒适;这就是德意志灵魂最恰当也最真实的标志,同时具有青春的一面和衰老的一面,对未来而言既过于腐朽同时也希望充沛。这个样式的音乐完美地表达出了我对德国人的看法:他们是属于前天和后天的,——他们却还没有过今天。"[16]

这种怪异的分裂在尼采的《偶像的黄昏》（*Götzendämmerung*）中再次得到了确认。该书写于1889年，正是那位难以用言语来形容的威廉二世登基执政的头一年。对这部作品的创作同样发挥了影响的，还有尼采对那部正式名称为《镇压社会民主党危害社会治安法令》的"反社会主义者法"（Sozialistengesetz）的印象。他的一番黄昏言论将全体德国人彻底归为了一群愚昧无知的笨蛋，而把他们变成这个样子的，就是权力："或许，我了解德国人；或许，我自己就可以对他们说出一些真相。"尼采在他的《真相》（*Wahrheiten*）中开篇便这样写道。他口中的真相涉及的首要是，"那些正在从德国人身上一点点离开的东西"。他先是开出了一列令人惊呆的清单，那上面列的全都是美德；尼采这次并没有吝啬笔墨，对德国人大加赞扬，他证明了，德国人所展示出的"男性美德，比欧洲任何一个国家能够显露得都多。他们拥有卓越的勇气，对自己的尊重，重视交通安全，注重互尽职责，十分勤奋，不屈不挠——还有一种与生俱来的适可而止……我再补充一点，这里的人还极为谦恭，却不会将谦恭降至卑微。"到这儿为止都是褒奖之词。

只不过，刚刚那一大串正面价值，马上就掉进了一堆体积更为庞大、根基更为深厚的负面价值之中。他毫不留情地扒拉着算盘，将所有躲在小德意志帝国那副骄傲且臃肿的权力面具之下的，一一从账面上扣除："实现对权力的欲望是一件花费极其高昂的事：它会花光我们的智识，让我们变得愚昧无知……德国人，曾被称作思想家的民族——他们今天到底还思考吗？（……）'德意志，德意志高于一切'，我心想，这恐怕就是德国哲学的终结了吧……还有德意志的哲学家吗？还有德意志的文学家吗？还有优秀的德语书籍吗？（……）这个民族已经从头到脚变笨变傻了，大概是从1000年以前开始的：在任何其他地方你都看不到，欧洲的两大麻醉品，酒精与基督教，被如此不知检点地滥用……德意志的大脑里被灌进了多少啤酒！"用尼采的话来说，第三种麻醉品随后也已到来，那就是音乐。

看来，哪怕到了这会儿，嗜酒依然是德意志的民族特性，跟路德和洛高时代的情况没有什么区别。反而，让人沉迷陶醉的东西又多了两样：宗教性与音乐。"该死的庸人本能！"（c.1）思想家、研究人员、学者都起不到什么作用。尼采认为："我们当前科学的运行方式正在产生非精神化的影响。"（c.3）[17]而且，该影响还将持续下去。在德国，只剩下"偶像的黄昏"了。那么，对身兼诗人与哲学家，且深谙古典时期希腊诗歌与戏剧的尼采来说，弗里德里希·霍夫曼的那些关于橡树、德国及色当的诗句，还入得了耳吗？

身在巴塞尔的尼采在书中提出了一个要求，这个听上去过于严苛、几乎绝对无法实现的要求跨越了莱茵河，传往德国，传到了普鲁士。然而，哲学家本人把诸多禁忌有多不放在心上，受波及的人群也就么不能接受这个要求。它就是学着观察、学着思考、学着表达。很快，另外一位目光敏锐的时局观察者也做出了与这位哲学家志同道合的判断与建议，他就是身兼法学家、文学家与幽默作家等多职的路德维希·托马（Ludwig Thoma）。在他创作的滑稽好笑的《淘气鬼故事集》（*Lausbubengeschichten*）（1907）里，第二部分中有一个故事名为《弗里达姨妈》（"Tante Frieda"），描绘的正是

"不会看、不会想、不会说"的社会后果。故事的主人公名叫约瑟夫·泽梅尔迈尔（Josef Semmelmaier），曾经当过巴伐利亚军队中的上尉，虽然他又蠢又笨，手下的士兵们还是给他取了个绰号，叫作 Hornpepi。后来，人们把他找来，给一个虽叛逆不羁却已经具有一定开化意识的少年路德维希当老师。可 Hornpepi 利欲熏心，故意让他的学生挨饿。少年对此怨声载道："如果我开口说，我肚子饿，他就会开始高谈阔论。他会说，他不知道，如果年轻人都这么不知足的话，德国将会变成怎样。战争时期，他三天没吃没喝，第四天，他也一点儿肉都没沾，而只是吃了些火药和铅。不过这对他来说都算不了什么，因为他热爱自己的祖国。要是年轻人总惦记着填饱肚子的话，德国可就真的好不了。说完这些话，他就会转头走开，下馆子去。很可惜，他用来买啤酒的钱都是我们的家长交给他的学费。"军功章正是要颁发给经得起斯巴达式严酷考验的人，这位退伍军人是这样说的，颁发给那些"从缺衣少食的艰苦环境里熬过来的人……"和"既流汗又挨冻还得直面死亡的人"。所以，周四一整天，只有菜汤可以喝。[18] 一方面，美化了 1870~1871 年的记忆，另一方面，又教育了下一代做好战争准备。这就是发生在 1907 年的真实情形。再加上把喝啤酒当成了德意志男人的传统美德。托马用他画漫画的笔，总结出了提到过的那场战争过后至今的德国史，同时也与尼采发出的告诫不谋而合。但是，他发出的这种声音，也一样渐渐减弱，直到再也听不见了。诗人或思想家在 Hornpepi 的教育纲领中不占据任何一席之地。可德国人也慢慢适应了。

没有哪个哲学家或作家能做到，把流行在德意志精英中的通病，即让精神上平庸的直觉，朝着更好的方向发展。托马曾是讽刺杂志《痴儿西木传》（直到1944年才结集成书出版）的主编，这份杂志创刊于1896年，读者群甚广，托马本人也是该杂志的重要撰稿人之一。托马作为左翼自由派，办刊路线一开始也是朝着这个方向走的。[19] 他本人执笔的文章大多语气尖酸刻薄，极尽挖苦之能事，甚至为了这点儿文学之勇，他还蹲过几个礼拜的监狱。在最初几期里，这本杂志就已经将自己要讽刺打击的对象标记成"愚蠢、厌世、拘谨及偏执"的那帮人。并且，它直言这些所谓的负面形象，正符合对德国人的价值判断。当然了，后来慢慢地也融入了一些试图调解的、在民族大义层面上发出的声音。

不过，情况反而越变越糟糕。路德维希·托马本人从高处坠落，掉入深坑，在道德上扭断了自己的脖颈。这位"左派"讽刺作家，代表德意志市民阶层的、笔触辛辣、语尽讽刺的批评家，在战争的最后几年里，亦是在他自己人生的最后阶段（1917～1921），皈依了右翼极端主义，往来的都是煽动反犹主义的人士，并继续匿名撰写相关文章，不过这回，他的文字则是出现在一份并不可靠的巴伐利亚地方小报上［《米斯巴赫指南》（*Miesbacher Anzeiger*）］。利翁·福伊希特万格（Lion Feuchtwanger）将这些文章收入了他的小说《成功》（*Erfolg*），却并没有提到其作者姓甚名谁。[20] 托马身上的嫌疑并没有因此被洗清，相反，倒是更明确地证实了，这位同时从事文字工作的法学家，通过他针对犹太人、社会民主党人以及柏林（作者托马曾称这座首都是"加利西亚的犹太教与纽约犯罪街区的混合体")发表的具有煽动性的长篇大论，也曾对希特勒产生过影响。文章声称，每个普鲁士人都知道，"他们应该到哪里去寻找最本真的德意志文化基石——到巴伐利亚去。在那里，看哪个犹太人还能再把我们当傻子耍"。他所使用的语言极其粗鄙低俗。"你们提的那什么裁军法案，只配让我们拿来擦……"这些文章引发了人们的关注，热度一直蔓延到了柏林，烧进了议会。它所取得的成功——其再版量惊人——再次泄露了此时巴伐利亚及整个德国的精神态度。文章的作者甚至威胁道，在谋杀了库尔特·艾斯纳（Kurt Eisner）和古斯塔夫·兰道尔（Gustav Landauer）之后，还要杀害更多的犹太人，他将之称为"我们犒赏自己的更大规模的疗养"。可这些威胁或者说是呼吁，就看人们怎么叫它了，不可能是法学家托马所发出的。首先，他并不是纳粹党员，虽然很多人盼着他加入；其次，在文章发表之前，他已经去世了。[21]

托马的例子清楚表明，在当时，源自帝国时代的市民阶级思想状态对人们的政治判断力发挥的影响是多么剧烈且立竿见影，以及，这种发展趋势将走向何方。海因里希·海涅恰曾如其分地描述过当下的局势与状况。发生在路德维希·托马身上的180度大转变泄露了一个事实：那些持批判性政治立场的精英们，看似无所畏惧，实则亦脆弱不堪。这位法学家写着写着，竟把纳粹政权也给写来了。他将自己的笔借给了这帮人（哪怕是通过匿名的方式），并毫无征兆地变异成了自己曾经口诛笔伐的对象中的杰出代表。水面之下，右翼极端主义的暴力倾向正在打盹。

因此，可以说，文人之间意见也不统一。那个时代杰出的诗人们并没有写下奏出民族强音的诗句,也没有警告世人留意正在蠢蠢欲动的各种危险。思想家的日子同样不那么好过。诚然,尼采的黄昏宣言之后亦有这个或那个哲学家现身国内舞台,但尼采的话实际上是在讲,这个民族——在尼采之后——已经没有了教育家、诗人以及思想家,它的教育是失败的,并将继续失败下去。非但如此,可怕的精神空白也给这个民族的历史套上了沉重的枷锁,哪怕书籍在这个国家并不匮乏。话说回来,没过多久,1913 年,"德意志图书馆"(Deutsche Bücherei)还是通过"德国书商交易协会"(Börsenverein dre Deutschen Buchhändler)的努力,在莱比锡成立了,其目的是在全世界范围内收集所有新近出版的德语书籍。这个组织历经两次世界大战,都存活了下来。1946 年,当时的西德在法兰克福比照莱比锡设立了一个对应机构,取名为"德国图书馆"(Deutsche Bibliothek)。后来在 1990 年,两家机构合并为一体,并在 2006 年更名为"德国国家图书馆"(Deutsche Nationalbibliothek)。所有样式的文字作品,从色情小说到网络文学,全部被悉数收录其中。毫无疑问,这是一个与众不同的文化仓库,是整个"世界"在德意志语言——亦即德意志的诗人与思想家——这一媒介中的体现。只不过,将书入库保存和阅读、理解它们的内容,是截然不同的跟书籍打交道的方式。成立图书馆,并不能保证尼采所述"学着看"或"学着想"就一定能实现。尚武与愚蠢是可以兼容的。很快,人们就要对此发出最悲痛的叹息了。

在尼采发表"迷幻剂论"后没多久,德国人就重新用上了一种麻醉剂。之前的人已经尝过它的甜头,可它留下的后遗症却也要比任何其他毒品都强。它就是条顿人的种族主义。最晚在 18 世纪末期，它就已经做好了准备，并拥有了多条入侵的渠道。以笔为生的人们将它挖掘了出来，并在皇帝那里找到了最佳入口。他满怀激动之情通读了休斯顿·斯图尔特·张伯伦（Houston Stewart Chamberlain）撰写的《十九世纪的基础》（Grundlagen des neunzehnten Jahrhunderts），作家在书中描述道，当一个国家缺少了灵魂与道德，"不在意血统与种族，任由各异族混居的时候，这种杂乱不堪的整体"（rassen- und nationalitätlosen Völkerchaos）与一个骇人怪兽无异。在该书的帮助之下，威廉发现种族是个大问题，他命人给自己普及了有关人种培育的知识，这样才不至于走到"一切为时已晚，我们的日耳曼人种彻底绝迹"的地步。不然，我们将面临的，是"整个人类走下坡路"的威胁。[22] 通过人种培育得到的德意志人是整个人类的保证？这种想法再清楚不过地表明了，德意志人到底有多么自视甚高。可是，皇帝发出的，就是整个德国的声音。在这个诗人与思想家的国度，以人种论为基础的种族主义已经给未来投下了一片幽暗。有皇帝亲自上阵摇旗呐喊，想不成功都难。这股所谓的"褐色"意识形态洪流已经打湿了诗人、哲学家、政论作家的衣角，路德维希·托马是其中之一。

这些人当中的最后一位，是海因里希·克拉斯（Heinrich Claß）。在他身处的那个时代，克拉斯是一位举足轻重、影响深远的政论文章作者。他用不同的笔名——埃因哈特（Einhart）或丹尼尔·弗莱曼（Daniel Freymann）发表了诸多具有煽动性的反犹太人文章，为整个民族的高傲自负添砖加瓦，尤其是在战后发挥了灾难性的影响。"德国人坐拥财富,却在面对它的时候始终保持内心的自由。这种自由体现在,他们不考虑经济上是否能够取得成功,就乐意活得尽兴、活出自我。荣耀、独立、自我意志,这些才是他们一切行动的原动力。"[23] 可是,在犹太人的影响下,"德意志人"向经济上的成功屈服了,在道德上走起了偏门。就是这样的一些言论与文章,同时也哺育了希特勒对犹太人的仇恨情感。这边把一群人奉为英雄,那边把另一群人画成妖魔鬼怪,两者合力,煽动了整个德意志民族,导致了他们对自身的理解与评价超出了现实原有的高度。另外还有一位"褐色意识形态专家",也从张伯伦的书中汲取了丰富的营养,他的名字叫阿尔弗雷德·罗森贝格(Alfred Rosenberg)。正是此人,后来担任了希特勒纳粹报纸《人民观察家》(*Völkischer Beobachter*)的出版人,并在 1930 年发表了他那部毁灭性的畅销书《二十世纪的神话》(*Der Mythus des 20. Jahrhunderts*)。在皇帝早已退位、张伯伦成为拜罗伊特的主人之后,罗森贝格将这位英国人捧上了天,称他"宣告并创建了德意志的未来",是"德意志灵魂"的新造物主。[24] 就这样,德意志第二帝国将一部分文学家引入了迷乱之中,走向了反犹狂热与价值丧失。

就在同一时间,正好赶上纪念莱比锡战役的百年庆典,在同一个地点,也就是莱比锡,竖起了另一座——同时也是最后一座——民族纪念碑。在它的内部,一个类似于"瓦尔哈拉神殿"的"名人堂"环绕着这座民族会战纪念碑,"名人堂"里除了上百位的无名骑士之外,巍然耸立着四座巨大的雕像。它们据说代表了"在这场解放战争里德意志民族体现出的品质":"信仰的强大(象征着德意志民族的虔诚)"，"民族的力量（象征着德意志引以为傲的青春活力)"，"勇敢的品格（象征着德意志的英雄气概)"，以及"牺牲奉献的精神（只要是为了不背弃民族思想，一切皆可抛)"。由这四种人物形象，又引申出了一系列广告目录般的德意志民族美德清单，不过，它们当然也都是从以前的异族文化中改编过来的作品而已。可在这落成的纪念碑与众雕像中，却丝毫没有提及俄国与奥地利为最终能够战胜拿破仑曾经做出过哪些功不可没的贡献，也就更不用说英国与它的"英王德意志军团"缘何无名无分了。纪念碑使用的语言都与过去有着千丝万缕的联系，它们通过扭曲变形来为民族主义做宣传。这样的做法只会导致政治上的孤立无援。

同时代的人对这座建筑（顺便提一下，国王对它并无好感）及其意识形态的评价彼此相去甚远。一座多余的建筑物。它为过去持续了整整一个世纪的对纪念碑的癖好正式画上句号。"爱国者联合会"（Patrioten-Bund）主席克莱门斯·蒂梅（Clemens Thieme）为开幕仪式致辞，并用"全德意志民族的圣地"这样的表述来为其落成揭幕剪彩。而他的反对者社会民主党人，则用让人看着就来气的"石头堆"来形容它。社会民主党人在当时的帝国议会中占据了1/3的席位；这就意味着，1/3的"德意志帝国"并没有站在这一"圣迹"背后表示支持。既然赞成的掌声如此稀稀落落，那么，要非说四座雕像确确实实地将鼓动分子口中的"德意志价值"幽灵一般植入了人的头脑之中，也是很难有说服力的。到底哪个来访者能领会到，这几个角色分别在模拟什么，以及它们究竟试图向人们呼吁些什么？最后，君特·格拉斯（Günter Grass）将破口大骂，在他的眼中，这不过是一个糟蹋花岗岩的建筑师"富有表现力的胡思乱想"而已。[25] 艺术品位与语言在这段时间里都发生了改变。

另一个声音听起来更加多愁善感。它在整个时代身后关上了大门。正是在这个时候，雨果·冯·霍夫曼斯塔尔决定收集过去这100年里面世的德语短篇小说，并于1914年结集成书出版。[26] 全书的开篇是编者所撰的前言，结尾处他写下了自己的观察所得，这些话听上去充满预见性、发人深省，同时依旧包含希望："也许，黑暗的日子就要来了。100年以前，我们同样经历过黑暗的日子，可那时的德国，具体来说是19世纪头一个十年里的德国，内心前所未有的丰盈。也许，对于这个神秘莫测的民族来说，那频遭侵袭与打击的年月，反倒是受神庇佑的时光。/我们这个民族，记忆绵软无力，灵魂却还总活在不切实际的梦里，不管怎样，它曾拥有过的，总一再失去，但白天失去的，夜里仍会被唤回。它不善清点名下究竟有多少财富，却充分具备能力，将自己的官地全部忘记。然而间或有时，它又自己怀念起自己，并在这样的日子里，变得纯粹且强大，无与伦比。"那即将来临的日子到底会有多么黑暗，是霍夫曼斯塔尔无法预料到的。而他提到的，所有在白天失去的都会在夜里一一重新被找回，到底是不是这个样子，也并没有得到今天的后人为那个时代所作注释的确认，尤其是当黑夜持续时间之长好似没有尽头，再加上对自我的追思发展到反常的极致，引发了最糟糕的后果的时候。

无论他把一切多么美好地留存了下来，多么如梦似幻，无论他对内心的充盈给予了多么高的肯定，都无法否认，霍夫曼斯塔尔通过这部作品,只将德国文学的其中一面重新唤回了人们的视野。刚刚结束的半个世纪欢迎与热爱的则是军国主义调调。人们年复一年地用英雄的声音赞颂德意志的橡树,歌唱色当之役取得的胜利。《保卫莱茵》中隆隆的军鼓依然不知疲倦地敲打着,甚至敲打得比之前还要大声,更具攻击性。从始至终,那"德意志的本质",那"整个世界会将因其而康复痊愈"的品格,都占据着爱国者的每一处心房。同时,就连"德意志,德意志高于一切"的歌声也越发响亮,只是此时的这首歌,不再仅仅是唱出了追求自由与民主的心声,而更是代表了民族主义凯旋的高亢强音。到处都是"高呼万岁的爱国主义者"(Patrioten im Hurra-Sinne),这也正是托马斯·曼后来给他们起的名字。[27] 属于民族集体的思想财富得到极大程度上的普及推广。德国人借此迅速堆积起了一大笔丰厚的财产,它的重量却是与德国同处这个世界之中的邻国和敌人们无法承受的。它并不是那些伟大的文学家,例如歌德、席勒或荷尔德林所留下的。就连霍夫曼斯塔尔的朋友施特凡·格奥尔格都曾发出过以下的警告〔出自《联盟之星》(*Der Stern des Bundes*)一书〕:"你们正在节制与界限上铤而走险,你们建造违背尺度和界限的事物。但建起之物摇摆不稳,当智慧到了尽头,你们向天堂呼唤,而它回以嘲笑:十万人必受神圣之疯魔的殴打/十万人必受神圣之疫病的清除/另有十万受圣战之殇。罪孽之人……到了智慧的尽头……"卡桑德拉的号角吹响得太晚了。

8
"我们必须越来越有德意志的样子":
第一次世界大战

197　　然后,那场浩大的战争就来了,那最原初的劫难,那场乔治·凯南(George F. Kennan)口中的20世纪最巨大的浩劫。那是一场大规模军队和大规模毁灭的战争,一场战壕与机枪的战争,一场毒气、坦克与飞机的战争。这场战争抹平了所有的社会阶层差异,将全新的价值提上了日程。妇女们开始要求拥有选举权,犹太人则想要占据一定的政治职位;普鲁士的三级选举权已经消失不见。从今往后,再也不是精英一统天下的局面了。发生这样的转变,涉及的不仅仅是德国人,其他各民族也经历了同样的社会变迁。

战争爆发的当下,分别位于国境线两侧的民众都陷入了爱国主义与民族主义的激情陶醉之中。在1914年6月的时候,情况看起来还是另外一种样子呢。国内的农民们担忧着他们当年的收成,劳动力也有所留存。"广大的劳动人民阶层并没有参与(群众性的示威集会)。组成集会的那些单个的元素挤满了深夜的咖啡馆,可他们却缺少一种认识,那就是一场战争对一个民族究竟意味着什么。"以上这段语带责备的话发表于1914年7月29日,出处是社会民主党在汉诺威出版的《人民意志报》(*Volkswille*)。[1] 在这段话见报的两天后，德国才正式向全体百姓宣布，进入战时动员状态，事实上，对此的准备早就开始了。责备归责备，社会民主党最终还是弯了腰，表决结果显示，他们当中的大多数人是支持战争的。"我不再认得任何党派，我只认德国人。"这是德国皇帝在1914年8月4日发出的胜利在望的欢呼，因着尼伯龙人的忠诚，他自然与奥地利站在了一起。就连德国的诗人与思想家也都纷纷认同这种对开战的赞美。我们在这边并不想去讨论德国当初参战的目的究竟为何，那其中包含着各种晦暗不明、事实证明充满了幻想，以及后来在研究中引发了多番争议的角度与立场。它们在当初并没有引起无论是文学家还是哲学家的重视。可"英雄精神"与"令人骄傲自豪的好战善武"却掳获了全体国民的心，尤其是他们当中的青年人，被深深地卷入其中，就如同当年的《守望莱茵》点燃的爆发效果一样。

时任帝国总理的贝特曼·霍尔韦格（Bethmann Hollweg）态度犹豫不决，他对自己人民所下的判断充满了自相矛盾之处，不过，他的情况报告在一开始还是把话说得很明白的。他的私人秘书、年轻的哲学家库尔特·里茨勒在自己的日记里将它们一一记录了下来。[2] 大约是在1914年7月7日，他写道："总理期待的战争，不管它是因何而爆发的，是一场可以摧毁所有现存事物的战争。在他眼里，所有现存的都活了太久的时间，没有一点儿思想了。'一切都太老了。'（……）放眼四周，到处都只是在粉饰太平，一层厚厚的浓雾则笼罩在全体百姓头上。整个欧洲都这样。（……）总理对德国的精神状态很悲观。政治的表层也在悲惨地一步一步走下坡路。作为个体的人，显得越来越渺小，越来越不重要。无论在什么地方都再也找不到那种伟大而正直的东西了。智识失灵，教授无能。我对此表示异议：这是一个特殊发展时期，但也是一个集体人格显现的时代。"那位总理曾说得多么在理啊。很可能，他了解到的情况也比其他德国人要多。

总理担心，形势会发展到两线作战的局面，因为那样的话，事实上——根据俄国在伦敦的大使馆泄露出的秘密消息——也就有进一步扩大成三线作战的危险。而所谓三线作战，是指通过两国海军在波罗的海相撞的方式，为入侵海岸线做好准备。[3] 更糟糕的是，德国人很可能并不知道，法国政府从一开始就利用某位总参谋部官员的泄密行为，了解到了那个具有进攻性的施里芬计划（Schlieffenplan）。这一作战计划藐视比利时的中立地位，通过一场针对法国的胜券在握的闪电战，抢在俄国人全面动员参战之前占得先机。这样做可以避免双线作战的情况发生。法国人同时也洞察到，这个计划对当时的德国总参谋部来说，是唯一的选择。

后来成为总统的时任法国总理雷蒙·普恩加莱（Raymond Poincaré）因为获悉了德国人的计划，于是能够及时做好前期准备（扩充自己军队的装备，通过由法国向俄国提供的用于扩建铁路网络的资金援助而加快俄国的动员速度，与英国及俄国结成军事同盟，加剧巴尔干国家的紧张局势从而启动战争的点火机制）。他不但懂得从政治上包围封锁德意志帝国，限制住后者在军事上变通的可能，同时还知道该如何逼迫德国在对外的时候扮演成一个进攻者的角色。在俾斯麦死后，又一个谋略大师就是这位普恩加莱。

德国参谋总长提出的那个计划，最后变成了没有其他选择的选择，只得入侵比利时。随着这一步棋的落定，那场备受各方期待的战争终于爆发了。军事利益还是超越了政治的考量，给了理智一记重重的耳光。关于这些内部事务的探讨、权衡与抉择，德国的公众自然是毫不知情的。他们有可能发现，帝国突然陷入了四面楚歌的境地，可这也只会激发他们的英雄气概而已。人们充满热情，兴奋地讨论着战争，却并不知道，那张笼罩在德国上空、正在将那些后来被法国人或英国人称为"德国佬"或"酸菜佬"的德国士兵们团团围住的大网已经收得有多紧了。在战争爆发后的最初几周里，人们展露出的欣喜与狂热实际上是受背后的无知以及毫无边际的幻想主义控制的。

即便是在里茨勒的日记里，也没有任何暗示提及了普恩加莱的那个妙招。但除此之外，当中却时时处处都能找到关于战争目的的提示，也有不少针对本国民众，尤其是他们中的精英群体所发表的意见与评论。例如写于 1914 年 7 月 23 日的这篇："总理对王储十分失望。那位被一群开口必谈德意志，却一丁点儿文化教养都没有的官员们簇拥着，这会儿又把好几份煽动战斗情绪的电报，发给了那些支持泛德意志思想的演说家与作家……那些饱学诗书、普鲁士因其而强大道德官员们都跑去哪儿了呢？"就剩下 *Hornpepi* 这类人物了吗？可是仅仅四天以后："高歌的人群……最终深深地感动了总理，他的心被抓住了，被抓牢了……"

随后，里茨勒又补充写下了他自己的观察："在全体老百姓的心中，蔓延着一种虽然混乱无序却体量惊人的渴望，他们渴望得到确认，他们对于大规模的运动有着别样的贪恋，他们个个琢磨着，要为一件大事挺身而出，好展示自己的能力与才华。"1914年8月14日，他又写下了类似的文字："战争，战争，全民族都站起来了——就好像存在它从未存在过一样。"然后，里茨勒本人又在1917年5月19日的日记中再次对此观点加以确认："教育的没落。整个上层社会的教育都在彻彻底底地衰败。"一个金玉其外的民族在自我陶醉。这位日记的作者在战争接近尾声的时候再一次从文学与哲学的角度对什么是"德意志"做出了自己的思考。他在文中强调，"我们的民族观与人类观之间的前后关联"是德国人一切政治任务的基础。席勒和格奥尔格很有可能在这方面起到了至关重要的作用。[4]和他相反，贝特曼·霍尔韦格的抱怨则与海因里希·曼那些令人心惊胆战的观点更加吻合，后者是一位当时在政治上遭到唾弃与谴责的伟大作家。[5]在曼看来，德国人当中流行着一种军事化的种姓阶层制度，这种体系虽然可以像学生教育手册那样为人的行为规范提供一定的准则，但严重违背了人类教育原则，甚至使之荡然无存。过了没几年——以鲁登道夫将军为突出代表的——此类小团体的影响力超越了受过良好教育的总理。它所带来的后果，就是希特勒后上台。

有远见的不仅他们这几个。其他人，比如莱纳·马利亚·里尔克就曾怀着最为深切的担忧，写下了几首以战争为主题的诗歌，之后便封口不谈。[6]"我第一次见到你站起身来，/只曾耳闻，最为遥远的，难以置信的战神。/就如同在和平的果实之间密集地/播撒下骇人行为的种子那样，突然就醒过来了。/昨日它还尚小，还需要喂养，人形般高高地/就已经立在那里了；明天/它会比人高过头去。因为那炽热的神啊/会一下子夺走生长的可能/从正向下生根的民族之中，然后，它的丰收便开始了。"里尔克的诗歌与其他德国诗人头脑发热写下的战争颂歌有着显著的区别，它们是和缓的，令人舒适的。并且也因为这一点，和那些数不胜数的德国教授只能用民族主义来美化其外面，但实则阴郁无力的语句划清了界限。刚刚引用的这几句诗歌证明了里尔克内心的震惊，同时也指向了正在对整个民族与国家发起威胁的种种隐患。诗人并没有沉溺于对战争的狂热讴歌中，那时，是 1914 年的 8 月。

可教授却跟他恰恰相反——这真是彻头彻尾的"智力失灵"！在施内肯布格尔笔下的"雷声轰鸣"不绝于耳的情况下——加入了歌颂战争的大合唱，并为其戴上了一圈科学的光环。不计其数的作家与艺术家也纷纷迫不及待地开始提前庆祝战争取得胜利。他们还记得斯陶芬王朝时期的"条顿人战争狂"吗？难道说吕克特、盖贝尔、弗赖塔格，或者舍费尔等人播下的种子真的开始破土萌芽了吗？一些受到蒙蔽、失去了理智的人寄希望于军队高层能够补偿之前领导失误所造成的损失，另外一些人则是出于心中满怀的坚定不移的信念，与战争咏叹合唱团同声同调。他们似乎认为，这是一种民族义务，是个德国人都该这么做。致盲的毒药如雨滴般一点一点地洒落在精英们的头上，那时候人们还不知道，用不了多久，它就会产生比当下糟糕得多的效果。可当下？正是人们为开战而狂欢的时刻。在"为自由而战"的鼓舌惑众之下，在因 1870～1871 年帝国建立而维持了多年的胜利者姿态之后，狂妄自大的情绪如今愈演愈烈。一封发表于 1914 年 10 月 4 日、名为《致文明世界》的号召书让人们注意到，令人忘却理性的、对战争的粉饰美化已经上升到了一个何等高度的新阶段。这正说明了那些人在政治上的愚蠢性，以及后来一再被提起的幻想主义。[7] 在那份公告最后的署名里，响当当的名字比比皆是。

"我们作为德国科学与文化界的代表，在整个文明世界面前，正式向那些谎言与诽谤提出抗议，我们的敌人，即德国的敌人试图用这些诋毁与污蔑性的话语，来丑化事实，以帮助他们自己在被卷入生存之战的时候能够顺利脱身。这篇用词极尽浮华之能事的文章出自德国戏剧家路德维希·安东·萨洛蒙·富尔达（Ludwig Anton Salomon Fulda）之手，作家赫尔曼·祖德曼（Hermann Sudermann）也在其中出了一份力。而让这份宣言在宣传鼓动效果上达到极致的，是时任柏林市长的格奥尔格·赖克（Georg Reicke）。"说我们德国要为这场战争开打负责，这不是真的……说我们不惜犯下罪行，破坏了比利时的中立性，这也不是真的……"浮夸澎湃的"这话不是真的"，他用了六次，强调了六遍只是领导上的失误，只为了避免将之定义为谎言。最后，他说："要说这场针对我们所谓军国主义的战争，不是针对我们文化本身的，就像我们的敌人虚伪地表示的那样，这不是真的。要不是德国的军国主义在，德意志的文化或许已经早就从地面上消失不见了。正是为了保护这份文化，所谓军国主义才在我们的土地上，从这份文化中脱胎而生。而这片土地，千百年来都活在强盗敌邻虎视眈眈地觊觎之下，在这一点上,没有哪一个国家能跟它相比。德意志的军队和德意志的人民是一体的。正是出于这种意识,今天的7000万德国人才能够不分教育程度、不分阶级与党派地团结在一起,互为兄弟。"看看,多么能蒙蔽人心的天马行空。

可无论怎样粉饰美化,怎样蛊惑人心,都很难将军国主义当作德国人的美德来大加颂扬。这时候,一个通行了数个世纪的传统便派上了用场,那就是赞颂德意志的骑兵、战士与将领。在宣言上签了名字的那些人对文章里面胡编乱造、拼拼凑凑的所谓历史深信不疑,也正是出于这份笃信,他们才劝说广大的老百姓,相信军队的领导是最高的原则,也应一并相信他们的战争宣传。"请你们相信我们!请你们相信,我们将把这场硬仗打到最后,因为我们是一个文化底蕴深厚的民族,我们继承了歌德、贝多芬、康德的遗产,这些遗产跟他们的子民与家园同等神圣。"听听,民族,子民,家园——这已经差不多要被替换成"血与土"了。

这份宣言的结尾令人惊诧地绕道去了歌德、贝多芬、康德那里,要知道,他们可是仇法思想的反对者、"一切人类皆为兄弟"的作曲者、号召"永恒和平"的哲学家呀。那么,联署这份公告的到底都有谁呢?他们是文学家理查德·德默尔(Richard Dehmel)、路德维希·富尔达、马克斯·哈尔伯(Max Halbe)、卡尔·豪普特曼与格哈特·豪普特曼(Carl & Gerhart Hauptmann)、卡尔·古斯塔夫·福尔默勒(Karl Gustav Vollmoeler),以及哲学家鲁道夫·奥伊肯(Rudolf Eucken)、阿洛伊斯·里尔(Alois Riehl)、威廉·温德尔班德(Wilhelm Windelband)、威廉·文特(Wilhelm Wundt),

再加上艺术家汉斯·托马（Hans Thoma）与马克斯·利伯曼（Max Liebermann）等人，至于数量庞大的其他那些学者——其中包括马克斯·普朗克（Max Planck）——就更不用提了。一共93位人物，都是德意志的诗人、思想家、学者；其中并不包含女性。[8]这显示了德国精英阶层在社会与政治思维上怎样的堕落啊！衰败并没有局限于军官群体之中——就像贝特曼·霍尔韦格抱怨过的那样。

那么，这时候发生了什么呢？这些精英——教授、作家、诗人、艺术家、受过良好教育的市民阶层、军官——自德国战胜拿破仑、打败了奥地利（及萨克森）尤其是法国之后，也是从帝国首相俾斯麦卸任、他的一系列继任者纷纷显出无能而落马开始，陷入了一种民族主义的自大狂妄之中。这种自大狂妄的情绪在诗人与思想家那里得到的渲染，从他们上学读书的时候就开始酝酿，如今以一种令人惊骇的规模爆发了出来。同样令人吃惊的是，这种自大狂妄在何等程度上夺取了精英们对政治现实的感知。如今真的只有靠着德意志的本性，才能让世界复原了。

关于一个事实，人们并没有在演讲大厅或诗人的小屋里获得足够的认知，那就是，在色当战役（1870）战败之后，法国重新调整了自己的方向，它将目光放在了更远的将来。普鲁士军队在捷克的柯尼希格雷茨战役/萨多瓦会战（1866）中取得胜利，而法国军队在本土落败，这两者点燃的复仇情绪并不仅限于当地；德国人被认为是一群既没文化又道德败坏的军国主义分子，因而声名狼藉；[9]他们在争夺殖民地的竞赛中损坏了老殖民统治者的利益，为自己撬得了一处世界霸权的位子；他们建立了自己的海军，对英国形成了威胁；他们日益增长的钢铁产量在国境另一端引发了满是担忧的观望；他们不但从农业社会逐渐转型为工业社会，还向全球贸易领域伸出了扩张的触角，相应地对其他贸易国施加了竞争压力；事实上，从世界的各个角落，都向德国投来了揣测与质疑的目光，可对于以上种种，德国人都不屑一顾。这些在他们的眼里，反倒成了卓越非凡的自我形象认知的一种认证，这样的地位才配得上他们在全球意义上的价值。德国在各个层面上都强力推行的扩张主义，似乎印证了盖贝尔的诗句所言非虚。人们——从皇帝到小学生——一再地传诵着那令人心醉神迷的诗句："依着德意志的本性，世界才将复原。"在全体德国人中扩散开来的行动主义蒙蔽了他们的双眼，令他们无法看清现实，更无法看清，德国的成功已经招致了哪些外敌的威胁。

认为德国对法国应尽一定义务的歌德的警示性话语，莱辛的深思熟虑、号召宽容，席勒的"国际主义"创作理念［《玛丽亚·斯图亚特》(*Maria Stuart*)、《唐·卡洛斯》(*Don Carlos*)、《奥尔良的少女》、《尼德兰联合王国衰落史》(*Der Abfall der vereinigten Niederlande*)、《墨西拿的新娘》(*Braut von Messina*)］，尼采的《不合时宜的沉思》，取代了这些的是一个目光短浅、心胸狭隘的偏激观点。这个观点认为，"德国唯心主义"就是哲学的顶峰；"德意志宗教改革"就是宗教的顶峰；"德国技术"就是自然科学的顶峰；而德国人的军队就是全世界最为强大、战无不胜的军事力量。而所有的这些想法汇聚在一起，其最高表现就是形成了一种诉求性的思维方向，在这个思维里，德国人正是被上帝选中的那个民族，它的使命就是拯救世界文化。这里结出的果实背后是长达50年的成熟过程,是通过文学家与学校得到的传播与推广,是今天的那些论战文章作者在自己还是孩童的时候就已经内化于心的。在那份战争宣言中,这个观点又得到了精英群体盖下的代表其精神意义的印章,失败真的难有容身之处了。

不过,一份93人的联合声明还远远不够。第二份宣言立即跟风而上。这回,几乎整个德国教授群体都参与了进来。还没出1914年的10月,就有来自所有高校的超过3000名教授联合签署了《德意志帝国高等学校联合声明》(*Erklärung der Huchschullehrer des Deutschen Reiches*)。该声明的作者是来自柏林的神学家兼宗教教义学者赖因霍尔德·泽贝格(Reinhold Seeberg)。声明发表后,很快就被翻译成法语出版。文章全篇都在喋喋不休地堆叠着一个又一个油腻不堪的观点,可事实上,那些观点反倒进一步坐实了,所有针对德国人的偏见与误解其实都是有道理的:"我们这些就职于德国大学与高等学校的教师,服务于科学,致力于和平。可令我们愤慨的是,以英国为首的反德势力,打着为我们好的旗号,试图在德意志的科学精神与那种他们将其称为普鲁士军国主义思想的东西之间人为设置起一种对立。实则不然,德意志军队中的精神,与德意志百姓身上的精神,并无差异,它们两者本就是一体……在军中服役,可强健我们青年人的体魄,进而可为和平服务,亦可为科学服务。因为,兵役制度可以在年轻一代身上锻炼出对义务的无私忠诚,让他们具备一个真正的男人应当拥有的自信心与荣誉感,这样的男人,会自愿自觉地将整体大局置于个体利益之上。这一种精神并不仅仅存在于普鲁士,而是深埋在德意志帝国的每一寸土地里。无论是交战时期,还是和平时期,这种精神都是一样的,保持不变……我们坚信,对于整个欧洲的文化来说,它的得救离不开德国军队的胜利,而胜利则正是所谓的德意志'军国主义'奋斗的目标。是对男性的管束,加上忠诚,再加上统一而自由的德意志民族敢于牺牲的勇气,一同奋斗的目标。"[10] 这份声明在德国以外的地方也广为人知。

历史再次重演：德意志的军队与德意志的百姓从精神上被当成了一回事。可这一次,它得到了来自教授阶层的明确认证。为这一图景涂上底色的,有兵役制,有文化中对男性的管束,有对义务的忠诚,有敢于牺牲的勇气,有荣誉感,有科学技术方面的强化训练,如今又添了一层：德意志的美德。受战争纲要的引领,哪怕是合理的猜测与质疑也在这批德国人那里吃了闭门羹。从德国知识分子阶层,尤其是那些精英中的精英身上散发出一种被粉饰过的盲目信仰,他们相信,"整个欧洲文化能否得到救赎",直接取决于德意志民族能否获得胜利。这种信仰放到今天亦可谓骇人听闻。内行人从这种文化气息中大概一下子就能闻出莱布尼茨的味道。但那话中的胜利也好,救赎也罢,都对未来的走向起到了致命性的作用。它确认了他国的恐惧与担忧不是空穴来风。人们也可以根据这一点隐约预料到,为什么德国的大学在战争结束后的那段期间,对即将降临的民族性灾难毫无抵抗与遏制之力。最具声望的那些人物,都在这份战争纲领上签上了自己的名字。这些人里包括哲学家恩斯特·卡西雷尔（Ernst Cassirer）、赫尔曼·科恩、鲁道夫·奥伊肯（Rudolf Eucken）、尼古拉·哈特曼（Nicolai Hartmann）、埃德蒙·胡塞尔（Edmund Husserl）、卡尔·雅斯贝尔斯（Karl Jaspers）、保罗·纳托普（Paul Natorp）、威廉·文德尔班德。当时还没有女教授。有些人在宣言上签过名之后又因为感到丢脸而撤回了自己的声援，比如普朗克。不过没关系，德国的战争宣传已经获得了足够的养料，大手笔地在国内国外散布开来。那些发出呼吁的话语同时制造出了一种人们不得不开始忧心忡忡的效果，并将其传播到各处，每一个爱国的人都难以对此无动于衷。

在所有签名联署的人当中，有一位并不以此为耻，他就是鲁道夫·奥伊肯。这位来头不小的耶拿哲学教授自战争一开始，就不停地发表各种支持战争的观点与宣言。其中有一篇演讲的标题叫作《德意志精神在世界史上的意义》（*Die weltgeschichtliche Bedeutung des deutschen Geistes*）。[11] 演讲发表后获得了广泛的关注，被许多后来的演讲者加以引用。奥伊肯在演讲中说道，我们如今置身"于一场巨大的角力之中"；敌人们正在试图诋毁我们"德意志的本性"，将我们贬为一群"反动的乌合之众"，称我们为"自由的反对者"，给我们挂上"甘受军国主义压迫的奴仆"这种污名。事实与之正相反，人们应该要考察清楚的，是"德意志精神对于整个世界历史的意义"。19世纪早期的时候，"我们是诗人与思想家的民族"，而现在，我们是"技术人员的民族，世界贸易巨头的民族，非凡工业的民族"。我们不是"做白日梦的人或没头脑的狂热分子"，我们虽然"在世界历史中常常以武器先进、好战善武者形象出现，并一举摧毁了罗马帝国"，却也立下过不少缔结和平的丰功伟业。"纽伦堡

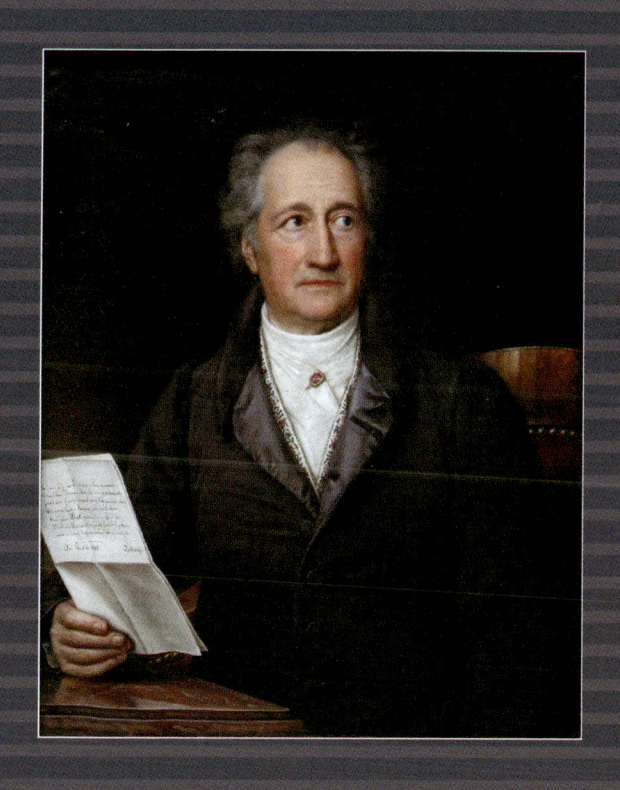

油画《79 岁的约翰·沃尔夫冈·冯·歌德》,施蒂勒绘制。"我们德国人是属于昨日的。"魏玛古典主义代表人物、年迈的歌德如此评价道。
© Wikicommons, public domain.

创作《查拉图斯特拉如是说》时期的德国哲学家尼采。尼采同样表示过：德国人属于前天，也属于后天，单单不是今天。

© Wikicommons, public domain.

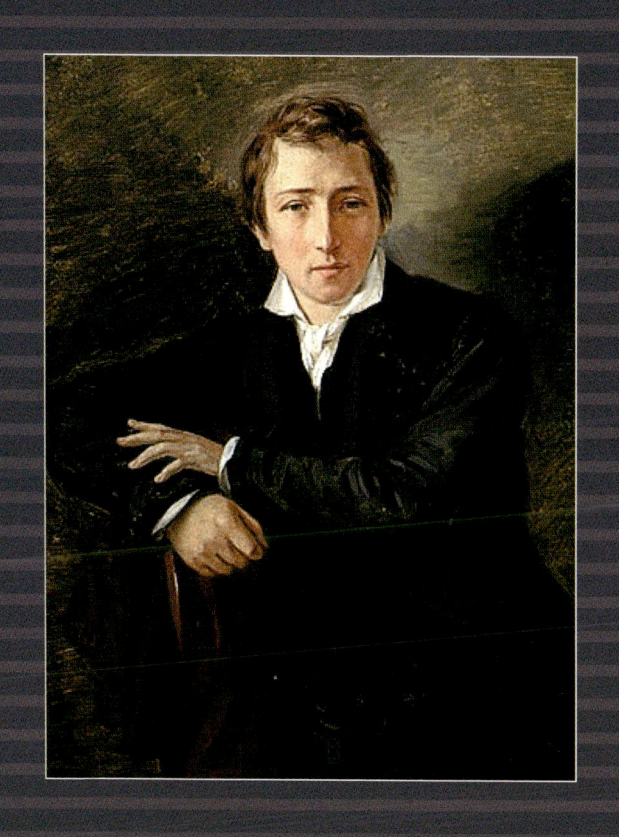

海因里希·海涅，1831 年。德国抒情诗人和散文家，被称为"德国古典文学的最后一位代表"。正是因为他的《德国，一个冬天的童话》，让德意志人是"诗人与思想家"的民族这一说法广为流传。

© Wikicommons, public domain.

身着披肩和胸甲的塔西佗半身像硬币,约公元276年。古罗马历史学家塔西佗创作的《日耳曼尼亚志》详细地介绍了罗马时代日耳曼人的起源和风俗习惯,追溯了现代德意志人的起源。
© Wikicommons, public domain.

马丁·路德肖像画,1528年。作为德意志神学家、哲学家,路德将拉丁语《圣经》翻译成惯用的德意志方言,让它更清晰易懂,此举给教会和德国文化带来了巨大的影响。
© Wikicommons, public domain.

1669 年《痴儿西木传》首版扉页插图。三十年战争后,虽然德意志迎来相对和平时期,但各地因诸王侯间的信仰分歧而尸横遍野。从格里美尔斯豪森的《痴儿西木传》就可以看到那时百姓饥寒交迫的困境。

© Wikicommons, public domain.

康德，1759 年。康德在 1764 年出版的《论优美感和崇高感》一书中，给德意志人总结了一些集体特征，如"对华丽"，"对那些闪闪发光的崇高之物"的好感，但不如英国人诙谐幽默，不如法国人擅长爱情。
© Wikicommons, public domain.

约翰·戈特弗里德·冯·赫尔德，1785 年。德国文艺理论家，狂飙突进运动的理论指导者。正是因为赫尔德（和歌德）没有用德国人惯有的保守排外思想对待莎士比亚的作品，德国人才从民族层面接受并深入学习了莎士比亚。
© Wikicommons, public domain.

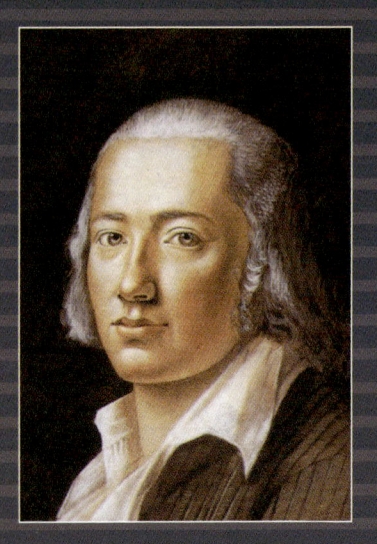

弗里德里希·荷尔德林，约 1792 年。德国著名诗人，古典浪漫派诗歌的先驱。在 1799 年的《致德意志人》里，他表达了超越沉闷压抑的文化现状，唤醒那个伟大"自我"的恳切。
© Wikicommons, public domain.

Der Hessische Landbote.

Erste Botschaft.

Darmstadt, im Juli 1834.

Vorbericht.

Dieses Blatt soll dem hessischen Lande die Wahrheit melden, aber wer die Wahrheit sagt, wird gehenkt, ja sogar der, welcher die Wahrheit liest, wird durch meineidige Richter vielleicht ge..aft. Darum haben die, welchen dies Blatt zukommt, folgendes zu beobachten:
1) Sie müssen das Blatt sorgfältig außerhalb ihres Hauses vor der Polizei verwahren;
2) sie dürfen es nur an treue Freunde mittheilen;
3) denen, welchen sie nicht trauen, wie sich selbst, dürfen sie es nur heimlich hinlegen;
4) würde das Blatt dennoch bei Einem gefunden, der es gelesen hat, so muß er gestehen, daß er es eben dem Kreisrath habe bringen wollen;
5) wer das Blatt nicht gelesen hat, wenn man es bei ihm fin=det, der ist natürlich ohne Schuld.

Friede den Hütten! Krieg den Pallästen!

Im Jahr 1834 sieht es aus, als würde die Bibel Lügen gestraft. Es sieht aus, als hätte Gott die Bauern und Handwerker am 5ten Tage, und die Fürsten und Vornehmen am 6ten gemacht, und als hätte der Herr zu diesen gesagt: Herrschet über alles Gethier, das auf Erden kriecht, und hätte die Bauern und Bürger zum Gewürm gezählt. Das Leben der Vornehmen ist ein langer Sonntag, sie wohnen in schönen Häusern, sie tragen zierliche Kleider, sie haben feiste Gesichter und reden eine eigne Sprache; das Volk aber liegt vor ihnen wie Dünger auf dem Acker. Der Bauer geht hinter dem Pflug, der Vornehme aber geht hinter ihm und dem Pflug und treibt ihn mit den Ochsen am Pflug, er nimmt das Korn und läßt ihm die Stoppeln. Das Leben des Bauern ist ein langer Werktag; Fremde verzehren seine Aecker vor seinen Augen, sein Leib ist eine Schwiele, sein Schweiß ist das Salz auf dem Tische des Vornehmen.

Im Großherzogthum Hessen sind 718,373 Einwohner, die geben an den Staat jährlich an 6,363,364 Gulden, als

1) Direkte Steuern	2,128,131	fl.
2) Indirecte Steuern	2,478,264	„
3) Domänen	1,547,394	„
4) Regalien	46,938	„
5) Geldstrafen	98,511	„
6) Verschiedene Quellen	64,198	„
	6,363,363	fl.

Dies Geld ist der Blutzehnte, der von dem Leib des Volkes genommen wird. An 700,000 Menschen schwitzen, stöhnen und hungern dafür. Im Namen des Staates wird es erpreßt, die Presser berufen sich auf die Regierung und die Regierung sagt, das sey nöthig die Ordnung im Staat zu erhalten. Was ist denn nun für ein gewaltiges Ding: der Staat? Wohnt eine Anzahl Menschen in einem Land und es sind Verordnungen oder Gesetze vorhanden, nach denen jeder sich richten muß, so sagt man, sie bilden einen Staat. Der Staat also sind Alle; die Ordner im Staate sind die Gesetze, durch welche das Wohl Aller gesichert wird, und die aus dem Wohl Aller hervorgehen sollen. — Seht nun, was man in dem Großherzogthum aus dem Staat gemacht hat; seht was es heißt: die Ordnung im Staate erhalten!

《安魂弥撒》,布面油画,瓦西里·瓦西里耶维奇·韦雷格夏金(1842~1904)创作于1878年前后。
© Wikicommons, public domain.

1832年5月27日在哈姆巴赫城堡前的集会。哈姆巴赫集会是在德国莱茵兰－普法尔茨的诺伊施塔特附近的哈姆巴赫城堡举行的庆祝活动。这是在三月革命前支持德国统一、自由和民主的主要公共示威活动之一。

© Wikicommons, public domain.

德国巴伐利亚州雷根斯堡以东多瑙河畔的瓦尔哈拉神殿,约 1850 年。神殿由巴伐利亚国王路德维希一世授命建造,是一座纪念 2000 余年来"值得赞扬和尊敬的德国人"的名人堂。

© Wikicommons, public domain.

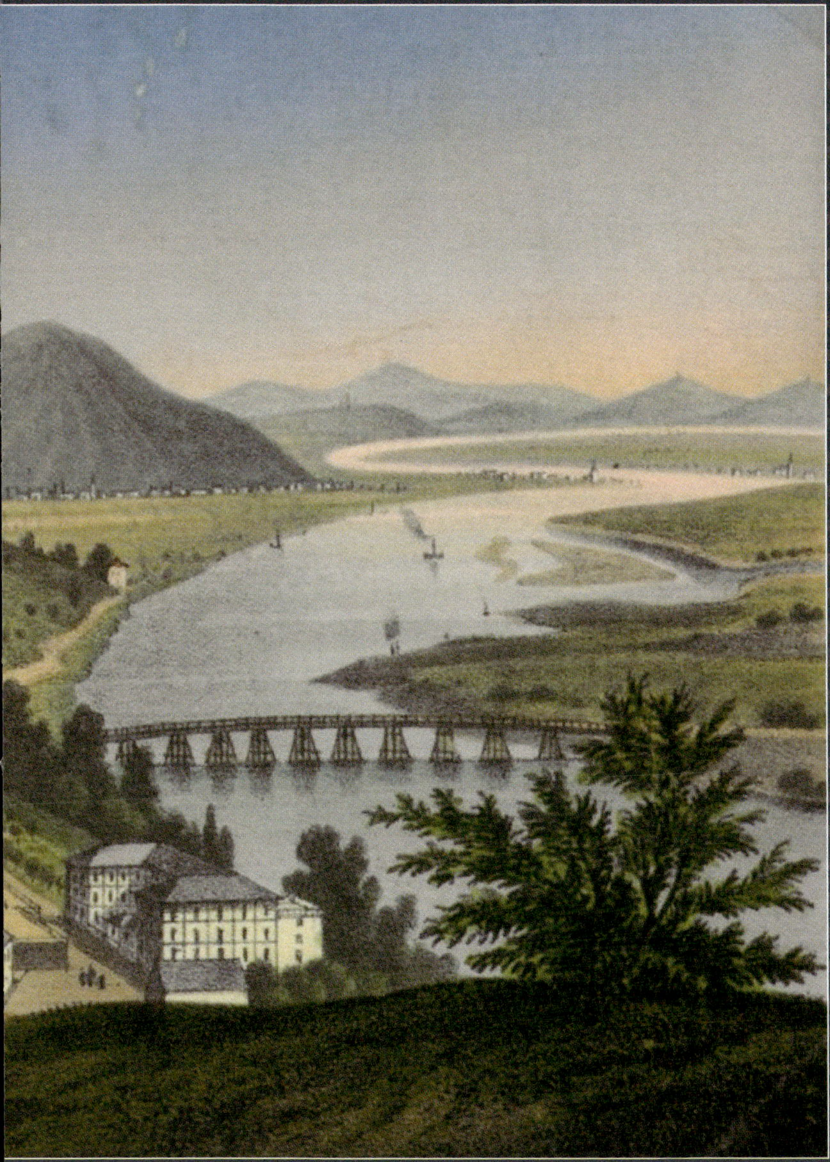

《德皇威廉一世在法国巴黎凡尔赛宫镜厅的加冕仪式》,安东·冯·沃纳绘制,1885 年。1871 年德意志邦国君主齐聚法国凡尔赛宫,一致推举普鲁士国王威廉一世兼任德意志皇帝,统一的德意志帝国就此成立。
© Wikicommons, public domain.

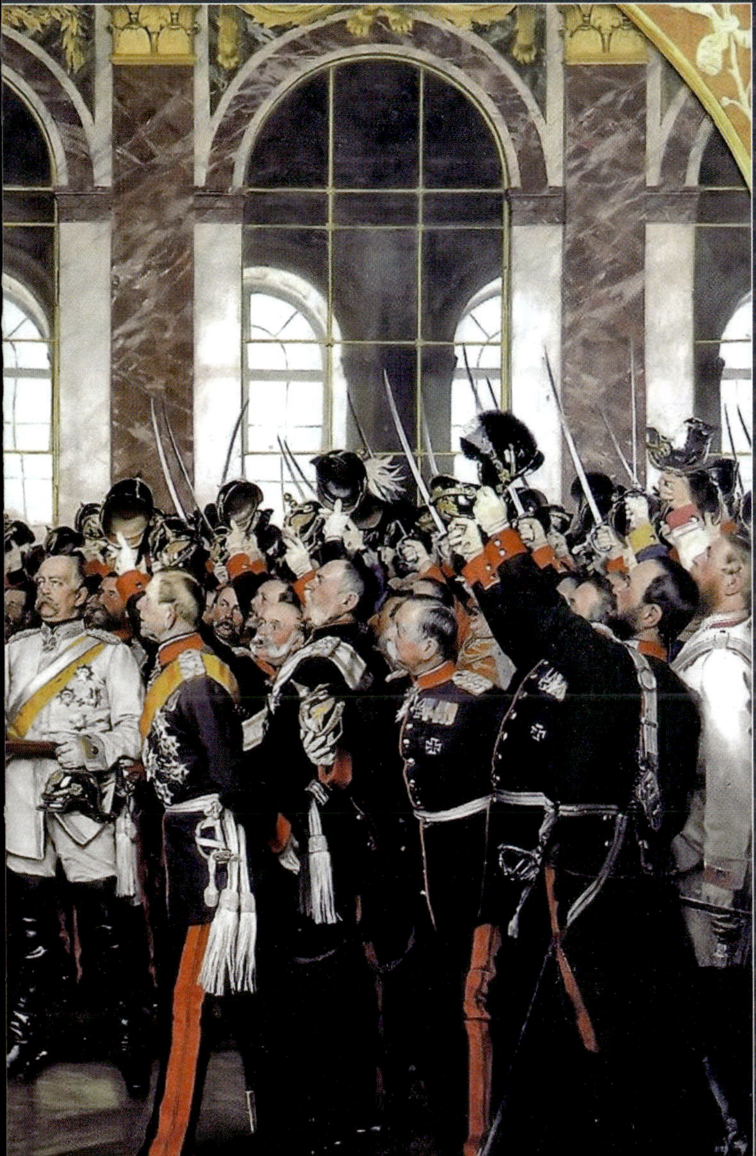

日耳曼妮娅女神是 1848 年革命浪漫主义时期德国及德意志人的拟人化身。
© Wikicommons, public domain.

上：德国第一个卡巴莱剧场"Überbrettl"（柏林，1901 年）。
© Wikicommons, public domain.

下：德国作家托马斯·曼与意大利出版商阿尔诺多·蒙达多里等，20 世纪 50 年代。曼在魏玛共和国时期便表明自己警示者和新制度支持者的身份，在 1930 年 10 月曾发表"德意志致词"，猛烈抨击纳粹及纳粹分子的行径。
© Wikicommons, public domain.

1954 年联邦德国足球队获得国际足联世界杯冠军的集体签名。联邦德国足球队这次取胜又称"伯尔尼奇迹",给第二次世界大战结束 9 年后仍处于贫困和颓废状态的德国民众带来希望。

© Wikicommons, public domain.

的笑话/乌尔姆的武器/加上奥格斯堡的财富/这些就统治了全世界",在近代史的开端,曾流行过这样的戏言。不计其数的发明创造,都是我们德国人的贡献,单冲这一点,全世界就欠我们一声感谢。"这正是德意志核心本性的至高至伟之处,我们参与世界事务的时候猛烈而有力,却同时也能证明,自己是一个拥有灵魂生活的民族,是一个拥有深层内心性的民族。"

也就是说,正在捣毁整个世界的战士、正在攻占整个世界的发明家、深思熟虑的神秘主义者(他们在这里提到了大师埃克哈特的名字)、"宗教改革在人类意义上的伟大之处",以及不曾间断的深层内心性:这些之中,都彰显着德意志的本性。哪儿啊,不过都是些时下流行的将历史片段东拼西凑的手法而已。对塔西佗暗潮汹涌的解读方式再一次为德国人的自我阐释蒙上阴影,同时又通过路德的传说得到了拓展与延伸。路德"在必要的时候宁愿拿他自己的良知与人格来跟整个世界对抗,这种做法是真正的德意志"。宣言中称,德国人的哲学倾向于建立系统,并因此与其他哲学流派大有不同;包括德国人的艺术,德国人的音乐,德国人的诗歌,德国人的工作,我们军队的"英雄行为"——所有这些最终都指向同一个趋势:"将现实转化到内心性的帝国之中。"这样做符合我们德国人对内心真诚度的追求,符合我们对道德上的唯心主义的追求。"从这个意义上来说,是我们塑造了人类的心灵,毁灭德意志人种,就是从整个世界历史中剥去它最为深刻的含义。"来自全世界的嫉妒与仇恨正向我们头上压过来,但"我们的守护神与我们同在,它将引领我们走向胜利,在这之后,哪怕是地狱之门也无法令我们告饶"。德意志民族——它就是信仰，是救赎，是宗教。这种掩盖与粉饰的手法继续发挥着影响，就像那个关于德意志人种的演说一样。

在这股傻劲面前，信仰与宗教也起不到保护作用。于是，颇具影响力的神学家兼哲学家恩内斯特·特勒尔奇（Ernst Troeltsch）在战争初期就此提出要求，人们应当"用切实的举动为全面彻底认同德意志的本性提供鲜活的实例"。他口中的鲜活举动指的是"毫无限制的、多种多样的自我塑造与自我表现"（就好像其他民族对此一无所知似的），与之相配的是"日耳曼的个人主义"，这又直接意味着王权、尚武、勤奋，和由责任感引发的对秩序的强烈意识。他用一句耸动却空洞的口号对此加以总结："像个德国人的样子，保持德国人的样子，变成德国人的样子。"（sei deutsch, bleibe deutsch, werde deutsch）。[12] 诗人与思想家当然只是想在现今好战情绪高涨的公共场域里争得一席之地：只要他们将为国而战，甚至为国捐躯形容成一件神圣的事情，千万别去播撒怀疑的种子就行了，这还真是实打实的哲学家美德呢。德国人的样子就是奖章；贴上"德国人的样子"这个商标，就可以将要赞许的物品提升成为价值本身。

紧接着，那位将一切哲学思维化的神学家又进一步深化了他想传达的信息："我们这场伟大战争中的德意志信仰与德意志品德。"标题里提到的信仰与品德为暴力行为提供了合法性；甚至明确要求，要"用暴力击碎他人的意志"。这种信仰向我们宣告："在我们的民族本质之中，蕴藏着一种取之不尽用之不竭的内在价值，它是有内容的，这个内容对整个人类来说具有难以言喻的重要意义，这个内容是历史的主人与神赐予我们的，让我们发挥影响，让我们起到佑护的作用。"[13] 不过话说回来，特勒尔奇在此后几年里，倒是无须撤回其已经发表的言论，便成功地从这种虚妄的狂热里顺利脱身。可他的言论已经为这种虚妄狂热添了砖、加了瓦，他的演讲与文章被一印再印，流传甚广，就算作者本人已经调转了路线方向，也无法阻止它进一步扩散发挥的影响。在德国国境线以外的地方，类似的声音将之前人们对德国人所抱持的整体性偏见一一坐实。当下语境中的德国人，和当初他们因此而得族名"德意志"的那种语言，已经不再是一回事了。太多的德意志发言人已经跟德国，尤其是跟普鲁士色彩浓重的军国主义没有什么关系了。

马克斯·舍勒从他自己的规范伦理学出发，将这一类的思想进一步拔高：他认为，1914年爆发的战争虽然有美国进场参战，但仍非"世界大战"，也不是什么德国的"解放战争"，倒不如说是一场"德意志之战"（Deutscher Krieg）更为确切。这场战争并不仅仅"对我们"来说是神圣的，不，这场战争的神圣性在于通过我们而"造福整个欧洲，甚至通过本为一体的欧洲而造福全球，造福整个神创的世界。一个世界民族，一个有着国际化视野的民族，它的民族特性正在于有着可凝聚全世界的伟大力量，这是爱的伟大力量，是能够理解全部人性、全部鲜活而生动的事物的伟大力量。这样的一个民族，应当在精神和政治上保持自由，自由是为了它的全球使命，而这使命是上帝而非他者，因着这民族的独特本性，为它设立的专项任务。这一点背后有着难以衡量的意义！"[14] 这样的句子因其夺人眼球的哲学式写作手法，在下一代人那里产生了引人入胜的效果，而那一代，正是20年后为了"第三帝国"而狂热欢呼的那一群。"爱的伟大力量"是"德国人的民族特性"？刚刚逝去的那个世纪所酿成的果实在这一刻以这样的方式喷薄而出，这样的表达方式加上它们被解读的方式，充分展现了20世纪初期的德国人，尤其是他们之中的多数思想家，正处在，或可能处在怎样的一种精神状态之中。

无论怎样的精神防护墙都无法阻挡这次由言辞、学识和诗意承托着的、对战争的美化与宣传。托马斯·曼虽然——跟他的哥哥海因里希·曼不一样——在两份宣言上都没有签名，却也是宣扬战争大型合唱团中的一员。他曾经说过，在永无止境的和平之中，"道德会走向歧路，成为腐败的变种。"[15] 而现在他的口气则是："战争！它是净化，是解放。诗人……的心正燃起熊熊烈火。令诗人激动兴奋的，是战争这件事本身，是袭击，是道德的困境。"他认为，德国将度过眼下的这次危机，如同腓特烈大帝当年做到的那样。"德国就是今天的腓特烈大帝。这是他的斗争，我们将战斗到底，我们不得不再一次战斗到底……这是他的欧洲，我们要为这个欧洲而战，并终将通过这次考验。我们，一个并非以政治为导向，而是以道德为导向的民族，一个示范性的、没那么热衷于革命的民族，是康德与路德至少抵消了法国大革命的影响，是在上帝面前解放个体性以及对纯粹理性的批判实现了比宣布'人权'更为极端的颠覆。出于道德的战士们，说的就是德国人。德国的全部高尚与美好……都只有在战争中才能得以体现。这是因为，艺术家的职责更接近于士兵的,而非牧师的职责。"这就是托马斯·曼在战争爆发时的表现。战争,总是把战争当作德意志的美德。

为战争开打而欢天喜地的诗人跟那些联合署名赞同开战的教授立场一致,在英勇气概上更是超越了后者。一个具体的例子是赫尔曼·祖德曼。他作为在 1914 年联合签署战争宣言的 93 人中的一员,以一种瓦格纳的风格,为"皇家埃姆登号"(SMS Emden)——一架在正式启航及船长卡尔·冯·穆勒(Karl von Müller)登船之前就已经于 1914 年在印度洋成功试水的小型装甲巡洋舰——的"红十字会"(Roten kreuzes)写下了颂歌。[16] "召唤着胜利……成了德国的名望。如同一首自远古呼啸而来的英雄赞歌/通过热情如火的喉舌传遍整个德国/在那道路被扯向风暴深处的地方/复仇的双手已攥紧了拳头。"[17] 这个名望就一直像没炖熟的肉一样留在口中,难咬难吞难消化。1932 年,由路易斯·拉尔夫(Louis Ralph)执导的电影《埃姆登号巡洋舰》帮助人们再次回忆了它英雄式的沉没。甚至到了 100 年后,即 2013 年的时候,导演贝伦加尔·普法尔(Berengar Pfahl)还专门拍摄了影片《埃姆登的人马》(Die Männer der Emden)来讴歌这艘辅助巡洋舰上的巡逻队员。

另外一个没那么英勇,却也觉得自己有责任说上那么一两句的人是尤利乌斯·巴布(Julius Bab)。他感受到,整个民族对战争的心醉神迷如波涛般汹涌起伏,于是将之记录下来。根据他的估算,整个战争期间诞生了近 5 万首战争诗。他从 1914 年开始,亲自整理了其中最令人印象深刻的诗作,以《德国的战争与德国的诗歌》(Der Deutsche Krieg und, das Deutsche Gedicht)为题,出版了八卷本的诗集。[18] 在被他收录在诗集中的诗人里有响当当的名字，也有不那么出名的人物。一个有代表性的例子，年轻的贝托尔特·布莱希特（Bertolt Brecht）就曾写下这样阴郁的颂歌："德国那打着胜仗的大人物/正在墓地里为自己耕犁可以生出面包的农田。"〔《比利时农田》(Der belgische Acker)，1915〕在布莱希特那里，胜利并不是想当然的事。

德国人的战备情绪仍在缓慢增长。滋养它的土壤并不一直是，也并不仅仅是政治、媒体的新闻报道或片面的宣传。其实早就已经定下来了：法国就是我们的宿敌。不过，很快，阿尔比恩①就把它挤到了一边，自己取而代之。不过，这个新发展出来的敌对关系并不是一夜之间突然降临的，它的出现经历了小心谨慎的准备过程。一个比较早的预兆就是上文中提到过的，德国人对于英国人参与了"解放战争"这件事闭口不谈。现在，皇帝创建海军舰队的项目又火上浇油，经济上的竞争关系也引发了英国人对德国的不信任甚至担忧，种种因素综合起来，自然而然地就上升到了潜在的敌对关系。早在1900年前，就有人为了保护英国商品不受廉价德国竞品在尤其是国际贸易市场上的冲击，而特意发明了"德国制造"（Made in Germany）的印戳。德国人一方面满心骄傲与自豪地望向自家的产品与产能，另一方面却想方设法要将只求自保的英国踢出局，同时还不想去考虑这样做会带来什么样的后果。

上述的竞争首先出现在英吉利海峡南岸与北岸的日报媒体之

---

① 英格兰旧称，不列颠的古罗马名字。

中。为了在竞争中取胜，德意志帝国里的小型歌舞表演艺术家也纷纷登台一展身手。当时最著名的撰稿人之一，是弗里茨·格林鲍姆（Fritz Grünbaum），他同时也是一位杰出的节目主持人。1910年的时候，他以幽默诙谐并带有色情暗示——简而言之，十分符合市民阶层那种不怎么正经的暧昧胃口——的方式，在柏林卡巴莱剧团（Kabarett，小型歌舞场，演出讽刺短剧的场所）献上了一首很能暴露问题的讽刺歌曲。这首名为 *Überbrettl* 的歌曲，旋律来自鲁道夫·内尔松（Rudolf Nelson），朗诵者是让·莫罗（Jean Moreau）。它的歌词既拿令人反感的"德国制造"开着玩笑，同时也嘲讽了英国人的高傲，不知怎么回事，它竟令人着迷地在德国人与英国人的相互厌恶中做起了游戏。哪怕创作者的初衷并非如此，这出杰作以一种高雅的方式，将一开始的互相看不上眼，点燃升级为再难掩饰的仇恨之感。[19]

"她是一位英伦小姐，/哦耶，正宗的阿尔比恩血统。/她吓人地又是挠又是咬/哦耶，并且还说：我恨德国人。/蔑视与厌恶让她禁不住全身摆动，/只要在哪看到点跟德国沾边的东西，/她便会动动自己讥讽的嘴唇：/哦，德国制造。"可惜，高傲与自负并不能保护她免于堕落；她爱上了"一个让人心醉神迷的德国男人"——很快，她就后悔自己犯下了这个错误：就连这个可人儿也不过是"德国制造"的货色。无论这个男人使出怎样的追求招数都无济于事。她骄傲地离开了这个德国人，也离开了德国，回到了岛上。"然后她在那里嫁给了一个英国人/摇篮里很快就多了一个婴儿/只是啊——唉——也太快了。/那个婴儿都会张合双唇牙牙学语了：/说的却是哦，德国制造。哦，德国制造。"在这样的幽默诙谐背后，隐藏的是在不久之后的政治日常中有如杀人利器般尖锐的严肃事实。

针对英国的仇恨感情一开始还被包装在玩笑的外衣之下，随后则不断升级。其中赫赫有名——确切地说是臭名昭著——的是恩斯特·利绍尔（Ernst Lissauers）的《仇英赞歌》（*Haßgesang gegen England*），这首诗在战争爆发的当下就引起了非比寻常的广泛反响。它像是朝着平静的湖面投下的一颗石子，激起了阵阵涟漪，前线的战士们传唱它，海报和明信片上印着它，剧院里一遍又一遍地把它搬上舞台，学校里的学生们人人都在背诵它。皇帝大喜过望，将普鲁士的"红鹰勋章"（Roter Adlerorden）授予这位诗人。[20] 现在，英国取代了法国，被德国人选作他们最可恶的敌人。他们招德国人恨，是因为当德国军队违背约定袭击比利时的时候，英国军队选择了加入战争——这可是英国啊，吕克特当年还指望过它来拯救德国呢。"俄国人和法国人关我们什么事？/兵来将挡水来土掩！/我们不爱他们/我们也不恨他们……我们只有一个唯一的敌人：……我们所有人都只有一个敌人：/英国！"明明是他们自己撕毁了合约，却动用军事力量来进行赔偿，在军队的英明领导之下，所有的老百姓都被骗过去了。就连这，他们都还要寻仇呢。

斯蒂芬·茨威格（Stefan Zweig）在他的自传中通过一个令人毛骨悚然的对比，对这首仇恨之歌进行了补充说明："这个肥硕矮小、被蒙上双眼，失去了理智的犹太人利绍尔的榜样就是希特勒，只不过他们俩在时间顺序上颠倒了一下而已。"这首诗就像是往弹药库里扔进的一枚炸弹。就连《守望莱茵》本身都没能达到如此迅速的传播速度。[21] 战败之后，人们像是"故意挑衅似的"，齐齐地转过身去背对那个"仇恨利绍尔"，诗人成了自己所作名诗的牺牲品，最终的结局是被人们遗忘，遭希特勒驱逐，客死他乡。希特勒本人自然也是熟悉这首一代名诗的，他甚至还将其铭记于心，并显然在一个不合时宜的机缘之下，又想起了它。对此进行反思的声音也不是没有，只是一时之间没有找到传进群众耳里的途径。

战争引发的情感狂潮摧毁了一切原有的规矩与准则。哪怕是针对道德或心理困境进行的透彻而诚恳的反思，都无法避免敲响战鼓的边缘 [诞生于战争初期的中篇小说《铁路工人提尔》（*Bahnwärter Thiel*）便是一例]。而它的作者，格尔哈特·豪普特曼，在1913年的时候尚持反战立场，第二年便被卷进了各种号召的旋涡，把自己的名字签在了《致文明世界》的宣言上，签在了93个名字中间。他或许是被吓到了，内心充满矛盾、摇摆不定，于是写下了这样一些骇人却优美、感性却老套，可怕到令人难以置信的诗句："来吧，让我们赴死去/到战场上，那里有马蹄踏过，/有炮筒伫立与/濒死的拳头在挣扎抽搐。//好好活下去，我年轻的妻子/还有你，我摇篮中的稚婴！/因为我不能允许自己笨重的身躯/躺在家中，与你们共眠。/这具躯壳，我准备交给/枪子儿和手榴弹；//只要我一刻没浑身布满弹孔，/战役就一刻不算打完。//来吧我亲爱的战友，/咱们志同道合，结局也将一样：今天在行军的队伍中肩并肩，明日沙场上尸首挨着尸首！"诗人的创作动机其实出于非常私人的背景：他的儿子克劳斯不顾自己幼子刚刚降生的现实，受参战热潮鼓动，毅然入伍。虽然缘起于个人原因，但豪普特曼诗句起到的作用可就不仅于此了，它们就像当年特奥多尔·克尔纳的英雄赞美诗一样，同时也对第三方具有相当大的诱惑力，甚至也跟当年克尔纳笔下的语句一样，发挥了驱动的力量，推着人主动走向死亡。豪普特曼是一个充满了矛盾的作家，他曾经主张种族的清洁性，至少在某一段时间内对希特勒的出现表示欢迎，但也同时创作了像《织工》这样的社会批判性戏剧。[22] 身处这种冲突之中的，不止他一个人。而且，就连这种未能得到处理的内心摇摆不定，最终亦将结出恶果，反过来报复于人。

此时，德国人对英雄主义的钟爱已经上升到了对战争的嗜血狂欢。社会规范表现出了相当程度上的倒退。拥护战争的汹涌浪潮漫过一道道防护墙，所到之处将其一一冲垮。关于发生在1870~1871年的那场战争，尤其是它最后取得的胜利被一再地从人们的记忆中唤起。自那战事结束至今，德国人的爱国热情渐被尘封于政治的日常事务之下，而眼下这场刚刚开打的战争正好可以被解释为它的延续或曰重生。冲向巴黎！"因为如今，有如神迹一般，超越了一切预期与希冀，德意志民族灵魂的伟大振兴正在降临。此刻，德意志民族在突如其来的沉思与回想中重新找到了自我。世界历史轻吐一口气，吹走了所有的分歧与不和，所有的党派纷争，所有的心胸狭隘的自私自利，所有不爱国的行为与举动。现在的每一个人都把自己当作整体之中的一个环节，将他个人的满足或伤痛都忘在脑后，心中只有唯一的一个念头：这是关乎祖国利益的时刻！"这么说来，人们的沉思与回想又何在呢？

伪宗教的、充满激情、脱离现实、反动倒退——这些词都被伟大的法学家奥托·冯·吉尔克（Otto von Gierke）用在他写于1914年9月18日的一篇文字中。作为一名言论常被引用的作者，吉尔克虽然并没有在随后不久诞生的宣言上签下自己的名字，但从思想与倾向上看，他也是这些人中的一员。[23] 因为他曾说："从我们生活的地球中心散发出无限光芒的，将是德意志文化，这一点毋庸置疑。"当初艾曼努埃尔·盖贝尔用他"预言式的诗句"播撒下的种子，如今已经开始生根发芽。事实上，吉尔克还真的在他的演说末尾处提到了盖贝尔的原诗，就连他们的皇帝也在播种的过程中起到了早期传播者的作用。可若要在吉尔克的演说全文中找到些什么人类等级上更高的价值，或专属于德意志文化的特殊意义及内容，却只能是徒劳无功。这位当时已经年迈的演说家在战争结束后没几年就与世长辞了。他哪怕再清楚自己作为学者所拥有的巨大影响力与意义，都没能预料到，他以及跟他相似的作者所创作的为战争欢呼喝彩的颂歌，因为其中蕴含着过高的全民自我评价，而收获了怎样令人脊背发凉的历史后果。那后果不是任何学者能够承担得了的。在战争之前的德国精神文化界，其精英领袖们的重要标志之一就是无尽的幻想主义。对事态的错误预估所引发的失望情绪会让人们在未来好不容易取得的和平生活中尝到遭受报复的苦头。

　　到吉尔克的例子这里，来自教授界的声音或许已经听得足够多了。而德意志的诗人与思想家在这一方面也不遑多让，他们拥护并欢庆战争的到来，将必胜的信念大吹大擂地传播到整个世界。作家与教授无异，都被出于军事目的的各种宣传鼓动手段带入了歧途。

吟唱者赶忙找出自己的家伙什儿，拨动了琴弦。例如圣歌、赞美诗作家鲁道夫·亚历山大·施罗德（Rudolf Alexander Schröder）的笔下就奔涌出了一首《德意志的誓言》（Deutscher Schwur）："神圣的祖国/处于危险之中/你的儿子就站在这里/守卫着你//被威胁四面环绕的/神圣的祖国/看啊，武器的光/闪在每一只手上//……我们向上帝起誓/在末日审判面前：/对你发出讥笑的敌人们/终将哑然。"[24] 这首诗及其变体还受到了"希特勒青年团"及冲锋队的青睐，尽管施罗德本人后来加入了"认信教会"（Bekennende Kirche）。在战争的头一年，也就是 1914 年，诗人的战鼓敲得还要更响，他在《神圣祖国》（Heilig Vaterland）一诗中写道："战旗在飘扬，战鼓咚咚响，军队行进的步伐震得空气都发出轰鸣……皇帝，皇帝发出了呼唤。//……时机成熟了，当初播下的种子已经收成了。你们这些德意志的割草工人，动手吧：皇帝，皇帝发出了呼唤。"此类作品层出不穷。战争颂歌、宣传小语一首接着一首，一篇接着一篇。

在施罗德的诗句中，暗藏了一首海涅曾写于 1821 年的诗，在那首诗中，将死的步兵坦承，他还将从坟墓中重新站起来，"为了皇帝，为了保卫皇帝"——该注意的是：人民保卫皇帝。德国人反过来也遵守了这一点：他们听命于主人所下的任何一个指令。所以，当时候一到（1936），"皇帝"很容易就被"元首"取而代之了。一旦民族热情被导入歧途，好战之心也便一点即燃。而且，还不仅于此："……你们这些德意志割草工，动手吧……"换成一个今天读者的话，这话未见得那么容易就说得出口。因为这个用词在文学意义上引发的联想太过强烈：德国人成了割草工，那也就是死神的代名词，还是"在上帝跟前"，"在面对末日审判的时候"。

既然已经有人用上了这样的字眼，那么，德国人对于失败投降后不久便降临人间的那场浩劫抵抗力之薄弱，也就不难预料了。反观法国，在那里，人们对这套借皇帝之名说话的把戏已经有所察觉，抱持的则是轻蔑的态度。斯蒂芬·茨威格在他的文字中回忆，1914年春天威廉二世造访奥地利，法国的一家新闻媒体是怎么描述法国人当场对此的反应的。[25] 那位蓄着洋葱胡的先生身着不属于本国军队的将军制服，趾高气扬地走了进来："所有人一边大声喊，一边吹口哨。不论男女老少都发出讥讽的声音，仿佛他们每个人都受到了切身的侮辱似的……我感觉到，那经年累月的仇恨宣传业已造成了何等程度的毒害，就连在这里，一个偏远的小城，那些本无恶意的市民与士兵都被煽动得坚决反对皇帝、反对德国。"以仇恨应对仇恨——都是一群上当受骗的老百姓。

此刻的其他诗人或许下笔时不像利绍尔或施罗德那般煽风点火意味极强，他们偶尔稍显沉默，但只要一发声，字里行间的坦白色彩可一点都不含糊。例如，尤利乌斯·巴布就以私人的形式，比那些宣传旗手们更加纯粹地记录下了自己的心声。他甚至两次，分别于1914年及1919年，使用了同样的诗行来坦承自己的所思所感。而且，巴布并没有将它们面向公众出版，只是以私人印刷的方式使它们最终为人所知。"那么，你爱德国吗？——这是个毫无意义的问题！／我能爱我的头发、我的血液、我自己吗？／难道爱不是一种鲁莽的行为、旨在获得吗？／我献身于自己，这比爱要更加义无反顾、更深刻／同样地，我献身于我的祖国，我待它如待自己。"这几行诗后来被维克多·克伦佩勒引用在他的著作《第三帝国的语言》（*LTI*）之中。[26] 战争并没有使这份爱中断，只不过巴布本人却不得不在 1938 年移民国外，并于 1955 年逝于美国。

面对战争，德国人的兴奋之情此时已攀升到了顶峰。而面对整个民族的狂热与陶醉，文学也没办法在自己的门外挂上"请勿打扰"的牌子。恩斯特·托勒（Ernst Toller），一个在波兹南①省出生的普鲁士人，一开始也跟其他人一样，沉浸于其中。不过很快，一些极其可怕的关键场面就深深地烙进了他的记忆中。他用文字回忆了自己的一些经历，那时，纳粹在德国初步取得了一定的权力。[27] 战争刚一开始，托勒就报名当了志愿者。"我当时走在慕尼黑的街道上，从斯塔修斯②那边传来了一阵骚乱，原来，是有人听到了两个女人在讲法语，她们俩遭到了一顿毒打，这两个人随即用德语表示了抗议，声称她们是德国人，不过，这也无济于事，她们的衣裙被扯烂，披头散发，脸上血迹斑斑，在保护者的陪同下，被带往警察值班室。"半天过后，在英国花园："我甚是迷惑地看到，有人在对我指指点点，具体说是指着我的帽子，原来是因为在帽子的衬里处，任谁都看得见的地方，硕大的蓝色字母写着里昂制帽厂的名字。我把帽子摘了下来，继续往前走，一群人跟着我，中途还不断有好奇的人加入，我听到一开始是一个人，后来是许多人在喊'一个法国人，一个法国人！'我想起了在斯塔修斯那儿看到的法国女

---

① Posen，该城市现属于波兰。
② Am Stachus，斯塔修斯啤酒馆，常用来指代慕尼黑市中心的卡尔广场。

人,加快了自己的脚步,一帮小孩也在我身旁,边跑边用手指指着我喊,'一个法国人,这儿有一个法国人!'幸好,我碰上了一个保安,我给他看了我的护照。"歇斯底里,作为狂热陶醉的背面,正蠢蠢欲动。

几周之后,托勒承认:"是的,我们如今生活在各种情感的迷幻狂潮之中。像是德国、祖国、战争这一类的字眼仿佛有种神奇的魔力,当我们把它们说出口的时候,它们并没有飘散消失,而是就那样悬浮在空中,围绕着它们自己打转,点燃它们自己,也点燃了我们。"暴力行为的对象也包括妇女。而且,一再地:"德国,德国高于一切。"人们已经可以预感到,在这个国家,这片土地上,人人都做好了施暴的准备,那种对暴力敞开胸怀的欢迎态度将从官员们身上把所受过的教育、从学者身上把政治的理性剔除得一干二净。

另外一位读者群甚广的作家,恩斯特·格莱泽(Ernst Glaeser)则是在弗莱堡的火车站听到了歌颂民族的赞歌。同样,这个情景也给他的记忆打下了深刻的烙印:"我走在那歌声中。我已经分辨不出什么是什么了。给我的感觉是,好像自己一下子拥有了成百上千个母亲与成百上千个父亲……这时,我的母亲朝着我弯下腰来,她的头发轻触着我的脸庞,她用一种炙热的温柔冲着我的耳朵轻声细语地说道:'这多美好,多奇妙啊,不是吗?'我拥抱了她。她将我举起来。'是的',她一边说一边指向那群人,那群站在过道、脸上露出明亮而喜悦的神情的人,他们紧紧地依偎着彼此,像一对一对的恋人。'我们优秀的德意志民族啊,过去我们在灵魂之中经受了何等的混乱！'她哭了起来。前方厕所旁边一群大学生在唱：'这世上最美的死亡，莫过于死在敌人的枪口之下……'"[28] 这位母亲显然已经走火入魔，在她身上我们可以看到，当妇女被战争激情感染的时候，会是怎样的表现，在当时，只有少数的妇女才有这样被感染的机会。毫无战争经验的优秀的德意志英雄主义。而且，又是那同一首歌，后来果然在 1922 年被帝国总统弗里德里希·艾伯特（Friedrich Ebert）宣布定为国歌。

事实上，在战争爆发的当年，即 1914 年，就有一些妇女已经拿起了笔，一开始，她们是撰文呼吁人们要带着民族意识，拥有战士一样时刻准备牺牲的意愿，而后，她们又改为用文字去提醒人们，要注重民族间的团结互爱，和平主义至上。格特鲁德·博伊默（Gertrud Bäumer），在争取与维护妇女权益方面倾注了大量的心力的帝国议会议员，成了前一类女性作者的代言人。[29] 她曾这样写道："我们这些女人，在 8 月的这几周里，像是踏入了一个全新的世界。"这位女作者感受到"我们这整个民族以钢铁般的意志汇聚成了一股令人目眩神迷的洪流"。是的："德国正在通过我们去发声，通过我们去感受，通过我们去主张自己的意愿，我们个人的灵魂在我们全民族的灵魂中得以升华。这对我们这一代人来说，是整个生命值得庆贺的巅峰。"

那么，为此而牺牲的人呢？现在看来，当年安内特·冯·德罗斯特-徽尔斯霍夫还在批判的，如今已经发生了逆转。民族，眼下变成了一种敬拜杀人凶手的宗教。一个氏族正用战士的死亡"换取所有后来者的恩佑与发展。仿佛自己是从百万人中被挑选中、天赐的机会唯独降临在他一人头上,单是自己的死亡就能赋予某个目的以高贵地位,光是这种感觉,就能让所有世代的战士们感受到,能够为自己的祖国捐躯,是多么的甜蜜、多么的高尚。"这就是格特鲁德记录下来的她的观察。而妇女,则能够"在灵魂的最深处对其感同身受。必须牺牲生命与力量,才能换取另一个新生命更美丽的绽放,这是每一个当母亲的人最基本的体会"。真的吗?还是只不过又是一种宣传手法而已?这个"死亡已经被胜利吞进了肚里"。这是引自《哥林多前书》(15,54)的内容,这样的字眼标志着全民信仰战争的巅峰。尽管在战争结束前的几年里,所受到的惊吓改变了博伊默的立场与态度。不过对战争与英雄主义的狂迷热情确实也波及了妇女群体,那种迷醉所带来的幸福瞬间并没有被遗忘。

德法双语作家安妮特·柯尔伯(Anette Kolb)当然也没能躲过这股浪潮的拍打。她作为和平主义者登场,引发了一波又一波的骚动,最终她被迫流亡海外,选择了瑞士作为自己的居住地。[30] 柯尔伯曾写下这样的名言:"不朽的事物不知道什么是国籍。"一句这样的话,就是对所有民族主义的假大空宣言最好的反驳。它比国界两侧所有的战地牧师离上帝都还要近。柯尔伯是在自己写于 1916 年的书信体小说《一个德裔法国女人的信》(*Briefe einer Deutsch-Französin*)中的第十三封信,也就是最后一封信中提到这句话的。通过写给一位亡灵的十三封虚构信件,作者直面战争,心中充满了惊愕与厌恶:"可是从那天开始,从烤焦、燃烧、射杀、刺穿、扼颈致死、扔炸弹、埋地雷等种种致死的手段一一派上用场那一天开始……我就成了一个被抛弃的人;我跟一个这样的世界分开了,像个傻瓜一样。因为我不明白。我像个笨蛋一样，在众人面前表现得惊慌失措，并且从此之后，变得容易害怕。在第一封信里她就立即这样写道。随后：只有我一个人，因为这场战争变得无家可归。"在第二封信里，她做出了自己的评判："可要是说愚蠢是在为这样的胜利庆功，军号是在这样的轰鸣声中随队伍前行的话，不，我们不信。就算我们说是这样说的。——而且，除此之外，我们看到的却是整个欧洲的所有民族都心甘情愿地在一种仇恨中爆发，这种仇恨它们在前一天还愤怒地想要将其赶离自己的身边。"然后，在第三封信中，她写下了自己的洞见："将你们的本性与你们西边的兄弟的本性融合在一起，这对于整个欧洲的福祉来说必不可少。"她想传递的信息是和解，而非战争。不要杀人如麻的英雄主义，不要互相仇恨的愚昧蠢笨，要的是能解放人类、团结人类的友谊，能构建集体的生活，能重筑生活的集体。这是对一个深思熟虑的未来所寄予的希望。

　　随着战争的爆发，一种"被命运支配的感觉"（Schicksalergriffenheit）开始涌上德国人的心头。这是托马斯·曼做出的总结。"在我们德国"，如今流动着一种"升腾的气氛，这种气氛中包括了见证历史的欢欣鼓舞之情，包括了出发上路前的喜悦，包括了对日常生活的舍弃……包括了憧憬着未来的兴奋与激动，也包括了号召人们去履行责任与义务、发挥男子气概的呼吁"，正如一座座纪念碑曾向我们宣告过的那样。到处都有人说，正是在这样的时期，我们的民族性格才更会"以一种神话般的形式亮相登场"。[31] "对于本质如我们德国人的这类民族来说，排在首位的永远都是涉及灵魂层面的东西，事实上也是最能激发我们的能动性的。政治行动是次级的，不过是一种反射，一种表达，一种工具而已。那些使我们收获全球强权地位、收获命运赋予我们种种使命的东西，从最深层的意义上来讲，其实是在使我们收获整个世界。"以上就是小说家通过他塑造的叙述者形象之口倾吐出来的一种理论。[32] 可是，这些真的就代表了当年的道德价值吗？为了做进一步的推理与思考，托马斯·曼很可能是借鉴了他自己的日记。这些日后遭到销毁的内容如实反映了在1914年的当下，期待胜利的德国市民阶层所处的时代氛围。这是再理所当然不过的事，没有任何疑问，也没有任何怀疑："我们就是会一道前行，所有人……一种催眠术"波及了全部德国人，卡尔·楚克迈耶后来在1966年这样回忆道。[33]

虽然为数不多，但还是有一些发人深省的反思悄悄地潜入了1914年的日记本里。"眼下，它就在那儿了。我看见身材强壮、面容俊美的人或独自或成群结队走过街道，心中满怀战斗热情。我跟他们中的数十个人握手道别。我……知道，许多人不会再回来了……而且——我，一个无政府主义者，一个民族主义空话废话的仇敌，一个反爱国主义者，一个带着恨意去批评军备狂热的人，竟然也在一瞬间觉得，自己被这种铺天盖地的陶醉与狂喜裹挟了进去，被愤怒的激情点燃了，就算我本无意针对某些特定的'敌人'，但此刻心中也满是熊熊燃烧着的炙热期待，期待着'我们'可以把我们从敌人手上拯救出来！只是，他们是谁——谁又是那个'我们'？"日后为巴伐利亚苏维埃共和国（Räterepublik）而战的斗士埃里希·米萨姆（Erich Mühsam）在1914年8月4日的晚上，把刚才那些话写进了自己的日记里。[34] 这些话听上去既清醒又容易把人弄糊涂：谁是他们……谁又是我们？这样的问题，这种思想上的成熟度在当时的德国人身上极为鲜见。

同年 11 月 11 日，前一篇日记的作者米萨姆跟海因里希·曼一起喝了咖啡。他们俩的看法是一致的："我们开着新闻媒体的玩笑，并且可以肯定，不管在法国还是在德国，宿敌什么的，都不过是停留在字面上的一种说辞，是双方共同扯的一个大谎。"这里的谎言跟那里的没什么不同，谎言无处不在。半年后，米萨姆跟弗兰克·韦德金德（Frank Wedekind）碰面之后，在 1915 年 5 月 12 日的日记里写下了这样的话："连他也看出来了，由于德国取得的胜利，整个欧洲呈现出一种军事化的趋势，而这之中正蕴藏着最为巨大的危险……"米萨姆引用了韦德金德的原话："民族主义是整个人类的敌人。越是强调你是法国人，还是英国人、俄国人的地方，你首先是一个人，这个事实越容易被忽视"：这是一个不受任何民族主义束缚的准则。三位文学家都太了解德国人了。也正是因为这样，他们害怕德国人。巴伐利亚的司法机关判处革命者米萨姆——跟他的战友恩斯特·托勒一样——五年有期徒刑。1934 年，他在奥拉宁堡集中营被纳粹冲锋队处死。德国完了。

"我们必须越来越有德意志的样子。"说这话的是汉斯·布罗伊尔（Hans Breuer），他在当时，即 1915 年写作了一本歌曲集，名为《漫游鸟》（Wandervogel），那句引文就出自题为《六弦琴汉泽尔》（"Der Zupfgeigenhansel"）的前言。"漫游，是所有与生俱来的天性本能之中，最德意志的一种。它是我们的基本特性，根本就是我们民族性格的一面镜子。"³⁵ 这或许与艾兴多夫（Eichendorff）作品《一个无用人的生涯》(Aus dem Leben eines Taugenichts) 相契合。但是跟歌德，跟荷尔德林相比呢？他们的诗作中可没有出现什么漫游的韵律。德意志的，"更加德意志的"，"最德意志的"。这个"简单的民族"的淳朴情感需要的是一个最高级，而不是那些来自诗人与思想家的"更高层次的财富"吗？事实上，这个基本特性很快就要从德国人身上飞走了。

不过，当战士们动身出发的时候，战争发挥的尚是团结的作用，它将所有人，无论贫穷与富贵，无论贵族、市民抑或无产阶级，无论作家、思想家、知识分子还是大字不识的文盲，都紧紧地系在一起，而联结他们的纽带就是对战争必胜的信心。唯一被排除在外的，就是信仰犹太教的德国人。他们也想加入其中，可收到的却只有谩骂。³⁶ 而当战争僵化成为阵地战的时候，将德国人更加牢不可分地焊在一起的，是对死亡的恐惧，是战壕里的泥浆，是饥饿，或许还有对战争宣传中对"真相"的天真信仰。这场战争将整个民族从市民阶级的定居点中解放出来。现在，说到民族，说的就是全体百姓；眼下的民族，变成了一个大众的民族。这都是因为战争的缘故。每一次都是因为战争的缘故，每一次都跟死神这位除草工绑在一起。文学家紧跟发展潮流。迎来新一轮繁荣时期的，不仅是战争文学。工人文学诞生了，妇女小说和工薪阶层小说也找到了自己的受众群体，党派小说，无论"左翼"还是"右翼"，都得到了广泛的传播，却没有因此而沉沦为民族主义工具。

在这其中，奥斯瓦尔德·斯宾格勒（Oswald Spengler）的文字听起来充满了希望。为他的著作《西方的没落》（*Der Untergang des Abendlandes*）首版前言收尾的是这样一段话："我只想再补充这样一个愿望，那就是，希望这本书跟德国的军事成就被摆在一起的时候，不会显得太过有失体面。"[37]敏感一点儿的时代见证者当然保持了缄默不语。"'我已经很多年没有再写诗了'，里尔克小声地说，'战争把我变成了一个哑巴。'"传话的人是恩斯特·托勒，他从军队退役后在慕尼黑成了一名大学生，有一次在一家书店里碰到了诗人里尔克时，听后者这样说道。[38]

斯蒂芬·茨威格却对这个时代有着相反的记忆。[39]"几乎所有的德意志诗人，豪普特曼与德默尔打头阵，都认为自己有义务，像古老的日耳曼时代里吟游诗人那样，用歌曲和符文为前线的将士加油打气，以使他们将生死置之度外……在这一点上，做得更厉害的是那些学者。此时的哲学家突然不再通晓什么智慧，只知道将战争解释成一场'铁浴'，这样做是出于一种好意，为了防止群众的气力被消耗殆尽……有时候，那样子仿佛像是可以听到一整个部落的疯子在咆哮……他们是在用语言为整个民族服务，他们帮助全民族的人说出来，全民族都想听到的话，那就是，在这场战争中，正义只站在他们这一方，不义的是另一方，他们想听到，德国终将取得胜利，对手一定会带着耻辱举手投降……他们当中的一些人，在最初的激情烟消云散过后，当然很快就意识到了，自己曾经说出来的话多么令人作呕，而那股恶心劲放在舌尖上一尝又是多么的苦涩。"顺便提一下，在茨威格看来，其他战争各方的表现只是与此相呼应而已。直到今天，还有人不断将这一点拿出来,作为反驳的证据,为德国的不义之举开脱,可它并不能为其中任何一个行为提供合理的辩白。因此也就是说,语言上的证据再一次成了面对惊人断裂的地震仪。茨威格本人的立场也是一样,与其用词藻敲响任何一种形式上的战鼓,倒不如沉默。

那个时代最有名的德语作家之一,理查德·德默尔的确在1917年出版了一本名为《战争-每日祈祷书》(*Kriegs-Brevier*)的小册子,初衷是为了纪念他于同年逝世的儿子。该书既号召人们参战,同时其中也穿插着警戒的话语,提请人们注意战争可能带来的伤痛。他笔下的诗行句句惊人,将自己的整个民族笼罩在神性的隆重与庄严之中。比如这首《德意志之歌》(*Deutsches Lied*):"催促我放声歌唱的/是德意志的精神力量。/大地也插上了天空般的翅膀,/当他将你,我的民族,拥入怀中。"又或者像是这首《德意志的使命》(*Deutsche Sendung*):"德国,你是我神圣的祖国,/你终于学会了发现你自己。/哦,现在你的精神可以越来越有力地向外伸展;/请忠于你自己!驱你向前的是上帝的力量,/它来自最最陌生的众族天穹,/德国,你是我的祖国,/曾经是天堂创造了人类。"还有一首呼吁全民族参战的诗歌,《致德意志民族》(*Ans deutsche Volk*):"感谢命运,武器中的民族,/德国对抗全世界!/不是为了夺取猎物,/而是上帝创造我们为战而生,/纯粹为了在荣誉的疆场上战斗,/英雄的民族!//……把贪婪让给外族部落,/因为他们劫掠,当他们杀戮的时候……//上帝是忧虑中的勇气,/是驱动我们的高尚品质;/荣誉、忠诚、管束、良心!/民众啊,这才是你们感到自己着迷的原因，/因为你们的精神将永垂不朽：/那是上帝的精神！"[40] 德意志的文化："武器中的民族。"这就是上帝的精神？

四个既定印象中的普世美德使得德国人艰难地成了上帝在俗世间选中的民族，而上帝的精神就漂浮在这尘世里，以便人们通过对胜利的必胜信念来到天堂。这种自诩的与上帝的亲近是何等狂妄啊。此外，在战争刚开始的时候，德国人受贪欲的驱使比他们的敌人更甚，他们可是到处激动地宣传自己为什么非打这场仗不可，直喊得脸红脖子粗呢。就连德默尔本人对此也丝毫不抱任何反对意见。他在《占领》（*Eroberung*）一诗中写道："骄傲的城市，我们强迫了你；/美丽的城市，我们想要占有你。"这种对战斗的兴奋之情被歌颂成了德国人的美德，而战争本身之所以受到赞美，不单单因为它可以帮助一群百姓创建自己的民族。扩张，也属于胜利的一部分。德意志的百姓与德意志的军队本为一体。德默尔自己也曾在这样类似的宣言下签上自己的名字。当然了，虽然他从始至终都是一个为这场战争鼓掌欢呼的人，但战争的后果却不再需要他一个人独自来承担了。这场战争像是一壶劣质的烧酒，德默尔喝下它后，头疼加恶心，这难受的宿醉感让他闭上了嘴。德默尔逝于1920年。可他的族人，英勇的百姓，心怀上帝的精神，继续垂涎着更多更为诱人的猎物。

一个全部人共同享有的国家集体花了半世纪都没能办到的事，这场战争办到了：那就是，它打造出了一个民族。而它留在这个民族身上的烙印，则将在未来投下幽暗的阴影。哲学家赫尔曼·科恩是一位新康德主义者，他此时还没有注意到这一点。几乎是与

《高校教师联合宣言》同步，他在 1914 年 10 月 14 日就已经通过一篇题为《论德意志精神的特性》（"Über das Eigentümliche des deutschen Geistes"）的文章发出了自己的声音。[41] 文中他援引并着重强调了康德的绝对律令（Kategorischer Imperativ）："我们进行这场战争的目的，只是单纯地为了守卫我们的疆界，延续德意志的血脉与氏族。"也就是说，跟别人一样，这里也提到了"正当防卫"的概念。而在他的全篇阐述即将结束的时候，哲学家写下了这样的话："因此，最能说明问题的一个词，便是蔑视，这个词在诗人与思想家的民族，和战斗者与国家建立者的民族之间，划出了一条恶毒的界线。在政治上，我们的诗人与思想家总喜欢瞎嚷嚷；就连我们的世界主义，都不是清静无为的作风。唯有道德的判断力，才是每一场解放战争中政治上的自有力量。而我们的作家与哲学家也该成为这个世界的福星，为了他们自己的国家，为了他们民族的道德教育。我们说老实话不想骄傲自负。但回到我们正在思索的主题上来：如果有那么一种特性是与德意志精神相互匹配的，那么这种特性就必须在我们这里保持永不枯竭、永不消逝才行，这是为了我们自己好，为了整个道德世界好。"科恩没能活到经历战争的结束。由他提出的具如此高度的伦理将德意志的血脉、德意志的军国主义与德意志的精神越发危险地融合在一起，同时也将所谓的诗人与思想家更进一步地从德意志百姓群体中剥离开来，关于这些，科恩都无须再去了解了。这对他来说实属幸事。因为后来证明了，二者皆脆弱且空洞。

所有的战争言论，无论它激发的效果多么让人兴奋雀跃，从实质上来看，它们从始至终都是空洞无物的。"我们德国人从没容易过，无论于内抑或于外，都一样，我们想要奋斗，我们必须奋斗，周遭的世界逼迫我们去这样做，这样做，也与我们心中最美好的那部分相符。"战争刚开始那几年，一位享有极高声望的历史学家以自己市民-学者的姿态，自讲台上居高临下地赞扬了宗教改革与战争，他干脆将这二者称作德国人的需要，而这一切发生在战役正在开打之时。[42]另外一种声音来自诗人施特凡·格奥尔格，他在1917年写下了颇具"预言性质"的《战争》（Der Krieg）。这首以单行本形式散布出去的诗歌营造出了一种沉下气来进行反思的氛围，它既没有赞美战争，也没有谴责战争，而是劝告人们，德国需要来一场精神上的更新了："像你们感受到的那种争辩，我不参加（v. 24）……不会有什么凯旋/只有许许多多的堕落与毁灭，毫无尊严。"就算当时格奥尔格并没有办法真正预料到它的实现，可从某种意义上来说，这话后来也的确被证明是灵验的。

经济学家维尔纳·桑巴特（Werner Sombart）将英国人称作小商小贩，自己的国人则被他称作英雄。这是因为，德国人展现出了一种战斗者般的，即英雄般的精神，而其表现手段则正是他们的黩武主义。桑巴特虽然并没有联名签署1914年的宣言，但军国主义作为一种德意志的价值亦使他本人心情舒畅。"军国主义……就是波茨坦与魏玛最高形式上的结合。"[43]很显然，小德意志40年来的统一让人们对这种瞎扯和胡闹的玩笑话开始既敢想又敢说了。此后，这一类的胡说八道在心里没底儿的市民阶层耳中听起来更像是一种嘲笑，因为很快通货膨胀就让他们赔上了全部的家产；同样因为这种话感到扎心的，还有吃不上面包的军官、失业的工人、忍饥挨饿的因战致残者，以及那些一瘸一拐的人（Hinkemann）。这样说来，难道为战争歌功颂德还不算一种祸害人的胡作非为吗？难道它还没有丧失已有的意义吗？难道它还不该被取缔吗？已经有很多人开始期待它的消失了。有些人——像恩斯特·托勒——就从狂喜的迷醉中清醒过来，转向了沉静的思考。可有人仍然在往火上浇油，助长那种本就超于现实的民族自我价值感。这样招致的后果，将比目前已经承受过的一切都要更加糟糕。

同为时代的见证者，有人比马克斯与桑巴特这两位教授的脑子更清楚一点。"达达"这个概念的发明人、最为资深的达达主义代表人物——胡戈·巴尔（Hugo Ball）就曾愤怒地跟桑巴特及与其持类似观点者结清了旧账。巴尔躲开了军国主义，于战争期间——因为没能达到条件而未被征召入伍——移民瑞士，从那里将自己的论文《德国知识界批判》（"Zur Kritik der deutschen Intelligenz"）抛向北方。这篇论文是在帝国存活的最后几天内完成的，但出版的时间地点已经是 1919 年的伯尔尼了。[44] 托马斯·闵采尔（Thomas Münzer）、叔本华、尼采、歌德对这位年轻的文学家来说仿若英雄一般。而他在前言里一开头就挑明了，跟自己关系最密切的敌人是两个僧侣，一个（据说）是火药的发明者，修士贝托尔德（Berthold），另外一个就是那位"上帝的奴仆"，"修士马丁，他的著名事迹是引入并推广了'愉快地去服从'这一理念，并像个迂腐的老学究似的总是在剖白自己'问心常有愧'"。后来，巴尔又在这份敌人名单里加上了黑格尔与俾斯麦，并在文章的结语部分将这二人跟路德放在一起,加以突出强调。

224　　依照巴尔的观点,对于尼采在自传《瞧,这个人》(*Ecce homo*)中的某句话,德国人曾表示过不满与抗议。那句话是这样的:"'四个世纪里所有的大型文化犯罪,每次该负起责任都是德国人。'德国人不但反对这种说法,还发明了另外一种所谓'伦理道德意义上的世界秩序'的说法,在此基础之上他们还声称,维护与拯救此秩序,是德国人不得不去做的事情。他们口口声声把自己叫作天选的上帝子民,可至于凭什么是德国人而不是别国人或别族人,他们却完全说不出来这其中的缘由。他们扭曲各种价值,在自相矛盾中为自己的骄傲寻找落脚之处,他们榨干用尽英雄主义能够发挥的影响,殊不知自己夸夸其谈与矫揉造作的姿态已经引得其余所有人哄堂大笑了。他们对自己的弱点亦自吹自擂,没错,就是把自身的恶习与罪行说成优势与美德,却对其他民族的道德品质极尽讽刺之能事,话里话外充满了自以为的优越感……德国人从来都不会爱上其他民族,他们总觉得自己是评判员、复仇者与监护人。"

巴尔了解《九三宣言》,也读过桑巴特可怕且低劣的作品《小贩与英雄》(*Händler und Helden*),他抵制科恩试图统一军国主义下德意志精神与犹太精神的融合式哲学,也反对其他德国教授的相关言论。所有的这一切交会涌进了他对整个德国知识分子界的批评文章里。在文中,他总结道:"令人感到悲哀的是,在这个国家里,心性(Mentalität)超越了精神(Geist);数倍于此可叹的是,在这里,心性一统天下不说,甚至干脆自诩为精神本身。僵化、分裂、腐败,这些阻断了节制与规范的可能。狂躁与暴怒取得胜利。这样一个国家已迷失了自我却不自知……德国是有罪的，而他必须认识到自己的罪责。"作者写到这里，简直像是在做忏悔祷告一样引用了叔本华的遗嘱："若我他日不期而逝，人们不无尴尬地意欲得知我的政治遗嘱，那我可以现在就说，我为自己是一个德国人而感到羞愧。"巴尔的预言最终彻底成了现实，只可惜，它并没有发生在作家的有生之年。就像一个世纪前的浪漫主义者一样，他最后逃遁进了一种被更新过的信仰之中。可对其他人来说，这条路也被封死了。

　　正当基尔水兵起义、士兵与工人苏维埃成立之时，皇帝不无悲叹地走下了他的座位。这件事被哈里·格拉夫·凯斯勒（Harry Graf Kessler）写进了自己的日记里："短短几小时内霍亨索伦王朝便宣告垮台，德国的军队解散了，迄今为止现存于德国的所有社会形式均已终结，见证了这一切后，革命的第一天结束了。这是整个德国历史上最重要的一天，也是最可怕的一天。"[45] 格拉夫从将士叛乱之中，看到了整个民族的变革。紧接着第二天，他记下了这样的文字："不管怎么说，虽然发生了交火，但人民在这革命爆发的两日中所表现出的态度还是极为杰出优秀的：他们自持，他们冷静，他们热爱秩序，他们追求正义，几乎可算得上是认真负责了。这跟1914 年 8 月时的那种抢着牺牲的过度热血，形成了鲜明的对比。一场如此宏大又悲怆的经历，在人们以纯粹精神且英勇地将它扛了过去之后，一定会在内部发挥仿佛焊枪般的影响，而最终得到的那块金属则将具有坚不可摧的强韧力量。"可是在这令人欣喜的印象之后，纷至沓来的却是一幕幕令人惊骇的景象，彻底的混乱、腐败与贪污。不公时时发生，良知不见踪影。对于这些，凯斯勒也记录了下来。

而那些此刻正在前方的人，即所谓的"在前线"的诗人，他们再说出来的话就已经跟自己在（1914 年）8 月初激动不已，或是热衷于发表庆功演讲的时候说出来的完全不同了，他们不愿再被民族狂热裹挟。例如托勒，第一辆伤员运输列车上所见到的场景，让他感到恐惧。诗歌透露出他曾经历过哪些会给人带去心理创伤的体验。比如他写道，"整个欧洲都拉起了铁丝网"。另外一个例子是《马恩河战役》（Schlacht an der Marne）。此时的对手已经不再是那个宿敌了："我的心如同德国与法国加起来一样那般大／却被来自全世界的子弹打穿。"又或者像是《野战医院》（Lazarett）一诗中说的那样："那沉默的英雄主义，亦是感人的。《为了祖国》（Fürs Vaterland）……两根横梁被绑成了十字的形状。"[46] 终于："哦，法国的女人们啊，／德国的女人们啊，／看看你们的男人！他们用皲裂的手掌，摸索着寻向敌人肿胀的身躯，／那神情那姿态，如尸体一样僵硬，就为了那一口兄弟般的气息，／是的，他们拥抱了彼此。"英国人威尔弗雷德·欧文（Wilfred Owen）也写下了类似的诗句。[47] 来自战壕、来自残杀、来自绝望的心灵创伤，在一瞬间模糊了民族与国家的疆界。另外还能听到一些人在用压得更低的声音，预言着下一场灾难的到来："击碎、撕裂……如今山林里的冷杉树……蔓延全世界的大火必须降温，／刀剑已经疲乏……通过战争获得的，／又将被战争吞噬。／只有在永恒的事物中／才容得下胜利长眠。"写下这话的是莱奥·施特恩贝格（Leo Sternberg），这位亲身经历过战争的作家，如今不是专业人士的话，都认不出他的名字来了。[48] 此刻，对于那些奋战在前线的士兵们来说，终于看清了，无论是自发挑起战争，还是作为反抗而发起的战争，其背后都是毫无意义可言的。应该用永恒的事物、永恒的价值，以及一种普世的伦理观来取代战争。可这样的想法并没能在德国落地生根。

上一刻还在发挥作用的民族价值眼下不再具有任何功效。"所有的人都在怀疑昨天的和今天的那些价值"，这是自传作家托勒在战争最后几年里做出的结论。所有的人——在年轻的作家托勒这里指的便是马克斯·韦伯、马克斯·毛伦布雷歇尔（Max Maurenbrecher）、理查德·德默尔、迈内克（Meinecke）、桑巴特、滕尼斯（Tönnies）等学术上的权威人士。可是，取消既有价值亦收效甚微，原有的模式仍占据着主导地位，并且阻断了重新思考的可能："他们将自己藏匿在由远离现实的国家浪漫派所织出来的茧中。那个特别的、崭新的、德意志的精神将会自显，在宗教的土壤中扎根，并且拯救所有世人，这是一部分人所希望的；建立一个德意志教会的时刻已经到来，这是另一部分人所笃信的……这就是马克斯·毛伦布雷歇尔的观点……他认为，德国有这个使命，在欧洲创建一个新的国家，这个国家将是一个象征，它会向世人展现，绝对与无限在凡间该是怎样一副面孔。"托勒用这样的一番话粉碎了那个建立在民族层面上的空洞谎言。[49]只有马克斯·韦伯或理查德·德默尔被他当作例外摘了出来。德国与德国人，在一种注了水的黑格尔式国家学说中，被当作欧洲秩序的守护神。这也可以理解为一种披着哲学外衣的狂人妄想。托勒不打算继续在这里掺和下去了。难道说德意志民族跟法兰西民族相比，真的能够提供一种更为深刻的意义，或者更深层的存在的原因吗？

9

"他是犹太人，不是德意志人"：缺席的民主

投降之后，幻灭显得格外残酷，尤其是在 1917 年与 1918 年之交的那个"芜菁之冬"（kohlrübenwinter），全民陷入爆发的爱国狂热难以自抑，但它的结果，充其量只是更新了固有的耻感与执拗。像是历史学家卡尔·汉佩（Karl Hampe）就感到自己遭受了侮辱，尽管他的国家是战败的那一方。[1] 当他听说在亚琛，德国人在一位比利时军官面前必须脱帽致敬的时候，对他而言，一切判断标准都烟消云散了，他从这一姿态中（他混淆了暴政、败局以及自身最为深重的罪责之间的界线与区别）仿佛看到，一个德语文学中人尽皆知的场景正在真实上演："这就是那顶盖斯勒的帽子（Geßlerhut）。从更广泛的意义上来看，这种形式的暴政，人们倒是可以对其报以欢迎的态度，因为它在人们心中滋生的必然后果，不是亲近与示好，恰恰相反，反倒是最深刻的愤怒与受到了伤害的民族自豪感，很可惜，这两样正好是我们身上一直以来缺少的。唯有经由灾难性的侮辱与损害，我们才能走向一种活生生的民族国家之实感！"从自己家的诗人、本民族的"古典主义者"那里所受到的教育，给他灌输的却是错误的比喻。

难道，汉佩这位大历史学家已经忘记了，当年，正是在比利时，德国人是怎么肆无忌惮地烧杀抢掠的吗？我们要将此处夷为平地。"我们要把这里的所有人、事、物彻底消灭，让后来的人想找都找不到，曾经的鲁汶到底在什么地方。就算再过上几个世纪，人们也会来到这里，就为了一探究竟，我们德国人在这里都干了什么。而他们在这里亲眼见到的一切，都将教会他们尊重德国，要想对着德国抬起他们的枪杆，必须三思而后行。可别吃一堑却不长一智！"这是由美国使馆秘书休·吉布森（Hugh Gibson）记录下来的、1914 年 8 月底一位德国军官发表的既狂妄又恶毒的讲话。这位军官当时的任务就是监管针对鲁汶老城区，以及那所举世闻名的大学图书馆的大规模毁坏。² 靠这样的方式，人是赢不来任何尊重的，他人却或许能够借此一窥德国人的野蛮。而被汉佩比作"盖斯勒的帽子"的场景，事实上也是德国人自己一手造成的。鲁汶大学图书馆此间曾得以重建，却在 1940 年又一次遭到德军轰炸机及炮兵有针对性的打击，再度被毁。

　　由于一场战争的失利，德国人品尝到了受辱的滋味，但这场战争之所以能开打，他们也有着不可推卸甚至绝大部分的责任。从前，他们在面对其他民族的时候，无论是在现实层面还是在精神层面，都表现出了一种近乎疯狂的自大与自负，有鉴于此，战败之后，转为更加谦虚谨慎的姿态，或许是对当下的德国人来说更加合适的立场。可那会儿，在德国人的眼中，悔过、尊重邻国，以及因自身酿成的过错而变得谦卑，都还太过遥远，也就更不可能意识到，他们实施的是多么野蛮的摧毁行动了。以此为因造成的直接后果就是，在德国人当中，都把 1919 年签订的《凡尔赛和约》视作一种"耻辱的和平"以及"强制的和平"，并为之感到出离愤怒。而"右翼"文人们，则往这堆火上又狠狠地浇了一桶油。

一位在当时，也就是 1919 年前后，创作量大、读者群广的作者是维利·施吕特（Willy Schlüter）。虽然未曾给人留下过什么深刻的印象，但他始终坚持传播与鼓吹有关于建立一个德意志霸权强国的梦想与追求。"命运派给我们德意志民族这样的一个任务，我们要将全世界所有国家、所有种族之间的意识对立提升到一个更高的能力水平。再没有哪个民族能像德意志民族一样，为了达成这一目的，事先已做好了万全准备……也没有哪个民族有如德意志民族一般……如此毫不藏私地努力耕耘，甚至常常达到了一种自我鄙夷的程度，就为了能搞清楚，在历朝历代的所有种族之中，在学术研究与培养良知方面，人类究竟有过哪些矛盾与对立，然后再在诚实公正的基础之上，脚踏实地、不懈进取，直到实现奋斗目标。这种品质……流淌在我们的血液里，印刻在我们的灵魂中。"德意志的血液，德意志的"行动－思维"能带来"人类救赎般的创造"。这就是施吕特想表达的，也是他在其他文章中孜孜不倦地继续表达着的。看来，他已经紧紧地闭上了双眼，这样就能不去看到那正因为如此的狂妄与不自量力而酿出的苦果——德意志百姓正在经受的穷困潦倒与饥寒交迫。[3]

而那些被战争强行打开了双眼的人，则要求对德国进行整顿，在他们主张的架构中，没有老一代精英们的位置。"我们必须成为叛逆者！"托勒组建的"德国青年文化政治同盟会"（Kulturpolitischer

Bund der Jugend in Deutschland）是一个（"左翼"的）"战斗同盟"，它在德国公众中间激起的一致反应是——愤怒，乃至暴怒。"一位经历过1817年战争的老兵称，那些法国黑人士兵恨不得活生生扒下我们的皮，把它们当作一座座奖杯，带回非洲去，那里也正是最黑暗的地方。"[4] 这一点总是能够得到印证：语言里的意象——"盖斯勒的帽子"与"带到非洲的奖杯"——是一架非常灵敏的地震仪，它可以精准地反映出整个社会潜在意识中的准则与现实情况：骄傲、暴力与种族主义。现在，靠这个，诗人与其他的知识分子就能跟群众打成一片了吗？

诗人克拉邦德（Klabund）于1917年从苏黎世给威廉二世写去了一份感人肺腑的请愿信，信中建议后者退位，称此举将赠予世界及德国以和平。"因为，随着时间的推移，德意志的百姓已经在难以言喻的苦难磨炼之下日臻成熟，他们的脚掌已大到穿不下童鞋。他们不再需要一个监护人。监督与约束，他们已经受够了。"皇帝的退位或许真的会是一种将国家与人民从困境中解救出来的可行办法，但论成熟，这群百姓尚算不得，接下来几年里发生的事就将证明，这个说法没有冤枉他们。和约被缔结之后，克拉邦德创作了一部讽刺性的，同时语带苦涩却也十分严肃的《德意志民歌》（"Deutsches Volkslied"），在这首篇幅相当可观的长诗中，作者引用了许多不无政治意味的民歌，将它们重新组织，编进了自己的诗行之中。诗作的开篇就让人联想到了施内肯布格尔的那首古老的战歌——不会有人搞不懂个中内涵。"雷鸣般的呼号在咆哮，/它宣告着，我是多么地伤心难过。/而和平，处处皆和平，/是我一直不断想起的事情……亲爱的上帝穿过森林,/从阿迪杰河一直走到接壤地带,/直到人们满心喜悦,冲着天空大喊:稳当地一路向前吧,你这美丽的世界!//最快的骑手就是死神,/它的马蹄发出欢快的踢踏声。/骄傲地飞舞着,黑白红的旗帜。/万岁,日耳曼妮娅!"最后这句诗引用了一首从前的战争进行曲。同时,在这首诗歌中,还提到了一支军队的名称,即"罗斯巴赫营"(Roßbachbataillon),它是一支志愿军,受罗斯巴赫上尉领导,这位上尉是20世纪20年代初期的"右翼"政治活跃分子,并早早地就加入德国国家社会主义工人党(NSDAP)。[5]这种"万岁-德国"的概念是落后或者说倒退的,它回到了早先的体操之父的民主主义构想那里,回到了那个昨日的世界,"黑-白-红"。清醒的作家试图唤醒沉睡的百姓——但只得徒劳而返,暮色依旧无可阻挡地降临。

疆场上的无情杀戮和虚假的胜利消息让留守家中的人们卸下了心防,却也预示了未来仍有继续动刀动枪的可能。一个"青年文化政治同盟"在这里能做到的十分有限。策划中的革命必将彻底失败——德国人压根就没有那个闹革命的胆子。无论是民间还是军方有影响力的掌权者,都扯着一个又一个明晃晃的谎言,但正好也是这些谎言,给托勒的所作所为提供了合法性。在他被指控犯有叛国罪的时候,就连巴伐利亚陪审团审判庭也认可了他动机纯粹,因而免于其死刑,只罚了他坐五年的牢。他必须把这五年的刑期服满。而新的暴力浪潮,伴随着种族主义正蓄势待发。

"我们并不愿意,将这场战争从记忆中抹去,我们为它而骄傲。通过同样的血缘和记忆,我们结合在一起,从此密不可分。而且,就在我们彼此之间的空隙中，已经有一批新鲜的、更加果敢的青年成长了起来。为了迎接即将到来的时代，我们这个家族需要的是钢铁般、无所顾忌的后裔。我们将再次以剑代笔、以血代墨，用行动来代替言语，用牺牲精神去取代多愁善感……指引我们前进的却是……我们那个伟大、清晰而有凝聚力的理念：祖国，及对其在最广泛意义上的理解。为了它，我们甚至做好了赴死的准备……这是因为，和平不会在胆小鬼那里停留，而只会停留在刀剑身旁。"以这样一种浪漫主义的语调，借用拿破仑战争中的景象，恩斯特·云格尔（Ernst Jünger）在战争回忆录《钢铁风暴》（*In Stahlgewittern*）第五版（1924）前言中，向战争本身致以了最崇高的敬意。[6] 作为一个在普鲁士的汉诺威走进校园的人，那些歌颂解放战争的诗篇——像是申肯多夫的《铁十字》，或施内肯布格尔的《守望莱茵》——中的尚武主义音韵，很有可能还回荡在他的耳畔：祖国，甚至为祖国捐躯，血，铁……

并且，云格尔还做出了一个暗示性的总结（虽然从字面上看，他只是言及自身，但实际上，它用一种归纳式的语言，描述了一种最普遍的状况）："每一个为国捐躯者的献身，都为一样事物的诞生贡献出一份力量，这一点，我几乎都不曾觉察。这样事物便是那个叫作祖国的理念，它因这些烈士的牺牲，而变得越发纯粹，亦越发光彩夺目。这一结晶体正是那些常常需要我们不遗余力的角力最终留存下来的收益：国家对我而言，不再是空洞的、掩盖在各式各样象征符号背后的一个名词……所以说，这长达四年的暴力给我上了一课，让我认识到，一种生活，只有在它为了某个理念全力以赴的时候，才具有更加深刻的意义与价值。"暴力的教训是为爱国主义思想提供了意义与价值？不过，后来在 20 世纪 30 年代重印的那几个版本中，作者不仅删去了这些民族主义色彩的段落，甚至连原本的整章前言都没有收入书中。"祖国"这一概念的变迁成了此间逐渐被引入的一种观点，再版时云格尔似乎更加推荐这个观点。可"无所顾忌"（rücksichtslos）倒成了阿道夫·希特勒最爱使用的词语之一。说不定，他正是从我们刚刚所引的那篇前言中拿来借为己用的呢。

另外一种不同的文字与声音来自埃里希·玛利亚·雷马克（Erich Maria Remarque）的反战小说《西线无战事》（*Im Westen nichts Neues*）。该书首次问世是在 1925 年，最终一共发行了逾百万册，获得了极大的成功，并被改编成电影搬上银幕，在希特勒上台之后，它成了禁书。在这部小说里，人们找寻不到一星半点儿民族主义的踪迹。所有曾发挥过影响的权威与势力，在牺牲与死亡面前，都不再能够提供任何的支撑："当他们把报效祖国说成最伟大的事业的时候，我们早就知道了，对死亡的恐惧比那还要更强大一些。"雷马克不加任何粉饰地描述了战争的残酷。他的小说最终以战争过后荒凉凄惨的氛围收场："要是我们在 1916 年那会儿就返回了家乡，或许我们还可以从经历的一切伤痛与猛烈之中，释放出不亚于一场风暴的力量来。可要是我们现在才回去，我们能感受到的，只有疲惫，只有支离破碎，油尽灯枯般，我们失去了我们的根，也失去了所有的希望。我们肯定再也无法适应那里的生活了。"这就是在作者的安排下，那位"吞下了一些毒气的"主人公，在临死之前进行的反思。[7]

许多作家此刻寄希望于一场革命，同时也有许多人站到了革命的对立一方，一些作家发出了警告，还有那么几个则表现得无动于衷。不绝于耳的号召与呼吁，跟浩如烟海的诗歌与散文，都见证了因好战的迷狂、令人感到受辱的战败以及对革命的期待所带来的在民族情感上的分裂与拉扯，而换个角度来看，它们也是未来那场劫难的预兆。诗人与作家感受到了它临近的脚步，试图用词语和诗行去阻止它的到来。一部分知识分子理解了这样的信息。可就整个"人民"而言，而且恰恰包括他们当中的精英阶层，因为淹没在政治宣传与鼓动之中，自然也就被蒙蔽了双眼。"一个真正的德意志男人，永远都不会是一个知识分子。"[8] 通货膨胀、高失业率此时也来雪上加霜。

基于对已初现端倪的那场灾难的预感与认识，文人们随后发出的省思，大多意图揣度德国人的心理，推测他们此刻的情感状态，以及视激动程度而言，这有多大的可能会演变为神经官能症。例如托马斯·曼就曾写下这样的笔记："渴望突破束缚，却被封印在丑陋之中……直截了当地说，这就是德意志之魂，所谓最深层的德意志精神，即对何为德意志的定义，恰恰就是这样一种灵魂的状态，荒诞怪异、寂寞的毒药、没见过世面般的游手好闲、神经质一样的纠结，还有那默不作声的魔鬼崇拜，这些东西正威胁着德意志的精魂。"接着，他又说："德国人都有一副宽肩膀。但谁又能否认呢，一次真正的突破，单凭那被温驯的世界称作犯罪的东西，就已经是值得的了。"这就是《浮士德》的作者在第二次世界大战之后秉承的观点。后来，他又往里加进了"内心性"这一点（1945）。[9]他并没有站在支持革命的那一边。

诚然，刚刚我们引用的他那两段话到底是什么意思，跟人们如何去阐释它有关。在希特勒式魔鬼暴虐之后，在如今重新清理整顿一切的第二场大战过后，他在1943年至1947年，做出了这样的形容与表达。只不过，又是"渴望冲破束缚"，又是"魔鬼崇拜（智识上的高傲搭配灵魂层面上的古色古香）"，这两样集中在一个民族身上，似乎光这还不打紧，又加上奥斯瓦尔德·斯宾格勒在《西方的没落》中所提到的"浮士德式"，作为这个民族精神文化上的私有财产，从读者的耳旁掠过，然后，最后一个关键词，"罪行"。还没有哪个德国人，哦对了，只能称他为曾经的德国人，因为说这话的当口，托马斯·曼已经正式成为美国公民，他曾对自己的出身、自己的民族，不过可不是对领导这个民族的人，发表过如此尖锐、如此令人瞠目结舌的看法。另外，他也承认，这个民族有种动不动就"进行自我批评的癖好"，没错，他自己本身的所作所为，就是这个观点绝佳的证明。这两次战争，擦亮了德国人看德国人的眼睛。不过，话说回来，对民族心理的洞见总是后知后觉的，要是指望着用它来抵御现下或未来的危险，它的能力十分有限。像是"发明"了民族心理的威廉·文特，自己当年还不是也共同签署了那份令人蒙羞的《九三宣言》。[10]

因此只能倒叙。缔结和约之后，民族的重获新生在法制与宪法中得以彰显。选择成立国民议会被提上了日程："无论你是谁／是工人、市民、农夫还是士兵：／是妇女抑或男子／是社会主义者还是民主派人士／没有／国民议会／你便失去了当一个德国人／的资格。只有／国民议会／才能保护德意志帝国／免于崩溃。"[11] 发起"汉巴赫集会"的西本普法伊费尔、国王路德维希以及盖贝尔这几个人，他们都曾有过将所有德意志"氏族部落"统一到一个民族中的愿景，此刻，这一愿景言犹在耳，并为1919年的《魏玛宪法》（Weimarer Verfassung）之前言打上了深刻的烙印："德意志民族，作为它所有分支部落的统一体，心中怀有共同的意愿，那就是要将帝国在自由与公正方面进行更新与巩固……因而才有了这部宪法的诞生。"这是一部民主的宪法，一个娇嫩的新生儿。团结一致如今被写进宪法中。这样一来，所谓的"德意志民族"不过刚刚百岁左右，"缺乏行动力"再也无从谈起了。

可是，"所有分支部落的统一体"——这其实是一种虚构，是只能借助那些浪漫派的语言才能理解的一个概念，这个概念自19世纪以来，敲打在曾沉迷于胜利，而如今又被战败辱没了颜面的德国人耳边。因为，"分支部落"这一说法暗示了某种血脉亲缘的存在，它们彼此之间存在着同属的关系，这样看的话，那很可能奥地利、阿尔萨斯-洛林，以及就连被法国占领的莱茵河流域，都该被大德意志民族收入囊中，但它又不能这么做。事实上，在战争的最初几年里，德国的军官与公务人员对阿尔萨斯-洛林地区的居民是不信任的："阿尔萨斯的士兵始终是暗中侦察与监督的对象，普通百姓亦遭受百般的折磨与刁难，过去法国人不曾做到的，在我们普鲁士人手上实现了：这个地区与德国之间的联结彻底被扯断。"[12] 而且，事实上也从未有过什么"德意志血统的众部落"，有的只不过是些来源各异的种族、不同分支的王室与侯国，可就连这些一个个单独的集体也未曾达成过"统一"，打算要"更新"那个由他们组成的"帝国"。不过，现在看上去，一切都不一样了。这种德意志众部落间存在一致性的观点，先是在宪法中被正式宣告，而后又在当时被定为国歌的《德意志人之歌》第一段里，再次得以确认。

如此一来，一个双重意义上的战争婴儿在魏玛完成了它的洗礼，现在，它必须得到精心的抚养才行。可这个本应唤起人们希望的小生命，却自诞生起就逐步走向了消亡。虽然假设了那个一致性存在，同时，也因为是战争胜利者的投票结果，如今形成了这样的局面：奥地利保留在外，阿尔萨斯-洛林失守，莱茵兰地区迟一步才被清理，所谓的"母猪普鲁士人"依然霸占着巴伐利亚某些地方的首脑地位。"说不定，是普鲁士人一手造成了'那种乐子'①，他们肯定是要负责任的"，那个来自贝希特斯加登的农民小伙子，在炮火纷飞之际，做出了这样的反思。"'母猪普鲁士！'他大喊一声，躲到掩体里。"[13] 这一幕，绝非意味着揣在怀里百年之久的梦想终得实现。它只不过是1866~1871年的那场民族惨败进一步深化的结果。凯斯勒伯爵记录下了他的朋友们——勒内·席克勒与特奥多尔·多伊布勒——充满威胁性的命运："席克勒，因和平的缘故，如果他自己不另做他选的话，将成为一个法国人，而多伊布勒，则将成为一个意大利人；这两位，本都是德意志的诗人啊。"[14]

就连在慕尼黑，人们也正练习着革命。巴伐利亚共和国首任总

---

① Gaudi，巴伐利亚方言。——译者注

理库尔特·艾斯纳刚刚推翻君主政权，坐上这个官位没多久就遭到了暗杀。凶手是安东·冯·阿尔科-瓦莱伯爵（Anton Graf von Arco auf Valley），他用这样的理由为自己辩护：这个被他杀害的人，"是个布尔什维克，他是犹太人，不是德意志人。他并没有德意志的情怀，对于一切爱国主义的所思与所感，他的存在带来的都只是损害，这是个叛国者"。[15] 在这里，以维护德意志的祖国为名，行最极端的暴力之实，背后闪现的则是粗劣的反犹主义的身影。该事件之所以会发生，看起来是为了确认这位刺客自身的德意志属性，以及展现他对祖国的情感。但阿尔科母亲本姓冯·奥本海默，作为一个犹太妇女的儿子，阿尔科在犹太法律中自然也是一个天生的犹太人。于是，伴随着德国民主开端的，是自相矛盾、深不可测、令人费解这样几个特征。也正是由于这样的大环境，路德维希·托马才开始想到要在《米斯巴赫指南》上，用文章进行辛辣的咒骂。

腐蚀与分解的力量再一次没有缺席。被加固在合约上的和平局面仿佛才刚诞生，人们就瞬间把当初对"蛮夷欧罗巴"（Babaropa）的怨声载道抛到了脑后，一个粗野的德国开始疯狂生长。[16] 趁着《守望莱茵》的歌声还没有散去，把这个民族工具拿来换一个用法，恰好能在政治宣传与鼓动方面帮上大忙。现如今，这首歌的歌词变成了正在德意志人中广泛传播的反犹主义的最佳武器，对于教唆滋长最能祸害人的反法情绪来说，也发挥了绝妙的辅助作用。一开始，起因是法国殖民军队占领了莱茵兰地区。而后，1920年的时候，德国又铸造出一种纪念章，正面图案是一个面庞被以漫画的手法塑造得极其狠毒的非裔士兵形象，一顶法军的军帽表明了他的身份,那句著名的"自由、平等、博爱"却和"守望莱茵!!"的呼喊被印在了一起。纪念章的背面,印的是一个赤身裸体、以膝着地的妇女,双手向后被绑在一个同样也戴着法军军帽的生殖器上,环绕着这个画面的是"黑色耻辱"四个大字。被铸刻到纪念章上的这句铭文是对"莱茵兰杂种"的影射,该族群饱受纳粹的诽谤与谩骂,后来更是很快便成了绝育行动的对象。这两幅画像都出自卡尔·克萨韦尔·格茨(Karl Xaver Goetz)之手,他在自己所在的那个时代相当出名,铸刻作品多以战争宣传为题材,而后转向专事纳粹艺术创作;巴伐利亚铸币总厂在1920年完成了对这两幅素描像及相关铭文的浇铸。这时,《守望莱茵》团结起来的,不再是所有的"德意志青年",而是全部的德意志人,他们的反抗对象也不再是作为一个整体概念的法国,而是具体到那帮来自法国的"黑鬼"(Neger)。与之相似的、笼罩着神圣光环的民族歌曲或庄严仪式还有许多,它们成了这个阶段大量画像或标语口号直接引用的内容,或间接影射的母题。其发挥的煽动性影响,驱使着像阿尔伯特·雷奥·施拉格特(Albert Leo Schlageter)这一类"民间"积极分子,在《凡尔赛和约》之后,发起了破坏法国驻莱茵兰军队之类的举动。

　　大量的小说作品都回忆起了那些因和平条约而不得不被分割开来的地区,即所谓的"边境地区",并大多正面讴歌了生活在那里的德国人。来自"人民群众的"声音前所未有地愤怒,亦前所未有地响亮。"沙场上战无不胜"成了玩笑般的口号。难道战争结束的时候,你的脚下不正是敌方的疆域吗?之所以会在战争中失利,难

这是一枚1920年的奖章，用作宣传工具，反对将非洲士兵用于占领莱茵河地区的战斗。

道不是自己人使出阴谋诡计的关系吗？是英国军官散布出去的消息，人们这样挖苦地说道。他们说，老百姓、社会民主党人和全世界范围的犹太族群，是他们在军队的背后捅了一刀。这种"刀刺在背说"的宣传口径刹那间蔓延开来：是革命分子跟犹太人联手，给了原本不可战胜的德意志军队致命一击，而这一击直接的后果，便是那可耻的败局。[17] 是说老百姓当中的一小撮人干的？这不是演变成煽动群众批评群众了吗？是德国人没有学习的能力吗？或许不是，不过从集体层面上来看，他们确实没有学习的欲望。这个就爱动粗的德意志民族（雅恩语）。

"选择民族的、选择社会的"，这句充满象征意义的口号出现于1924年前后，被印在1923年发行的通胀货币——1亿元马克纸币——上，头顶着纳粹专用的符号，背面则是一句极具煽动性的反犹标语。[18] 这是种背信弃义的手段：表面上一语未发，暗地里却将通货膨胀的责任也推到了犹太人的身上，千错万错都是犹太人的错。大量市民阶级的私有财产遭到损毁。毒药就是这样慢慢发挥作用的。它侵蚀精英阶层已经有段时日了。领土失守、莱茵兰被法军攻占，还要向法国支付战争赔款，这些又都往熊熊燃烧的大火里添了一把柴。挑动教唆式的口号标语进入了流通领域，人们很快就抱持着欢迎与乐见的态度，助长了它们的传播，再接着，很快又有一系列的谋杀行动出来为它保驾护航，就连诗人与哲学家对此也并不都是站在反对与咒骂的一边。1920年，一位教育家提到了"民族的新形成"，他希望用这一类的口号来教育百姓大众，并很快就能用深褐色来发起一场科学界的革命。这位教育家此后在海德堡获得了一个哲学系的教职，发挥的作用却只是帮助态势已经萌发的衰落进一步加重而已。[19]

这一切都不是新鲜事儿了。早在19世纪的最后20年（最晚也就这个时候），上述的观点便已得到宣告，通过的方式是著名的"泛德意志主义者"（Alldeutsche）海因里希·克拉斯用"埃因哈特"的笔名，在1909年出版的《德意志历史》（Deutsche Geschichte）一书，这本书数次被加印，传播范围相当之广，书中充满了反犹主义的思想。该书还着重强调了，哪些才是真正的条顿人价值，例如"无所顾忌的果敢"（第1页）；"天资聪颖并富有英雄气概的男子受到召唤"（第4页）；"有意志、勇于努力追求以及目标高远，这些便是一切"（第411页）；"因此，意志意味着一切"（第412页）。一本用民族主义的褐色做包装的煽动之书："掌握着整个民族命运的最高指挥官们指挥失灵了，发挥不了作用了，毫无疑问，德意志民族病了，政治上病了，伦理道德上也病了。"（第413页）这句里包含了全书的关键词。它将整个局面引向了众所周知的深渊，因为病了就要看医生,而后来出现的那位医生,正是希特勒本人。到了那个时候,这本书又重新成了翻印的对象。[20]

战争中的英雄行为被拿出来大肆宣扬,当然了,歌颂它的都是些德国人。在这里让我们来听一听某位作者是怎么说的,他写下的那本书,影响力席卷了从问世之日起,直至1945年后的一大批正处于成长阶段的德意志青壮年男子。但他本人并非诗人,亦非哲学家,甚至连一位学者都算不上,确切地说,他的职业是海军军官,名为冯·卢克纳伯爵(Graf von Luckner),而他的那部作品,题目叫作《海鬼》(*Seeteufel*),里面描述的是他在1916~1917年经历的一场航海大冒险。[21] 他——和负责为其导航的海员,卡尔·基尔希埃斯(Carl Kircheiß)共同——写下的这本自传体小说,以对"德国"的表白收尾:"回到心爱的祖国时,我发现,有许多事物已发生了改变,它们变成了另外一个模样,那模样跟人们以前期待中的不同……如今,我发现,我的祖国已经生了重病。我从未像现在那样深爱我的祖国……只要我们同心协力,民族的福祉必将再次升腾。没有人把希望寄托在来自外部的援助或恩赐上,每个人却都相信未来的德国人意志的力量,未来的德意志道路就是我们的信仰。只有当我们德意志民族再次寻回了自我,你们这些年轻的或陆地或海上的雄鹰,才能长出自己的翅膀!眼下,因为一切尽失,所有对我们海魂德意志人来说意味着第二个故乡的东西,船只、殖民地,以及在所有海域,只要在飘扬的德意志旗帜之下,便会拥有的骄傲与自由的感觉,现如今,只留下一样东西给我们,德意志的土地。愿从你们之中,长出一颗雄武有力的年轻橡树,将全族百姓都一统于你的荫蔽之下!"卢克纳此言援引了他的朋友——重要的历史学家弗里茨·克恩（Fritz Kern）——的观点："德意志民族总是非得跋涉过最深的水域不可。"[22] 也就是说，如今取代了殖民地的，是德意志本土上长起的橡树。1933 年，卢克纳公开支持希特勒，尽管他并没有加入后者组建的党派。

在这里可以看出，拿起笔来记录下历史的，是帝国古老的精英阶层代表。卢克纳在他的海盗式航行旅程中，对待俘虏的方式之高贵，将他本人与本族其他民众区别了开来。可是，卢克纳和他的那位共同作者所使用的神化德意志人的那些手法，换一个民族作定语，一样行得通。随便哪个英国人、法国人都有可能写出类似的话献给自己的祖国。反正到最后，内容上都是空无一物——除非人们把文中克拉斯语的那种民族病、相信未来的德国人的意志、德意志的土地甚至年轻的橡树，都评估为德意志民族的特征。只不过，这些所谓的德意志价值并没有自己专属的内核。

非但如此，刚刚引用的书的那段结尾（以及读者群体对此书的狂热追捧），反倒更加接近海因里希·曼笔下的那个令人惊骇不已又让人幻想破灭的"预言"。海因里希·曼在 1912 年写下了一部以他的同胞"新条顿人"为描写与批判对象的小说。[23] 这部名为《臣仆》（Der Untertan）的文学作品在帝国末年成了轰动一时的丑闻，并遭到审查机构的严审。该书将在那个时间点上的德意志民族带到了一面镜子前，照出了他们的众生百态，无怪乎作者在手稿上还保留了一个副标题：《威廉二世治下的公共灵魂史》（Geschichte der öffentlichen Seele unter Wilhelm II.）。书中用强有力的相互关联的手法介绍了此刻精英阶层的共同特征：民族主义倾向明显、对掌权者唯命是从、反对民主化、从小穿着海员的制服长大、受穷兵黩武的军国主义思想影响颇深，与此同时却胆小怕事，缺乏刚正不阿、坚持自身信念的勇气，最后还有一点恰好就是追捧新"条顿武士"精神，毫无文化教养可言。大环境如此，人人都自高自大、自吹自擂，都想变成重要的大人物，都想给别人当榜样，一方面想成为卓越超群的典范与标杆，另一方面却正因人人皆如此，而只能停留在从众的水平，至多只是充当普遍性评价的代表和掌权阶级的传声筒而已，他们对周遭世界中发生的事，其实是视而不见的。

　　同样的理念，两年前，同一个海因里希·曼就已经通过随笔《精神与行动》（*Geist und Tat*）进行过反思，他在文中将法国作家与德国作家再一次做了比较。当然，这篇文章与他那本小说的命运相似——直到战争结束之后（1919）才得以发表。[24] 在曼看来，对作家而言，事情没那么复杂与困难，只要利用"人的文学天性"就可以对一个民族了如指掌，但没有人会想到，反倒是在德国，"在这样一个热爱思考的国度，民族的力量反而要到对行动的认识里去寻找。不公的权力被废除，也没有产生任何进步的影响。人们继续思考，人们一直思索到纯粹理性的尽头，深思入虚无：而在这个虚无之境，发号施令的则是上帝的悲悯与铁拳。那又何必做出改变呢……如果在这里人人都觉得自己是受到庇佑的，同时又都乐意扮演侍奉者的角色，又凭什么要他相信民主的机制，相信一个民族里人人都可以做主人呢。那些从祖辈继承来家产地位，且通过了重重考验的主子们，就算是再缺乏文化的熏陶，偶尔有时也会让这个民族之中的知识分子阶层紧张头疼：即便如此，有一点倒是可以肯定的，跟他们在一起生活，要比跟那些只受精神引导的人在一起生活安稳得多。"读到这样的话，说不定有人会想起荷尔德林给孩童般的德国人所下的那句判决：行动不足，思想却有余。在作家的笔下，一种相当文学化的随笔体裁诞生了，也吸引来了众多的读者，真正引发的反响却平平。诚然，海因里希·曼揭开了权力游戏的大幕一角，让人们得以一窥，并由此发现，除了极个别的（其中大部分为"左翼"）知识分子做出的贡献之外，德国此时正处于一个无边无际的精神空洞之中。他在文中所描述的那种对安全感的需求几近于政治上的舒适性，抱持着这种态度的所谓精英阶层，背后虽然有极高的教育修养水平在撑腰，却选择了盲从于掌权者，因此在这个意义上再次成了没文化的一群人，可他们既瞧不起百姓大众，同时又要求后者做到绝对服从。

约瑟夫·罗特（Joseph Roth）对曼的这一观点表示认同。在"红色的约瑟夫"① 看来，社会主义者还是不够"左"。他甚至在一封私人信件中这样诋毁他们："他们在此处沦陷，就如千年前的伦巴第族人一般。穿着他们的席勒领！提着他们的公文包！还夹着把雨伞！身旁还跟着平足的胖女人！他们走路的时候没戴帽子！他们汗流浃背。他们臭气熏天。他们去喝啤酒。他们聊起天来比几个东方人声音还大，尽管后者在这个老海港区已经造成了一种能使人

---

① 罗特与"红色/rot"一词同音，他在这里用谐音为自己取了一个别号，同时暗含"红色、革命、激进"之意。

麻木的噪声污染。社会民主党的人个个看起来都相当德式。因为在德国，这种类型可以算是自家产的：正派，勤奋，爱喝啤酒，爱琢磨怎么做才能让整个世界更加秩序井然。既信奉民主，又积极推进社会福利落实。'公正！'寄希望于革命。这一切都是多么的德意志。"在另外一封信里，作者又补充道："这种受限的德意志的能干、听话、诚实（……，那个）会计，走进了政治界。"[25]这样的描绘虽然半句都没有提到政治上的日常工作，却为人们提供了一窥政治领域全貌的视角。在这位极具语言表现力的记者笔下，取代了政治素材的是触及内心深处的一道目光，这道目光直接投向所有德意志人共享的集体心理。很快，罗特本人也要尝到它的苦头了，只不过，在他写下上文的时候，也就是1925年那会儿，这一切都还不在预料之中。

战争之后，德国人并不想真的接收到这一类启蒙。等待约瑟夫·罗特的是悲哀而了无生机的命运，他很快就重新调整了自己的政治立场，投靠向亲近皇室的一方。若是不把"左翼"的时政作者对它的阅读与赞同也算进去，《臣仆》在相当长一段时间里可以说没有取得任何成功。这部小说的首版是1918年在莱比锡，即出版家库尔特·沃尔夫（Kurt Wolff）那里问世的，由此产生了一种近乎讽刺性的效果。因为在该书［由版画家埃米尔·比勒陀利乌斯（Emil Preetorius）设计］的封皮上，沿用了出版社的私家印章图案，即一头罗马母狼。这头母狼代表了人文主义时期的罗马，是西塞罗的罗马、维吉尔的罗马、贺拉斯的罗马与奥维德的罗马的统称。哪怕并非出自本意，曼笔下那些野蛮且濒临陷落的新条顿人，还是跟罗曼语国家战无不胜的高级文明来了一次正面的交锋。跟刚刚那部作品在读者数量上形成了鲜明对比的，是受众群体相当庞大的"政治小说"《没有空间的民族》（*Volk ohne Raum*），作者为汉斯·格林（Hans Grimm），它出版于 1926 年。正如作者在开头所讲的那样，这部小说呈现的是"我们德意志的命运，就像学校和党派自然不可能教授的那样，因为他们既不能，也不想。这命运是怎样的呢"：先节节攀升，而后步步退败，末尾处返乡。然而，奥托·迪克斯（Otto Dix）所创作的三联画《战争》（*Der Krieg*），或者是他那充满了最令人毛骨悚然的战争场景与战争创伤、使用现实主义手法描绘出的《战争文件夹》（*Kriegsmappe*），也都诞生于那个年代，但它们却在市民阶级的艺术活动中，遭遇了明确的否定与拒绝。在这件事上，德意志的执拗再一次让人羞红了脸。灾难面前，人们宁愿选择紧闭双眼，却同时将全世界送到战场上、推进混乱不堪的无序之中，他们的做法帮助罪恶赢得了胜利。

后来，希特勒的大德意志战争开战，尚在中期的时候，即最终的败局到来之前，流亡中的海因里希·曼写下了这样的笔记："德意志对整个世界的占领行动一会儿这样，一会又是另外一个样子；但其中始终不变的原因与基础就是，对人和事物的一种可笑的误判。"[26] 紧接着，他又在这段话后面写道："可迟迟没有出现的却是对整个德国下一道唯一的命令，这道命令很有可能给所有人带去福祉。归根究底，教育你自己！"席勒的要求："把你们自己培养成……更加自由的人"——对这位解剖他所在时代的人来说，依旧没有得到实现。而且，他是对的。之前我们提到过的那些染上了褐色的自封为民族教育者的作家实际上并不懂得，要发布哪些对人们来说能改善处境的准则。毫无内容可言的"德意志的意志"，又能做成什么呢？德国人——经历过失败、宪法更迭、莱茵兰被占、通货膨胀、"党派间吵嘴"、"会议厅斗殴"而变得深深不安——在这种情况下是容易被诱导的，是难免会遭受民粹主义宣传手段控制与摆布的。他们的传统价值已经失去了足以站稳脚跟的土壤，他们的精英也发挥不出作用了。

在法军占领莱茵兰事件发展到顶峰的时候，出现了一部语录集锦，它既紧跟时事形势，却又在思想上十分落后乃至倒退，并且深受民族主义观念影响，这部作品就是诞生于 1923 年的《莱茵河之声：给德国人的读本》(*Stimmen des Rheins. Ein Lesebuch für die Deutschen*)。出版这本集子的人是历史学家弗里德里希·沃尔特斯（Friedrich Wolters）和他的学生瓦尔特·埃尔策（Walter Elze），后者既是一位军事历史学家，同时也是腓特烈大帝的崇拜者，二人同属诗人施特凡·格奥尔格身边的小圈子成员，另外自己本身也从事诗歌等文学创作。他们这本集锦的精华在叫作"德意志本质"的一章。[27] 两位出版人再一次让《守望莱茵》响彻耳畔，这首歌不但将人们带回到了 1840 年的那场莱茵危机，甚至让人想起了 100 年前的那几场所谓的"解放战争"，这也是现今常被人们忆起的场景与话题。

"希望这本文集成为德国人手边的必备读本：它是一面明镜，既映出羞耻，也照出希望。"前言便如此说道。羞耻是出于战场上的失败与社会精英的无能。希望则因为，仍存在预言家与诗人。通过塑造一个漫画形象般的无限大的敌人，所有的百姓在民族情感上都进入了扩充军备的状态。"总是听到抱怨，那西边的仇敌在我们这里造成了怎样的掠夺与毁坏，他从未停止过对我们莱茵河地区领土的觊觎，我们坚持不懈的防御却鲜少成功。总是有那么一些德国自己的狂热分子、德意志的背叛者，给这仇敌送去了数不清的支持。而他们为什么要这样做，不少是出于心胸狭隘的自私自利，更多的是出于不知节制的思索与揣摩，他们总是在统一的意愿与分裂造成的无能之间绝望挣扎，作为共同体的国家跟人的精神教育之间的角力亦无止境。这之中的精英群体不断地发出警告与要求，预言家使用饱含希冀的煽动性语言，只为实现那最难以达到的目的：德意志的思想、德意志的帝国、德意志的人类……莱茵河再次成为历史最悠久，同时也最符合眼下最新形势的困境，它的命运就是祖国的命运。"通过有意识且骄傲地世代传承的德意志精神，人们试图生产出一种意义来，因为"德意志"这个概念，就已经在内部蕴含了意义本身——这种做法，却只不过是一种"德意志迷"的表现而已。

这几行字，自己给自己做出了评论。对法国人的敌视、痴迷与背叛的行为、过度的思考、预言家做派成了德意志的品性、软弱无能的四分五裂、正在发生的命运、德意志的思想、德意志的人（"德意志的物理学"很快也会加入这一行列）——完全没有想到自己的责任与过错，自己的无能与失灵，自己因为导向性谬误而对正发生的一切应承担的责任。这是思维的阻滞。与之相对，人们发誓献身一场号称会带来成功的巨型精神之战，这场大战会一直打下去，直到与古希腊、古罗马比肩，远超罗曼人的德意志形象与基督教信仰在我们的民族性中毫无保留地融为一体的那一天。

沃尔特斯又一次动用语录集锦这一工具，是在他自己以文化史为坐标轴的五卷本作品《德意志人》（*Der Deutsche*）中（1925~1927）。[28] 他预设的目标是，通过格奥尔格构想中的整体教育，用民族思维来引导那些更高一级学院的学生们。"师父"本人却并没有受到它多大的影响。1924年的时候，沃尔特斯不顾格奥尔格的反感，再度积极参与了施拉格特庆典，这一活动是为了纪念对法军占领莱茵兰发起破坏行动的那位阿尔伯特·莱奥·施拉格特。施拉格特本人跟纳粹走得很近，于1923年被施以绞刑，但就在同一年，鲁登道夫和希特勒还公开表示了对他的敬重。因此，他的形象随后上升成了纳粹英雄的典范，就连马丁·海德格尔也在发表于1933年的那次声名狼藉的弗莱堡大学校长演讲中，夸赞了他的英勇之举。此外，纳粹作家汉斯·约斯特（Hanns Johst）还创作了一部与这位主人公同名的戏剧，1933年4月20日首演后连映100场，剧中亦将施拉格特这个人物塑造成了一个英雄的形象。就这样，诗人施特凡·格奥尔格的几个"朋友"跟纳粹搅到了一起。这种同流合污，或者至少是为虎作伥的行为所带来的一系列后果，弗里德里希·沃尔特斯都没能再经历一次，因为他在1930年就告别了人世。瓦尔特·埃尔策倒是于1933年加入了德国国家社会主义工人党（NSDAP，即纳粹党），并且还在柏林获得了一个历史学教授的教席。

如此无节制的狂妄自大，保准会让一个今天的德国读者因为羞愧不堪而红透了脸。除了《莱茵河之声》里流露出的那种受到了迷惑、失去了理智的盲目以及对自身的错误认识与判断，还有那些可怕的、空洞的、公式一样的口号，什么"德意志的思想"，什么"德意志的人类"，都会让他惊恐万分。与此同时，作为一个当今的德国人，他或许还会惊讶于这样的自我欣赏、自我陶醉，与在此不久之后便被引用的那句歌德的原话形成了多么关键性的自相矛盾："我们德国人是属于昨日的。"[29] 这样的引言，是绝对不会偷偷溜进《莱茵河之声》的书页里的。好像这些都还不够似的，出版人还把自己搜集整理的这本小册子提升到了一个更高的台阶，使用的方式是通过引用歌德的朋友，苏尔皮齐·波瓦雷（Sulpiz Boisserée）："要是德国人不曾囿于以自私自利的利己主义为出发点的猜疑心，以及颇耗人心力的凡事不信为先，或许他们今天……早就成了屹立在这世上最强大的民族"，也就"不会受上帝的重判"了。[30]

这样的看法或许会让人想起席勒，说不定还有赫尔韦格，但若不加以解释与评论，无论如何它都不会被编入1923年前后的政治局势的上下文之中。《莱茵河之声》并没有播下怀疑的种子，更谈不上什么批判了。尼采关于"昨日性"的加强版看法得不到任何接受与采纳，哪怕这位哲学家本身在格奥尔格圈子里格外受到青睐。只有在阅读利翁·福伊希特万格的几部小说时，人们才会真正对20世纪20年代，尤其是在最初那段时间里德国压抑的环境氛围有隐约的体会和感受："在德国，到处都是骚动、专断、混乱、苦难。"这样的描写与格奥尔格及其追随者庄严肃穆的"预言家做派"（Sehertum）似乎不太搭调，却形成了一道腐殖质层，它的内容物就是所谓"真正的德意志人"（Wahrhaft Deutschen），这一概念以令人惊骇的速度不断地攀升，很快就成了显而易见的现实，在那个人尽皆知的党派口中，福伊希特万格也是一个这样的"正牌德意志人"，而该党派所取得的成功，在《莱茵河之声》的两位出版人眼里看来，真正实现了皆大欢喜。[31]

因为惯常嘲人讽世而并没有得到德国人过多喜爱的卡尔·克劳斯在这以前，确切地说是第一次世界大战爆发后的开战期间（1915），就已经在自己的杂志《火炬》（*Die Fackel*）上，随后又在他的戏剧作品《人类最后的日子》（*Die letzten Tage der Menschheit*）中，通过谐音式联想及富有预见性的改编（据说是）斯塔尔夫人的原话，带着怒气却又颇有远见地提出，德意志民族是一个"法官和刽子手"（Richter und Henker）的民族。[32] 到了魏玛共和国时期，他宣称，其实早在歌德那里，"老百姓在解放战争期间所呈现的那种被外部强行附加上的状态，就已经最多只能赢得情感空洞这一印象与评价了"。而这位言辞犀利的作家与政治评论家戴上了歌德的面具，其目的则是给全体德国人以及奥地利人从所谓的解放战争到世界大战爆发所经历的民族历史下一个苦涩的定论：彻头彻尾的空无一物！但不管怎么样，他至少还命名了一样在德意志民族看来有价值的事："家居装饰"（Schmückedeinheim，作名词，原本是命令式，Schmücke dein Heim，即"装饰你的家！"）。舒适性成了安放一个民族存在意义的理想空间，这正是他颇为看不起的地方。跟英雄一点儿都不搭。

差不多同一时间，鲁道夫·博尔夏特（Rudolf Borchardt）则相信，关于民族信念，他可以展示并证明的刚好是前一位作家的反面。博尔夏特收集了许多德意志的观察家在考察过世界各处地形地貌后发表的看法与结论，并在此基础之上断定："虽然德国人缺乏海上航行经验并饱经战争摧残，但19世纪就是德意志的世纪，我们有充分理由将这个世纪，称为德意志精神的世纪。"他中气十足地设计出一套方案，让德意志人"在地球形成分层之后，只能从本民族的精神高度俯瞰这个宇宙与大地之间的相对世界，在这个世界中，那些驾着各式帆船在水路上乘风破浪的征服者全都不见了身影"，而他这一套文集的读者则应当由此"对德意志精神的历史亦有所体会"。[33]"德意志人"无法也不被允许，对这个世界表示臣服，这就是兼作家、研究者与地理学家多重角色于一身的博尔夏特对此事的通观总论与处理方式。他穿越了这个世界的深渊与纵谷，在自己的脑中与笔下，创立了一种攻占世界、驯服世界的精神，在这个精神的陪伴与指引下，他领会了世界的高度应当为何。如果没有权力，精神也是一件不错的替代品。整个民族对自己的过高认识与评价，亦可以通过精神得到鼓舞与煽动达到。

的确，德国人曾经拥有的独霸天下的军国主义美梦并没有飞远，它只不过是躲到背景之中打盹去了，要不了多久，它就会翻身醒来，只要张口，还会再次一呼百应。当时，没有人能躲得过一条时政新闻的轰炸，它就是在1923年的那场未遂政变中最重要的人物，也是带头的参与者鲁登道夫将军，兴登堡的老搭档，于1924年秋被宣布无罪，得以释放，而另外一位主谋希特勒虽然被判五年徒刑，但（跟之前托勒及其同伙的遭遇不同）在短短的9个月后，就重获自由身，甚至检察官还赞赏他不但有革命的行动，"还收获了自己的信仰……赋予了民族社会主义运动生命,而该运动的最终目标,正是打击共产主义和犹太人,并清算十一月革命那帮罪犯……他为推广信仰德意志事业所进行的活动,始终都该被归为他的功绩……作为对个人的,我们不该拒绝给予希特勒我们的认可。"当时,有位作家创作了一部关于希特勒其人其事的作品,该书以黑格尔式的口吻宣告:"有某种东西从天而降,落到了希特勒的身上……这是由那'绝对的最高权力'委派给他的使命……"全德意志民族都该忠实地坚守住这份安排,并……"全心全意地"相信,由此会得到解脱与救赎。然后,又加上了一句"孩子们的评语":"一、二、三——/那个希特勒,他自由了!"此时,作者的眼前浮现出的是冲锋队队员身着棕褐色制服行军的队伍,耳畔响起的是他们的军歌《钢盔上的钩十字》(*Hakenkreuz am Stahlhem*):"希特勒精神在心中/永不沉没。"[34]

哲学家、政论作家的特奥多尔·莱辛提高了自己的音量,尽管到头来只是徒劳一场。1925年,总统大选在即,莱辛用批判性的目光和他一贯的嘲讽语气,同时又相当具有洞察力与预见性地警告世人,对被提名为"右翼"候选人的兴登堡将军应多加小心:他完全不适合出任总统一职,他的政治立场是倒退与反动的,他号召青年人起来发动新的战争,并且像牧师传教一般宣扬,德国军队必将赢得胜利、开进巴黎,他虽品行正直可靠,却受人利用,成为一枚政治棋子;而事实上,他只是"一个问号,一个零"。[35]总统的高椅上,端坐着一个零:这就是当时德国的暗淡光景。这位政论家写出的话,对戈培尔(Goebbels)之流"右翼"民族主义者来说很是碍眼。于是他们迫害他，威胁他。事实上，莱辛害怕和担心的，是在这个"零"（Zero）背后，会出现一个"尼禄"（Nero），一个杀人如麻的纵火犯。而且，他是对的。他成了这帮人手上的第一批受害者。妄想蒙上了德国人的双眼，尤其是在自1929年开始的世界经济危机中，进一步加强了他们总是觉得遭受了侮辱的心理，它创造出一种来自小市民阶层的勇气，并期待被希特勒及他的褐色军团悉心呵护与照料。理智与这种妄想根本无法和平地共处一室。"高举的旗帜，／一排紧挨着一排，／冲锋队在行军……已经有千百万的人，将目光投向纳粹符号，心中充满了希望……"这几句歌词正是出自《霍斯特·威塞尔之歌》（Horst-Wessel-Lied），从那时开始，在德国，每个人肯定都听过它。

这不啻一种投毒行为，并在政治上与精神上都造成了极具破坏性的影响。知识分子对此并不免疫。他们当中的许多人成了极端右翼分子的思想先驱。而他们心中所设想的，是一个彻底而纯粹的德国。哲学家、社会学家汉斯·弗赖尔（Hans Freyer）在1925年的时候便已经为元首精神做出过辩护，而这一言论在国内很快就产生了致命的后果。[36]"元首与他的人民：元首几乎只不过是将受他领导的那群人自有却不自知的意志进行了充分的阐释而已；是受领导百姓的表象对受领导百姓的实质所发出的呼吁。而元首知晓百姓的实质是什么，比他们自己知道的还清楚一些。他对待他们的方式，就好似他们已经成了他们能变成的最好的样子。于是，他们确实就朝着这个方向发展，并且自己如今也就明白了自己的本质。""然后，就像一件艺术品那样，从不成形的材料之中，诞生了一个有着独特造型的结构，这都是因为对面站着唤醒它的人……就像创作者意志的第一次抛掷使整件作品被迫走上了它的成形轨道，领导人意志的第一次伸手（通常都是元首的某个具有决定性的行为），也将后来追随他的那群人从安宁中扯出来，把他们拉到前往目的地的方向上。"后来，他又说得更清楚了："一个国家，就是帝国和人民的统一体。人民，就是由一群人形成的以创造一个帝国，并将其作为自身的命运发展空间生活在其中为最终要义的产物。而人民这一组织，与任何其他由人组成的结构都一样，是元首的作品。也就是说，元首才是创造出国家的实际原力：他所使用的方式就是，将他的人，变成他的民。"在这段话里，你能找到一个酝酿中的元首国家身上所有的关键词，虽然并不等于说，希特勒或他的影子写手们就是依照着汉斯·弗赖尔的这个思路去发展的，但显然他们对这个名字也不陌生。哲学家合了掌权者的心意，他本人也清楚如何从1933年开始把这一点充分地利用起来——例如让刚刚降生在德国没多久的社会学被迫停止发展。

到了1929年，库尔特·图霍尔斯基（Kurt Tucholsky）用一部言辞上尖刻、立场上和平主义的讽刺作品，批驳了上述的论点以及弗赖尔的元首精神。这本文字与图像［所有照片均出自摄影师约翰·哈特菲尔德（John Heartfield）之手］交叉呈现的散文诗歌集问世于1929年帝国议会选举之际，被作者取名为《德意志，德意志高于一切》（Deutschland, Deutschland über alles）。给它取这样的一个名字，是对"那首吹牛皮的诗"——新定的国歌——"里愚蠢透顶的那一句"（图霍尔斯基语）进行的戏谑："德国是个被割裂的国家。它的一部分是我们。而且，在所有的矛盾与对立之中，都有——不可动摇地，没有旗帜、没有手摇风琴、没有多愁善感，也没有抽动的刀剑——我们对我们的家乡静默的爱。是的，我们爱这个国家。"[37] 这种自我认识助益甚微，虽说能让同道中人感觉受到了支持与鼓励，但就那些来自"右翼"的"敌人"而言，尽管有对德国的示爱，却并没有产生什么其他的影响。这部讽刺图文集溺亡于褐色的泥潭。后者的毒液让整个社会都闻风丧胆。

图霍尔斯基在这首诗上所花费的功夫，让它与启蒙形成了彻底的互文："统一"跟一个被割裂的德国之间相去甚远；"自由"好似也受到了物质穷困与冲锋队出现的双重威胁；至于何为"公正"，也被用两套不同的标准来进行衡量。这些正好都在刚刚过去的那个所谓的"沃尔登血腥之夜"（*Blutnacht von Wöhrden*）［在迪特马尔申县（Dithmarschen）］得到了验证。那一晚，冲锋队队员向共产党员发起挑衅，斗殴中前者的参与人数是后者的三倍之多，明明是纳粹罔顾集会游行禁令策划并上演的一次行动，过后却只有一名冲锋队员被判刑，与此同时，背上罪名的共产党员却足足有13人。司法部门的右眼早就瞎了。可德国人却仍旧相信他们的掌权机关，尤其是他们的总统，那位战争英雄，那个莱辛口中的"零"。(246)

图霍尔斯基这位作家既是忧国忧民的观察家，也是对所见所闻出言辛辣讥讽的阐释者。他曾以伊格纳茨·弗罗贝尔（Ignaz Wrobel）为笔名，撰写了不少评论文章，并借此给他的同胞下判断。例如："要是我们当中有谁讲了个精彩的政治笑话，得有半个德国都坐在沙发上，生它的气……主要是德国人常犯这样的错误：

他们总是把描述者与被描述的人或事物混为一谈，没法清楚地分开看待。比如我要是想描述酗酒这个事的性质……那么我没法用虔敬的《圣经》语录把它说清，只有当我用引人入胜的手法塑造出一个成天烂醉如泥、毫无希望可言的醉汉来的时候，才能达到最佳的效果……在德国，人们把这种做法称为'哗众取宠'。可是酗酒的性质确实相当恶劣，它会伤害整个民族的根本，只有不留情面地揭露真相才能帮上点忙。"图霍尔斯基既讽刺了德国人不懂幽默，也顺道抨击了他们的豪饮成性。

　　对于这样一个真相，人们的态度自然是拒不接受的。他们仍然选择了沉浸在褐色糖浆里。伊格纳茨·弗罗贝尔用尖酸刻薄的语气攻击了德国的银幕作品："为什么我们的漫画杂志、滑稽戏剧和喜剧电影都如此贫乏且寡淡无味？因为没谁真有那个胆量，直指那只扒在整个民族躯体上的肥章鱼，正是那个怪物的存在，才让我们举国上下气氛沉闷、久卧不起。这怪物的名字有几个：臃肿、懒惰、了无生趣。"莱辛其实早就说过类似的话。可人群中的大多数却并不具备此等理性。一点幽默感都没有、只会把自己灌醉，然后瘫成一团烂泥的德意志族人，"已经变得愚钝无比"，根本听不出这讽刺背后那良药苦口般的严肃性，任由灾难大摇大摆地走入人群。作者显然惹怒了观察家与评论家。图霍尔斯基不得不先离开德国，走上流亡之旅。此时的德国境内，人们却也在期待着一场内战的降临，紧张的气氛愈来愈浓。

　　早在此前，正是同一位讽刺作家已经针对包含司法体系在内的德国官僚主义进行过抨击："德国人有种迷信：他们接受这样的假设，即通过一种人为的、造作的且浮于表面的职权分配，有些人就可以推卸掉自己的责任不管不顾；他们相信，只要给一种下流的行径扣上一顶'职务所需'的帽子，就足以在一本叫作'人性'的赊账凭据上再开出一张新账单来；他们相信，在这世界上肯定有那么一些东西，任凭人的情感有着一百次被驱逐、一千次卷土重来的韧性，也无法攻进这些东西的领地；（……）这就是德意志人的人生观，就是它，让与其他民族之间的沟通与交流变得如此艰难。没有灵魂的会计赢得了胜利。'人性的'，在这片土地上，周身浸染了由秩序失灵、叛逆顶撞与不可控制的杂乱无章混合而成的流氓气息。总结发言：德意志民族的人……没有细腻的、健康的情感，只是一群对着抒情与感伤狂吠不已的乡间野狗；没有真心，只有一台又一台自动记录仪；不愿从真实人生这艘巨轮上的所有缆绳中抽取出那条'人性的'红线，宁可单独创立一个自成一派的部门：人性部。"于是，德意志人在他的笔下成了乱叫的野狗，机器至上者：那个康德的国度，开始将一切普遍的道德准则，将"人"遗忘在一边。"许许多多的公务员，成了纳税人的死神。"

在图霍尔斯基的笔下，两位著名的勇士针对德国此刻的悲惨境地用押着韵的诗行交换了自己的想法，他们俩一个是德国人，一个是法国人，那个德国人是格茨·冯·贝利欣根，那个法国人则是拿破仑在滑铁卢的卫队司令，皮埃尔·康布罗纳（Pierre Cambronne）。格茨说："'我的铁杆弟兄，你觉得民主派怎么样？/他们还在往每一杯酒里，兑进去自己带的水，/做得小心翼翼，/考虑周全，/宽宏大量，鼠目寸光，——/自己也总是在躺着。你对此看法如何——？'/'他妈的——！'康布罗纳说。／接着，他还说：／'那你，好哥们，对普鲁士的法官们怎么看呢，这些诗人与思想家的执行官？／他们是如何视而不见、听而不闻——但做出判决／让憾事与怨叹一再扩张蔓延。／是如何给手无寸铁的百姓套上他们的绳圈？……'／'……'格茨·冯·贝利欣根答道。"单凭这几句话，就已经表达出了左翼民主人士对魏玛共和国的宪法机关有多么失望透顶。这段讽刺的对话在今天听来或许还能博人一笑，但在当年，它并没有激起任何波澜。图霍尔斯基自己逃亡到了瑞典，并在那里与世长辞，直到最后一刻，他想起德国都只剩心灰意冷。

在政治立场上更近社会主义者的利翁·福伊希特万格也曾以自己的方式发出过类似的提醒与警告。他大约在1929~1930年，把多瑙王朝各继承国之间混乱不堪的糟糕关系拿来与德国的情况做对比。相比过后，他给自己国家做出的判决反倒更加冷酷无情："在罗马尼亚、匈牙利以及保加利亚，犹太裔的和信仰社会主义的被告人在经历了滑稽可笑的法庭审判程序之后，被数以千计地射杀、绞死或判处终身监禁，原因只不过是一些并不能得到证实的所谓犯罪行为。与此同时，明明已经有足够的证据指向民族主义者犯下了罪行，等待他们的却要么是干脆不提起控诉，要么审判过后被无罪释放，要么轻判了事，甚至有时还可以获得赦免。德国的情况也跟这差不多。"[38] 看看鲁登道夫、希特勒或者托勒吃过的官司最终结局如何，再看看其他数不胜数的类似案例，就可以明白，这位小说家的观察所言非虚。一、二、三，希特勒，他自由了。

利翁·福伊希特万格的小说《成功》（*Erfolg*）是一部真正意义

上的时代小说，它以巴伐利亚及其司法系统为例，描绘了1921～1925年，整个德国社会日渐凸显的精神上的没落。虽然说1923年发生的那场愚蠢幼稚的啤酒馆政变以失败草草收尾，但作者还是敏锐地感觉到，独裁已成大势，只不过在酝酿之中而已。他准确地领会到，此刻国内大环境的氛围只能用一个词来予以描述，那就是法西斯化。小说结尾的所谓"信息"用隐秘含蓄，但话中有话的表达方式点明，他所援引的最重要的消息来源便是《米斯巴赫指南》。作者写道，现今可供查阅的该报"一共只剩两份，一份被收藏在大英博物馆里，另一份则身处布鲁塞尔原始文明研究所中"。这一处微妙的细节实际上是在指出，1914年由德国人实施的、意图对英国发起挑战的突袭比利时行动，是眼前一切苦难与不幸的前奏及开端。而这一行为，最终则被归入了"原始文明"的范畴。或许福伊希特万格在写作的当下对此并不知情：为《米斯巴赫指南》撰写出最为污秽下流文章的，正是那位"爱说闲话的"托马（他发表文章的时候一直龟缩在匿名的保护之下，这点在他死后才被泄露风声）。

同时代的其他作家，也纷纷匆忙地开始描述人民悲苦哀怨的生活，这些诗句要是放在从前，一定会被当作无病呻吟来看待。恩斯特·莱布尔（Ernst Leibl）也是这其中的一员，这位后来在斯特拉斯堡帝国大学获得教授职位、第二次世界大战过后仍能在慕尼黑继续自己学术生涯的作家，在1930～1931年出版了题为《星下的帐篷：朝着时代呼喊的作品集》（*Zelt unterm Stern. Werk-schar-rufe in die zeit*）的诗集。[39] 其中有一首叫作《在山顶歇脚》（*Rast auf dem Gipfel*），采用了表现主义的笔风："德国……/黑暗中呼啸。/一声呼号平地而起……//从黑暗中迸发/出的这声呼号;/成了晦暗不明的,/饱受强敌奴役的,/被外族的铁蹄侵占蹂躏的/德意志土地的悲歌……你的百姓已摆荡/如一颗满怀爱意的心脏,/他们猛烈的爱中,带着重生与创世的力量,/他们冲进笼罩在血染的大地上的/仇恨的浓雾……我们,/一个民族!/我们,/一种命运,/虽曾被战胜,/尽管命运使然,却仍,/屹立于战争废墟中,/那场对抗时间的战争,是我们赢。/我们,世界中的一个世界!"后续的文字依旧延续着这种腔调:一个来自苏台德地区的声音,祈盼着它的救赎者……不过,这个救赎者应该是来不了。

至此,"青年运动"已接近尾声。施特凡·格奥尔格这个魅力十足的形象成了许多人心中的榜样。彼时,人们普遍期待在第一次世界大战过后能出现么一位大人物,一位刚好几乎具有超人类特质的领袖。于是,恩斯特·莱布尔也就顺水推舟地借用了这一心理,切切实实地提供了一种制造意义的方式——效果十分惊人。1925年,人们在"恩斯特伯格基督教德意志兄弟会"(Christdeutschen Burschenschaft Untersberg)中根据瓦尔特·亨泽尔(Walther Hensel)创作的旋律齐声合唱,而十年之后,不变的旋律,演唱者变成了希特勒青年团成员。歌词都是同样的一段:"我们举起双手/从最深、最苦的困境之中。/上帝派来这位领袖,/他面向我们的烦恼/携带着强大的、有影响力的信条//唤醒我们之中的英雄吧,/他会给你的子民带来悲悯,/你的子民在夜里被偷装上车/被卖掉,被背叛,/去到敌人的臂弯。//从我们之中提炼出英雄来吧,/他应当在一切困境中保持强大,/他要把德国变得一样强大,/他会虔诚地引领着你的德国,/见到新的晨

曦。"莱布尔当初构想的这位领袖是谁并不重要，反正在希特勒青年团那里，大家对这位领袖的身份已心知肚明。⁴⁰

整个社会的思想氛围如此，纳粹运动招募追随者便也不是什么难事，偏偏刚好是受过教育的市民阶层这一族群踊跃者众。讽刺作品成了民主人士用来与这个已经放弃了思考的民族及其发展趋势抗衡的唯一手段。作品中能够听见这样的怨叹："东边是罪犯的地盘，中部是骗子的大本营，北部民不聊生，西方奸淫猥亵，无论从哪个方向看过去，这片土地上都盘踞着堕落与衰败。""那么，在堕落与衰败之后到来的将会是什么呢？"主人公的回答是："我觉得，恐怕是愚蠢。"埃里希·凯斯特纳（Erich Kästner）在他的小说《法比安》（Fabian）中用上面这段对话刻画了 1931 年的柏林。在第三杯比尔森啤酒下肚之后，主人公中学时期的同窗对他坦承："我是钢盔党，不过没有佩戴徽章。在作为一名公民进行日常实践的时候，我不方便公开确认自己的身份，但事实就是事实，不会因此发生任何变化。这是一场绝望的战斗。""要是你们挑头的话，压根就不会有任何战斗。"法比安这样反驳他。"直接就论到绝望了。"在纳粹的领导与庇护之下，反犹的"钢盔党"跟一个独立的政权没什么两样。在 1933 年之前，恐惧与遮遮掩掩就已经成了弥漫在人们生活中最主要的氛围，在此中扮演了关键角色的便是冲锋队的打手团。连凯斯特纳本人也未能幸免。⁴¹

另一些人则丝毫无意掩盖自己的党派倾向。德国当时的政治与社会局面促使许多作家与记者奋笔疾书。他们勾勒出各种彼此矛盾、对立的立场，并试图捍卫自己认为正义的一方。但他们当中并没有谁能够以一统天下的"德国"声音自居。就像是戈特弗里德·贝恩（Gottfried Benn）（1929）也挨过言语上的毒打。他的仇家主要有两个，一是与德国共产党关系亲密的埃贡·欧文·基施（Egon Erwin Kisch），人称"暴怒的记者"，二是诗人约翰内斯·贝歇尔（Johannes R. Becher）。此二人曾要求戈特弗里德·贝恩供认：他自己也"是不折不扣的共产主义者"。他们称他为"政治宣传材料的文字供货商"，并非什么"高人一等的世界诗人"。贝恩做出的回应即对自己信仰的招认，它具有一种虚无主义的意味："比发动一场世界革命更极端、更有革新力量的，是教育人类认清：你就是这样的，也不会变成别的样子，你现在这样活，过去也是这样活的，未来亦将这样活着。谁有钱，谁就会变得健康；谁有权，谁就不会发誓；谁拥有暴力，谁就能制定法律。历史是没意义的，并不是一个上升的运动，也没有什么人类的黎明时分。甚至连关于这些的幻想都没有了，虚张声势都已荡然无存……这里只有今天，拿着它的身体，进食，死去。"现实足以击碎一切幻想：人民将他们的救世主钉死在十字架上，领袖们的所有行动都只是出于爱慕虚荣、贪恋权势和信众的盲目与狂热。"上个世纪的文化哲学家……认为，历史的转折点都是从虚无中而来，伟大的、创造性的行动都是无意之间发生的。它们在前进的路上根本不需要什么文字供货商，也不需要任何政治的宣传材料。"[42] 贝恩总结了自己跟魏玛共和国打交道时收获的重要经验。这些经验带给他一个关于德国人的整体印象，一张由党派宣传与虚无主义构成的拼贴画——正是由于这样的剖白，人们曾怀疑他有亲近国家社会主义的倾向。

不光是在"左翼阵营",就连本身属于民族保守派的作家也纷纷表明态度,反对当时糟糕的、一窝蜂似的"集体向右转"。这之中的代表包括理查德·本茨(Richard Benz)。他将拯救德国的希望寄托在一个崭新的、第三类型的宗教上,一种集天主教、新教与贝多芬音乐于一体的综合产物。《精神与帝国》("Geist und Reich")是这篇纲领性文字的题目,文章教导道:"在这场由不同的政治诉求与科学界一厢情愿的想象相互交织而成的混乱中,为精神上的德意志特性这个无限温柔且摇摆不定的概念提供一个仿佛形而上学一般的立足点,并创造出一种标准的有效性来,比此前任何时刻都还困难。试图从物理上流血与仇恨的概念中去收获一个关于德意志特性的神话,这样的尝试正在回避原本的精神现实。而这个现实正是每个神话,如果它们想将其升华成一个象征的话,都必须顾虑到:所有我们流传下来的文化风俗中,那些被塑造、被创作成德意志独有的部分。"[43] 从这样一种神秘主义的方案中,人们既无法提取出任何明确的政治行动指南,也学不到什么能够有效制约纳粹势力抬头的对策。目的只是,正如其前言所述:"广泛且大致地概括一下,我们想说的、想证明的无非是这个意思,即对我们而言,帝国的意义必须停留在精神层面。"此番演说在当下日益政治化的语境中,反倒在极大程度上被消解了它的政治意义。它非但让读者感到朦朦胧胧、含混不清,最糟糕的是,它甚至还遭到利用,成了纳粹的神秘教义。

精神的德国?1932年的时候,在魏玛、法兰克福、图宾根及其他各地,人们举办各种活动纪念歌德逝世100周年。托马斯·曼是其中一位典礼致辞人，演讲的弦外之音仍在试图推进民主。而格拉夫·凯斯勒——绝非"左翼"——却在 1932 年 8 月 7 日，记录下了完全相反的印象："整个德国知识分子这一阶层，是在歌德时期、浪漫派时期扎下的根，如今彻底地染上了纳粹这种恶疾，连自己也搞不清楚原因。"难道是希特勒狂妄自大的夸夸其谈蛊惑了他们？反正在凯斯勒眼中，他们就是堕落了，染病了，却仍不自知。一群无精神可言的精英，出于自身的无能与失灵造成这等局面，然后，还继续困在前些年的霸权美梦中不肯醒来。不光这样，他们还轻声地哼唱摇篮曲，让大部分德国人都陷入了麻痹、毫无警惕的状态。人们将造成衰败的责任都推给别人。而真正用言语审视自己，甚至批判自己的文学家寥寥无几。文学的诊断水平一流，治愈力却几乎为零。

10
"真理的腐坏"：纳粹时期的退化

希特勒在大选中获胜之后，有些哲学家发出了欢呼，比如埃里克·罗特哈克（Erich Rothacker）。后来，他终究还是（当时人们用的就是这种措辞）成了哲学家于尔根·哈贝马斯（Jürgen Habermas）的博士生导师。1933年的8月，他在慕尼黑发表了一番演讲，近乎是扯着脖子为纳粹摇旗呐喊、大肆庆祝，这篇演讲的题目叫作《国家社会主义文化政策的基础与目标理念》（*Die Grundlagen und Zielgedanken der nationalsozialistischen Kulturpolitik*）。[1] 罗特哈克称，摆在德意志民族眼前的真正任务，"除了成为一个国家之外，还要成为一个民族，成为德意志……"演讲人所采纳的用词风格与戈培尔如出一辙；用当下的话说，叫作贴近生活。身为大学生的青年人有一份"珍宝"需要他们呵护，那就是德国，这是他们"最深切的义务"。

在执行这个形成民族的计划时，有一批人被踢出了名单，他们分别是"热衷于谈论全人类福祉的空想家、爱好和平的自由主义者、不食人间烟火的文人墨客、缺乏国家观念与责任感的知识分子"。因为，哲学家继续说道："我们肩负着该死的义务与责任，夜以继日地思考我们作为一个民族国家应有的理想形式,我们需要一种哲学,它应该在发生过如此之多的政治事件后,能够对贴近生活的具体提问做出阐释与回答。如何满足这个需求,就是我们要思考的内容。"在此基础上,罗特哈克还设计了一份指导纲领,这是一份"宏大的国民教育年度计划,它的实施方式是广泛地认识德国……这种认识是经历德意志特性的原材料,而通过德意志的特性,每个人都能重新获得机会,根据他的位置和我们德意志民族的一些思想精神,将自己纳入我们国民生活根基深厚的连续性之中。"一系列民族象征构成的链条:班贝格的骑士、丢勒的《骑士、死神与魔鬼》(*Ritter Tod und Teufel*)、瑙姆堡大教堂以及更多诸如此类的标志物,应当要将德意志的主人翁意识、德意志的荣誉感、德意志的严肃、德意志的大笑、德意志的酒兴,植入大众的心中。尤其是"关于德意志人的"神话传说,以及"让冲锋队员成为所有德国人新的政治立场的统称"这样一个想法,更应该被灌输到所有百姓的思想观念里,罗特哈克在 1934 年做出了这样的补充。冲锋队员、打手成了德意志的理想典范,是哲学家给他们镶上的这道金边。

这条路通向哪里,罗特哈克也做出了说明:他在 1934 年为"帝国内政部"撰写的一份不对外发表的备忘录中说道,德国的"高等学校与研究机构"面临的任务是,"在技术、物理、化学、医学领域",其实也就是在"所有的文化领域",替预期中的那场"未来战争"做好"绝对有必要的提前教育":德意志的本质说穿了,就是全民族实行备战教育。这是对德国哲学一直秉持的道德价值的背叛,在此之前,那些价值的定位相当大程度是人类的、普遍的、世界主义的,恰好不是国家或民族主义的,哪怕它们的代表人物中也不乏爱国者。

在当时,德国思想家跌进纳粹的日常政治,并把"德国"这个概念拿来糟蹋的,罗特哈克并不是独一份。不计其数的哲学家与诗人纷纷摆出相应的姿态与表情。继煽动民众的抒情诗、胜利颂歌、自大狂妄的词句之后,现在,高举旗帜的游行、阅兵等一系列异于平常的场景,也登上了德国人的麻醉剂清单。1933 年 5 月 3 日,诗人、把纳粹摸得门清的行家、日耳曼语言文学教授以及青年大学生的蛊惑者,恩斯特·贝尔特拉姆(Ernst Berstram)拿施特凡·格奥尔格的诗句做点缀,狂热地谈论起《德意志的觉醒》[Deutsche(n) Aufbrusch]来:若有"强大的力量在我们的人民中出现",那么"整个民族与国家的面貌都会发生无与伦比的改变"。"巨大的危险会帮助巨大的拯救者成长——救星来了。"他在演讲中提出,"具有象征意义的条顿森林战役已经以不同的形式重复出现",特定的日耳曼种族会经历奇迹般的返老还童。这位大教授丝毫不回避为觉醒的进程欢呼喝彩,因为它"反对那种难以生存的理性,是一种摧毁性的新启蒙,是能与脱离群众的政治教条主义相抗衡的,是跟所有的'1789 理念'都背道而驰的,它试图逆转一切违背日耳曼精神的趋势,拦截住过度外族化的潮流"。为了对抗上述敌方目标,"如今德意志民族深层的力量已渐渐升起:一场自我认知与思考的觉醒"。[2] 又是一番美化"昨日"的宣传言论,每次都能吓得人心惊胆战。这次还加上了毫不掩饰的种族主义。

同样钻进这个牛角尖的，还有海德格尔发表于1933年的大学校长任职演说。讲稿的文体与措辞，跟那个新近掌舵政党的宣传口径有相当大篇幅的重合与互动，并且开篇就颇符合时代特色地混淆了"有义务公正地管理"与"领导"这两个概念。[3]"接手大学校长这一职位，就意味着有义务从精神上领导这所高校。教职工和学生作为一个整体，唯有真正共同扎根于德国大学的本质，才能觉醒并且变得坚定。然而，这一本质若想获得其明确性、地位和权力，却又只能靠领导者身先士卒，时时刻刻地服从领导——领导他们的是一项精神使命的冷酷无情，这项使命强行将德意志民族的命运打入他们民族历史的特有印记之中。"类似的语调一直持续到全文结束。"褐色"的时代精神如今以德意志本质的身份出现："但是，我们想要看到德意志民族完成它的历史使命。我们想要我们自己。因为，民族中将我们甩在身后的那股年轻的新生力量，已经为此做出了抉择。这次觉醒有多么壮丽与伟大，只有我们在心中拥有了那种深刻而广阔的审慎思考之后才能真正地理解。古希腊的智慧便是在这样的思考之后才说出的：(……)'所有的伟大事物都立于风暴之中。'"最后这句话，引自柏拉图的《理想国》。(497d，9)

比刚刚那番就职演说更糟糕可怕但同时回响也更悠远持久的，是海德格尔在1933年11月11日莱比锡集会上发表的讲话，标题是"德国大学与高等学校众教授对阿道夫·希特勒及国家社会主义国家之自白书"("Bekenntnis der Professoren an den deutschen Universitäten und Hochschulen zu Adolf Hitler und dem nationalsozialistischen Staat")，讲话中，他代表整个学界对于德国退出国际联盟表示同意与支持。上千名大学学者率先签上了自己的名字,这就是德意志学者中的大多数。[4]海德格尔毫不掩饰地为民族科学大做宣传,比他出任校长、发表就职演说时还要坚定许多。用他的举证、援引、修辞、表达,海德格尔只做了一件事:合法化对德国哲学的摧毁,并将德国哲学带到逆行道上,使其成为希特勒-国家的工具与臣仆。

这次发言篇幅并不长,但它带领着"所有德意志的民族同胞",离"实现一个纳粹国家"又近了一步,出于"元首"的意志。遵照这一意志,德意志民族要"保持属于他们本质的威严与果断",这是维护它民族尊严的基本法。"我们民族迈出了这一步(退出'国际联盟'),此后只遵守人类生存最根本的准则:一个民族要想延续下去,首先必须有自己的追随者……我们不再把思想当成崇拜的偶像,因为它既深不见底,又软弱无力。为这思想服务的哲学,我们已经能看到它的尽头……人们探究存在时,有一股最原始的勇气,它能够帮助存在物生长,亦不惧将其摧毁。这股勇气,就是民族科学开始发问的最深层动因。国家社会主义革命……给德意志民族之存在带来的,是一次彻底的颠覆。"海德格尔用存在哲学的语言,为希特勒夺权及其后果阐明了理由。最后——跟当时几乎所有的教授发言一样——他用新德意志式的问候结束了自己的演说。

"德意志的民族同胞",所谓的"大众",注定到后来也没搞懂这番本体论的空洞说教究竟言之何物。不过,他们总会弄清楚的一点是:一位哲学家、一位大学校长,同时,有上千名教授、各自学科的学术权威跟随他一道,为元首欢呼庆贺,为元首站队助威;他们站在最高的观察角度，为当今时事做辩解，用庄严崇高的词语，阐述分析发生的一切。不是演讲的内容，而是有震撼力的教授数量发挥了影响。思想精英总出故障，老百姓一再上当。大众看不穿这背后宣传煽动的本质，只看到了高校教师自愿献身，为其充当帮手。一番说辞之后，群众眼花缭乱、神魂颠倒，边跟着欢呼，边受驱赶，走向了"摧毁"的那一端。只有极少数的知识分子对此表示反对，还都是在非公开的场合。

当时，论内在思想含义的空洞程度，还有一部文学作品与海德格尔这两篇讲话不相上下，那就是汉恩斯·约斯特创作的剧本《施拉格特》（*Schlageter*）。它从戏剧的舞台上向纳粹国家提供了最为纯粹的宣传材料，并因其语言简单、贴近大众而达到了比海德格尔的哲学语汇更加出色的效果。没有任何一家德国剧院的演出表上漏掉过这出以摧毁莱茵兰法驻军基地为背景的剧目。它以语气强硬、节奏短促有力的句子，将要传递的信息深深植入观众的脑海，将他们对于昔日仇敌的恨紧紧地捆绑在一起，提前给他们做好心理准备：战争仍会开打，这次还将更新升级。观众们听到的台上对话都是这样的：Th："德国人又不是俄国人！"Sch："对，他不是法国人，不是犹太人，不是英国人，不是……也不是……是啊，见鬼了，那他到底是什么人啊？……他肯定也不会只是个军人吧。"Th："这就是问题所在！说不定，在德国人心中，最深刻的意义就是他的战斗……拥护我们的颜色！站直！去战斗！！"人们甚至连惊叹号都能一并听出来。诸如此类的名言警句一直持续到整出戏结束。它提醒人们想起从前的那些颂歌，歌中的德国人是战士、是骑士、是士兵、是军人和军队;它提醒人们不要忘记,从一开始,军魂就决定了他们的民族本质——其实只是看上去貌似如此。然后还有"最后一个词!(……)德国!!!醒来!燃烧!!/引爆!熊熊火焰!!"然后,就真的着起火来了。德国人讴歌这出戏剧,并将它做出的贡献牢牢记在心中:"为了阿道夫·希特勒/带着充满爱的崇敬/与矢志不渝的忠诚。"所以,当时就是这样:罗特巴克、贝尔特拉姆、海德格尔、约斯特,管他是谁,总之,他们的诉求都是同一个:人们要从最深层的意义去认识德意志的本质。[5] 诗人与思想家走上了邪路,而老百姓呢,反正他们原本就从未赞同过那些批评的声音,上起当来也就更容易了。

约瑟夫·罗特,一个被迫流亡且强制加入德国国籍的奥地利人,曾创作过一部名为《拉德茨基进行曲》(*Radetzkymarsch*)的小说(1932),书中分析了世界大战带来的后果,十分值得一读。但在当时,像上面几个例子中那样的纳粹行为举动日益猖狂,没什么人乐意再去倾听他的声音。眼下最新的宗教是国家社会主义,书中这样说。但这一宗教的宗教激进主义会有多么致命的危险性,罗特那会儿还没法预料。民主人士越来越担忧,知识分子亦越来越无助。很快,就在这种纳粹伪宗教的精神指引下,国际主义工人之歌《弟兄们,向太阳,向自由》(*Brüder, zur Sonne, zur Freiheit*)被改写成了党卫队式的:"弟兄们,列队,/听听上千人的呼喊;/德国,我的德国,我们来了,/德国,我们冲锋陷阵,还你自由。"[6] 人们像是被催眠了一般,亦步亦趋,自愿走进"鲜血与土地",走向恐怖主义。咆哮可以喊来德意志的价值——当时的。

更可怕的还在后头呢。诗人、青少年读物作家汉斯·鲍曼（Hans Baumann）年轻时是天主教青年会成员，后又成为纳粹活跃分子，曾在战后获得过极高的奖赏。他为自己在1932年前后写就的诗句——1934年才付梓印刷——谱上的曲子，包括"国家社会主义德意志青年团"在内的相关集体都对此如获至宝，连"希特勒青年团"中也常有人唱起这首歌曲。[7] 无论是它的歌词还是旋律，都传播甚广："全世界腐烂的骨头在颤抖／在一场大战前。／我们打破了那恐惧，／这对我们来说便是巨大的胜利。紧接着是合唱：我们行军的队伍将继续向前，／哪怕将碎尸万段，／因为今天属于我们的是德国／明日便是全世界。"那个"我们"是谁？谁打算庆祝"胜利"？又是谁有那个野心，要拥有全世界？答案呼之欲出，但这个答案与德意志的价值并不匹配——尤其是它当中饱含的关于权力的美梦、狂妄自大的幻想、对各种形式的国际主义的百般阻挠。这个国家里所有曾神圣的东西，如今都被打入了地狱。

这种调性的诗句招来了强硬的回击，批评它的人叫贝托尔特·布莱希特，他公开反对所有的希特勒式做派，是一名深爱着德国的坚定的共产主义者。眼见灾难已降临、铁拳统治正向大众缓缓袭来，布莱希特创作了六首《希特勒圣歌》（*Hitlerchoräle*）（1934），在其中使用了理智清醒的头脑、富有远见的目光，以及渎神的语言风格："现在，你们所有人都感谢上帝吧／是他给我们派来了希特勒／他抖落了一地尘土／在这整个德意志人的国。"该诗借鉴的范本是1636~1647年马丁·林卡特（Martin Rinckart）创作的圣歌（"现在你们所有都感谢上帝吧／以心、以口、以手。／他做的一切伟大事情/都是为了我们，为了所有的完美结局"），腓特烈大帝的将士们曾用它来庆祝在洛伊滕会战中取得的非凡胜利。这首胜者之歌一度于 1871 年 1 月 18 日在凡尔赛宫响起，1914 年，战争狂热分子再次调整了它的音律。作曲家马克斯·雷格（Max Regel）以它为核心片段创作了《祖国序曲》（*Vaterländischen Ouvertüre*），后者响彻所谓"第三帝国"时期的所有音乐厅。"波茨坦日"（1933 年 3 月 21 日）当天，正是这首颂歌护佑着希特勒，将整个保守传统的新教德国收入囊中。而德国的基督教教徒——被看成所有非德意志元素中的集大成者——如今只能在布莱希特的句子里找到自己的身影。旋律还是同一段旋律，只是他们的形象已经成了受诅咒的人类与教会的仇敌。就这样，这首诗与这段旋律贯穿了整个德国的历史。只不过，被寄予政治期望的改编圣歌也没能帮上什么忙；它更像是对绝望之情的一种反映。不公不义继续横行。最终（1955），被囚于俄国多年后终获释放的战士们又一次唱起了这首几度被别有用心者加以诠释与利用的圣歌，希望再往后，它就真的只是一首宗教歌曲了。[8]

这片土地上最杰出的政治作家与诗人，只要是犹太裔的，就都得流亡他乡。他们的话语让掌权者是如此的畏惧，那畏惧的威力大到反过来害了他们当中的每一个人。有别于布莱希特，斯蒂芬·茨威格并不是一名社会主义或共产主义者。他从另外一个角度证实了眼下德国正经历着一场精神上的灾难，它会侵吞每个德国人的良知："并非出自本意，我成了一名见证人，我亲眼看见了理智最为可怕的溃败与暴行最为野蛮的凯旋，二者任人查遍各个时期的编年史均不得见……我只能当一个手无寸铁、软弱无能的见证者，眼睁睁地看着整个人类正以不可想象的方式落后、退步，坠入一种我们以为早已被遗忘的野蛮手中，这野蛮有意识、有纲领地创建了它自己的教条，教条的名字就叫反人性。"[9] 失去了人性的德国。

另外一位马克思主义者是恩斯特·布洛赫（Ernst Bloch），希特勒上台后不久，布洛赫的德国国籍便被取消，只能作为一个无国籍人士在瑞士维持生存。1945年，他决定返回当时性质上属于社会主义的民主德国，1961年柏林墙竖起之后，他转换了方向，前往图宾根，当上了一名教授。他曾回忆起一句被涂在墙上的格言警句，用来描述1945年之前蔓延于德国全境的反智境况十分贴切，它跟茨威格的观察类似，同样宣告了这个时代中理智的完败："知识分子，披着像犹太人一样花哨的外衣，说着好听的话／一个真正的德意志人，永远都不会是一个知识分子。"[10] 新条顿主义、远文明、反智识，一言以蔽之：变态。复仇女神会找上门来的，要吃的苦头在后面。

被德国在精神领域遭遇的断崖式衰落所深深震撼到的，还有另一位亲格奥尔格派人士，诗人卡尔·沃尔夫斯凯尔。[11] 他本身是一名犹太人，并且很早就意识到了，在褐色的野蛮统治下，自己将面临怎样的威胁。1933年下半年，他开始着手创作巨著《生命之歌》（*Lebenslied*），打磨成形花费了超过十年的时间，是一封写给《致德意志人》的苦涩的回绝信。虽然沃尔夫斯凯尔的家族早在奥托二世大帝掌权期间就已经从意大利的卡拉布里亚迁居到莱茵河畔，但他本人的流亡却似乎一生都没有停止过,这首长诗便是他身在异乡、面朝故土发出的呼唤。"你们的变迁亦是我的。/每一下剑刺刀割,我都与你们一同经历。/是什么让我们并肩,牢不可破/一则宏大,一则具体:/我是德意志的,我亦是我。/德意志的山水将我孕育,/德意志的面包使我苟活,德意志的莱茵河,藤上葡萄发酵后/流入我的血液,千年不朽……//你们的皇帝也是我的……//你们的诗人也是我的……///你们的语言也是我的……///更不用说,你们的日子也就是我的……/终曲:你们的道路不再是我的,/条顿人,都已经过去了,你做出了选择/你要留在诺德格拉德,而不是莱茵河,/谎言团结起你和他人,/谎言将羔羊骗上十字架受苦,/鲜血成了种子,精神变得有毒。/你借来符号、管束与法官,/离开了世界神殿/神殿里住着你的皇帝、你的诗人/而你,条顿人,咆哮着,在黑暗中离开。"格奥尔格的诗作为沃尔夫斯凯尔提供了宽慰,不过也仅限于他的诗歌,因为格奥尔格本人最终也不得不表达出深深的失望:"你在的地方,就是德意志的精神!"诗人后来绕道意大利,前往最为遥远的地球另一头,新西兰,继续他的流亡之路。如今,光明让他有机会,好好地思考一下自己的犹太出身,他也在认真的反思之后,写下了《声音会说话》(*Die Stimme spricht*)。作为一个热爱社交的人,沃尔夫斯凯尔在世时总是朋友不离左右,但最终,他却这样告白:"主啊!我要回到你言语的怀抱。/主啊!我要倒掉杯中的酒。/主啊!我要去找你,我想要离开。/主啊!我不知如何转身,也不知该如何前进!/我是如此孤单。"他身边的人背叛了他。

就连当时最具声望的德语诗人戈特弗里德·贝恩,也流露出了亲纳粹政府的态度。他撰写过多篇专门谈论眼下局势的散文与随笔。例如《法国与我们》("Frankreich und wir") 一文中，便不再有与昔日仇敌算旧账的口气，而是描述了他在战争之后，在法国完成的"四次长途旅行"。[12] 一路上，他遇到的大多都是对德国人极度友好热情的当地百姓："无论在哪个地方，我都不曾察觉过有任何针对我们德国人的敌意。而当我们自报家门的时候，反倒会引起对方兴致勃勃的好奇，和一种特别细致周到的彬彬有礼……这里给我留下的印象是，一个德国人不会因为他的国籍而遭遇任何非难。当然前提是，他的行为举止也准确地表达出了礼貌与谦逊的本意，这一点是法国人最注重与要求的。"贝恩似乎惊讶于看到反而是法国人明显地在为正常化做着努力。

涉及礼貌的这个细节提示人们，好像又有理由把法国人和德国人放在一起互相比较一下了。而想知道比较的结果，听听贝恩对德国人的性格刻画就足够了："无疑是一个勤劳的集体，大体上都是些本性淳良的人，大众受教育程度也较高，只不过，大片大片的土地上充斥着荒芜与寂寥……一个政治上缺乏一致性的民族，没有传统，也没有欣赏传统之内在力量的品位，一群认不出形体也没有组织的散兵游勇，几百年来就活在马铃薯骑士的统治之下……一个简单朴实的民族；有宏大的想法，却整体上表现出一种异常与浮夸，没有清楚透彻的明确性，没有一件做得圆圆满满的事情，没有古拉丁语的文风。"难道法国人和德国人就不能携手合作吗？1933 年以前还有人这样问。不成形的大体普通、荒芜、寂寥怎么和法式的风趣机智结合？

没过多久，其他的声音也陆续传来，它们似乎证实了人们早前就已发出的担忧与疑虑。贝恩依旧用虚无主义暗送秋波，边向新掌权者张开双臂，期冀着——徒劳而已——有机会升官加爵。《大众与诗人》(*Das Volk und der Dichter*)（1933）是对一项民意调查做出的回答。[13] 二者或许可以通过以下的方式接近彼此："不是让文学变得更贴近流行口味、更通俗易懂，而是国家要致力于建设公共设施、学院机构、高等学校、专题研讨班，要将这些渗透到国民生活之中，要让他们在文学中看见真正的、自治的卓越性，看到自己民族特质中深层的、秘密的象形文字。一个尝试着这样去做的国家，就像这个新的德意志国家正在努力的一样，就算它最终没能成功，也会收获持久的声望。"想得太周到了——最终失败的是知识分子。通过这样的论述，本希望能够为"民族的"掌权者贡献一份自己的力量。但没能奏效。他口中的文学其实受众只限于精英，曲高和寡，没办法效忠于本来就已经蹲在地上的德国人，做不到为一个日耳曼民族的本质塑形。贝恩十分失望，也因为内部与外部的双重落败深受打击。他将自己打入——照他本人的说法——内心的流放，从此以后将自己视作一个"被印上了花纹的我"。

就在这同一个时间段里，流亡荷兰的赫尔穆特·普莱斯纳（Helmuth Plessner）首次出版了他对德国人以及从宗教改革到希特勒夺权德国人所走过道路的分析。在《德意志精神在市民时代末期的命运》(*Das Schicksal des deutschen Geistes im Ausgang seiner bürgerlichen Epoche*)（1935）一书中，他把德国人——从相对安全的远方——狠狠地训了一顿。依他之见，德意志人在"德意志民族的神圣罗马帝国"日落西山之时或业已沉没之后，除了作为一个民族存在着之外，没什么能拿得出手的。它不曾发展出、宣传过，甚至哪怕是接受了什么具有普适性的民族价值或民族理念。他们更多的是遁入了无关政治的内心性之中。[14] 人们不得不得出这样的结论，德意志是一个"还没好"的民族，没有明确的人生意义，因而也就对一切的罪恶行径没有任何的抵抗力。德意志就算价值了？大战过后，普莱斯纳对他勾勒出的这幅德意志人图景加以拓展，又将更新的视角补充了进去。

流亡瑞士的埃里希·卡勒（Erich Kahler）分析了《欧洲历史中的德意志特性》[(den)Deutsche(n) Charakter in der Geschichte Europas]。这是一本富有远见的著作。数百页的篇幅被分为了三个部分："精神""材料""形式"。这同时也是一部相当个人的作品。作者在篇首便表明立场：这本书"始于德国、关于德国，但那一个德国，还会关心远离日常争吵的纯粹认识"；可是，这个时代中发生的一系列事件激化了思想上的差距，使它演变成了探讨政治差距，甚至是本质差距的对象与目标。卡勒"带着一种不安"完成了他的专著，那不安便"来自**德意志特性与欧洲历史总是一再地彼此擦肩而过**。这个处于欧洲大陆中心的民族……目标本来是成为这片土地上负责统一与调和的元素，梦想是实现欧洲的理念，但现实却恰恰相反，它从头到尾都只负责了制造分裂与动乱，它是一种无法被欧洲同化的物质"。[15]

如果去问问东方或西方那些陌生国家的意见，人们一定无法反驳卡勒的话，尤其在当代新民族主义趋势蔓延这一点上。德意志人不是一个"已经完善的民族",它上千年的历史"直到今天都不是一部真正的历史,而只是前史,一部德意志的形成史,一部试图形成民族与国家的奋斗史,一部想要成为德意志的历史"。卡勒采纳了尼采的观点:德意志人缺少"今天"。[16] 卡勒的这部作品以相当独特的方式与视角从根本上颠覆了精神史上被德国人一再援引的那些所谓价值。而且,作者还补充了一句他的预言:"对霸权主义提出诉求的德国人来得太晚了。带着这个诉求,他们没办法征服全球,只会毁掉这个世界。"[17] 这些话于 1937 年出现在出版物上。但文化史与社会学的分析再透彻贴切、引起再多的共鸣,也阻止不了暴力把人们迷得神魂颠倒。这样的文字反倒把老百姓推上了一个就想要对着干的极端化巅峰。

出于道德原因,马克斯·赫尔曼-奈塞(Max Herrmann-Neisse)自发地离开了德国,移居伦敦,在那里他写下苦涩的悲叹:"我曾是一名德意志的诗人,/家乡就回响在我的旋律中,/我在诗里歌唱着它的一生,/它与我的歌一同枯萎凋零、一同兴旺繁荣。//家乡对我并不忠诚,/它宁愿去受罪恶欲望的诱惑,/于是我只能用刻画起它梦想中的图景来;/对那图景,无论发生了什么,我都依然保持忠诚……可这里不会再有人读我的诗句,/再没有什么说着我的灵魂语言;/曾经,我是一名德意志的诗人,/现如今,我的人生跟我的诗行一样,成了只会作乱的鬼怪。"[18] 这是一首唱给从前那个德国的安魂曲,那个曾经的文化之国,已经被希特勒彻底毁掉,无可挽回。回忆渐渐熄灭;德意志的语言幻化成鬼影,被漫天的罪行驱逐出境。未来,将不会有任何一个诗人、哲学家像迄今为止那样去谈论德国、谈论德国人。想这么做的人，都走上了歪路。

当然了，那会儿还有所谓"认信教会"（Bekennende Kirche）；还有一个迪特里希·潘霍华（Dietrich Bonhoeffer）为他的信仰付出了生命的代价，而正是他的信仰为暴政铺平了道路。正当潘霍华被穿着法官长袍的希特勒的刽子手杀害之时，被迫流亡的恩斯特·卡西雷尔分析起了奥斯瓦尔德·斯宾格勒的宿命论哲学，以及马丁·海德格尔的存在主义哲学于此间发挥的作用与影响。在他看来，这一类思想家发展出的学说与纳粹德国的政治理念之间有着必然的联系。思想中的失败、崩溃与摧毁比现实中的先行了一步。"新兴的这种哲学缓慢地削弱，甚至销蚀了那些本来能够与现代政治神话相抗衡的力量。如果一种历史哲学其存在本身就已经晦暗地预言，我们的文明将经历衰落与不可避免的摧毁，如果一种理论，将人类的最主要的性格特征定义为他的被抛状态，那么，这种哲学以及这种理论实际上就等于直接宣布，放弃在建设与重建人类文化生活中本可以占据的主观能动比重。这一派的哲学，丢弃了它自身原则性的理论与伦理理想。紧接着，它就会沦为政治元首手中的灵巧好用的工具。"[19] 剩下一些在那个年代还被允许留在德国，也确实留下来了的思想家并没能抵御得了愈演愈烈的不义之风，他们当中还有很多人压根就没有抵御的意愿，看看海德格尔这号人物就知道了，他甚至还跟着一同摇旗呐喊、为其招兵买马呢。德意志人——被他们的诗人与思想家带偏了，走上了邪路？谁敢反驳，谁就只剩流亡这一条路可走。形形色色的政治神话，无论它的出发点是民族主义的、经济上的还是宗教的，都一次次地给世界带来了新的威胁。在这个方面，德国人也未能成为例外。不过真正将他们摧毁的，是他们自己的作为。

　　当然，还有像维克多·克伦佩勒这样的罗马语研究者，亦全神贯注地观察着眼前上演的一切。作为一个受过洗的犹太人，他通过与"雅利安"女子通婚，部分地隐藏了自己的身份，并因此获得了继续生存的机会。克伦佩勒花了 12 年的时间，躲在褐色的伪装之下，完成了自己的项目《第三帝国的语言》(*Lingua Tertii Imperii*)，成了这个时代、它的语言与它的变迁的记录者。例如，1933 年 8 月 28 日，他讲述了自己在卢保（Lübau）亲身经历的一次在公交车上进行（带咖啡与休息）的表演。观众都是小市民，"没有一个来自工人阶级或更加高等的、能够更自由地思考的市民阶层"。那或许是一场卡巴莱演出。一首致元首、献给德意志获救的感伤诗歌，预示了一整个纳粹玫瑰花环的降下。稀稀落落的掌声，来自唯一的那位鼓掌者。

　　然后，同一名主持人又讲了一个理发师的故事："一位犹太女士想要烫发。'非常非常抱歉，尊敬的女士，但我真没法给您烫头。''您没办法？''毫无可能！元首在抵制犹太人运动中曾向我们郑重保证，无论发生什么恐怖故事，这条禁令到今天仍然生效，那就是，不允许任何一个在德国的犹太人有一根卷发。'长达数分钟的笑声与掌声。——允许我从中得出一个结论吗？难道这个笑话与它的接受对社会学与政治研究不是非常重要的吗？"[20] 克伦佩勒当下在他的日记里袒露了这样的心声。他从笑话里察觉出大众的看法与态度。同年 9 月 19 日，地点换成了电影院，语气也稍有不同：

希特勒在落成典礼里提到代表1923年党卫军冲锋小队的"蓝色旗帜"。"尊敬的弟兄们啊,往这边看:我们正在遭受流血牺牲!"然后,作者写下他的观察:"人们陶醉地坐在那里,屏气凝神……党代会像是一次祭拜仪式,国家社会主义像是一种宗教。"一小撮"信仰共产主义的流亡人士"聚集在一起。"这会儿又刚刚发现了一个德意志的流亡者小组——就在他们的营地里,就在德国的国境线内!"集中营这个词在布尔战争后就已经从德语中消失了。如今它又重现江湖,"眼下,它是……对一类德意志机构的称呼,是一种和平组织,是在欧洲的大地上针对特定的某些德国人设立的……我相信,日后再听到集中营这个词的时候,人们第一个想到的就会是希特勒的德国,也只会想到希特勒的德国……"克伦佩勒这位记录者在记载那个反动政府所使用的语言及其话语体系的时候,都已经走到了这么远的地方。在这12年里,无论遭遇怎样的困境,他都是始终保持着绝对的清醒,力求对德国人做出明确且经过思考与权衡后的评判——现在,他成了"集中营"一词的新创始人。

论恳切程度及说服力,被逐出德国的诗人写下的诗句要比留在德国的诗人写的更能打动人心。像是马克斯·赫尔曼-奈塞就在《末日启示录1933》(*Apokalypse 1933*)里这样写道:"善良的人们总是在逃亡的路上,/没人给他们提供庇护,歇口气也是奢侈,/一路上时而有含泪的啜泣相伴,/却无处找寻幸福、和平与家园。/因为,那个手上沾满了鲜血的野蛮人,/刚从地狱被释放出来/带着他的杀手小队,正在猎捕人类/跟在他后面的地狱之犬,向着整个世界狂吠。/在他的仇恨面前,温良不见踪影,/恨意给人间所有的爱带去毁灭。沉没中，没有救世主降生，而最后一个孩童的声音正唱着：（……）难道世间只能像现在这样，有如地狱，／不再有人被允许，得到幸福？"[21] 诗人看到，阴间的恶龙在束缚于地府千年之后，如今被放了出来，祸害人间（《末日启示录》，20.1-3）。那首创作给儿童传唱的"一二三"如今也酿成了孩童们的"炼狱"，那些他们曾当作游戏的活动，现在得充当战前准备训练与扩充士兵队伍的工具了。

1939年，希特勒迎来了他的五十大寿。"德国科学界"为他献上了一本题为《工作与任务》（*Arbeit und Aufgabe*）的纪念文集。其中哲学部分由恩斯特·克里克（Ernst Krieck）与阿尔弗雷德·鲍伊姆勒（Alfred Baeumler）共同执笔。[22] 克里克在文中要求——这一点与纳粹的世界观相符——终结"一切形式的世界主义"。若有人不愿遵从这样的路线指引，便难免落入"模仿的俗套"。"对这种作品，连罗列它们的名字都是在浪费时间。值得一提的只有，来自满是模仿者的'人文科学'阵营、渐显老态的维尔纳·桑巴特在不久前通过作品《论人》（*Vom Menschen*）进行了一次大胆的冒险，试图暗中捣毁国家社会主义世界观的全部立场（种族原则等）。"鲍伊姆勒则强调"德意志精神在全球层面的有效性"，并将尼采视为纳粹思想的开路先锋。根据他的观点，人具有人格特性这一点并不是绝对的，"我们既具有人格，但同时亦算不得具有人格，如果只有跟我们的祖辈与孙辈在一个命运的现实关联里我们才能找到自己的位置的话"。柏林的古日耳曼语学家尤利乌斯·施维特林（Julius Schwietering）在这个含义深奥的思想上又补充进自己的评价与注解:"眼下占据领先地位的是一种最终以德意志的百姓与德意志民族为导向的科学观中的语义学……"他在慕尼黑研究近代德语的同行赫伯特·塞萨尔(Herbert Cysarz)则宣誓效忠于"一个在向着德意志本质进行德意志式演化过程中的创造与命运法则"。有这样的至理名言做装备,德国人冲锋陷阵,走上了希特勒打造的战场。

这场战争遮蔽了那些末日启示录式的景象,使其渐渐晦暗不明。奥斯卡·洛尔克(Oskar Loerke)曾创作过一首短诗《座右铭(1940)》[*Leitspruch (1940)*][23]:"每个流满鲜血的帝国/都在下沉,如鼹鼠的地洞一般。/每一个可诞出光明的词语/都在黑暗中发挥着作用,一直,不停。"这位诗人将冲破眼下黑暗现实的希望寄托在了"福音书"作者约翰的一言一语上。但这些诗行真正发挥作用,还要等到德国战败之后。此前,德国的军队刚刚占领了斯特拉斯堡(1940),他们在大教堂的屋顶上升起代表纳粹的旗帜,随后创立了"斯特拉斯堡帝国大学",一所具有深褐色反犹倾向的高等学府,这里除了符合纳粹立场的种族研究与优生学之外,也教授原有的正派科学。在盛大隆重的升旗仪式上,奏起的是战歌:"啊斯特拉斯堡,啊斯特拉斯堡/你这无比美丽的城市/在这里埋葬着/战士们的铮铮铁骨,真正的男子汉!(……)上了战场,就得像这样。"这段歌词的作者不详,它有好几种不同的伴奏旋律,其作曲家亦不知姓甚名谁。歌德有可能是在1771年的塞森海姆听过这首歌,然后于1856年将它收入了《德意志民歌宝藏》[*Deutsche(n) Liederhort*]一书。[24]在还有皇帝的那些年代,这首军歌始终都是五、六年级学生课本中的必读篇目（出于战争教育的目的），而后此曲再次赫然名列1914年的《德意志陆军军歌大全》(*Kriegsliederbuch für das deutsche Heer*)。[25]

负责领导巴登-上莱茵大学生纳粹党员的人名叫理查德·舍尔贝格尔（Richard Scherberger），刚刚提到新成立的那所大学就在他的管辖范围之内。就这一事件，他曾献上过一篇回顾性质的长文，喋喋不休却又空洞无趣，简直可以被视作纳粹话语之冗长乏味的杰出典范。随后不久便成为热议话题的《第三帝国的语言》中大概有整整半本的内容都可以在他的发言里找到。[26]"帝国古老的西部边界如今重回德意志的怀抱，斯特拉斯堡主教座堂屋顶上飘扬的德意志旗帜记录下……世界上再没有什么势力可以阻止德意志武器取胜。"这就是该文的基本论调。德意志的意义与价值，德意志的权力扩张，战无不胜，文化主导地位，德意志的人民力量，德意志的基本态度，整个欧洲范围内充当西部精神领袖的诉求……统统是纳粹惯用的口号，只有无聊的说教，没有任何实质中心与重点。回到开设大学这一特殊事件上，他写道："一名大学生必须也曾做过一名战士，穿过军装打过仗。他必须至少有那么一次站出来过，曾经做好了准备献出自己的生命。只有到了那个时候，他才能真正领会到，世上还存在着更高的国家与民族利益，只有那样，他才能理解，他在大学里学习不仅仅是为了自己受益，还为了要能给他的民族百姓贡献出自己最大可能的力量。"这话听上去很耳熟，就是汉斯·约斯特的那句："做个战士！！！"在当时的时代语境中，最重要的德意志价值莫过于：保持对德意志本质的绝对忠诚——说了很多又像什么都没说的车轱辘话。"你什么都不是，你的人民才是一切。"这种胡说八道喂饱了整个民族,他们为它提供的欢呼与拥护时间已经够久,甚至过久了。而就是这一类的空洞口号,如今再次喷涌而出,作为价值与美德,作为从墓穴与缝隙里爬出来的黑-白-红魂灵。

从纳粹上台成为统治者,到刚刚描述的那种纳粹式浮夸文风被深深烙进德国人的集体心理,只用了七年的工夫。只需一封写于1914年的私人感谢信便能让人把这一点看得更加清楚明了。这封信提供了一份时代的证据,它足以让人担忧,那一整套文学体系此刻的运作方式——包括它的新闻周报、戈培尔的演讲、在所有舞台上演出的《施拉格特》,总之内核就是民族主义的英雄崇拜——已经产生了怎样的社会影响。写信的人是一对夫妻和他们的女儿,下笔的缘由则是有人为他们战死沙场的独子写了一篇悼文:"请您收下我们最诚挚的感谢,感谢您愿意与我们感同身受。您在去年也不得不同样将自己的儿子送上战场。可个人的命运又算得上什么呢,当事情攸关整个民族的存亡与安全保障。成千上万个家庭遭遇了相同的经历,即便它无比艰难,我们也必须就此承受。我们要这样想,我们亲爱的儿子们之所以会牺牲他们年轻的生命,是因为他们得去对抗那些野蛮下等的黑暗势力所发起的进攻与冲锋,这个念头应该也必须能为我们提供宽慰。"一门专属德意志的空谈理论,特点是自说自话、自傲自大,假想敌是可鄙的、黑暗的、陌生的下等人性:这套种族主义理论通过德国知识分子被成功地灌输进普通百姓的脑中,如今似乎已经成了20世纪的道德核心。甚至到了1945年后,这种由纳粹打下的烙印仍在德国人中间发挥过好几十年的持续影响。它在年轻一代的作家心中激起了抵触的情绪,并且事实上直到今天都还在继续郁积。

那些真正有话想说的人,只要有那个条件,就都跑到了国外,以求自保。诗人与哲学家遭遇过的命运同样也降临到了著名的音乐家、演员或艺术家、杰出的学者甚至诺贝尔奖获得者身上,无人能够幸免。如果他们还留在这个国家里,那么,排挤、迫害、折磨以及最终的死亡都可能是等待着他们的威胁。像是曼氏家族,受到波及的不光是托马斯·曼、海因里希·曼两兄弟,还包括了下一辈中的长女与长子,艾莉卡·曼和克劳斯·曼。二人惊骇于自己国家里人们犯下的桩桩罪行,在成功脱身抵达美国之后,他们选择了发声,高度赞扬了那些被迫离乡背井的人、那些数不胜数的被荼毒的生命,以及对他们所有人在纳粹德国遭遇与劫难的同情。"我最好的朋友们都在过着流放的生活。还有许多留在了德国,他们要么被关押,要么被杀害。"艾莉卡在她的著作《采访》(*Interview*)中,开篇就以"采访"为题写下了刚刚那两句话。该书因内容与创作背景的独特性而成了一件绝无仅有的时代证物。它虽然是用德语写成的,但在美国以英语首次出版,那是在 1939 年。一经问世之后,影响范围之广、程度之深引人侧目。它在大战开始之前,以及美国正式参战之前,就已经给美国人心中的德国人形象投下了一道足以令观察者背脊发凉的阴影。一直到 1991 年,这本书的德语版本(只使用了保留下来的原文)才得以与世人见面:《向生而逃——流放中的德意志文化》(*Escape to Life. Deutsche Kultur im Exil*)。[27]

这两位曼氏家族成员了解书中介绍的许多人物及其命运。透过他们,作者了解到,当时,犹太难民被荷兰与比利时两国像皮球一样踢来踢去,双方都认定他们是"非法移民"。而选择移居巴勒斯坦的那群人,一路伴随他们的也是"难以言喻的坎坷";"就算不是唯一的,至少也是最主要的原因是:阿拉伯人本身对犹太人入侵的抗拒。人们也清楚,阿拉伯与犹太两大族群之间的矛盾存积已久,在许多次一触即发的灾难中都扮演了导火索的角色,而正是这一点,被德国人和意大利人拿来利用,加深了他们的对立……言及纳粹,他们就是一批用陈规旧习武装自己的国际化阴谋家而已。"然后,作者提出了自己的认识,让人听闻此言不禁毛骨悚然:"无论走到哪里,我们都逃不出他们的魔掌。我们依旧被这一切紧紧绑牢,哪怕现在身处距慕尼黑褐色咖啡馆或柏林总理府数千千米之外的地方……世界似乎变得更加狭小了。"

两位作者将阿图尔·考夫曼(Arthur Kaufmann)的巨幅油画《精神流亡》(*Die geistige Emigration*)视作前置研究作业,尽管这幅画的绘制工作直到1964年才宣告完成:"一幅既能反映德意志的耻辱……也能代表德意志的荣耀的永世之作。"过去了,都过去了。他们俩用文字呈现的,不仅仅是时间上或远或近的私人交流,它更多的是提供了一个独一无二的视角,用以回顾一个文化上的、精神上的德国,而这个德国,就正是希特勒和他以戈培尔为首的喽啰们通过集中营与大屠杀彻底毁掉的。"那不是具体的个人,不是出于某些原因被驱逐出德国国境的某个群体。纳粹狂热信仰的牺牲者,更确切地说,是一个错综复杂的文化——真正的德意志文化,它曾是整个欧洲文化及世界文化中永保创造力的一部分。"艾莉卡和克劳斯在前言中这样解释。同时，他们的这本书还一直在提供更多的确凿证据，向世人阐明，这种"愚蠢且嗜血的野蛮行径"（引自《采访》）是怎样摧毁了整个文明的。它以德意志人为名，意在实现那令人不寒而栗的、反人类的、诡计多端的种族幻想。

很快，美国情报机关就找上门来，希望得到还留在德国国内那些人的有关信息。通过这一行动，美国为自己争取来了许多同样被迫流亡海外的、出自各个学科领域的杰出人士：法学家、政治学家弗朗茨·诺伊曼（Franz L. Neumann），哲学家赫尔伯特·马尔库塞（Herbert Marcuse），以及宪法专家奥托·基希海默（Otto Kirchheimer）。他们的切身观感将视角从外部转向内部。美国需要他们的帮助，做出一系列分析，为战后的对德政策做准备。这些研究基于个人经验，基于文献档案，基于间谍的刺探结果，另外也基于对俘虏的审讯。几篇报告不久前才被公布于世，那里面呈现了一幅幅相当清晰的图景，立即吸引了公众的注意力，它们描绘了纳粹的政体、国内的氛围、战争最后几年里德国人的处境，再有就是发生在纽伦堡附近对主要战犯的审判。[28] 这些文字记录所激发出的讨论与思考，也产生了相当持久的影响。

诺伊曼的著作《巨兽》（*Behemoth*）在1941年面世于纽约，三年后再版。[29] 书中首次论及了德国当时并存的四大势力群体及其相互制衡的作用过程。这四股力量分别是党、军队、官僚机关与经济力量；只有希特勒一人凌驾于它们全部之上。如果"撇开他不提，那么就没有任何一个机构敢称自己为政治势力的所在地"。这个政权的多中心布局随后——尽管出现了某种程度的偏离——得到了进一步的确认。但它并非本书讨论的内容,同样,我们也无须深入探究,诺伊曼提出的具有社会主义特色的、单一政体的、国家资本主义到底是什么意思。在这里,唯独值得一提的只有诺伊曼给德国人下的判断。"我个人确信,德意志这个民族,无论听起来多么荒谬矛盾,却还是最不反犹的那个。"这是那位犹太裔流亡者在1941年写下的话。在该书的第二版里,作者收录了他自己为情报机构所做的专家鉴定书的其中一篇,而这会儿他说出来的话可就没那么好听了:"在纳粹的指示与要求之下,广大的德意志群众无论身处哪个阶层,都被动员起来迫害犹太人。此举也将这些社会阶层都织进了同一张集体罪责的大网。被胁迫着犯下像是切切实实地灭绝东部的犹太人这种滔天的罪行,把德意志的国防力量、官僚机构与广大的人民群众都变成了共犯,他们谁都洗脱不了自己参与犯罪的事实与责任,于是也就谁都不可能再离开纳粹这艘大船了……纳粹想要的是,要让此刻正在发生的犯罪行为变成每一个个体德意志人身上的污点。"[30] 原来他们犯罪都是被胁迫的?

在战后的德国,这种话人们并不爱听:国防力量与官僚机构都不得不听从命令,他们只不过是履行了自己的义务而已。在这个过程中,战争以及参与国家犯罪影响了整个民族中大部分人的立场与态度,它加深了种族主义的氛围,提升了杀戮的意愿。[31] 诺伊曼没有直接采纳这种说法,倒是先反驳了德意志人对"侵略与帝国主义"有着特别的偏好,后来在1944年的那个版本中他才透露了自己的真正意图,劝导百姓要打破这种趋势。因为,正是由于这种倾向,在社会上占据主导位置的仍旧是那些原本的精英,他们在纳粹的成功之路上可没少出力。"缺乏战斗精神（指的是德国的那些民主力量）要为这个现实负主要责任：德国从未像英国、法国、美国或俄国那样，经历过一场能与前几者相比拟的革命。统治者集团从没有过财产被剥夺的遭遇，德国的社会结构也从来没有发生过极端的变化。"不可能有比这更精确的表达了。但精英可不会简简单单地就交出权力与地位，甘心等待自己被更换。也正因如此，未来的德国民主化必须在美国、英国与苏联这三大战胜国严格的规定与监督之下才得以完成。[32] 难道当时身在美国的作者，竟还对斯大林的苏联抱有民主幻想？[33] 还是说，诺伊曼对苏联及其领导层自有一套被乐观主义塑形过的印象？

赫尔伯特·马尔库塞对德国全部人口的社会分层情况做了分析，借此将整个德意志民族一收眼底，了解到它是如何被第一次世界大战所塑造，搞清楚了它在1918年期待怎样的革命，那一系列行动又是为何在基尔、柏林尤其是慕尼黑无疾而终，其观察的着眼处并不仅仅限于荷尔德林或歌德那样的思想精英。[34] 他倡导变革，并因而提醒大众要注意在德国军国主义的重要性。德国的军国主义虽然因其在1918年革命之战中遭遇的失败在人们的思想与政治上再次得到巩固，但它仍然需要支持。

"1918年的革命将一个事实摆在德国军队的面前，那就是他们还没有那个能力去操心，该如何领导自己的大后方。如果没有那个一家独大的政党，如果它没有将所有反对党全部彻底摧毁，如果不是每个德国人都被纳入了这架集权机器，自愿或非自愿地成了集权主义驱动装置上的一颗小小齿轮，就不要想有什么来自大后方的支援可指望。"看起来，德国的集权主义反倒是虚弱的军国主义的政治后果。"就算德意志的大众对自发且即兴的暴动没有什么特别的偏好，但如果缺乏一种集权主义的'对人群的领导'，那么发生起义、解体、临阵脱逃、拒绝劳作或拒绝战斗，就是不可避免的了。"[35] 重工业、军国主义分子、中产阶级民族主义者、知识分子、属于领导层的政府代表，这些人都站在德意志的军国主义背后为其撑腰。反之，普鲁士的意义在纳粹德国已无处可寻。[36] 随后，盟军胜利者出现了，德国军国主义的萌芽被彻底地摧毁了。

马尔库塞这样总结当时德国的道德境地："在这期间，毫无疑问，人群中的大多数并不是纳粹。但这并不意味着，他们就是纳粹的反对者。"[37] 服从命令、沉默寡言，直至最终的陷落。因此，依这份分析报告看，集权主义和军国主义是携手并肩的好兄弟。命令与服从，就算没有军国主义的必要性在那里，也显然、当然并且依然是德国人的行为准则。"元首永远是对的！"1943 年的《德国国家社会主义工人党组织手册》（*Organisationsbuch der NSDAP*）中这样说。[38] 简直一出场就是以神的形象——就像著名演员维尔纳·克劳斯（Werner Kraus）在上萨尔茨堡的一次会谈上所形容的那样："年轻人中的耶稣。"[39] 在这样的——把凶手当救星——遮盖与粉饰中，将很难再找到属于人类价值的位置。正在发生的一切，人们甚至无法为它们命名。哲学家马尔库塞根本列举不出任何价值来描述此刻的情形。不过，或许在战争结束之后，人们才会发现，他曾在鉴定报告里揭示与劝告的，全都灵验了。

卡尔·楚克迈耶也曾为美国情报机构效力。他用自己私底下与德国知识分子、出版家、作家和演员——包括了像是戈特弗里德·贝恩与海因里希·格奥尔格这一类的人物——打交道所得来的经验，撰写了相关报告，向美国人揭示了那些著名人士的典型特征。[40] 报告一开头，他用简单几句概括性的话说道："有一种观念，在世界上别的任何地方都没有像在德国表现得这么抢眼、这么具有本土特色，即艺术家跟其他人比起来，需要承担的社会责任要相对小一些，没错，可以说，在政治秩序、社会秩序与经济秩序之外，他们几乎过着完全私人与独立的生活，这种生活的土壤与苍穹正是各种艺术门类不以时间为转移的自己的世界。它们是永恒，是宇宙，是梦的王国，在这个王国里，连宗教权威都失去了靠前的排名，艺术家唯一服从的唯有那由他们自己感受到的神性。"这话放在歌德或者其他一两个浪漫派作家身上，还真的挺有说服力。事实是，在这里将被谈论到的一系列人物，他们曾经站在那个立场上，也或许依旧还站在那个立场上，这些乱七八糟的恶心事儿基本上跟他们没什么干系。对政治上毫无兴趣是德国知识分子的基本态度？

就在一个世纪以前，哪怕再早个一二十年，德国诗人之中的氛围都不是这样的。那个时候，他们宣传各自的政治理念，研究它们、分析它们，而且他们感兴趣的，还刚好是那些被拒绝的、被当权者视为仇敌的视角与观点，正是这些工作，构建起了一个被知识分子们广泛接受的国家民族公众场域。而如今，当初曾经活跃过的人一个个要么逃离了故土、走上流亡之路，要么已经死去或被杀害，现在的诗歌、戏剧、绘画以及哲学，只要还没卖身给那个独裁的政权，就都爬进了俗语中所说的"象牙塔"，再不然就干脆沦为彻底的庸俗文化。国家吞噬了文学。但楚克迈耶认为，所有世代的文学家都要履行自己的义务："因为我们有语言这个工具，所以我们的责任也更重了。"对社会的责任，对社会的标准、政治判断、社会道德该承担的责任。谁拿语言来为己所用，谁就不该逃避背起这个重担。不再是呼吁大开杀戒的先辈们了。

在这几年中，楚克迈耶一直将精力与注意力放在打磨他最有名的戏剧作品《魔鬼的将军》上。他以自己的朋友恩斯特·乌德特（Ernst Udet）为原型，塑造了哈拉斯将军这个人物形象，并让他在剧中因为拒绝接受希特勒政权而结束了自己的生命。"将这片土地上的尘土从你的鞋子上抖掉吧，走入人间，永远别回来。这里再也没有人类的尊严可言……我是出不去了。但总有一天，魔鬼会找上门来，带走我们所有人。"楚克迈耶用自己的笔让尚在世的乌德特，这位在第一次世界大战中出名的轰炸机驾驶员，从已经陷落的帝国那里获得过最高级别军功章——"蓝马克斯勋章"的战斗英雄，在1936年，当他最后一次遇见他的自传作者时，讲出了上面那几句叮咛的话语。[41]战争结束后，楚克迈耶回到了自己的家乡，选择继续当一名德语作家。而舞台上将军的对手，主要反派角色，则是一名极端的破坏者，名叫奥德布鲁赫。他似乎也将乌德特的话默默地记在了心里，并且这样解释哈拉斯具有象征意义的人生结局："任何一种奴役，都同时也是一种解放——对我们的民族来说……我们需要败局。我们渴望陷落。我们必须在当中帮一次忙——用自己的双手。只有到了那个时候，我们才会，在被净化之后，重生。"[42]紧接着，奥德布鲁赫又回顾了自己的一生："但有那么一天——我还是感到了羞耻,为自己是个德意志人。"这样的话(让人不禁联想到叔本华)从作者的口中说出来,是为了让战后的德国人带在路上,时刻谨记,继续前行。可如今,人们故意遗忘了它。

"大德意志"的幻想摧毁了德国,并迫使那些今天仍被称作德意志的部分,不得不在更大,甚至是前所未有的程度上依赖外来者的支持与帮忙。美国公民托马斯·曼将其原因归结成一个简单直接的表达:"所谓德意志的,所有德意志的,就是它们把这个世界搞得一团糟。"[43]随后,他又补充上了几句解释的话,试图把自己的意思阐述得更加清楚明了:"所有的德意志特性、德意志精神、德意志思想、德意志语言……都已经深陷极度不可信的泥淖,这种说法真的只是疑心病吗?将来'德国'究竟能否得到允许,以任何一种形式或形象再次展示自己,行使权利,在涉及全人类的事务中发出自己的声音,只是自己设想一下这个问题的答案,就算病态的悔悟吗?(……)灵魂一贫如洗的民族。"[44]这个民族日后非得缄默不可、充满悔恨地遁入内心吗?这段历史曾让人如此蒙受羞辱、承载了如此沉重的罪责,未来还有机会翻过去这一页吗——在面对自己、面对罪行的受害者、面对全世界的时候?反思历史(直译:克服过去)沦落成了从前的那帮凶手屡试不爽的脱身咒语。还能指望他们有些许的自我尊重吗?

一位名叫玛格丽特·祖斯曼(Margarete Susman)的作家——虽然与格奥尔格的圈子曾走得很近,但并不是那个小组的正式成员——写过一本回忆录,题为《我有过许多种生活》(*Ich habe viele*

Leben gelebt)。书中记录了 1933 年及此后几年间她的生活，包括她在苏黎世流亡的日子，以及德国当时的专制国家形态："那是一种原恶现象，或许在从古至今的人类历史中，它都不曾以这样的形式存在过……一整个'无望之国'随着概念与真相的萎靡退化，逐渐分解、消融……真理的腐坏在很大程度上也钳制住了那些'找寻真理的人'。"[45] 一个曾出过德罗斯特-徽尔斯霍夫和格特鲁德·博伊默这类女性作家的民族，已经在灵魂上囊空如洗，精神上萎靡腐烂，没有能力进行清除排空式的悔悟，再也无法从事情感与道德的净化了吗？昔日的犯案凶手继续稳坐官位，战胜者一方甚至还容忍他们往褐色的沼泽上铺圆木排，好让未来的道路又坚固又平坦，要是这样的局面一直存续下去，人们还能期待发生什么改变呢？海因里希·曼在几十年前就呼吁过的那种改造教育与自我教育，又怎么可能实现？

11

"托尼,你是足球之神!"战后时代

全面的战败将德国置于灰烬与废墟之中,也根本不需要什么净化了。但就连关于民族与国家的话题都仿佛一夜之间消失了一般,重建的必要性让人们选择了对此噤声不言。在现实面前,精神思想界的各方势力彻底调转了航行的方向。19世纪遗留下来的那些传统的民族之音,听在今人的耳里已经彻底过时,成了无论如何都得避开的"老腐朽"。无论是《守望莱茵》还是海涅的"催眠曲调",都已经再也跟不上时代的趋势。人们甚至也不敢传唱"德意志,德意志高于一切",因为那会唤醒他们心中对受害者的愧疚。唯有"团结正义与自由,为德意志的祖国"后来——就算失去了原有的庄严与隆重——还会偶尔被人想起。曾在那么长的时间里养活了爱国者及民族国家理念的宗教性,此刻变得疲软无力。就连当初的崇高价值,例如莱辛的宽容、歌德或席勒的人文主义、康德的道德律令都在眼下的公共话语场中渐渐陷入被遗忘的境地,只有那么零星几个学科的专家还会再去对它们进行反思。因失败而起的悲观主义似乎正在蔓延开来。

国内的这种氛围打动了当时的一位德语作家,他就是作为美国军官在1945年返回故乡德国的克劳斯·曼,其父便是大名鼎鼎的托马斯·曼。在写于1943~1945年的自传《转捩点》(Der Wendepunkt)的最后一章中,克劳斯·曼记录下了自己的感受与印象:一位居住在科隆的社会民主党市议员向他抱怨道:"'那帮以前当过纳粹的人,把市议会里,甚至整个国家管理层中责任最重大的职位都搂在怀中,而我们呢,却连一次从政治上组织起人民群众里真正的民主力量的机会都抢不到。'……要是没有良善的意愿,没有心向自由的德意志人的帮忙,想把一片瓦砾场——今日的德国正是这副模样——重新建设成为一个文明的国家,并最终重新建立一套民主制度注定会无比艰难,或者说干脆就没有可能。"这跟诺伊曼的观察恰恰相符。联邦共和国成立之后,仍有很长的一段时间是由曾经的纳粹精英占据着政治家、法官、公务员或大学教授等职业群体中的主导地位。只不过同时,他们还将在美英的指引下,创造出一个——至少人们的期待如此——有生命力的民主体系。那么,现在,一套适用于缓刑期的道德伦理势在必行。诗人与思想家对此有过什么想法和说法吗?

激烈的反抗?人们想把它像"克服历史"一样给"克服"掉。克劳斯·曼在一封被收录进他自传的信里也提到了这一点。他发现,反抗更多地存在于大家的心理活动而不是行为当中。"许多人,当我跟他们谈起德国的时候,他们听上去不是彻底的愤世嫉俗,就是想方设法地投机取巧,又或者干脆万念俱灰,这些心理状态源于一种苍白乏味的失望与沮丧,一种虚无主义,它跟有建设性的悔悟之间,相距就像受虐者的肉欲快感距殉道者的心醉神迷一样遥远……腐败、贫困与谎言、恶毒及虚伪，留给自己的是同情，留给他人的则是无情，这一切等收信人来到德国的时候，都将一一亲眼看见。"[1] 他观察到的都是些多么可怕的现实啊，大多数德国人都只得在十分不情愿的情形下才去认识它。[2] 与此同时，来自美国的胜利者一半是真大方，一半则抱着掌控与操纵的目的插了一脚进来，他们提供资金给那些受他们认可的，即从流亡旅居之地返回德国的那些政治家，帮助他们打造出一个焕然一新的、（西部）德意志的民主制度。[3] 氛围是变好了。但"虚伪"与"自怜"却剥夺不了慷慨捐赠者的权力。战后的德国还得被这些心理枷锁套住很久。不再有作家拿过纸笔来写下以德意志人为母题的诗句，那三首都失效了的国歌除外。

当时，1946 年，欧根·科贡（Eugen Kogon）发表了《党卫军的国》（*Der SS-Staat*），这是一份出自布痕瓦尔德集中营幸存者笔下的报告。[4] 书中记录了以日耳曼、德意志种族为名犯下的难以想象的残忍罪行。许多读到这些文字的人并不愿意相信它讲的是真的。在德国人手上被制造出来，又要变成重担压回他们身上的恐怖故事如今有了姓名，它们叫作《集中营》《奥斯维辛》《马伊达内克》，以及许许多多其他的文学作品。

那么，然后呢？这个肩负着沉重罪责、灰心失望、灵魂已被烧成一片灰烬的民族，就会重获新生吗？没错，还真就是这样！因为他们是 1954 年的世界杯冠军。"伯尔尼的英雄们"让那些因战败而备感受辱的人们重新振作了起来，增强了他们的自信心。又是一条好汉了。"德国，德国高于一切，高于全世界！"当德国队守门员以超人般非凡的飞身扑球拦住了一记来自七米外的射门,确保了德国队战胜赛前大热的匈牙利队赢得冠军奖杯的那一刻,广播电台记者赫伯特·齐默尔曼(Herbert Zimmermann)猛地发出一声震耳欲聋的呼喊:"图雷克,你是条汉子!托尼,你是足球之神!"这个曾经的党卫军成员、坦克司令、骑士十字勋章获得者,后来就因为这声欢呼,遭到了电台台长的批评。在那一瞬间,他朝着麦克风吼出的,虽不是什么诗句,但他的"结束,结束,结束了……整场比赛结束了。德国队是世界冠军"永远留在了人们的记忆之中。"伯尔尼奇迹"唤醒了整个民族去迎接自己的新生,而"足球之神"则成了新的众神之父,从此如幽灵一般笼罩在所有属德意志的土地上,直至今日。他飘浮在那颗足球上,并被成千上万声"(德)国"敬仰与膜拜。[5]最终,还是民族自豪感赢了。当然了,这自豪感的作用范围只限于"(德)国",德意志的联邦共和国。那些身上刻着烙印的曾经的接班人,成了今天"我们的英雄",他们所到之处皆是热烈的问候与欢迎,灯柱上、画报上、所有的电视节目中、每一页广告中……我们又是一号人物了!我们有值得自豪的花纹!

重生?足球成了德国人的民族象征?书籍、电影、电视、音乐剧每隔一段时间就重新庆贺起"伯尔尼的英雄们"和"伯尔尼奇迹"来,1954年世界杯的那场决赛被一次又一次地加固在德意志人的民族记忆之中。德国的知识分子纷纷给足球加冕为王,仿佛发现了新大陆一样,但事实上,他们这么做也都是出于自己心里的那点小算盘。难不成,大众已经把他们的诗人与思想家都忘在一边了吗?同一次比赛中,另外一场对决则以一败涂地告终,这一战——

用英国报纸的话来说叫"伯尔尼战役"——同样被载入了体育界的史册。很显然,在战争结束还不到十年、冷战缓缓拉开大幕的时候,军事化的隐喻仍没有退役;在每一次对弈中,它都依然具有蛊惑的力量。人们需要新的英雄,需要可以为祖国掩盖死亡的人。

作为喻体的士兵并没有被人们忘记。埃利亚斯·卡内蒂在他那部经过多年呕心沥血,最终于1960年才告完成的代表作《群众与权力》(*Masse und Macht*)中,就继续沿用了军队这一形象,让它成为"团结的德意志百姓的象征"——"每个德国人都为此而骄傲"——同时,他也用森林中并肩挺立的树木来比喻同一群人,德意志民族的大众。"这样等量代换之后,(森林)就成了军队的象征;一支屹立不摇的军队,一支无论遇到何等险境都不会落荒而逃的军队,一支即便只剩最后一人也仍会战斗到底绝不缴械投降的军队。"[6] 如果把这样的思维形态解读成一种预兆的话,那么可以说,德意志古典主义者,如席勒或荷尔德林等人曾梦想过的那个德国已彻底没入水底,且再无重见天日的可能。但:"去做一名士兵吧!!!"这才是德国人在过去的几年里,千万次从群众集会、从舞台上听来的话语。再不是什么诗人与思想家的民族了,哪怕新近已有卓越非凡的德语诗句反驳了特奥多尔·W. 阿多诺(Theodore W. Adorno)那句著名的论断:"在奥斯维辛之后,写诗(……)是野蛮的。"[7](1949~1951)他还不曾见识过保罗·策兰(Paul Celan)的《死亡赋格》(*Todesfuge*)呢。

然后,在1957年的时候,还真就出现了一本平装口袋书,光一版(截至1961年)就卖出了超过10万册,这本书的名字就叫作

《德语诗歌——从中世纪到 20 世纪》(*Das deutsche Gedicht Vom Mittelalter bis zum 20. Jahrhundert*)。[8] 里面离当下最近的一位诗人是汉斯·卡罗萨（Hans Carossa）。也就是说，这本书真的把阿多诺的话听了进去。在这本德语诗歌概述中，读者目光所及之处，与德国或德国人相关的主题一概全无，它在这一点上保持缄默的程度之醒目，仿佛每提起一个曾写过下类似词句的诗人的名字，就会重新再受一次羞辱似的。书中没有特奥多尔·克尔纳，没有恩斯特·莫里茨·阿恩特，没有马克斯·冯·申肯多夫，没有戈特弗里德·贝恩（不过他至少在前言里被提到了），没有贝托尔特·布莱希特，没有保罗·策兰，没有对抗法国的民族主义诗歌，也没有歌德的格言，没有海涅的和平诗句，没有歌颂小德意志统一的篇目，也没有表现主义者的身影——看上去好像所有的这一切都不曾存在过。清洗与排除占领了 20 世纪 50 年代德国人的生活，如果他们还在读诗的话。通过沉默来克服过去。"可当心灵'不再识得任何居所'，当漫游者也结束了飘荡，那么，只剩下最后一个方向的朝圣之旅：向着德语诗歌的来处，在'终点与转折'的彼岸。"这些感性的话语，同时也是这本小书的前言最后几句，出自古高地德语作品《威索布龙的创世诗歌》(*Wessobrunn Schöpfungsgedicht*)，此前从未被任何人引用过。

政治当然不甘落后。一种新型的自信开始活动起筋骨、准备大显身手，老调重弹的机会它可一点都不想错过。于是，在 1958 年比利时世界博览会上——这是一个只要能支付得起费用，全德国学生都可以前往参加的活动，德意志联邦共和国总代表在联邦德国展馆的入口大厅这样宣告："在布鲁塞尔，我们要展示属于德国的一些东西，这个德国正不带任何虚荣心、无意抢任何人风头地走在一条道路上，在路的尽头我们期冀重新跻身于那个我们曾渴求的、伟大的人类民族共同体。我们要展示的正是这样的一个德国，它会为自己的生活负责，它会努力地——无忌于世间一切艰险——在明朗、友好以及自由的氛围中构建它的生活，并且，我们知道，在面对这样的问题时，'当经历了我们所经历过的一切之后，尤其是那些曾对我们形成过威胁的东西之后，为何德国还能成为现在这个德国'，最好的回答莫过于马丁·路德的那句名言：'就算世界明天即将崩塌，我们今天也还是想先把我们的苹果树种下。'"极为谦逊、不带任何虚荣心，我们德国人要向全世界展示，该如何以明朗、友好与自由的态度去迎接未来——在抛下所有的历史重担之后。[9]这大概是人们能用来记载那时欣欣向荣的经济奇迹的看似最轻描淡写的表述了吧。

与之形成对比的是另外一个声音，它抱着怀疑态度、头脑清醒、说不定对战后德国已经彻底绝望："在世界上任何一个地方——或许美国要被排除在外，公众对自身历史的参与度都比在德国这里要高，在哪儿都不会像在德国这里一样，人们对自己的过去漠不关心，就像不认识它一样擦身而过地继续各自的生活。他们只能得到关于国内外政治时事只言片语的表面信息……他们被动接受来自广播、电视、街头小报，即所谓的大众传播媒介无休无止、无边无际的影响与诱导，真正的意义与瞎胡闹、重要价值与马虎玩笑，伟大的与狭隘的，全都被系统化地混淆在一起，从未厘清，永远困惑。"在1962年写下这些话的是当时一位雄心勃勃的年轻女性作家、记者,短短八年后她便死心断念,遁入恐怖主义,今天,她的名字已经几乎彻底被人遗忘了:乌尔丽克·迈因霍夫(Ulrike Meinhof)。[10] 她苦于不得不生活在一个这样的德国里:就像克劳斯·曼也曾抱怨过的那样,昔日的纳粹活跃分子此刻依然身居要职、手持话筒,而"启蒙大众去面对并探索自身发展、自身思想与自身利益"的工作则没有人去做,在这个领域反倒是举国上下一片空白。在这样的一个德国里,社会及政治的必要需求被以冷漠待之,而为冷战效力的间谍特务则成了予取予求的一国之主。她有意改善这种境况,却选择了一条错误的道路。

"德国人,我们能以自己的国家为荣了",正好在十年之后(1972),德国社会民主党的一张竞选海报如此昭告天下。[11] 国民生产总值在增长,这就够了。这份崭新的德意志荣耀,可不是出自什么私人之间的悄悄话,而是由一个颇具代表性的职位宣布的它的到来。时间又过去四分之一个世纪,格哈德·施罗德(Gerhard Schröder)再次附议:"我们为这个国家感到骄傲与自豪"——1998年,他第一次作为联邦德国总理发表讲话时,就对他的议员同僚与选民们发出了这一呼喊。骄傲与自豪,就像我们曾在1842年感觉过的那样,像我们在1871年,像……尽管德国人曾在几十年间给全世界带来过这样或那样的不幸与灾祸,他们这会儿也不再需要为此感到羞耻了?"我们"已经重新振作起来。靠的是强烈的信仰。

"信仰的国度,德意志的国,/在父辈与他们留下的财富基础上建起的国……神圣的国土，我们在你身上建设，/在这个国之中，我们荣辱与共/心连心，手牵手。/自由，正如我们归属于你/如我们向你效忠，/缠绕着我们，是你的和平纽带，/爱的国度，我的祖国。"鲁道夫·亚历山大·施罗德（R. A. Schröder）的这种倒行逆施的诗句，倒是极为符合另外一位施罗德刚刚发出的对骄傲与荣耀的呼唤。这一类近乎粘腻的多愁善感，差点晋升为联邦德国的国歌。同一个作者，几十年前就高歌过《德意志的誓言》了。早在那个时候，他便已经将"祖国"一样视作"神圣的"，只不过他笔下的主人公——那群年轻人，不是迈向胜利，而是昂首挺胸迎接死亡（1914）。以这样的方式，过去追了上来，逼进了现在。集中营所在地、被炸毁的城市，如今成了"神圣的国土"？25年过去了，经历过彻彻底底的失败，从那场自作自受的大崩溃身上，人们还是什么都没学到。歌德、席勒、荷尔德林没入了历史之中，越沉越深，直至遍寻不见。

废墟中的复活并没有发生，约翰内斯·R.贝歇尔为年轻的民主德国献上的赞歌落了空。贝托尔特·布莱希特写于1950年的《儿童颂》（Kinderbymne）也成了虚妄的幻景，哪怕人们曾讨论过用汉斯·艾斯勒（Hanns Eisler）谱的曲子来搭配它，让它成为新的德意志国歌。一切都是徒劳。"高雅与勤劳并存/激情与理智共生/只为一个新的德国萌发/如任何一个优秀的国家。//不要让其他民族面色苍白/像突然遭遇强盗/而是要向他们伸出手去/像他们对我们伸出手来。//且在它族之上，或在其之下/都不是我们期待的位阶/从大海到阿尔卑斯山/从奥登河到莱茵之畔。//因为我们想要这个国家变得更好/用我们的爱与守护/它在我们眼中永远是最可爱的/别族看待他们的国也一样。"很显然，这里暗指那首古老的《德意志之歌》。爱国主义是一定的，但在面对其他民族时不需要表现出任何优越感，这是这首新歌想传递的信息。现在，在德国人中应该传播起一种新的谦逊，戒掉所有的大国派头与架子，戒掉骄傲与自豪，不要再提什么"神圣的祖国"。只不过，《儿童颂》里倡导的还是没能得以贯彻实施，即便在"转折"之后，也不行。

现在确立新价值与新标准的，不是文化，不是诗人与思想家，而更多的是重建，是经济，是金钱：西德的"经济奇迹"很快就要让世界再次寒毛竖立了。在今天，"唯一能让德国人感到恐惧的威胁"，"只有销售额下滑这一件事了"。[12] 数以百万计涌向全球各个角落的德国游客，帮忙散布了刚刚提到的那种新的骄傲——且无须取悦他人。德意志的价值？柯尼斯堡的肉丸子、太尔希特奶酪、康德，这是西格弗里德·伦茨（Siegfried Lenz）在1951年列出的。[13] 然后，宝马、奔驰和有机食物紧跟上来。事实上，埃里希·冯·卡勒（Erich von Kahler）在好几年前就已经提到了"价值崩溃"的说法。埃里希将崩塌的原因归结为宗教与传统的衰落，而整个评价体系从根上的腐坏更是难辞其咎。[14] 道德准则开始动摇，直至最终瓦解。那么在这种条件下，我们就可以、就获准重新对人类事务发声了吗？以金钱为荣！

然而就在这时，卡尔·雅斯贝尔斯出现了，在战后的第一堂讲座中他就直面大屠杀这一历史，提出了有关罪责的问题。[15] 从那以后，人们没法也不想再对这段过往缄口不言了。它被浓缩在奥斯维辛这个名字里，保罗·策兰的《死亡赋格》（1944/1945/1948），以及像"死神是一位来自德国的大师"这样的诗行,也成了用语言将大屠杀具象化最极端也最精辟扼要的表达。同样以赋格形式写成的,还有策兰母亲墓碑的碑文,她在米哈依洛夫卡集中营惨遭谋杀。"母亲。母亲,谁的/手我曾紧握,/当我与你的/话语一同前往/德国?……母亲,他们还在创作诗歌。/母亲,他们不写诗歌了,/至少并不像诗歌,那/我写下的,为了/你,为了/你的/上帝的/意志。受赞的,你说,是/那永恒的以及/祝福,三/次/阿门。"这几句诗出自策兰在世时(1959)未获发表的诗集《鲁冰花》(*Wolpsbohne*,一译为《狼豆》)。这些让人不禁联想起犹太教祈祷"卡迪什"的话语,是策兰当下做出的双重回答。一方面,回应了君特·布罗克(Günter Blöcker),那会儿相当出名的导演、记者与作家,他对策兰的《死亡赋格》做出了伤害性极大的评价,称其为"乐谱纸上的对位法练习之作";另一方面,也很有可能是用此诗反驳阿多诺的写诗野蛮论。[16] 他恢复了诗歌写作的名誉,为其平反,甚至可以说,是拯救了诗歌创作。《鲁冰花》是继《死亡赋格》之后,诗人策兰在其全部作品中,最后一次提及所谓的"德国"。紧接着,他选择了巴黎作为自己的常居之地,并希望能在生后葬于塞纳河中。只是,母亲给他留下的遗产之一,就是对德语这门语言的热爱,出于对她的怀念,无论遭遇怎样的境地,他都不曾放弃这门语言;德语,最终也成了他十分私人的一个充满回忆的地方。"母亲……你说那是鲁冰花,不是的,它是羽扇豆。[①]"策兰的"德国"

---

① 鲁冰花的另外一种德语表达方式。

是母亲的语言,是诗人的,不是住在这个国家里的人的,更不是那些杀人凶手的。

虽然语调晦暗不明、回忆的负载亦沉重,但语言仍在。只剩下在语言中继续生存这一种可能,只有和语言在一起才感到自己是活生生的,这种活着的感觉跟在随风飘荡的"语言云朵"中浮沉不同,更像是栖身于那只貌似坚固的"房屋"之中。"我与德语",当英格博格·巴赫曼(Ingeborg Bachmann)与她的爱人保罗·策兰再度重逢的时候(1957),写下了名为《流亡》(*Exil*)的诗歌:"我已变成一个死去的人/任何地方都不再显示我登记的姓名/在行政长官们的帝国之中,我无比陌生/在金色的众城市里,我亦多余/郁郁葱葱的土地上//我的任务早已完结/再没有什么能让我去深思熟虑//只跟随着风、跟随时间、跟随着声响//我在人群中已没法生存//我和德意志的语言/它像围绕在四周的云朵/我把它当作栖息之地/穿梭于一切语言之间//哦,它变得多么晦暗了啊/低沉得如雨滴发出的响声/只淅淅沥沥,寥寥地落下//然后将死人托举到更加光明的地方。"[17] 没有了祖国,没有了草木葱郁的故乡,只能用一种幽暗的、受尽磨难的语言开始流亡,这语言帮助诗人逃遁入叙事者的角色中,几乎不再能配得上诗歌的尊荣;这种语言,它阻拦我们到人群中开展生活;这种语言,已经与一座死亡之屋没什么不同,且所有的语言对此都不陌生;尽管如此,它还是知道,如何去找到或创造出比当下更加光明的地带。流亡,"在这流亡之中没有复活发生"。流亡,在这流亡中,"德国的天空涂黑它的大地……德国的大地染黑它的天空"。

还有从流亡地返回故土的赫尔穆特·普莱斯纳，也在同一时期发出了自己的声音，他重新将德国作为观察与研究的对象，在自己著于 1935 年的作品基础上进行了补充与扩展，再次出版这本德国概况时，他给它取了个极为贴切、随后又表现得颇具分析价值的标题：《迟到的国家》（Der verspätete Nation）。[18] 书中，他谈到了"政治上的自我不安全感"（1960）——"缺乏传统这一点决定了德国人的性格，并且造就了他们的不安全感"（1948）——"整个国家的自信，根据新版本（1960）的说法，正常情况下都会以传统与神话为源泉。我在荷兰的时候，见识过什么是健康的、与自身达成和谐一致的国家自信。而且我敢说，西方世界里的其他大国也都应该基本上是这个样子。可到我们这儿，这条法则就失效了，不仅如此，还可以断言，它显然从来都没有生效过。"对普勒斯纳来说，俾斯麦缔造的小德意志国，只是一个没有国家理念的强权体而已。那一再被提及的不安全感，曾经躲藏在昔日的军国主义背后，如今已经成了历史。但普勒斯纳看到，在德国的"经济奇迹"中，有一个新的掩体被建立了起来，而它的出发点正是为了阻止刚刚提到的那种不安全感在德国人当中再次蔓延。"对自己的力量进行正确评估"需要更多的道德。这不禁让人想起 1871 年 E. M. 卡罗的叱责。

对道德进行传教，成了海因里希·伯尔（Heinrich Böll）的使命，他选择向德国人及他们的教会持续不断地宣扬良知的重要性，他挺身而出，强烈反对联邦德国再度拥有武器装备，他的终极目标是：号召人性，博爱仁慈的人道主义精神。给予他人，弱者与穷人，宽容和重视。"'这个国家里还有纳粹吗？'我的答案是：'当然，难道您期待着，一个赤裸裸的日期，1945年5月8日，就能扭转人类吗？……您永远都不会听到，在这个国家里有人说：德国被战胜了。您听到的总是：崩溃、垮台一类的字眼'。"[19] 这让人想起楚克迈耶的"魔鬼的将军"，虽说它在1947年后成了德国剧院的固定演出剧目，但在伯尔的解读中，这部戏剧作品的功用已经从净化，演变为对永恒昨日的一种告白。一个半世纪以来，胜利，或曰取胜，已经像疫苗一样被接种到了我们的体内：我们要取胜，我们要为德国赢得胜利！只需一个小小的变异，就够将这种胜利延续下去：这会儿出现的变种，就是经济奇迹。伯尔用文字帮人们回忆起一个他《卖报者》（*Zeitungsverkäufers*）的故事，这个人物正是能够体现这一历史连续性的传令先锋，几十年来，他一直不断地吆喝着他兜售的报纸上的大字标题："巴本承诺稳定"……就像之前的"布吕宁承诺稳定"……和之后的"希特勒承诺稳定"……一样，"西部胜利"……与"在东部将寸土不让"……"纳粹首脑受到正义的惩罚"……以及"埃哈德与总理达成和解"。明显的连续性，几乎察觉不到的些微变动，这次因为兔子，下次因为刺猬，不知道什么时候又会变成因为鼹鼠。[20]

这会儿工夫，已经成立了两个德国，德意志联邦共和国和德意志民主共和国，一个接过了历史的沉重负累，认为自己虽然面临着永远都跨不过去的禁忌，但是仍有追寻自我认同的义务与责任，另一个则认定已经迎来了全新的开始，尽管无法真正逃离过去。一堵高墙隔开了这双重的德国，加深了德国人之间沟通的难度。政治的语言及语义，不是在这里就是在那里，渐渐发展成鸡同鸭讲，并非一夜之间，而是潜移默化地，墙两边的人越来越无法互相交流理解。[21] 至少，维克多·克伦佩勒在这里发挥了作用，在纳粹统治全盘崩溃之后，他将更大的希望——相对于西边而言——寄托在了德国的社会主义那一头，他在那里飞黄腾达，拿到了所有的最高奖项，却也早早地认了命："此外，政治越来越让我反感——他们两边的人（西部德国与东部德国）都满口谎言，浑身恶臭。"[22] 也唯有在私人的日记中，他才敢写下这样大胆的见解。

类似的视角被埃里希·弗里德（Erich Fried）写进了题为《德国人的沉默》（*Deutsches Schweigen*）的诗中："'来，孩子们'/（……）'我们去森林里/听一听他的沉默'//耳聋的人这样教会/孩童也变成聋子/这是会传染的/只需要对笑话发出笑声//而沉默/就停留在那里//就在撤退的途中/面对寻找的人和研究的人/面对所作所为与俯首称臣/面对行军的歌曲/和强劲的步伐（前进的与后退的）//震惊于/炮弹的射击/喘息（警犬的/和人类的）//被呼喊打断//撕成碎片/被他的缄默不言。"[23] 这就是一个消失了的国家的沉默，一个战后德国的沉默，这个德国听见凶手们在沉默，同时也让那些曾被猎犬与枪弹追逐的人们一样保持沉默。

最后出场的是君特·格拉斯，他因为居住在西德，所以社会氛围上要相对宽松一些，不过，他倒是没少对（西德的）政治发表批评意见，甚至是斥骂，而且，他还可以大声公开地说出自己的想法与看法，完全不用躲在日记里偷偷摸摸、遮遮掩掩。他将自己的苦苦思索，甚至是自寻烦恼写进了长篇散文《头脑中诞生的人》（*Kopfgeburten*），文中他提出这样一个假设性的问题：如果德国人全都死光了，那么这个世界会变成什么样？[24] 一个德国人在谈灭绝德国人？这是一种科幻小说的主题吗？"将自己从历史中摘除，放弃继续生长的权利，只作为新兴的各个民族的教材存在，这难道不也是一种伟大吗？"这是一种逃离转瞬即逝的当下、遁入永恒未来的思维方式。至少作为"文明国度"，德国还是有一些续存能力与价值的，这是格拉斯的希望。无论在西边还是在东边，两个德国里的人都在读着同样的德语作家的作品。他们真的是同样一批人吗？尽管他们都自称是德意志人，也都使用德语这门语言作为自己写作的工具。他们能够互相理解与交流吗，东边的德国人和西边的德国人？这门语言——作为整个民族心理状态的地震仪——在这里和那里真的是同一回事吗？后来，格拉斯还发出了打破政治禁忌的声音："不得不说出来的话是"，这里指涉的是人们对德国向以色列出口武器纷纷表示谴责，这个"看似出于商业考量的举动，无论人们怎么用飞快的唇语去掩饰它，背后的信息也不言自明，就是在示好，就是想要修复彼此间的关系"。尽管如此，他还是承认，自己原本的"出身……被一个永远无法被彻底清除的污点打上了烙印"。[25]

只是污点吗？格拉斯隐瞒了一些事。伯尔和格拉斯这两位同时来自西德的作家都刚好发现，他们的立场过于充满批判性，他们发表意见的声音过于洪亮、内容极易招致反感，这使得他们作品在德国民众中的认可与接受很难不发生分化，就是这帮读者，不久前还被怂恿，要边唱着军歌，边对那个"信仰的国度，德意志的国，／父辈与遗产的国土"表白效忠呢。文学家及文学作品此时显示出了绝佳的地震仪特性，从它们身上，人们看得到西德战后的整体心理状态：一开始先是朝着反民族主义的方向发展，随着时间的推进，却又逐渐显露出了向后摆的态势。两个德意志国家之间当然无法呈现出什么一致性来。文学家也照常发着他们的牢骚，似乎这个世界还是过去的那个世界，没有发生过任何变动一样。

既可以说是声名远扬，也可以说是臭名昭著的，是马丁·瓦尔泽（Martin Walser）发表于1988年的散文《谈论德国》（*Über Deutschland reden*）。[26] 这篇文章重现了他童年与青少年初期记忆中的一些画面，那时的瓦尔泽拒绝接受任何人的修正，对当年发生的那些道德与政治上的灾难丝毫不抱开放、乐意了解的态度，因而形成了执拗且不容改变的性格特征。从这段过往里，作家收获了一个关于德国的概念，这个概念被他怀揣于心间，直至其成年。这是一个包含了柯尼斯堡在内的德国，这个德国本不需要参与到现今任何一场理性的"德国对话"当中，就算没有了这些对话，这个德国也将仍然无失庄重，仍然懂得如何为自己"钩织一张安抚的小毯子……仍然是一个历史的国度、文明的国度、体育的国度"。瓦尔泽在文中表示，他"无法接受德意志历史就此告终，且以一个灾难产物的身份"。在他看来，1933~1945年的德语并没有陷入声名狼藉的境地（这一点很可能会遭到英格博格·巴赫曼的反驳！）。[27] 有一位叫作武尔夫·基尔斯滕（Wulf Kirsten）的民主德国作家在西德并不十分出名，瓦尔泽接着说道，他在1934年创作的诗歌"让历史的负担变得更加沉重……它们逆方向而行，反对调整与适应，害怕失去；这位诗人并不以下评判、传播理念或符合媒体口味的末日启示录维生……而我们西边的作家与诗人，他们的语言跟基尔斯滕相比可就大不一样了，他们对下结论上瘾，有着近乎病态的表达欲"。在那边，即民主德国里，还存在着一个"没有把脸丢光的德国"。每一棵大树、每一种天气、每一座房屋、每一个念头，如果离了比它们更古老的树木、更早想到的念头，就什么也不是。"每一个现在，都是每一段截至目前的历史中的最后一个时刻。""统一的道路"是被外国截断的，阻拦它的不是德国人，既不是东德人，也不是西德人。如果有这个可能，允许他们这样去做的话，他们一定会为统一投上赞成的一票。不过这只是一场发生在头脑里的游戏而已，它具象地展现了德国眼下的"前途渺茫"，哪怕不算是"毫无希望"的话。全文结尾的高潮与亮点在于，瓦尔泽刻画出了现实与回忆之间的极大反差："德国只剩下了……一个空架子，它只是那个在天气预报的时候能派上用场的名词而已。"

这一番言论引发了十分尖锐的反驳。其中一个撰文驳斥瓦尔泽的人，叫作尤雷克·贝克尔（Jurek Becker）。[28] 惹怒他的点在于瓦尔泽"思念一个统一起来的德国"。贝克尔说，他并不能认同这个"对一个德国的渴望"。统一成一个德国？人们并没有去这样做的理由，而瓦尔泽本人对这样一个德国其实本也一无所知。在贝克尔看来，谁都说不准，未来在欧洲，各国之间的边界线将如何划分，但至少迄今为止，没有任何迫切性需要敦促重新统一的这一天早点到来。贝克尔攻击的是瓦尔泽文章中的片面性。瓦尔泽对法西斯残余的存在毫无觉察，而就贝克尔的感觉而言，他们就在人们的身边，环绕在每个人的周围。在法庭里、学校里、机关里、大街上、警察局、在游行抗议的人群中。贝克尔本人曾有过20位家庭成员，他们不是死于毒气、殴打，就是死于饥饿，像瓦尔泽的那种温暖而绵软的童年回忆，他没有。"难道这就是为什么德国更多地属于像他一样的人，而不是像我一样的人的理由吗？"

而东德的氛围实际上完全不同。敏感且始终处于史塔西监视之下的赖纳·孔策（Reiner Kunze）以笔做武器，在他的诗作《鸟的疼痛》（*Der Vogel Schmerz*）[1963年出版时曾用名，1969年再版时改作《敏感的道路》（*Sensible Wege*）] 中写下："如今，我三十岁了/仍不熟悉德国：/划界的斧头在德国的森林里砍下/哦，这个国啊，已四分五裂/在它的国人当中。//而所有的桥梁都没有了石墩//诗歌，飞翔吧，向着天空飞去！/飞翔吧，诗歌，成为/鸟的疼痛。""墙"已经建起来了，桥梁眼下却时断时续，在边界线上被路障堵住，被彻底毁掉。希望纷纷逃走，只有疼痛飞过边境。可这个国家却，这一点也激起了最难受、最深切的同情，在它的自己人当中，崩溃了。

同样，克里斯塔·沃尔夫（Christa Wolf）也挖掘出了造成了两个德国人民之间的隔阂的理由。她用一种精辟且优雅的方式，发展出了自己看待分化的一整套视角。"分裂的天空"不但扯碎了无数的家庭，甚至还吞噬掉了爱情。跟孔策的诗作一样，这部小说也诞生于柏林墙的建立（1961）之后。[29] "'至少，他们没有办法把天空也分成两半'，曼弗里德冷嘲热讽地说。天空？那充满希望与思念、充满爱与悲伤的一整片苍穹？'可以的'，她轻声说。'最先分裂的，就是天空。'"平静、敏感、充满渴慕且动人，生活在独裁国家里的人，他们的语言听上去是这样的。外部压力之下展现出的人性价值。

更响亮，更直接，主要是更富有攻击性却又对两边都不满意，无论西德还是东德都能让他挑出毛病来，这就是沃尔夫·比尔曼（Wolf Biermann）在柏林墙竖起四年之后用他的诗作《德国——一个冬天的童话》（仿佛听到了海因里希·海涅的声音）表达出的态度。[30] 比尔曼用这首诗跟德国社会统一党政权算账，用它向东边的统治者宣战，这个政权试图用一份有期限的特殊出境许可贿赂他——比尔曼是这样理解的——期待他在搬去出生地汉堡之后，未来的言行举止能够更加得体。[31] 在西德，也有人朗诵这些诗句："德国的十二月，施普雷河在流动/从东柏林流向西柏林/我在那里，沿着火车的行驶，一同游泳/游到上游的柏林墙//然后我轻轻漂浮，越过电网/躲过猎犬/此时我的心绪如此异常/苦涩蔓延到所有的感官//连我的心都变得苦涩起来/——就在那里，在忠诚的同志的枪口下——/有些人，走过跟我一样的路/用步行的方式，遭到射杀//我不得不同时还想起，那些形形色色/在过去快一百年里发生的事/想起德国在这当中，曾拥有过辉煌的统一/而如今，却又重新一分为二//……德国——一如既往地——/获得了一个位置/这个位置就是世界的屁股/无比肥腻、无比沉重/那沟槽里的毛发/是铁丝网啊，多么显而易见……"西边的德国人从屁股上赢得了金黄色的粪便，而在民主德国，"我的祖国……我们把它擦干净了/用斯大林的硬扫把/擦得太厉害，屁股被刮伤，一片鲜红/之前那里是深褐。"

当历史正准备要清理掉那些铁丝网、将两个德国合并为一的时候，根据一篇报道，比尔曼正在举办于柏林的一场讨论活动中，享受着持续的掌声，并提出抗议，为两个德国的解决方案做辩护："我无法忍受**重新**这个词。我的意思是，当它被用在重新统一中时……我期许的是：依然可以有两个不同的德国存在，在它们之间可以试图开展一场高贵的、和平的、民主的竞赛。"[32] 但历史只是从这个私人的愿望身边擦肩而过，就一路小跑向前了。直到1989年11月9日，柏林墙真正倒塌的那一天，它也没有停下来。随后发生的事情不再归功于德国人自己的努力，德国人在越来越高的程度上被卷入了整个欧洲乃至世界的历史发展进程，同时这清晰地表明了——作为诸多国家中的一个国家——它对别国的依赖性。1945年的战胜国，法国、英国、苏联、美国，提出了有约束性的要求，人们只有满足了这些要求，才能让那个永远都不再是普鲁士的小德意志国重新合而为一。

12

"我们曾深爱过那个国家"："转折"之后

现在，正如比尔曼当初并不期待看到的那样，是时候去纪念一个历史上绝无仅有的转折时刻了。在此之前，"神圣罗马帝国"及德国遭遇过的所有分裂，无论是在什么时候、什么条件下发生的，它们都是永久性的。还不曾有过任何一次分裂经历了逆转，后来重新融合，恢复到初始的状态。其中甚至包括了奥地利被强制"接入"纳粹德国那次，哪怕这一举动给被吞并的国家带来了极其可怕的后果。目击证人卡尔·楚克迈耶就在他的自传里记录下了有关的一切。不过，眼下，1991年，两个从宪法角度看均享有独立主权、各自拥有独立国土的德意志国家，重新组成了一个人们曾经以为就此消失、不再统一的整体，哪怕它是在可能出现国家破产的压力之下才诞生的。分裂的天空如今准备好再次闭合了吗？"自废墟中重生/面向未来，/让我们出一份力，为你的繁荣昌盛，/德国，统一的祖国。"这几句是诗人约翰尼斯·R. 贝歇尔献给德意志民主共和国的国歌，这首旧国歌曾一度被禁，现在又重新供人传唱了。而且，这次，大众是认真的。

借由1989～1990年的转折，这首民主德国的国歌里也被注入了新的意义与价值。它与另外一句同样出自诗人之口的宣言结合在了一起,后者是一声革命的呼唤。"我们即民族。"这一声呼喊,是具备革命思想的青年格奥尔格·毕希纳通过他笔下的革命英雄丹东之口爆发出来的(1835),随后便成了新一轮反对独裁政府进行抗争的号令。而这些最终全都汇成了一句听上去类似、只是稍有变动的呼喊:"我们是一个民族。"这句话在两德重新统一的进程中流传甚广。必须再强调一遍,这个"重新统一"在德意志人的历史中是第一次发生。而它之所以有实现的可能,还与彼时世界格局所提供的独一无二的特殊机遇,以及东德与西德双方总统的容忍度有关:又一次,又一次要感谢外部力量决定性的帮助。[1]

期待越高、越迫切,失望的打击也就越强、越深刻。一种新的担忧与恐惧开始在东边与西边同时出现并传播。虽说从此以后,来自"国家安全部"的监视措施及威胁已经成了过去:"实行人员审核的目的在于有效地利用他与作家之间,与西德及西柏林之间的联系。"[2] 还有更严苛的政策:"要对所有来自其他资本主义国家,尤其是西德及西柏林的,并且与孔策有往来关联的人员进行审核、了解与掌握。"然后:"政治上有效的措施。"间谍活动:"这话只能私下说,我们已经得知,就读于卡尔-马克思-城工业大学的女大学生丽塔·P……拥有作家赖纳·孔策的诗歌作品,并在对其感兴趣的人群中传播它们。最终,对诗人的公开威胁:必须由身份为 IM(非官方告密者)的专家对孔策的文学作品从意识形态、刑法、心理学及其专业的角度做出评估与鉴定。"诗人也对间谍活动及它的终结给出了自己的回应。

诗人是危险的？独裁政府里官僚作风的党政干部害怕诗歌、害怕言语。大众则害怕德意志独裁统治下的间谍活动。一个动不动就胆战心惊的诗人的民族？还是四处散落着的，勇敢的、不屈不挠的诗人？《诗人绝不容许独裁者在身边》(*Dichter dulden Keine Diktatoren neben sich*) 是 2013 年出版的一本孔策读本的标题。[3] 一句这样的口号就可以给人勇气。这句口号到了今天，对我们的"德意志"自信来说还适用吗？这个国家在人民之中也重新统一了吗？当下除了特别针对民族发出的呼吁之外，还有什么是"德意志"的呢？

然而，转折之后的共同成长遇到了困难。老百姓的欢呼只持续了短暂的一段时间。德国马克虽统一了两个德国，但无法将它们完全融为一体。它的力量还不够。它无法抵达最深层，它无法抓住分开生活了 40 年的德国人的心。社会上与物质上的不安全感很快就像一片乌云笼罩了东部居民的生活，压抑且令人沮丧。许多人，尤其是那些拥有教育背景与知识技能的，都搬去了西边。

诗人沉默了。他们没有创作任何有关于统一的诗歌，诗人与思想家不知道该如何回应这不寻常的挑战，但很可能已经预感到它会带来的后果，甚至已经可以叫出它们的名字了。唯有那位屡次遭到东德社会统一党跟踪与迫害的赖纳·孔策，对柏林墙的倒塌（以及通过它已经可以预见的民主德国的终结）给出了一个极其私人的答案；当然，他在那会儿已经被开除了民主德国的国籍，居住在西边："那堵墙/在 1990 年 10 月 3 日//当我们将它拽倒的时候，并不能预知，/它竟筑起了多高/在你我之间//我们已经习惯了/习惯了有它在的视野//也习惯了那风平浪静//在它的阴影之中无法投下/任何其他阴影//如今我们就站在这里,赤裸裸地/没有人来说声抱歉。"[4]

墙虽然被拆掉了,但实际上,它仍高高耸立在"我们之中"。在西边的我们的确能更早一点发泄对这堵墙的愤恨情绪,我们被允许宣扬并遵从与东边社会主义的完全相反的政治理念,但这堵墙同时也限制了我们的视野,保护了我们的舒适性、我们的退休金、我们的满意度,以及我们引以为傲的对自己的看法。而当这堵墙轰然倒塌,欢呼甫一告终,我们就变得束手无策了。一切都跟从前不一样了,从前亦再也回不来了。

另外一个没有沉默的人,是克里斯托夫·海因(Christoph Hein),他与斯特芬·门申(Steffen Mensching)及汉斯-埃卡特·文策尔(Hans-Eckardt Wenzel)一道创作了喜剧电影《最后的东德人》(*Letztes aus der DaDaeR*),讽刺了行将末路的民主德国,并在随后的第二年发表了讽刺性杂文短评《我们怕变穷》("Wir haben Angst zu verarmen"),字里行间充满了不满,精准地捕捉到了德国当时的氛围。[5]这篇文章并没有那么含混不清地将东德的氛围与西德的氛围对立起来:"有人说,德国人、中欧人和美国人都十分排外,对外国人会极具攻击性且暴力相向。这并不是真的……但我们确实也对一些人有敌对情绪,他们就是那些会威胁到我们的人,而我们也必须谴责这些人并对他们做出判罚,如果我们不想将自己置于危险之中的话……我们是受过教育的人,有文化的人,我们学了很多,也认识这个世界……"只不过:"我们惧怕贫穷的细菌,我们害怕自己也被传染"——无论那传染源是外国人还是无家可归的德国人。因此，我们烧毁他们的避难所，在深夜将他们杀死在公园的长椅上。"我们没办法——以自己的沦落为代价——允许你们，比照我们自己，以同等程度满足你们的需要……你们提出的、要从在我们的碗里分一杯羹的诉求，本身就是在攻击我们、攻击我们的富裕生活、攻击我们的文明……战争是你们先挑起的，我们不得不防卫自守……我们将发起反击。出于对你们的贫穷的恐惧。出于对有一天将不得不与你们一起贫穷的恐惧。"恐惧引发的残酷无情，未免也太心急了，而且缺乏自我价值感，缺乏自信。这种集体心理难道不会导致任何的政治后果吗？

在"转折"过去了很长一段时间之后，克里斯塔·沃尔夫回想起1989年那些激情澎湃的日子，回想起渐渐走向没落的民主德国，她坦承："我们曾深爱过那个国家。"她写道，当时自己身在莫斯科的谢列梅捷沃机场，和她同样在候机的有几名来自西德的游客，还有一群人则是民主德国合唱团的成员。后者刚刚结束了在中亚的巡回演出，准备返回家乡：他们已经好久没有听到从莱比锡传来的任何消息了。现在，克里斯塔·沃尔夫告诉了他们，在那边，究竟发生了怎样让人忧虑不安的事件。听到这里，合唱团成员立即组织好队形，开始唱起："哦河谷遥远，哦山峦……"歌词出自艾兴多夫那首忧郁感伤的《离别》（Abschied），配上了门德尔松-巴托尔迪谱的曲子。多声部混合、极其纯净、极其清澈、极其真挚而深切："我即将与你离别，/作为异乡人，去往异乡，/走在缤纷而活泼的巷道/看人生的戏剧上演一场又一场；/而在这人生的正中央/源自你的庄严的那股力量/将我这个孤单的人托举向上，/如此一来，我心便永不会沧桑。"歌曲的最后一小节这样唱道。

"所有的听众里，或许只有你懂，他们为什么要唱，而你却不得不把头别过去，不让人识出你痛楚且激动的感情。那不只是在与莫斯科告别。"然后，视线转向了给他们带来这个消息的人，即作家本人："他们现在是唱给您听的。"接着，也转向了同在机场候机的西德游客那一张张因惊诧而变得异样的脸庞，他们交头接耳，相互告知合唱团的出身来历，并在曲终之时献上了激动的掌声。他们虽然视聆听对方的演唱为一种享受，却无法真正感知那歌声背后苦乐交织的底色……不知何时，这样一句话进入了头脑之中："我们曾深爱过那个国家。这是个非现实的叙述句，当你真的试着把它说出口，你就会知道，那一刻，它听起来除了空洞与讽刺，什么都不能代表，什么也不能说明。不过，这句话你是不会说的。你宁愿把它留给自己，就像眼下许许多多的东西一样，只有你自己知道，只有你自己清楚。"[6] 可现在回过头来看，这句话已经被作家的日记本用白纸黑字记录了下来，并在作家去世后付梓印刷，与世人都见了面。天空还是分裂的吗？

接下来的这个补充注释，既不是针对赖纳·孔策，更不可能是针对克里斯塔·沃尔夫的，它更多的是反映出享有较高地位的联邦德国市民阶层，他们的感受如何。统一完成后没过几天，在受邀参加的一场私人聚会中，一位当时风头正劲的新闻记者、德国的文化发言人与作家问我，当柏林墙倒塌的时候我的感受如何。（在迈森、德累斯顿、莱比锡、柏林等地都有亲属的）我不知怎的竟有些磕磕巴巴，试图找寻最恰当的语言来描述我在那些天里流下的喜悦的泪水。而他，简短、扼要且精准地说："我感受到的是一种胜利的感觉。"从骄傲进一步被拔高，上升到了胜利的感觉？

也就是说，又值得骄傲喽，连眼下这个机会也不放过，哪怕并没有什么统一的神话能够为发生的事情镶上一圈金边。西边，具体说是生活在西边这里的德国人似乎什么都没有搞懂。胜利，你们赢过了谁、赢得了什么？骄傲，为何人何事何物而骄傲？为资本主义的西方？为苏联的崩溃解体？为很快就规定了德国人日后该如何生活的"2+4条约"（"Zwei-plus-Vier-Vertrag"，也称"2+4方案"）？为犹豫了很长时间的英国首相撒切尔夫人最后还是亮了绿灯，法国总统密特朗终于给予首肯？[7] 东方的天色始终与西方的有所不同，从以前到以后都没有变过。

在这一点上，就算是在20年后与25年后，德国发行的欧元纪念币上印制了当年宣誓的呼喊，还重复了三遍，也无济于事（2015）。只有那句"我们"，喊声余响绵长。"我们是世界冠军！""我们是教皇！""我们是人民。""我们"真的是吗？还有不断出现的那句："我们害怕。"这种恐惧，在德国一直保持着良好的增长态势，并被那些制造恐慌的政治家干脆打造成了纲领，就像君特·格拉斯早就料到的那样。[8]

其实早在转折刚一发生，具体说是在1989年的11月，这位作家就已经在一次采访中发表了他的看法与意见。他——跟比尔曼的立场大致相似——担心，"在联邦德国里，因为缺乏切实可行的方案，人们很快就会再次发出重新统一的呼声"，而且他觉得，如果这呼声"招致了简单地将两个德意志国家合并为一的举动,也并不是没有可能。这足以迎合德国人的需求及他们对自身的理解,而且我们的邻国也能接受。"他的意思是形成"一个由两个邦国组成的联邦制度,这两个国家必须重新定义自身……我们必须重新定义我们自己"。针对这一点,作者指出:在民主德国,"生活节奏更加缓慢,与之相应地,人们有更多的时间用来闲谈"。并且强调:"在那头,一个壁龛社会形成了,就跟梅特涅时期的毕德麦雅(Biedermeier)风格差不多。"这话很难被理解成某种赞同。君特·格拉斯肯定不是想回到19世纪去。后来,事情的发展也很显然与作家的期待有较大的出入。在他出版于转折发生后五六年的鸿篇巨作《辽阔的原野》(*Ein weites Feld*)中,格拉斯对他当年反对两德统一的立场做出了解释说明,并构思出了一部眼光独到的两德统一史,里面包含了许多有历史指涉的附录,尤其被引用最多的,就是特奥多尔·冯塔内的那个时代。[9]

　　小说并没有受到评论界多么友好的欢迎。"我无法隐瞒:我认为,您的小说《辽阔的原野》是一次彻头彻尾的失败",马塞尔·莱希-拉尼基(Marcel Reich-Ranicki)在写给作者的信中这样说道。过多对冯塔内的引用让他不悦,而且大部分都没有标明是引用。所以说存在着大段大段的抄袭?小说主人公冯提①在某一封信里写过一句话,这句话恰恰极有可能就出自19世纪那位著名的小说家之笔,不过,它在小说中的首要任务是表达出作者君特·格拉斯自己

---

① Fonty,跟被引用的小说家冯塔内(Fontane)名字亦甚相像。

的观点:"'所有自称德意志的东西,都散发着一种非常一般般的平庸感。'这样的写作手法既愚蠢,又惹人生气",刚才提到的那位评论家如此呵责。[10] 另外一个人也对这本小说持同样的拒斥态度:一部"叙事机器……上部有一个小盒子,里面装着写有历史性人、事、物的小纸条,作家只需要从上面把这个盒子塞满,然后,就可以从机器的下部取出一部已经创作完成的文学作品,一本关于德意志民族的伟大历史小说。他从上面塞进去能填满将近800页书的历史材料,扭动磨轮,然后,底下就源源不断地输出写好的成品来,一张接着一张。"这段针对小说作者创作技法的批评出自古斯塔夫·赛布特(Gustav Seibt)之口,他本身也是一位出色的叙事作家。[11] 不过,书中谈到"呼唤重新统一的叫喊声"的话,倒是立即被讽刺杂志《泰坦尼克》(*Titanic*)采用,缘由是当时该杂志的编辑部正好要求曾经的东德时政作家、《黑色管道》(*Der Schwarze Kanal*)一书的作者卡尔-爱德华·冯·施尼茨勒(Karl-Eduard von Schnitzler)表明反对那种叫喊声的立场。[12]

好吧,统一了。可是,的确是"面向未来的"吗?质疑的声浪越来越高。对金钱损失、货币稳定性的担忧,给未来笼上了一层阴影,这正是许多人心怀恐惧的原因,而这层阴影,则会麻痹文化上的、精神上的创造力。过多地受外来影响会造成威胁,某些"转折"后出生的人做出这等不详的预言,并似乎开始怀念起过去那使人幸福的压力与约束来。在……马马虎虎的时代,还会诞生出另一个荷尔德林、另一个海涅吗?[13] 这个更新过版本后的"我们"只是在表面上将东西两个德国的公民统一在一起,就像2016年的一项问卷调查结果向我们展示的那样。超过平均数以上的原东德居民倾向于"右翼"立场，某些人甚至将嫉妒与猜疑的目光投向生活水平更好的西边。我们真的无法统一了吗？除了金钱和足球之外，还缺少给我们的集体自我认知指明方向的引路人吗？缺少全民族的、能够提供身份认同及一体性的神话吗？缺少为一体性提供证明的诗人与哲学家吗？

在全球化的时代，神话究竟还能派上多大的用场？它们能帮什么忙？莱茵河？科隆大教堂？在20世纪50年代被向胸戴徽章的西德中学生宣传成德国统一象征的勃兰登堡门（"把门打开！"最后演变成了一场火把游行的丑闻）？这样的一些标志物难道已经变得陈旧过时且滑稽可笑了吗？诗人不再为民族为国家传播些什么了吗？没有向德意志民族的演讲了吗？财富分配得太过不平均，以致东边和西边没法达成真正的统一。难道说，像曾经出现过一次的那样，在本该属于神话和象征的位置上，假想敌、新的意识形态和分裂性的嫉妒突然出现将它们取而代之了吗？什么能够统一"我们"？"我们"到底是谁？

有一点可以肯定：不是诗人与思想家的民族。但人们或许会从某个文艺爱好者聚集地张贴的海报上读到："德国。创意之国。2012年精选之地"由德意志银行大力支持。创意？生产的创意吗？市场化策略吗？把金钱当作对诗人的激励？那哲学家呢？要为此而骄傲吗？已经接近高傲自负、基督教弥天大罪（Todsünde）的骄傲？难道说虽然发生了那么多不幸的事，但因为有了金钱的引导，200年前就曾受过召唤但后来误入歧途的我们民族的创意天赋就此回归了？曾经的召唤是向未来发出的，可不是骄傲于已经取得的。

与此同时，这个"以创意为傲"的口号听上去跟当初那句"诗人与思想家的民族"一样，有着妄自尊大的内核。难道其他的国家与民族并没有也在不断地产出创意吗？我们是不是又开始自以为是、制造幻觉了？我们这帮通过外部力量的点头同意才得以重新统一的小德意志人民。仔细揣摩一下，"我们"是不是既非世界冠军，亦非教皇，但至少成了更自由的人呢？话是没错，至少看上去是这样的。逃难的人们蜂拥而至，我们国家成了那些受迫害者的首选流亡地。这一点在德国人心中再次唤醒了恐惧，并不是骄傲，唤醒了最糟糕的反感，甚至是仇恨；纵火者点燃了他们的栖身之地——避难所。其中还包括历史学家。而诗人却沉默了。

跟随着这些移民一同到来的必然是多文化之间的激烈碰撞，对此，这个国家的公民们显然还没有做好准备。而来者只具备对最表面的事物进行模仿的能力，此外还带来了自己原有的语言、生活方式、宗教、规则，这在德国本地人眼里看上去十分可疑且具有威胁性。敌意与仇恨替他们做出了应答。再教育、接受新的文化知识，这对双方而言都成了无法回避的话题，克服仇恨、文化开放，无论实践起来会有多难，都需要用孜孜不倦、世代相传的耐心去对待。在发生了哲学家瓦尔特·本雅明（Walter Benjamin）作为难民穿越法国-西班牙边境线，并亲自走向生命的终结这样的事件时，光靠沃尔夫·比尔曼为它写上几行纪念诗，又能有什么用呢？可是越来越多的信号表明，在当时，一种有疗愈功效的文化推力是有可能获得成功的。

从土耳其或伊朗逃往德国的难民中,有那么几位,像是纳维德·凯尔马尼(Navid Kermani)、阿拉斯·欧伦(Aras Ören)、埃米内·塞夫吉·厄兹达马尔(Emine Sevgi Özdamar),早已成为当代德语文坛颇负盛名的作家。"今日德国之开放程度,足以将二三十年前的那个德国远远地甩在身后。人们习惯了移民的到来。只需回想一下,或与年长者交谈一番,便可发现证据比比皆是,均可证明文化多样性已成了再自然不过的现实……我是绝对不会想要生活在50年前的德国的,那时,肤色不同的人种还会被当成动物园里的猴子那样耍来耍去。"这是纳维德·凯尔马尼在2009年时写下的话。[14] 当然,那是在难民大规模长途跋涉前往德国之前。[15] 当时的他是否有些过于满怀希望?

好吧,价值就算更新过了。也没错,我们注重基本权利与人权,致力于维护"人类尊严"的药方,我们的宪法,名字就叫作"基本法"。曾经驱使哲学家与诗人写下理念与诗行的精神,让他们不惜付出生命、牢狱或流亡的代价也要捍卫的权利,如今已经是法学家与他们教科书上的惯例条文了。法律要求,人类的尊严必须受到专门且无差别的保障。只不过,说是这样说,能否成功实现就是另外一回事了。定下的准则生命力日渐萎缩,现在只剩一句听上去很美、实际上什么用都没有的空洞口号。价值堕落了,消失了。后果比丢脸还要严重一些,有时甚至让人感到震惊。于是,长时间以来,德意志联邦共和国外交部虽然获得更加详尽的信息的机会很多,但它无法阻拦德意志公民在护照换发不受干扰及宗教性目标的保护下从事反人道的、暴力的、谋杀的活动，无法制止发生在智利"尊严殖民地"——这个委婉的名字本身就充满遮掩意味——的虐待儿童行为。[16] 人类尊严在"基本法"的保障下依然遭到破坏乃至践踏。

很显然，我们并没能跟上"我们"的哲学家曾表述过的那些道德伦理要求。反正，只要我们觉着是时候把自己的形象地位再往上拔一拔高，就看看别人——这个别人还常常是外人——走过的路径，沿着它走一遍就好了，管它是乔瓦尼·皮科·德拉·米兰多拉也好，是美利坚合众国或法国有着几百年历史的宪法也好。一切都在1945年战胜国的保护之下进行着、完成着。要是事情只关乎我们自身的话，我们很可能还在像从前一样，畅饮着一种"名叫民族自信的烈酒，恨不得通过皮下注射的方式将其灌入我们的血液"，第二次世界大战一结束，西格弗里德·伦茨（Siegfried Lenz）就让他笔下的主人公这样阐述我们的"义务"。[17] 普通的"酒囊"很显然已经不够用了。必须是高浓度的烈酒。戈特弗里德·贝恩这位诗人兼皮肤性病科医生已经沉默了太久，沃尔夫·比尔曼试图借贝恩之口，对德国诗歌的现状做出粗野且猛烈的抨击（通过对贝恩创作的表现主义组诗《停尸房》进行影射的方式）："德国人乐意让他们诗歌一团糟／不是肥臀横摆，而是再消瘦点，窈窕才好／妓院里的粪便，猴子也妖娆／诗人得有点像梦游者才行／不然的话他就太忠于德意志了，太民族了／戴着钢盔，长着硬下疳的普罗米修斯／然后——这话只能咱俩私下说——他们还得有点娘们唧唧的才行／日耳曼的诗歌消费者／需要给他们的性情里来一点蔓延的黑暗／我了解这帮腌臜的弱点/他们的血液里有那么些牧师式的东西/他们恨不得往小便壶里装香槟,和/在桶子里装臭气熏天的胎儿。"[18] 好家伙,除了烈酒之外还加上了香槟。

这太无情,也太德国了。比尔曼是一个讽刺作家,他的诗行常激怒人,他的语言也没温柔到哪里去。而他的语言能否被当作德意志文化的缩影与化身,人们估计要很有保留才肯勉强承认。不过,正是由于他的语言中那种不可模仿的腔调,才使它成了今日德国诗文创作的典范,也让它代表了某种打量德国人的目光。这不一定会给他带来颂扬。与此同时,当代的大部分诗人与思想家已经渐渐戒掉了总是绕着同样一个主题打转的习惯,他们不该也不想再为某些"好人"唱赞歌了。

13

"为了德国，我无所畏惧"：现在与今天

我们德国人的"今天"，是已流逝的数千年再加那么几十年得出的结果。但我们不能允许它就这样从我们的身边流逝，如果我们不想让对过往的勘察只停留在为艺术而艺术的层面，而是期冀有所改变的话。作为我们的过去，曾经的诗人与思想家依然在我们的今天发挥作用与影响，而这些作用与影响，必须得到清晰的展现。从这个角度出发，对昔日的检验，有益于我们在受历史限制的当今，对自己进行思想上的定位；它能够帮助我们做出恰当、适宜的反应，来面对社会关系、集体特征及文学对其的反映日渐复杂化的形势；它为我们提供了理解这些复杂现实的可能性，同时也指导我们，怎样的行为举止才是具备了相关意识，而且还在道德上站得住脚的。尤其是这最后一点，诗人与思想家一直不断地在他们的文字中提及、描述并深化。那么，他们发送的信息顺利抵达了吗？

在这几千零几十年里，德国人的族谱里都被写进了些什么？或者更确切地说，这本族谱，今天该怎么读？几百年前、几十年前、几年前，德意志的诗人与思想家试图传递给他们族人的那些话，到了今天，会被如何呈现出来？带着这些问题，一种极其特殊的混杂

局面显露了出来：这一边是道德的反思，那一边却是靠这些反思提供维生养料，穷困且可怜的反思者。另外一个角落里，装满了肤浅的空话废话，甚至还有那么一个地方，专门盛放暴力的行动。杰出的诗人与思想家写下的关于德意志人的诗行与文章，让人停下脚步，再三思考。但从现在开始，当明确提到德意志人的时候，德意志的特有价值则自然无须再专门在章程中展现了。诗人与思想家大多数时候倾向于选择沉默。

遗忘作为一种潮流在蔓延。信众纷纷逃离传统的基督教信仰。沉默与驱散在很大程度上升华为一种没有了文化内核、"过一天算一天"的生活方式。就连"德国来的大师"，就连他——部分特例除外——都不再被人忆起。曾经的希望、无名的失望、我们当中伟大的诗人与思想家在念及德国时那一度烦扰过他们的顾虑与质疑、德国为他们带来的痛苦，已经几乎完全褪去了本色。许多东西都过时了：克莱斯特、荷尔德林或恩斯特·莫里茨·阿恩特的疆场颂歌与战争呼唤？或许历史学家偶尔还会在必要的时候引用他们，只不过，在今天的德国百姓当中，它们再也无法触发"神圣的战栗"了。当然，这样也好。不过，当初经由这些文字被唤醒的那种对伟大的渴慕与向往，并没有就此从人间蒸发。它躲了起来，但继续发挥着作用。

对一个穷兵黩武的德意志帝国保持忠诚、随时准备为其献出生命的价值已经退役了，就在它到达历史顶峰的时刻，它不能再作为宣传口号或蒙蔽手段被输出、被使用了。没有哪个诗人还在做着美梦，梦里是我们令人骄傲的军队和他们在为祖国而战中取得的胜利——尽管这个梦再次在地底悄悄地淤积，黑-白-红的旗帜也已经展开。2001年，当迪特尔·韦勒斯霍夫（Dieter Wellershoff）获得巴特洪堡市颁发的"荷尔德林奖"时，他在致谢词中就提到了这种突然集体缄口不言的现象。[1] 他的演讲主要针对荷尔德林的失败展开，其"存在的悲剧性，他所提出的那个不安的请求——将整个世界当作一个被神性的意义贯穿的精神与灵魂家园去诠释"，这个请求，对荷尔德林而言终将汇入"存在的黑夜"，对于一个年轻的韦勒斯霍夫的读者而言却意味着在大雪覆盖的杉树林里亲手给自己的生命做个了断，对于演讲者本人，就像他自己宣告的那样——在积攒了一些经验之后，则将走向一种毫无根据的生活。

　　韦勒斯霍夫的演讲以回首往事开头，自传式的叙事手法刻画了同样的一种不安是如何在自己心中被扑灭的。"当我还是个学生的时候，我对运用高雅的语言有着一种百折不屈的坚守，因为那在我看来，等同于一个能够通向存在的更高形式的入口……在傍晚的营火旁，有时，当气氛热络起来，我们便歌唱，歌词来自鲁道夫·亚历山大·施罗德的几句诗行，'神圣的祖国陷入危难，儿子们已围聚在你的身旁。只要敌人敢动手抢夺你的王冠，德国，我们将斩断他们的头颅，来一个杀一个，见一双杀一双'"——问世于1914年的战争诗，其中的这一小节，曾被"希特勒青年团"中再度发扬、广为传唱。后来，韦勒斯霍夫安慰那些受民主德国垮台之苦的作家同行："不会再有比这更好的事情发生了。一种意识形态的垮台正是个人成长的最佳前提条件。"这是韦勒斯霍夫的私人经验：意识形态的孩童长大成人。

那么今天，在我们的国家，这种重新定位进展如何呢？沃尔夫·比尔曼为我们加油打气："只要是为了德国，我便无所畏惧。"这是诗人数年前的发言（1999）。不过，接下来的几句诗听上去可就没那么鼓舞人心了。德国的统一并没能治愈曾经的分裂所造成的伤害。随后，他又撰写了一篇杂文，题为《歌颂者沃尔夫·比尔曼总结说》（"Liedermacher Wolf Biermann Zieht Isilanz"）。[2] "纯粹只是出于恐惧，怕被那些仍处于困惑迷惘阶段、对东德有一种怀旧情绪的人骂作'日子过得更好的西德佬'，很快就有一些被吓坏的西德人带着一腔爱国热情投身西边，奔向那混乱，扮演起了过分谦虚的'日子过得更差劲的西德佬'。但也有一些人无法忍受这样的卑躬屈膝，幻想破灭之后，他们回到了熟悉的田园生活，回到了富足的西边。"再接下来，比尔曼转向了党派政治的话语体系，尽管他明知这样做亦于事无补。因而对此，我们在这里也就无须多谈了。

只有少数的几位诗人或思想家还在提到"我们"。我们现在得靠"日报上的诗歌"这种版块才能对德国人的思想有个一知半解了。它列出的名单听起来已足够华丽。康德、席勒、歌德——这些名字或许还会流传一段时间，可由他们宣扬的价值却已经日渐式微。这并不仅仅发生在"西德佬之地"。尼采对一切价值的重估在这里可算是找到了真正的知音，它成了人们生活实践的重要指导原则。[3] 一些联邦议会的议员们会向足球之神敬拜，因为"他们"的队伍在世界杯里前行艰难；他们会从上院主席团指定必须参加的会议里偷偷溜走——无视一切德意志的责任感。对于这些，媒体可是一清二楚，同时，他们也有一肚子的苦水要往外倒。因为正是利用了媒体，那些议员才能把自己的个人经历编得天花乱坠，骗过了所有的选民。他们给自己打造出一种良好的形象，站到诗人与思想家的民族面前，携一缕康德伦理学的清风。"政治参与……过去是、现在依旧是建立在正直与坦率的基础之上。"⁴ 大众的代表以他们自己为例指明道路。那么一点小作弊应该不会给全部的真相带来太大影响。诗人与思想家是因为这些身居领导层的人才沉默的吗？还是出于羞耻？

德国学者的成就一直以来都是褒奖与颂扬的对象。但"德国科学基金会"却不得不对研究资助的申请者进行道德标准上的审核，因为，已提交上来的"成果"中有太多赤裸裸的造假，甚至连享有盛名的联邦部长都身陷博士论文抄袭丑闻。准时，向来是全球认可的德意志独家商标——只不过，大概德国铁路不能被算进去，这里的火车可比不上其他国家，准点到达与出发已经成了越来越稀少的奇景。这可是德意志的上等技术啊！控制技术领域的惊人奇迹。不用遵守尾气排放标准，就能在尾气检测中达标合格。在我们这儿（据说）没有任何人发现何不妥。上等技术是在哪终止的，动点手脚的花招又是从哪开始的呢？这样做的后果，对所有小心翼翼努力工作、生怕被解雇的老百姓以及德意志的声誉来说，永远都是最大的不幸。然后还继续：我们有杰出的法律！话是没错，但这法律对那些名气大、收入高的大老板以及他们应缴的税额来说，似乎突然之间就不适用了。欺诈？毫无疑问，在我们国家也是要受到重罚的。不过，要是这欺诈手段能帮我们买到世界冠军的奖杯呢……着迷于"夏天的童话"（海因里希·海涅会欣赏这个笑话吗？），徜徉在大小黑-红-金旗帜的海洋里，花招与手腕在身边飘来又散去，我们就算没有头衔也能享受那份骄傲与自豪。给颂歌唱颂歌。这不是诗人能派上用场的地方，而人们见到反思的思想家都恨不得绕着走。没关系，更糟糕的待遇他们也不是没经历过。

所有这些，是媒体取之不尽用之不竭的新闻素材。他们为此欣喜雀跃，亦为此怒火中烧，然后，一切都被再次遗忘——跟那些伟大的德语诗人创作的伟大诗歌的命运没什么两样。那么，难道说谎、舞弊、耍滑头、吃回扣都成了新德意志的价值了吗？不！绝不是这样的。因为，这些手段已经由来已久，并且在全世界各地都能见到它们的身影，目前为止没有哪个人跳出来说我就是这些伎俩的发明者。只不过，许许多多的模仿者被揪了出来，还刚好都在德国。欺诈在这里蓬勃生长、枝繁叶茂，但起到园丁作用的，却又常常是（并不只是）邻国及全球的陌生人的推波助澜，这一点新闻媒体也时有报道。这种"日报诗歌"描绘出了今日德国登台亮相时其身处的大环境如何，这是德国各政党一展身手的大环境，也是数以千计的选民聚在这些政党身后的大环境。"只要是为了德国，我便无所畏惧。"真的一点都不害怕吗？

"什么是德国，谁是德国？"几十年前，西格弗里德·伦茨这样质问他的"倒戈者"。他给的答案像一盆把人浇醒的冷水："我可以把我的祖国套在衬衫底下，穿戴着它前行。"[5] 这对于从上一次世界大战中劫后余生的人来说固然不失为一种策略。那个时代里的每个人都是他自己最亲近的邻人。纳粹在过分膨胀的基础上建立起的"第三帝国"徒有其表不说，最终还给人类带来了极大的不幸。伦茨的回答反映出这一切过后，人们不得不面对怎样的幻灭。只是，问题本身并没有得到彻底解决，反而再次变得迫在眉睫。我们是谁？我们跟全球任何一个国家或地区一样，眼前都摆着史上最大规模的民族迁徙，而它已经开始了。对此，我们已经准备好了吗？它向所有依附于传统的"祖国"都发起了挑战。很显然，今天已经没什么人再去谈论"祖国"这个概念了，就连"故乡"这个词（在民族，而不是地方爱国主义的意义上）也都只剩下怀旧的人在用了，哪怕不少电视节目都花费了一番心思，试图让它再度流行起来。"祖国"与"故乡"，它们的价值已经被挖空耗尽，不对，是被滥用了太久。现在的欢呼声是献给一个因含混不清而无法定义的"德国"的。面对这种压力，文学家该如何反抗？

再一次要提到沃尔夫·比尔曼。此人出身于汉堡，投身诗歌创作，数次被迫离乡背井，先是前往柏林（东），后于 1976 年遭民主德国（对其进行监视若干年后）开除国籍，现居住在联邦德国，此间曾到访加泰罗尼亚，且最终被驱逐出马克思主义的梦乡。在这一系列的境遇之后，他最新创作了一首名为《家乡》（*Heimat*）的歌曲，亲自为其作曲。[6] "我寻求平静，却寻得争战/对生机勃勃的生活上了瘾/我的长寿亦显过短/我欲拥有一切、奉献一切/因为我是贪友为生的人/我对家乡无比饥渴——一直、永远！/那是死亡，我要去的地方/却总也到不了，在过去，在以后。//沉睡，做没有叫喊的梦/醒来，然后再眯一会/咽下一口茶，配一块黄油蛋糕/轻轻松松地解决，一切人类的问题/在永恒鲜活的解放战争里/担起不可承受之重：/失败藏在胜利身后/不顾一切，冒爱的风险！"以这种形式出现的家乡和从前的那些时代，以及曾经的具有民族意义的故乡，已经鲜有关联，更不再有任何特属于德意志的东西附着在上面。相反，它借由死亡的意象，唤起了人们对彼岸故乡的向往，那意味着永恒的宁静，一切生机勃勃生活的没落，它是属于全人类的，是普遍的，是不以种族为基础的命运共同体的。

所有打着民族旗号的装腔作势都被这样的诗行一一抖落。导演宋克·沃特曼（Sönke Wortmann）曾在街上、家中及工作场合采访过众多德国人，询问他们对自我的认识，他们的感觉、恐惧与幸福，最后，他得出了跟比尔曼那首诗一样的结论（2015~2016）。在受访人给出的回答里，体育与休闲占据了最重要的位置，工作的排名并不靠前，国内安全以及卫生事业相对价值颇高，而政治，似乎已经没什么人感兴趣了。[7]整体看来，这份取材于日常平均值的回顾与总结还算让人心安，它不带任何特殊的德意志体质，不暗含任何民族主义的弦外之音。但精神文明坠入了深深的沉默之中，至于国家，则压根没有被提及。不再是诗人与思想家的民族了。

但还是能观察到一些前后矛盾的地方。民族价值再度沸腾至喷涌，却没有人更进一步、详细地对它进行描述。大众，而非诗人，对国内"政治家的无能、只顾中饱私囊及资本主义的无情掠夺"、对掌权者"缺乏责任感"、对欧盟的"惨淡境况"、对"卫生事业里游说活动"的大肆横行、对"难民危机"，一直怨声载道。恐惧的情绪不断上升扩大，人们害怕失去自身原有的地位，害怕自己的国家运转失灵，害怕空虚与未来渺茫威胁着自己。这种恐惧需要一个替罪羊，并且也找到了，通过对外国人的仇视与憎恨。也是由这种恐惧引领着，一系列骇人听闻的场景与影像在当代德国被生产制造出来。身处这样的上下文中，诗人与思想家说过的话，用得上的时候或许还有人会口头上提一提，至于他们的真实意见，是不会有人听进去的。想安抚人心的话，单点出他们当中的那唯一的那位就够了。这个人是卡尔·楚克迈耶，尤其要提的是他关于莱茵河畔"民族大磨坊"的发言，和他送给德国人的献礼："最好的，我亲爱的！世界上最好的。为什么呢？因为所有的民族……都被混合到了一起。混合——就像水一样。"[8] 如今，人们不去读歌德、莱辛或让·保罗，而是"漫步"于令人沉迷的咆哮声与古老的军号声中："我们将为德国赢得胜利！"

于是，2015 年的时候，一张广告海报耀武扬威地高高悬挂，它要宣传的正是这样一场以新条顿主义为宗旨的民族运动，即发起于德累斯顿的、言辞激烈乃至极端的"PEGIDA"（欧洲爱国者反对西方伊斯兰化）运动。虽然很快就又走起了下坡路，但无碍于它刚一出现，就在极大程度上成了平权运动的代言人。[9] 游行示威的人群身着蓝色牛仔裤，手机不离掌心，听进耳里去的是"重金属"音乐，从未进入他们脑袋里的，却是这种行为与姿态有着多么浓烈的文化反讽意味。他们的呼喊声或许已经被更新的事件盖过，但那场运动的确体现出了一种典型性的价值，它反映了当代德国思想与精神的境况如何。人们以为早已翻过去的从前那一页，此刻作为一种模式再度跻身上层。人们重新提出文化统一、艺术统一的要求。难道说为了拯救我们的条顿文明，过不了多久，我们就得穿着"蓝裤子"、听着"重金属"、用"苏特林体"（Sütterlinschrift）签署各项和约了吗？

在这些发言人的口中，德国是晦暗阴沉的。他们绝非大字不识的白丁，甚至也接受过良好的教育，但当他们在对"德意志价值"或"德意志文化"高谈阔论——更确切点说是胡说八道的时候，他们丝毫没有提及任何或古或今的诗人与思想家，从未问询过这些人针对德国人曾给出的判断与意见。难道说，现在我们要获得文化上的幸福感，已经不需要再与德意志的过往历史发生任何关联了吗？还是说，人们终究会唤回那段晦暗的时光，因为它并没有真正地被克服，而只是被排挤到角落里，如今仍在地下翻找？眼下，价值与文化到底如何定义、意味着什么，依旧幽暗不明。敞开心胸、面向世界，这些词对那批发言人来说就像一门听不懂的外语，或者一块能瞬间激怒他们的红布。

盲目的行动主义在汹涌翻腾。他们的语气听起来神神秘秘：要求"保护、维系我们的文化与语言，人们在与它们打交道时须充满敬意"。[10] 该怎样理解这种保护，不久之前，这些新条顿主义者中的一员很快给出了明晰的解释，不过当然是在隐匿自己姓名的条件下。这个人曾接受过一次《焦点》（*Focus*）周刊的采访，那次采访的内容主要围绕着历史与对新条顿主义的批判展开。他的话表面上看是在回答采访者提出的问题，但仔细听下去又觉得，好像也是说给受访者自己听的："我个人只能给出这样的建议，如果在街上遇到了这样的人，往他们脸上吐口水就是了——谁播下恶心的种子，谁就得去摘那恶心的果实。"[11] "往脸上吐口水"，像是一位没有了歌德的"格茨"，这种行为在这种人的圈子里很显然已经成了一种德意志的价值；但即便是，也是极罕见的一种，在本土被发明出来的一种。毫无疑问，这番话透露出了他们心理上的无助与内在的空虚，不再接触由德意志伟大的诗人与思想家一手缔造的精神文明，不再准备着去读他们了。

问卷调查的结果似乎坐实了这些所谓的"推荐"。但严肃的民意调查机构则在日前记录下这样的事实：在当代德国，考虑到他人以及礼貌，已经不再算作教育目标和美德了。[12] 任性、自私、暴力倾向作为社交姿态，在我们这个深受全球化影响且遍布恐惧的当今社会里日渐蔓延：这看上去正像是新条顿主义所要求的"跟我们的文化打交道时要充满敬意"。[13] 这种"充满敬意的交往方式"很显然地排挤掉了另外一些曾被人们用各种不同的词语、高声吆喝且不厌其烦地重复传述的"价值"。民意调查同时也清楚明确地证实，几十年前（1946）维克多·克伦佩勒曾提出的那个问题自有它的道理："歌德时代的德国人与阿道夫·希特勒时代的德国人之间，还存在着什么精神上的关联吗？"[14] 这个问题从彼时起到此刻止，其爆炸力与紧迫性分毫不曾减少。它的合理性直到今天都能站得住脚。情况并没有变好，一点儿都没有。希特勒的德国在过去与现在之间划下了一道鸿沟。诗人与思想家，执羽毛笔的英雄，他们向后世证明了自己是各个时代充满预见性的记录员、预言家，在他们的语句中，未来，即我们的当下，已然得到了宣告。

"文化"？上述弊端必然会对为德意志贡献成绩的人与行业造成极负面的影响，而想要消除这些弊端，并不意味着一定要坚定不移地贯彻实行当初的军国主义，只需对外来族群进行相应的排斥与迫害就够了，这里的外来族群，主要指的就是穆斯林（他们被排挤出一个至今仍在从移民及通过移民攫取的知识与价值中获益的民族）。明摆着的是，那些宣传煽动者——他们能拿得出手的所有教养此刻看上去都更像一种嘲讽——并没有注意到，"文化"这个词的含义里根本没有包括"排挤"，它更多的是从拉丁语 *colere/cultura* 而来，表示"耕种"与"维护"，它许诺人们会从中有所收获。就连这个词本身，都是对拉丁文化——也是外来文化——的一种吸收与改编。难道说他们都忘了，"尊敬"一词出自 *respectus*，表示对他人的"考虑"与"重视"吗？也忘了，这些词的流通使用本身就见证着我们这些笨拙的大块头条顿人对罗马思维与古希腊道德伦理的接受吗？忘记了，好几个世纪以来，我们都在从外国外族那里引进原材料以生产属于我们自己的文化吗？

难道没有人察觉，"PEGIDA"这个由缩写组成的名词，头一个字母 P 代表的词是 patriotisch（爱国主义的），而这个词正是由非德语的法语派生而来，又是一个从别人那里借来的东西吗？难道谁都没发现，要是没有了拉丁语、意大利语、法语、英语、波兰语、意第绪语，以及一点点希腊语、阿拉伯语（最近这个名单上又多了个美式英语）的存在，"我们的"语言也就无从谈起吗？难道大家都不清楚，"我们"语言之所以能够形成并演变成今天的这个样子，外来文化发挥的影响至关重要且始终不曾、日后也不会中断吗？难道都忘了，我们的词汇、我们诗人与思想家使用的语言材料、我们的表达能力当中除去一部分自创之外，剩下全部都是外来、外借的，它们得先在我们这里"落地"之后转变成"本地"的，之后才能获得表现力吗？难道我们的思想不是很长时间以来都在追随外人的模式，也不得不这样一直追随下去，因为我们的语言需要它们，自己却不曾拥有更佳的选择吗？难道我们的身份认同不是在这类型的借用与吸收下逐渐成形，同时还会一直受这种塑形力量左右吗？难道真的没有人认识到，今日德国之所以如此，正是因为它从一开始就对这个世界上的所有文化都抱持**开放**的胸怀吗？举个简单的例子：很早以前就有法国移民流入德国，他们虽然一开始肯定不是备受欢迎，但毕竟最终成了德意志的公民，且发挥了相当值得称赞的功用。而如今，人们大踏步向前，一举一动间甚至不乏暴力相伴，把自己一路走来的历史抛在脑后，把自身过往造成的精神烙印抛在脑后，把早前的经验抛在脑后，然后却还把它称作——准备好吐口水的——文化。

这一整部由来自莱茵河、易北河、奥登河、多瑙河河畔民族大磨坊的移民所决定的德意志历史难道就活该无药可救了吗？难道就该沦落进冷漠、无知、恐惧与仇恨的海洋之中吗？难道就该重复当年对待法国移民——管他们是胡格诺教教徒也好，革命难民也罢——的那种可悲的轻蔑，正如一位备受推崇的德语作家古斯塔夫·弗赖塔格曾宣扬的那样吗？哪怕未来的历史会宣布这一切都是在无理取闹？

在这件事上，要学也不该跟弗赖塔格学。正是他的《德意志历史图像》赞赏了德国士兵（再一次提及"德国人总是能英勇地扛过每一场战争"），并吸引了德国以西因大革命而成为难民的人们在1790年踏上德意志的土地："最开始，是波旁王朝的白色海鸥低飞,作为一场风暴的前兆飞入我们国家:那些政治流亡者。其中有那么一些正直的勇士,但决定了这一整个人类种群成色如何、名声好坏的绝大多数,都是一文不值的无赖恶棍。他们有如瘟疫,一旦选择在哪些城市定居下来,那里的风俗与纪律就会立马遭到败坏,那可都是些民风淳朴的小地方啊,它们还曾以收留这些正派高雅的冒险家为荣呢。特里尔选侯国的官邸所在地科布伦茨是这帮人的大本营。在那里,他们先是将对道德风尚的无所顾忌——这显然会传播腐败与堕落——带入家庭,然后又迅速使其溶解扩散至整个小公国的每一处缝隙。他们是享受着其他国家好客之道的难民,却同时像调皮捣蛋的小男孩,以放肆大胆来回报,确切地说是糟蹋这种好客的热情。而且,在这个关系里,他们反倒还是占上风的那一方,因为德国的市民与农夫、笨头笨脑的贵族子弟,还把他们当作风流倜傥的巴黎的化身来尊崇呢。"[15]

在一艘运行于莱茵河上的蒸汽轮船上,一位德国游客对船上一帮从大革命的恐怖中逃离出来的人发起挑衅,以及后者似乎已做好战斗准备的应答,可以证实上述说法。虽说是一桩个别的事件,但因为它太能一针见血地切中要害了,于是被选中成了代表。[16] 随后,弗赖塔格通过他人之口发布了一份极其粗鄙的声明,它也是选择性感知与自我蒙蔽的后果:"恶心的疾病,披着风雅外衣干尽每一种卑劣行径",这就是这帮人给我们带来的。当然了,那时从法国逃去德国的人并不算多,但当年德国自身的人口数量跟今天比也并不庞大。新移民与本地人之间几乎达到了一比一的关系。

从弗赖塔格笔下流露出的无疑是一种仇视外族的情绪,而它的背后则是民族的、普鲁士的高傲自大在作祟。梅毒，即他所谓的"法国病"，在德国并不是由法国人引入的，自15世纪以来，这种疾病就在西欧及中欧以颇为迅猛的速度开始蔓延（乌尔里希·冯·胡腾就死于该病）。在德意志的大地上，这一疾病最早被发现的传播者，实际上是德国人自己的步兵团。路德维克·弗莱克（Ludwig Flecks）是一位波兰人，他撰写过一份十分出名的研究报告，《一个科学事实的诞生与发展》（*Entstehung und Entwicklung einer wissenschaftlichen Tatsache*），详细介绍了这种病毒的历史，以及人类对其进行查验的历史。1935年，当这本书以德语首次出版的时候，它的作者，医生兼认识论者弗莱克还没有被德意志的刽子手押解至奥斯维辛与布痕瓦尔德的集中营，不幸中的万幸，这两次他都活了下来。

现在回到那本被捧上神坛的《德意志历史图像》，书中呈现的对外来族群的质疑很难让人不联想到时至今日的种种境况，两者之间有着致命的可怕关联。许多事似乎在重新上演，即便不是完全照搬，即便在细节上有所区别。因为在弗赖塔格下笔的时候，他的眼前还是光明的未来，至少那是他相信的未来，是德意志历史会在其中得以圆满实现的未来。可无论从哪个角度看、在哪个层面上，（德意志）民族主义都会置人于死地。如今，当年的那些打手和往别人脸上吐口水的人还在怀念过去，一个他们自认为有所成的过去，在他们心中，那是一个属于德意志的伟大的时代，但实际上，那种伟大只是一场误会而已，德意志彼时正在无可阻拦地堕入黑暗的深渊。而他们怀念的那个祖国，那个活在他们咆哮声中的祖国，或许也根本不曾是他们硬塞给它的那个形象,而只是在沉闷压抑的前景无望之中,勉强可以替代消逝的生存意义、转移社会性恐惧的一个幻影而已。用殴打来创造意义?这可不是伟大的德意志人,像是歌德或席勒这些人教给我们的。

历史提供了绝无仅有的经验宝藏,这是我们德意志人乃至全部人类拥有的一切。人们可以且应当从中汲取养分并且学习,哪怕行动——超越个人与集体——始终都要受当下物质、社会与心理条件的限制。所有的经验都需要适应当下,只有这样,它们才能结出果实、让我们有所收获,但没有任何一个当下,是从未来而来、靠幻想未来而活。科学与文明的进步,要建立在宽容的基础上,建立在对他者的尊重上,尊重他们的不同,尊重他们的知识与技能,同时,还建立在倾听与永无止境的学习上,很有可能,还必须建立在对他者尊严保持谦卑这样一种态度上。

这一切,没有理由在那个他者变成穆斯林的时候就突然不适用了。难道在他们信仰的,却被那些"散步者"当作重点目标进行暴力攻击的伊斯兰教背后,没有任何价值、文化与成就吗?难道这些价值、文化与成就就不值得尊重了吗?那些外来者真的只带来了苦难与贫穷,除此之外两手空空吗?即便这一切在我们眼中真的都显得如此陌生,它也正好给我们提供了智识上的挑战,要求我们,用思想(而不是拳脚功夫)去摸索对方,这同时也是对我们自身的重要考验。或者,难道说我们这些热爱旅行的德国人,单单因为我们是德国人,就得在伊朗、在伊拉克、在阿拉伯或在马格里布遭到围殴吗?当然,世俗哲学、使用理性的启蒙运动以及批判历史学在那些深受伊斯兰教义影响的欧洲国家，自13世纪开始，就或多或少地被迫做出牺牲，为宗教让位。甚至在这些国家的某些地区，人们连对文艺复兴都一无所知，对上述理论更是闻所未闻，或者只处于一知半解的程度。[17]但这并没有赋予我们任何权力去做任何事情，除了提供帮助。

而且，我们"西方国家"，我们的诗人与思想家，反而还与东方文化有着长达若干世纪的交集，从中获益无穷。作为查理大帝伙伴的哈伦·拉希德（Harun al-Rashid），作为通向古希腊、古罗马及古阿拉伯知识文化桥梁的科尔多瓦/格拉纳达的哈里发，因十字军东征而成为可能的与穆斯林学者间颇有建树的交流，都是有据可考的发端。难道从他们所在的那个世界传来的，涉及技术、工程、天文、数学、医学、地理、哲学或文学等众多领域的成果不曾帮助我们少走许多弯路，让我们尝到不少甜头吗？推动对高深的经院哲学进行理性化，这一进程连艾尔伯图斯·麦格努斯（Albertus Magnus）这样的德国思想家也参与其中，但如果缺少对阿维森纳（伊本·西那）［Avicenna（Ibn Sina）］或阿威罗伊（伊本·鲁世德）［Averroes（Ibn Rushd）］的了解与认识，则完全不可想象它会成功。我们，我们欧洲人，尤其是我们德国人，在各个领域乃至文学创作，难道不一直都是外来文化的精神融合物吗？那所谓的外来文化，不也正包括了阿拉伯-伊斯兰世界吗？

反之，欧洲殖民主义及其文化"价值"的出口难道不恰是对伊斯兰世界的侮辱，尤其在他们的自我价值与自我意识层面的深深打击与伤害吗？传教无法救世。面向地区原住民的教育计划在哪？人类尊严的崇高理想又在哪？如果说长达若干世纪的宗教激进主义加深了殖民化程度，并使得已经出现苗头的落后状态越加凸显，那它也绝非拿来宽宥基督教殖民势力的借口，哪怕今天的穆斯林正在试图用这种殖民主义来为他们眼下的战斗寻求合法化的理由。

在这里，我们无法详细分析之所以会如此发展的种种原因。[18]但它的确澄清了那些所谓的文明国度本身犯下的始终没有得到正视的过失与责任。诗人对此保持了沉默。那我们现在就要将过去几百年里建立在错误上的收成运入自家的粮仓吗？难道不是该轮到我们做出促进文化持续发展、恰当合宜的努力吗？难道我们不该从自身的经验出发，对现今反理性与教条化的作用力量采取反制的行动吗？我们的思想家曾被默许从早期伊斯兰理性文明那里强夺掳掠的收益，难道不该至少还一部分回去吗？纵火与斗殴在这里帮不上任何忙，唯有对伊斯兰、他们的文明及他们的宗教与文化内涵进行更客观深入的认识与了解才行得通。对此，那些新条顿主义的文化复兴者却只字不提。

研究学者与职业哲学家除去不算，光靠这些整天喊杀喊打的德意志人民，就能实现启蒙的进步吗？就能做到"从自我导致的不成熟状态中觉醒"吗？"我们即民族"，这句口号已经被那些游行者的强攻挺进喊成了一出丑闻。"我们"在喊声中已悄然变形。它跟1989年的"我们"已决然不同，那时的"我们"多少还能让人回想起1792年的丹东与"现代公民"，那时的"我们"眼前还有未来。今日的游行队伍身上不再披着民族神话、诗人语句或哲学反思的外衣。他们从喉咙里吼出的，只有赤裸裸的威胁，而那威胁则产生于他们自身的不安、文化空虚与对未来的恐惧。

那么，这个拿诗人与思想家当靠山的"我们"究竟是谁呢？偶尔还会有旗帜飘扬，让人想到曾经的帝国战旗。[19]"德国，我的德国，我们来了"重来一遍？"我们"就是这个样子的吗？是那可怕的"真正的德意志人"利翁·福伊希特万格的后代吗？真要像作家已经预感到的那样，把德国和它的文明用一次次鞭打，打入万劫不复的深渊吗？抑或只不过是一群因内心漫无目标而恣意为之、毫无前途可言的纵火犯与暴徒，而他们这样做单纯是想要抚慰潜意识里翻腾的对未来的恐惧。这就是席勒播种下的希望一路走来所得的全部收成吗？倒退回到从前，甚至更之前的状态？"我们"，永恒的"人民的、民族的"，难道就等于永恒的昨日，永远看不到未来的"野蛮人"吗？只有前景无望的空白一片？我们想要跟随着这"收成"再往前走一小段。

我们的文化中，有一个重要的基本价值叫作宽容。提到它，我会想到莱辛，伟大的德国作家与哲学家，想到他的戏剧作品《智者纳坦》(*Nathan der Weise*)。"宽容"这一概念拥有非常丰富悠久的前史，远可追溯到古希腊、古罗马时代，传及英国或法国，甚至连伊斯兰国家也有触及。在全球化不断加深的时代里，它也是，甚至说才正是重要的价值取向之一。难不成我们要与好不容易从外人那里搬运来的，以及通过与外人进行交流而获得的所谓"我们的"价值告别，只为拯救一个此后已变得"价值真空"的文明吗？还是我们得牺牲掉自古以来所有的多文化"文明"，只为将那些定义不祥的"民族价值"从业已腐坏变质的铁皮罐头里抠出来吗？这或许恰是对文明的背叛。我们的诗人与思想家是肯定不会推荐这样的做法的。

德意志人事实上真的像某些游行者、呐喊者、吐口水者、挥舞旗帜者及打人者如今希望大家都相信的那样,一直都极具价值意识吗?他们始终清楚并尊重人类的价值,而不是只喊喊俗套的"人民"口号而已?在这个论点上,人们或许要起疑心了。诗人与思想家对此干脆持回避态度,反正他们本来就鲜少跟普通百姓站在同样的精神高度看问题,抛头露面的大多都是些(受过教育或只喝了半瓶子墨水的)官员或能蛊惑人心的民众领袖。而这样的局面如今似乎卷土重来了:前不久才有一位当时在某难民之家担任领导职务的党派官员抨击过所谓的"经济难民"以及"难民之乱:对德意志民族犯下的罪行"。[20] 宽容与提供避难就是犯罪了?我们德国人已经把它引申到这么严重的层面了吗?又一次?是什么在过去的几个世纪里为我们的民族与国家打造出了今天的形态与模样?是外来人口的迁入,是东方与西方、南方与北方的文化在实质上的互通有无,是随之而来的丰富多样的理念与价值。这些都成了罪行?从外人那里学来的东西就都不算了?德国人就从未在他国寻求过避难?

在我们的文化中,有另一个基本价值叫作希望;福音书作者保罗就已宣告了它的存在及重要性(《哥林多前书》13,13)。这一价值的惠及对象涵括所有人类,无一例外。可难道从眼下开始,希望消失了?对未来的恐惧掳走了希望,野蛮人的思维与行为模式趁机篡位?精神文明能为这个国家提供的最上乘的佳品,都被那些打手们给打跑了。一些人开始信口胡诌,另一些人则堕落到又说起了陈腐的粗俗言语。二者相互作用影响，形成的恶性循环让境况越发糟糕。如今重现人间：海涅笔下的"阴暗恐怖的妖魔鬼怪"，令人心生畏惧的"由血与雾构成的怪胎"，诱人误入歧途的"德意志女巫"，这些都在远方朝我们招手致意，引诱我们大步迎向前去——可怕的倒退，退回至昨天甚至前天。难道要再一次踏入"由狼群、猪猡与卑劣的土狗围成的囹圄桎梏"之中吗？[21]

事实上，朝着难民、朝着孩子的母亲开火射击，还真在那帮新野蛮人的计划之中。它争取到了一些活动家帮忙积极散播，这些责任人来自一个据称"为了德国"才现身政治舞台的党派——他们反复的煽动宣传甚至援引到了一部所谓的"法律"为其助威。[22]向侵犯边界的人射出子弹且一击即毙，这一策略在我们这有着相当长的传统，跟那些竖起的高墙、死亡地带与带刺的铁丝网没什么区别。这是在为一个"用地狱犬进行对人类的追捕与猎杀"的德国做广告吗？[23]那亘古不变的以昨日为导向的思维模式已经被深深地烙进了德国人的意识，暗地里按兵不动而已。这总是睡不醒的状态十分危险。没有哪个歌德、荷尔德林、海涅会赞同他们这样做。无论把"德国，德国高于一切"唱得多大声，都无助于减轻那些被驱逐的、被猎捕的、被迫害的人不得不经历的伤痛。"这里就是边界！现在跳过去吧/跳到自由那边去，我们需要它，才得以为人！/……然后听到有人喊停！……一声枪响……一个人倒下……/他的生命结束了，就在这块界碑旁。"这几句诗由一位生平不为人知的 G. G. 写下，彼时他刚刚逃出纳粹差官员们恐怖的魔掌，而现在看来，它讲述的不仅是那个时代，更讲出了世世代代。[24]

似乎是在赤裸裸的恐惧的授意下，种种非人道情形才被迫发生。今天的游行者害怕那些外来者，害怕从叙利亚或非洲来的难民，他们阻止这些人得救，他们想摆脱这些来到自己国家的人。"德国电视二台"曾以讽刺漫画的形式展示过，在选择党的展望中，未来应该发展成什么样子。节目选用的素材让人联想起那句被这个政党疯狂热爱的口号，它以卡尔·克劳斯的语气说出了具有鼓动性的话语。同时，联邦总理默克尔也出现在这幅画面中，她身着制服与配枪，头顶一句格言："诗人与边防检查员的国家。"[25] 不过，即便是手枪也没法阻挡因气候灾难、连绵的干旱与饥荒、内战以及各种不同种族的"地狱犬"而爆发的民族大迁移。他们强行突破了所有的边界线。这同时也是因为，从基因上来看，一切国与国之间的边界都是守不住的。

另外一点后果也很严重：那个用"为了德国"来鼓动民众的政党，还让人想起发布于1981年6月17日（特意选在与曾经的德国统一同一天）的《海德堡宣言》（*Heidelberger Manifest*），这份宣言的初衷在于向大众发出警告，要严防"外部势力对德意志人民的渗透"，"守住我们的语言、我们的文化、我们的传统不过度受其他民族影响"。有20名德国教授和数百位公民共同在这份宣言上签下了自己的名字。所谓"外部势力"与"其他民族"指的主要是"外籍劳工"，并且几乎只指其中来自亚洲的部分，也包括土耳其人。这为后来发生的谋杀提供了原动力。只有外来的"部分"在不断增长。这一纲领刚好满足了（——作为讽刺——）人们的需要，即提供了一个可用来确认彼此身份的共同暗号，而这个暗号据说已经成了在教育与培养当今真正的德国人时要实现的重点目标。他们一边理直气壮地援引德国诗人与思想家，另一边却烧杀抢掠，样样都不落下，这也是同一个民族。1981年的宣言被印成海报宣传单，在各大高校内部广为分发，在那之后，它才弱化了其中部分过激的言辞，形成了一个新的版本。[26]但最初发出呐喊时被藏在背后的意图依旧发挥着影响。

但是，当今的德语作家中，不是已经有那么一位马丁·瓦尔泽用冷静的语气言简意赅地说明了，"目前德国的大部分人是可以清醒、人性化且积极思考的"吗？[27]这还不能给人勇气、唤醒希望吗？就算瓦尔泽本人后来否定了这种说法，那也不妨碍文学家的发言刚好与联邦总理安吉拉·默克尔那句发自基督教仁爱，充满乐观主义精神，而且正是对所有难民发出的、意在鼓舞众人士气的口号一唱一和："我们能够做到！"没过多久，瓦尔泽引用了弗赖利格拉特的话，用以解释青年在审判父辈与宽宥父辈之间的摇摆不定："德国是个哈姆雷特。"这话今天还适用吗？德意志新闻社（德国新闻社）组织的一项民意调查结果显示：61%的成年德国人对于他们"'生为德意志'的身份表示极为满意"。[28]

《海德堡宣言》那一类的呼吁清楚地表明了，PEGIDA运动中的积极分子及其同好正在不断靠近的是一层怎样富有丰厚腐殖质的土壤。这层土壤就是诱因，有了它，暗藏在那些运动背后的新条顿主义意图——尽管听上去十分反常甚至变态——才乐意且能够扎根于本书介绍的语言、文学及哲学文化中。虽然说1981年的那份宣言上并没有藏着哪些诗人或哲学家的签名，到现在他们当中也没什么人跟着那些"选择党活动家"一同嬉戏玩闹。不过，那些政治活跃分子自己却明确地引用了这样一句作为佐证："在德语课上，必须向学生们传授关于德国文学，尤其是经典作家作品的丰富且全面的知识。"[29] 这听上去确实不错。但柏拉图、奥维德、奥古斯丁、但丁、莎士比亚、莫里哀和孟德斯鸠，以及释迦牟尼和老子等德意志人的恩师前辈呢？就不提了吗？那穆罕默德和他的诗歌呢？

　　这条文化戒律听起来再悦耳，也有一点没说清楚：所谓的学生，到底都指什么人。没错，此举的首要目的，很可能是防范我们的语言经历可能的衰败与凋萎，试图控制我们的语言在表达能力、修辞手法、词汇量等方面的损失不要进一步扩大，这就是那些毫无移民背景的德意志原住民始终在推动并支持的，也是那些"散步者"们在煽动性演讲里不断试图挑明的。对这种语言上的节节退败颇有怨言的，并不止一家一派。专为这些正宗德意志人设置教育计划迫在眉睫。最晚从 2003 年开始，记者兼作家巴斯蒂安·希克（Bastian Sick）在他为《明镜周刊》（*Spiegel*）的专栏撰写的题为《洋葱鱼》（"Zwiebelfisch"）的文章中对在德国各处恣意蔓延的语言衰颓现象宣战。这篇文章也成了引子，2004 年起，系列丛书《第三格是第二格的死亡》（*Der Dativ ist dem Genetiv sein Tod*）开始陆续出版。[30] 而事实上，我们也的确不怎么再说纯德语了，我们使用国际化的流行语，用手机发短信，中间夹杂表情符号，我们用"#"号为话题贴标签，上推特，发推文。反讽作为一种文风，在今天的德国，几乎已经找不到懂它的人了。文化上的损失由我们一手造成，不怨那些从头到尾乐知好学的移民们。

今天的这些选择党宣传鼓手们，他们能满足自己提出的那些"丰富且全面"的要求吗？他们对歌德的《威廉·迈斯特》了解多少呢？更不用问，他们有没有读过由同一位经典作家写下的《西东诗集》（*West-Östlichem Diwan*）了，那部作品本身就是在受伊斯兰诗人哈菲兹（Hafis）的触动之后才创作出来的呀。这些人的知识究竟在多大程度上能代表近期条顿主义活动家的基本常识呢？他们该去好好观察一下伊斯兰文化的代表，例如建于18世纪晚期、位于施韦青根宫里的清真寺，看看上面篆刻的阿拉伯语《古兰经》诗行，了解一下伟大的德意志哲学家康德在1755年用一篇拉丁语论文取得的博士学位证书，那格式的一开头就是用艺术性相当之高的阿拉伯书法，写道："以悲悯仁慈的上帝之名"。[31] 这就是"我们"的经典作家所展现出的文化开放性，另外一个具有象征意义的例子就是莱辛的《戒指寓言》（*Ringparabel*）了。在他们那个时代，人们将目光投向阿拉伯世界，向伊斯兰教学习。今人对外部文明可能会对本族形成渗透的病态恐惧，已经盖过了这位经典作家对德国人可怕的无能发出的永恒怨叹吗？那帮在排外领域最能煽风点火的专家已经将我们刚刚提到的这份不满也驱赶出国境了吗？那他们打算为改善德国人母语水平持续下滑的境况做点什么呢？像是最近从美国及其他地方传到我们这边来的那种"简单语言"计划（竟然是给德国人的！），是铁定提供不了任何有益的帮助的。[32]

同样起不到多少积极作用，反倒在接近经典作家文本时东施效颦的，可能还有那个不久前刊登在《明镜周刊》上的葡萄酒广告："伟大的思想家"（配图中是爱德华·默里克、弗里德里希·荷尔德林与弗里德里希·席勒),"伟大的葡萄酒——产自诗人与思想家的国度。——符腾堡酿酒师联合会"。³³ 葡萄酒造不出一个荷尔德林来,也造不出一个席勒(顺便提一句,这两位其实都永久地离开了施瓦本地区)。就连原本伟大的,也被广告搞得渺小不堪了,就像廉价的葡萄酒一样,他们的意义与价值被兑进不少水。不过,不管怎么说,人们通过这个机缘好歹能回想起马丁·路德当年传递的信息,这位同样"伟大的德意志人"曾痛斥他的同族百姓,称他们的魔鬼就是他们的酒囊,得改名叫酒鬼才对。路德还称赞了德国人的近邻土耳其人的清醒呢。³⁴ 虔诚的土耳其人至今仍对酒精避之不及,如同虔诚的基督徒眼中的魔鬼惧怕圣水一般。

在用意用词皆极为恶毒的一幅漫画中,刚刚我们提到的那个党派又一次把本书一开篇就引用的那句口号费了好大劲地塞了进去:"默克尔式腐烂正席卷整个曾属于诗人与思想家的国度。"³⁵ 这一次,他们把攻击目标换成了联邦总理安吉拉·默克尔。全球化的浪潮正以不可阻挡的势头在世界的每一个角落扩散、蔓延,事实上速度还在不断加快,并因而给许多人造成了不安。这个局面很显然也把写出刚刚那种话的作者及其目标受众吓坏了。他们用一知半解将自己灌醉,带着混乱与错误的认识,无助地走过整段德意志的历史,无助地走进今天。德国人再怎么觉得自己受到全球化的恐吓,也没法批评它,更不用说把它赶跑或干脆废除了。它已经渗入当今的每一个民族国家之中。我们只得忍受它的存在。但与此同时,我们也必须着手研究它的成因与后果,探寻它的诸多可能,捕捉它的作用与影响,试图将其塑造成我们想要的、对我们有利的模样。唯有这样做，我们才不会退步、落后。诗人迄今还没有做出任何表示，哲学家则刚刚开始投身研究，试图查明全球化可能给德国人在价值判断、道德、教育与教养等方面带来怎样的后果。[36]这里还有许多空间，留给他们去思考、去写诗。

诗人与思想家被德国选择党选中了。在大学城里，人们举办宣传活动，口号是一句实质空洞的"有勇气做德国"；在哥廷根-奥斯特罗德，人们聚集在"魏玛歌德席勒纪念碑"的图片下，为"诗人与思想家的国度"，当然也为他们自己欢呼庆贺。在这些人物的身上，我们可以"看出作为一个民族的德意志人是谁——或曾经都是谁"。然后，在列举了众多历史上为德意志做出过贡献与成就的人名之后："这些德意志的男女，他们取得的功绩，是献给全人类的礼物。"[37]口气多大！魏玛那座纪念碑（顺便说一句，这座纪念碑是用留在慕尼黑的土耳其炮弹熔化后浇铸成的，不信可以去查维基百科）上的碑文反倒听起来谦虚得多："祖国献给这对诗人，歌德与席勒。"（1857）

只看少数几个伟人就可以确定整个民族的性格？康德作为一个总和与统称，能把德累斯顿抗议者和吐口水的新条顿主义者也包括进去？我们的教育系统已经转过身去，背对那些诗人与思想家了吗？那些夸赞民族荣耀的广告同时也扭曲了历史，向德国人传递了错误的信息，让大众误以为"德国历史"的开端是以"罗马帝国的衰落"为标志，也以为"我们德国人发迹于众民族大迁徙的混沌时代"。[38]这些规划制定者都是从哪些历史书里抄来的这种胡言乱语？放眼望去，内容通篇都是19世纪，而这样做恰恰是错误的，因为又回到了过去。听听，在同一篇宣传文章中，他们又接着说：现如今，我们遭到了威胁，听上去像是从广播大喇叭里传来的一样，威胁我们的是罗马的"命运"，是"我们民族正面临的民族变异与血统削弱"。人们简直不敢相信自己的眼睛了。那里真明晃晃地写着"民族变异"！这种说法一点创意都没有，在东欧地区被帝国国防军与冲锋队占领之后，以种族主义为基础的纳粹民族政策用的也是这一套野蛮人的行话，种族主义加没文化，这样相同的宣传手段再一次让全体德国人都变得愚昧无知。遗传学是种族主义的最佳反证。

蒙羞的德意志语言、失去方向的人民、倒退至以"法官与刽子手"的民族为导向，这一切卡尔·克劳斯都已经抱怨过了。他们怀念的是一个弥漫着恐怖的昨天。原有的定向模式与行为模式明显已根深蒂固。寡廉鲜耻的"发言人"把它们重新引诱出来。德国人会再次跟着这些煽动者走吗？他们就用这种方式来回忆自己的过去、回忆他们的诗人与思想家所缔造的文明？回忆诗人与思想家传递的信息？

绝对够古怪的。在那些被列举出来的男女英雄中，竟然还提到了约翰内斯·开普勒（Johannes Kepler）的名字。要知道，他当年因为信奉新教，在从意大利蜂拥而至的反宗教革命浪潮中被驱逐出德意志的土地，后来作为占星学家在天主教皇帝的庇护下得以定居于捷克的布拉格，在那里，丹麦人第谷·布拉厄（Tycho Brahe）将他多年来积攒的天文数据作为遗产赠予了他的助手开普勒，后者在此基础上完成了自己的计算、总结出了自己的规律。这是一项由外来知识与外来文化合作实现的奇迹。如果没有它，人类在认识上的进步则无从谈起。

像是韦恩赫尔·冯·布劳恩（Wernher von Braun）和他的"登月火箭"，明明在设计火箭的时候他早就已经是美国公民，这个产品也因而是个纯粹的美国产品了，为什么他们还会出现在德国人及德国功绩的名单上呢？[39]而又是为什么，这份名单上并没有出现奥古斯特·威廉·施莱格尔与路德维希·蒂克，尽管他们妙笔生花地翻译出了连歌德都推崇备至的莎士比亚呢？为什么《古兰经》的杰出译者，虽然主要创作的是"民族"诗歌的弗里德里希·吕克特亦可以位居德国伟人之列呢？在那个时候，即1830年前后，与伊斯兰的会面还被视作一种对自己原有文化的丰富与扩充。但今天，迎接它的只有仇恨。现在应该把"他者"对"我们"而言的意义与价值从我们身上擦除吗？那诗人与思想家传递的信息呢？跨文化的成果呢？就连那无可替代的盐，也要从精神生活与文化生活的基础群体中过滤出去吗？伟大的海因里希·曼曾经对德意志民族发出怎样的警示来着？"还是教育教育你自己吧！"这件事到底什么时候才会发生呢？

如果说，"诗人与思想家的国度"这一口号从至少50年前开始就被揭示是不恰当甚至虚假的，作为一个民族神话是完全不适合的，那究竟为什么还要将其唤醒呢？德意志人真的是陷在昨日里永远都出不来了吗？没错，借由这种倒退落后的本质，世界将永无复原的可能，德国自己也不行。在这样的状态下，那曾遭受冷嘲热讽的天才该怎样重新抬头挺胸、有尊严地现身？用已经腐坏败落的语言？它现在要跟跟跄跄地走向自己"庸俗"的命运了吗？今日的诗人与哲学家，作为德意志的喉舌，对此只字不提了。

够了！目前看来，把这样的倒退与落后当作磨炼自己的机会，不惜坠入昨日甚至再之前的往昔，只为给所谓的德意志的未来福祉创作宣传导语的人暂时只是少数。但就是这少数的一些人吐露出了许多事，关于今天在我们的国家，人们在精神上正承受着怎样的不安全感，关于人们如何用骄傲与虚妄的自大来包裹住这种不安。那么，真的会是哈姆雷特吗？或者只是一个没有其他人、没有邻居的未来？诺瓦利斯曾褒扬过的那种世界主义政治观后来躲到哪里去了？我们并不是孤零零地活在这个世界上，我们没法避开全球化浪潮的来袭，阻止不了当今的集体逃亡、民族迁徙在世界范围内发生。对此，各个民族的发言人——德国人当然也不例外——必须用词合理、语气得当。所有的民族主义、宗教激进主义或者类似的这个主义那个主义都必须被抛在一边。那么，这样的挑战，我们该如何应对？在这一点上，那些被从坟墓里挖出来、被迫重生的"真正的德意志人"也未发一言。

西格弗里德·伦茨很早就意识到了这个问题的恐怖之处，他让自己笔下尚保有人性的所谓投敌者对德国进行了一番反思："……出于民族主义的记恨在心是会传染的。这种骨子里对他人的怨恨正是德国人高傲自负的根基，是他们那种该死的'我是被神选中的民族'意识的源泉。"[40] 事实上，对外族产生排斥情绪甚至仇恨情绪从未发挥过任何正面积极的作用与影响。它紧锁自家的大门，不许其他的文化进来。"民族仇恨是非常特别的东西"，老年歌德向为他做记录的爱克曼口述道。"在文化的最底层，它的表现也最强大且猛烈。不过，也有那么一层，那里这种仇恨完全消失了，人们在某种程度上站在了超越众民族与国家的高度，感受着邻族的喜悦与神圣，仿佛正在迎来自己的一般。"[41]追随着诗人与思想家的足迹，从一切民族主义的纷扰骚乱中解放出来，离开那文化的最底层。

14

"不朽之物亦无国籍"：结语

在一个全球化已势不可当的时代，再去用排他的、将一切异者排除在外的国家主义、民族主义思想，抱住国家主义、民族主义的诗人与思想家不放，是否已显得不合时宜？[1] 我们的研究正是从这样的发问开始的。过于高涨的爱国主义如今已是与时代严重脱节的意识形态。民族文化过时了。谁仍死守它不放，谁就正在大踏步地倒退回过去。怀旧只会蒙蔽人的双眼，光做关于往昔的美梦并不能照亮我们的未来。对世界敞开胸怀，时不我待。不会再有人像曾经那些伟大的浪漫派诗人与思想家一样，把民族诠释为精神的本质与特性，没有人还会认为，这本质与特性能像大天使长米迦勒当初守护奥托时代的中世纪德意志人那样，继续庇佑今日的德国人一路向前。全球化提出的是与以往全然不同的挑战。面对这些挑战，人们必须抛却民族主义的思维，赋予国家崭新的角色才行。

迥异的文化、语言、知识背景、思维方式、生活风格、教育模式眼下正相互碰撞，同时也正在向彼此渗透。这些文化中的每一分子——不管我们德意志人愿意还是不愿意——都将它从前人那里继承的文化遗产、价值与传统、知识与技能、劳动力投进一口大熔炉中、在那里，会诞生一个属于未来的世界文化，而到了那时，原本的各个民族文化的模样甚至轮廓，已没人能再认得清。迷惘与困惑、隔绝与切割、排外与恐惧，包括社会性妒忌、对蛊惑性宣传及政治煽动毫无抵抗力——这个方向的前兆已屡见不鲜，它们都将是这一整个熔化再造过程中会最先出现的后果，会形成政治与社会的、具有爆炸性的混合物。随之而来的，是人们对身体、生命及自身地位的安全性与受保护程度提出了更高的需求。可如果该状态就此持续下去、不发生任何改变的话，那么全世界的每一个角落都会受到无休止的暴力、毁灭行动，以及非人道暴行的威胁，德国亦无法幸免。只需一场较大规模的全球性灾难——核战争、小行星撞击地球、超级火山爆发或是这几种交替出现，就能把人类再一次扔回各个单独的定居岛上，当然了，前提是他们能存活下来。

与此同时，全球性的移民潮像是一场海啸中的波涛，惊天的威力裹挟着所有的人，已无可能遵守国家与国家之间曾划好的边界线。这一趋势迫使人们发展出一套全新的伦理道德、全新的秩序与社会理论，全新的意思就是与以民族国家为基础的那些截然不同。跨境就业在政治与工业领域迎来了前所未有的巨大需求，它所带来的收入潜力为人们提供了实际的机会，来从富裕社会与盈利社会中分得一杯羹。这会在多大程度上改变我们的现状呢？"他们"的难题将是"我们"的难题，而"我们"的困境也将是"他们"的困境，这一局面随时都会降临。应对步步逼近的挑战，需要的是有创造性的想象力，而不是故步自封的一味管理与调控。在这方面，哲学家、文学家与诗人可一如既往地发挥功用、做出贡献，只要他们的话还有人肯听。眼下要求的团结一致，是在人道层面而不是民族层面上的。持续观察到的价值转向不会没有任何后果。

历史发展至今，还没有谁能永远独来独往，任何人都做不到绝对自主自治：管你是皇帝或国王、苏丹或别的什么掌权者，哪个国家或民族、大国强权都不行。无论民族主义的布道士，尤其是在德国，宣扬过且依旧在宣扬怎样的所谓自我成就、民族利益与价值，在眼下的历史语境中，都再无可能继续独善其身，始终不与任何他者来往。全世界的每个人都或多或少地与其他人产生着关联，并且都在一定程度上依赖着他人。德国这里的哲学家也不断地强调这一点。维护和平、经济、科学与技术、知识的拓展与传播、生存演练的必要性不言而喻，所有这些领域都一再劝告世人，必须对文化生活与物质生活的交互影响有充分的认识与理解。人类历史有多悠久，民族迁徙的历史就有多悠久。出于气候变化、人口过剩、战争、饥荒等种种原因，一轮又一轮的新民族迁徙在所难免，对于所有主动或被动参与其中的人来说，在智识与心灵上保持活力、在思想与心理上对融入与接纳保持开放，都至关重要。

自古以来便是这样：所有规模较大的民族，都是从相互融合中诞生的，融合在一起的是多个比这些大型民族历史更加悠久，虽规模更小但常常更具创新性、更进步的所谓外族。每一次融合尾声处出现的都是在原有基础上的拔高与升华。也就是说，一体化的模式已经被历史写好了。像君特·格拉斯曾经建议过的那样，将自己在思想的实验中"拽离历史"，或许真的会是一种有益的练习，在它的帮助下，我们可以明确切入的角度，进而循着这些角度走到探寻真相的正途上。² 另外，我们也可以借鉴阿尔诺德·卢格（Arnold Ruge）的话，把每一个国家都放到环绕着它的其他国家所构成的圈子里去思考，就像把每一个人都放到他的邻人所织就的网络中观察一样。³ 最终我们会发现，无论国家与国家之间存在着多么大的差异，本质上它们并无区别，而且，每个国家的生存都要仰赖其他国家才行。

德意志人——在贯穿欧洲之地定居下来，栖身于"欧洲的榨汁机"中——也不例外。就连他们也认识到，或远或近的邻国形成了一个集体，这个集体把他们包围了起来，并对他们产生了有塑造力乃至改造力的影响。他们自己也明白，是许许多多此前相互陌生的民族与文化交会在一起，才有了他们的昨天与今天，当然，还有明天。不过，没有哪个德意志人在他成为德意志人的那一刻能够知晓，他会成为德意志人，或者他刚刚成了德意志人，以及这究竟意味着什么，会带来怎样的后果。没人能够预见，借由这种合流与汇聚，他将靠近并拥有何种程度的财富。要等到几十年过去之后，他才能像所有的法兰克人、阿勒曼尼人、萨克森人、巴伐利亚人、图林根人、弗利森人和随后的索布人与文德人一样，对自己的德意志属性有所意识。身在大磨坊或榨汁机之中时，人们是感觉不到这一点的。磨坊在研磨，榨汁机在压榨，夜以继日，不眠不休。外族或曰他者导致的转变永无止境。

诗人与哲学家必须不断调整自己，以应对这种世界的开放性与文化的他治性。在德国，这一工作从诺特克·拉贝奥或瓦尔特·冯·德·福格尔魏德的那个时候就已经开始了，这两位当初都将目光投向了意大利。[4] 词汇的丰富性、语言图景的多样性、文体风格曾是且仍是多变且流动的。不会再有人像汉斯·萨克斯那样创作歌词了——除非他故意在开玩笑，或者卖弄他的学问，或者在模仿理查德·瓦格纳。德意志属性的众民族从这种永恒的文化转变力中获益无穷。没有哪个诗人、哪个思想家，没有任何人直接从上帝那里取得了他的语言、思想与知识。每一项能力的赢取都必须通过传播与发现、通过在或大或小的集体中的发展，通过与此前陌生的异者进行融合。任何一门语言变得丰富，都得借助从外部涌入的语汇的力量，通过对这些外来语料的学习，它才能拓展自身原有的视野，扩充自身的表达可能，每一门语言内都藏着一股异者的暗流。谁想将这股暗流彻底地锁闭在自家大门之外，谁就必将经历思想上的扭曲变形，最终随着时间的流逝，他就只会结结巴巴、哼哼唧唧或无助地咆哮而已了。

这正是歌德亲身经历过的体验，在他看来，自己所受的教育与修养中很大一部分要归功于这地球上的另外一个民族国家、一个全世界文明程度最高的民族国家、一个因莎士比亚而光辉灿烂的民族国家。[5] 不过，若想在此类教育计划中取得集体性的成功，还需要耐性与长久的等待。关于这一点，人们亦可从历史上成功的一体化，具体来说是它们的发展模式中寻得印证，而诗人与思想家留下的文字就是最佳的证言。那些把本国精神文化代表从古籍中拉出来为自己排他、排外的做法申辩的人，既不了解德意志的历史，也不清楚德国本土文化的形成脉络，更认识不到德意志人在精神上被打下的烙印从始至终都受哪些条件的影响。无论他再把"德国、德国"喊上多少遍、喊得多大声，他都对此一无所知，喊出来的也都只是些空洞的词语而已。

知晓异者并对此抱有足够的尊重，本质上跟利他主义一样，会带来数不尽的好处。与此同时，它还能教会人们，如何更加合宜地对待自己、对待自己所拥有的东西。文化与社会的开放性已被证实是一种长处，对他人的尊重可以减轻对异者的仇视，文化上的进化优势亦由此而生。在这一点上，没必要做任何专门的特别申辩。相反，倒退回各种形式的民族主义，哪怕它们间或似乎大受欢迎，也并不能解决当今的种种问题。仇恨锁住人们的视线、手脚与心智，怀着仇恨向前，只有落后甚至是灾难这一条路可走。我们德意志人在这方面已经有过许多次实践与经验。以世界之师的面貌现身——怎么当这个老师、在哪里当老师、给谁当老师都不重要——已经与我们万万不再相配，哪怕我们总是忍不住摆弄出这个姿态来。[6] 作为一个民族，谦卑或许是更合时宜的，而不是骄傲自满，不是自浪漫派以来普遍的对自我评价过高，不是妄自尊大地扮演世界教育者的角色。一种经过反思之后的自信也许并不会因此就被清除掉。

可是，民族主义宣告了它的归来，甚至——就像几十年曾上演过的那样——还夹带着暴力、纵火、歧视与死亡威胁。当代的民族大迁移将这种民族主义再度唤醒，并且还不仅仅在德国。随之而来的是一种危险，即人类社会很有可能全面倒退到19世纪及20世纪中那些最糟糕的阶段。回望整段德意志历史，尤其是重新倾听德意志诗人与思想家千余年来关于民族与国家的自我检视，学到的绝对会是另外一些不同的东西。以时间顺序逐一温习以德意志为母题的语录集锦，为我们打开了一种特殊甚至独一无二的视角，我们从这个视角望出去，可以收获多种多样的德意志之反思，可以书写一部由有文化教养、对文学敞开胸怀的群众创造的德意志氛围史。这好似一次跨越时间界限的对话，众多的参与者通常彼此认同，但偶尔也会相互反驳，他们全然无忌做出大胆的阐释，但当他们以过高的音浪将民族主义奉为神明的时候，这些阐释亦会时不时陷入窘境、走上歧途。这是一场由德意志人发起并完成的对话，内容关于他们自己，关于他们的身份认同。

既然这样的向后瞻望像一面镜子，便自然也会产生光的折射现象。就这方面而言，无法与历史一一精准对应的原因主要在于，此类回顾中反映的绝非整个民族的态度与意见，而仅仅是那些不同时代中、出身于各个阶层的精英们以文学与哲学为媒介阐明的观察与思考。在这样的小圈子里，不可能期待有完全一致的立场。每个时期的诗人或思想家以及他们的受众，对于社会与政治问题所抱持的见解都会互有出入。不管是福格瓦尔德、胡腾、席勒、莫里茨·阿恩特还是海因里希·海涅，他们每个人的发言指向的目标群体都不尽相同。而与这些精英们相比，大众的机动性则显得十分模糊不清，直到第一次世界大战导致社会问题爆炸性增长，抹平差异的毁灭性打击纷至沓来。[7]

德意志人在向前走的时候，当然得拖拽着他们的历史负载。他们源于如同掷骰子一般被随机混杂在一起的种群乱炖，原本就有的差异、彼此间的不信任、代表各族群利益的军队兵团常常形成敌对关系，这些都是他们自成族以来便与其共存的本质特征，就像弗里德里希·贡多尔夫在他的遗作《德意志历史编纂开端》（*Anfänge deutscher Geschichtsschreibung*）中所使用的表述那样，他们最初就是"一大帮熙来攘往的人"，而这一点，他们从未能够真正摆脱或克服。[8] 那些最终被混编成德意志民族的众多部落，在关于本族起源的神话传说中通常将自己视为大部分来自东方、有时来自亚洲的外来移民。在此基础上，随着时间的推移，又加入了亚洲的匈奴人、匈牙利人与蒙古人。所有这些零枝散叶最终都以基因遗传的方式在德意志人中扎下了根，他们原本自带的文化传统也在德意志文化中留下了无法磨灭的足迹。并不仅仅如此，我们还不能忘记那些来自整个欧洲的真正的移民及其基因印记，更远些的还有来自叙利亚与巴勒斯坦、埃及与北非、斯堪的纳维亚与西西里及葡萄牙的迁入者。不管是某些文学作品，例如关于西格弗里德的传说《救世主》（*Heliand*），还是不计其数的或许源自印度的童话素材或传奇，都在反映刚刚陈述的这一事实，直到今天，此类的文学创作依然在源源不断地诞生。那一大帮由不同部族混合成的熙来攘往的人，曾经历了千辛万苦才走到了一起。数不尽的德意志领土与居住在那里的百姓渐渐地发觉，自己被排除在德意志之外了。

Gentes，即"人群"，一个具有概括性质的拉丁词，中世纪学研究者拿它来为那些生活在中世纪早期的种群部落命名。这些古老的"人群"用他们各自的与拉丁语有显著差别的民族语言，给未来那个杂烩民族的得名提供了一个源头。它在形式上始终是一个形容词，在意义上等于"大众的、百姓的"。随后，这个族名演变成了拉丁语形式的 *Theotisci* 或 *Teutonici*——这个说法一开始先在意大利

被使用。这个拉丁语名字和最初的 Gentes 一样，都使一个事实不言自明，那就是在这个大家族中，没有什么人是土生土长的原住民。而"德意志"这个表达形式则是在很久之后才与世人见面的。

直到在《安诺之歌》中才出现了白话的 *diutischi liuti*，直到在《国王年鉴》中才有 *Diutisce* 的说法，直到在瓦尔特·冯·德·福格尔魏德那里，才听到了那个具有感情色彩的自我称谓"我们德意志人"（确切地说是以第四格形式出现的 *uns Tiutschen*），也就是说这些话的时候已经分别是 11 世纪末、12 世纪中期及 12 世纪末了。而这些文字映照出的，并非披着文学外衣的民族反思，它们更多只是行使了一个通用命名法的职责。在更大程度上它们扮演的是历史事实证人的角色，目击了一个来自外部的名字如何来到他们身边且落地生根，同样也经历了德意志人——即便来自众多部族且由不计其数的诸侯管辖，但至少原则上（当然不是一直如此）——在唯一国王的统治下刚刚形成了统一的局面。将近 1000 年的时间里，德意志人都保持这样的状况。

331　　德意志的这种民族来源多样性给它在维护内部和平方面带来了不少的麻烦。彼此间的紧张关系始终不曾从各自的日程表上被撤下，直至演变成公开的战争。世俗的王侯也好，宗教的领袖也罢，致命的嫉妒心很快就帮助他们确定了各自的疆界与统治权。战争在诗人的口中，始终是对他们的人民而言有着塑形力量的存在。瓦尔特·冯·德·福格尔魏德的那句著名的怨叹并非毫无来由："言辞里背信弃义，暴力占据了街道，和平与正义受到严重伤害。"这位中世纪的诗人在他的当下感知到的，最终竟持续了若干个世纪之久:"背叛正在埋伏,暴力占领了所有街道,和平与正义遭遇重创。"不是某一个——无论哪个——人,因为有能力在他的时代播种下分歧,随后才收获了无穷无尽的不睦。而是因为所有的德意志人永远做好了准备,对流血的冲突、对篡位夺权、对争吵与割裂跃跃欲试,它才应该为一切苦难承担最大的责任:"他说:'我已经让两位阿拉曼人为一顶王冠而相争,这会使他们的国家遭受破坏与衰落。'"在诗人的笔下(34,4),教皇英诺森三世是那个实施关键行动的人,但归根究底,整件事完全是德意志人自己的错:"他说:'只有一个王位,我派去了两个德意志人,这样,他们就会自己把整个帝国搞糊涂、搞垮掉。'"类似的争执,要么是篡位夺权、要么是双帝共治,在持续不断地重复发生,直到1356年的"金玺诏书"才为这些纷纷扰扰画上了一个暂时的句号。为了决出到底谁才享有那个荣耀、成为被选中的皇帝,人们进行了一场又一场流血的战斗,到三十年战争开打的时候,境况已尤为惨烈,死伤者众。

然而,那一再被以暴力手段争抢的王冠,那在内部与外部均遭到质疑的德意志人的帝国,却是唯一能连接他们的纽带。他们已经习惯了它的存在,当它被扯断的时候,德意志人先是为此哀伤了一阵,之后却并没有那个能力,将那已撕碎的部分重新修补起来。随着这条纽带的彻底断开,于千年之交出现的德意志民族的统一亦宣告终止。直到13世纪的时候,一位热衷于文学创作的科隆传教士亚历山大·冯·罗伊斯还在就这一点发出欢呼:属于法国人的是学术研究,属于意大利人的是教士与教皇,但属于德意志人的可是那最至高无上的——王位。[9]这已经纯粹是幻想了。教皇的统治与学术研究在那个时代早已位居皇权之上，皇帝已经或多或少地沦落为手无实权、空有法律名头的海报人像了。罗马-德意志帝国曾以"拦阻者"的身份发挥很长一段时间的作用与影响，亚历山大本人及其门徒埃德蒙·德·丹特均是该宗教意识形态中相当活跃的代表人物，但这些在现实的权力游戏中却派不上半点用场。[10]皇帝的统治在当时自身都难保，又何谈拯救世界？古老的帝国先是受到法国大革命的压力胁迫，后又直接经由拿破仑之手走向衰落，但换个角度看，它却始终陪伴在诗人与哲学家左右，为他们的创作与研究提供了素材及灵感。一首接一首的诗歌、一篇又一篇的论文被源源不断地贡献出来，献给那个人们期待中的新事物：一个自由的德意志的民族国家。

四分五裂的德意志人只得依赖来自外部的发展援助。在文艺复兴及人文主义时期，这一需求就已经表现得十分明显。彼时，意大利人将发现的塔西佗的《日耳曼尼亚志》献给德意志人，以供其建立民族身份认同。这边国内的人文主义者欢欣雀跃地加入了声调一致的大合唱。但现实中诸王侯之间的不一致，却并未因此发生任何改变。撕破脸的诸王侯与一个权力相当于零的皇帝正是决定了德意志历史接下来500年命运的一帮人。对德国状况了如指掌的恩尼亚·席维欧·皮可洛米尼对此提出了他作为内行人的批评乃至斥责。而宗教改革更是进一步地激化了这些矛盾。诗人总是不缺为一个被毁掉的祖国创作哀歌的理由。

自17世纪以来，在三十年战争之后，尤其是它那对德意志王侯而言意味着耻辱的结局之后，越来越多的德意志人开始先是钦慕法国人，继而模仿他们。这些德国人希望最终能用自豪感来作为他们——源于对自己的失败感到羞愧的——自卑情结的代偿，他们更希望能用充满自我意识与自我主张的顽固，将法国人彻底拒之门外。对于那些自觉受辱的人们来说，军事力量的重要性再次凸显出来。诗人对此尤其反应激烈，他们的诗句中充满了由此而发的哀怨。与之相反，文化与精神的价值未曾、也不会是仅限于民族国家内部流通的。它们跳脱出一切民族与国家的疆界，表明自己无论是从产生、传播还是功能及影响来看，都始终是超越民族、超越国家的一种存在。德意志的诗人与思想家在此过程中的参与程度跟其他文化民族的诗人与思想家相比，并无高下之分。专属德意志的价值——这本身就是一种自相矛盾的表达。不过，法国在文化方面的优势地位，实在是让德国人吃尽了苦头，他们感到自己就快被法国掐住喉咙失去呼吸，而无论他们做出怎样的努力与尝试，却都逃不出法国的手掌心。

法学家普芬多夫借助外国理论学者的研究成果，分析了当时已病魔缠身、苟延残喘的帝国的宪法。[11] 但对于自己的民族，即德意志人，他却得出了毁灭性的结论：愚蠢至极的文化自负是普芬多夫主要的攻击对象，其次还有他们对迷幻剂的过度使用。事实上，酒精文化定期卷土重来似乎已经成了——仅排在战争中的骁勇善战之后——一种有连续性的、专属于德意志的品性。早在塔西佗那里，他对笔下的"日耳曼人"的责备之一，就是这些人的酗酒。那么，形成了德意志民族的新日耳曼人是在模仿这种古希腊、古罗马时代的旧习吗？连路德都对其表示过不满的德意志人的酒精主义，有它的"日耳曼"根源与榜样吗?有一点当然是连这位法学家都没有想到的:德国境内形成的诸王侯割据局面,虽然削弱了所谓"帝国"的权力与地位,但是帮助了这里本土的"文化"通过数不胜数的各地王侯的剧院与乐团、为诗人提供的舞台,达到了一种独特且放眼全球无人能敌的丰富程度。这种多样性或许可以算是德意志人唯一的自有民族价值了。但从现在开始,在联邦共和体制下的民族国家时代,就连它也因为各联邦州的文化自治性及它们的财政资金短缺(难道以前的王公贵族更有钱吗?)而陷入了濒临消失的危机之中。

启蒙运动也未能推动德意志人发出民族强音。康德针对民族所写下的文字,从分析角度显得十分理智冷静。跟他相比,同一个时代的德意志诗人则显得激情澎湃多了。他们先是大肆为法国大革命与拿破仑高唱颂歌,随后笔调却又因皇帝的扩张政策反而比从前更晦暗阴郁。他们召唤百姓发起反抗甚至发动战争。眼下,诗人的声音虽依旧高亢,却是掉过头去反对拿破仑的,更加有意识,更有反思性。琴弦与刀剑应当齐奏合鸣。这就是特奥多尔·克尔纳所推崇的。[12]

诗人与思想家一直在持续地塑造着这个民族刚刚萌芽或正在逐渐成形的自我意识,这股力量的影响也绵延到了今天。其他国家在这一点上或许更像是例外。德意志民族在它诞生的过程中,及随后的很长一段时间里,都是一个属于平民阶层的、具有意识形态色彩的建构物,它对现实性、对大众的接受度、对发出自己的声音、对证实自我的存在都有着近乎疯狂的渴求。在各个部族被以"德意志帝国"的名号聚集到一起的时候，虽然其中更为年长的领导精英及文化精英群体里已经不乏先驱者的身影，但那"熙熙攘攘的一大帮人"的定性始终仍跟随在他们左右。当那个帝国开始分崩离析，诗人的声音显得格外急迫，但他们却无法用殷殷的话语劝出一个团结统一的民族来，直到现在也不能。求证与申辩的主题诗歌、反思与宣传的叙事谣曲，那些最迟于18世纪末期开始发声的德意志诗人阻挡不了任何分裂的发生，无法减弱任何源自内部的争端。内心性与哲学的唯心主义被一再当作神奇咒语来使用。但真正能发挥神奇的捆绑作用的，却只有铁与血。虽然是诗人用字眼将它们搬到了人们的面前，但是俾斯麦让它们从纸上来到了现实的世间。

随后，旨在弘扬"民族"主旋律的文学呈现出了四个阶段性的巅峰，分别发生在：从法国与英国涌过来的启蒙运动及其后果——拿破仑战争；19世纪40年代的莱茵危机与1848年革命；统一小德意志，前奏与实际执行；最后是第一次世界大战。第一个阶段突然中止于维也纳会议与政治复辟；革命的失败宣告了第二个阶段的终结；统一完成后高唱凯歌的军国主义，以及随之而来精神上的松弛迟缓为第三个阶段画上句点；最后，褐色军团的大踏步进驻将第四个阶段赶下了历史舞台。四个阶段里都有战争的发生，战争成了必经之路。在这之前，德意志人就已经或多或少是被战争所塑造出来的了。直到1945年之后，在战后的德国，情况才有所改变。德意志的文学家、诗人与哲学家在对德意志人及他们的国度进行思考的时候，更多地以一种怀疑的态度出发，欣喜的感受已经极少再出现在他们的字里行间。

事实上，若干场反拿破仑战争向人民发出的呼吁是拿起武器，是将对莱茵河东岸的拒斥升级为公开的仇恨，而完全无视它在帮助德国建立新秩序方面做出的功绩。与此同时，普法尔茨被法国的革命军队占领，到维也纳会议前都一直是法国的领土，而且它归属一个在公民与民主意义上更加进步的法国这一点，即使到了维也纳会议之后也不曾真正被抹去。古斯塔夫·弗赖塔格后来就从普鲁士的视角对这一点进行了攻击。就算这些历史事件，即大革命与维也纳会议这一系列复杂的时局变动，也并没能使古老的帝国更新换代，没能给诸王侯统治带去自由，没能给德国带去统一，那也至少给他们，即帝国、诸王侯、德国，提供了一个发声的渠道，为他们的目标——哪怕是从敌人那里偷听来的——标清了姓名：民族、自由、团结、公正，并以此为他们指明了从今以后要走的方向与道路。

不是每个人都加入了反法、反拿破仑的仇恨之歌大合唱中。歌德就没有这样做，海涅也没有。但海因里希·冯·克莱斯特、特奥多尔·克尔纳、恩斯特·莫里茨·阿恩特、弗里德里希·吕克特及许许多多其他人都担任过煽动这种仇恨的宣传号手，还根本没算上在所谓的莱茵危机时期涌现的那些"莱茵歌手"呢。应当由这种类型的仇恨之歌（无论呈现它们的是多么著名的诗人与思想家）在今天重新召唤德意志文化的复兴吗？当初，1840年的时候，马克斯·施内肯布格尔的《守望莱茵》诞生了，它在接下来的整个19世纪成了所有德意志人的身份认同之歌。海因里希·霍夫曼·冯·法勒斯莱本在深思熟虑之后高歌统一与自由，不过这回，他是从民主的角度出发的，并也因此招致了诸王侯的愤恨。他在歌词中还警示众人，不能轻视法律与公正的重要性，可无论是统一与自由还是法律与公正，在过去的历史中以及诗人在世的日子里，都没能得到实现。原本属于它们的位置被权力与暴力占据了，后者先是在马克斯·冯·申肯多夫的《铁十字》中被称颂与宣扬，而后又在俾斯麦手上被提升至政治的行动准则。

一切越来越不受控制，所有这些最终被提炼成自大、傲慢、对法国人乃至全部外者的轻蔑。诗词中被歌颂的，变成回声反弹到现实之中。普鲁士人只顾着自己庆祝自己的，心里完全没有莱比锡其他将士的战功，就更别指望他们还会想着给俄国道谢了。这种高傲决定了1870~1871年帝国的统一在事实上根本没能带来民族的团结一致，而更像是实现了民族内部的分化与割裂。因为奥地利永远地留在了小德意志的外部，尽管它下足了功夫试图回归，却只能成了外国。对德意志的自我意识而言有指导性甚至决定性意义的，是伊曼努尔·盖贝尔写于1861年的组诗《德国的志业》。它们剑指法国、教皇与俄国，呼吁人民拿起武器，以求缔造和平："清晰的头脑与精准的打击"，然后"世界就能靠着德意志的本质而再次复原"。但是内容呢？这个所谓德意志的本质，它在精神上的、对全人类普适的内容究竟是什么？在那些只负责为德意志歌功颂德的诗句里是无论如何也找寻不到的。天主教教徒对弹拨民族琴弦几乎毫无兴趣。而大多数犹太人则早已看穿民族主义到底是怎样的情况，他们就算是所谓爱国者，也无意去吹奏那煽动民族情绪的号角，或者应该这么说，他们不去做，正是出于对德国的爱。

但在某些诗人的笔下，将德意志历史串联起来的，反倒是羞耻与执拗。拿破仑——就算我们不得不老调重弹——实际上扮演了一个促进德国发展进步的帮手角色，对法国的效仿意味着对德国现代化的推动，法国的伟大性在很大程度上也为德国人如今颇引以为傲的本国的成功铺就了前路，这几点，要么德国人是真的完全没有觉察到，要么就是他们的感知太迟钝了，直到20世纪的两次大型战争发生后，在对其进行历史性分析的时候才给予它们必要的尊重。此类的历史真相在大多数诗人那里——只有少数例外——都不曾浮出水面。作为例外之一的歌德并不讳言，他要感谢法国的地方有许多。连海因里希·海涅在流亡巴黎时也意识到，他对这个国家有所亏欠，而德意志人的不受教则让他苦不堪言。

德国人将自己屡次发起的反法国皇帝（*Empereur*）战争神秘地阐释成"解放战争"，并把它们提升到德国统一之缔造者的高度，可是，这种说法其实是到了1833年才被"发明"出来的，具体来说是在巴伐利亚的慕尼黑，那里启动所谓的解放战争要比其他地区晚得多。[13]对自由的号召，在太多的情况下最终都走向了《为祖国而死》中的这一下场："然后胜利的使者飞入凡间：战役／是我们的。在那里永生吧，哦德国，／并且，不要去数有多少人丧命！为你／亲爱的，做再多的牺牲都不算多。"从荷尔德林的这几行诗里（1799），我们已经可以听出一句令人脊背发凉的提问，一种会带来可怕后果的希望，一种不确定感，以及小心翼翼的期盼：到底还将发生什么？只是"不要去数有多少人丧命"吗？荷尔德林最终的死心断念从这个角度看来是合理的。他在拿破仑的时代有过的，不管是有法皇的、无法皇的或是反法皇的希望，都被迫落了空。就算是这一切都过去了，后面的德意志人也持续缺乏具有凝聚力的、以智识为支撑的自我反思精神与相关实际行动。

光是刚刚提过的古斯塔夫·弗赖塔格，就已经在 1870 年之前为一致认同普鲁士精神的德意志人送上了一幅文化的自画像。在这幅画像中，虽然依旧有战争的位置甚至是重要性，但不再从宣传美化此前人们习以为常的黩武主义、军国主义角度出发，而是更加侧重于描绘普通农夫、小商贩，以及市民们悠闲安逸的生活是如何被仇视外国人的主导思想蒙上一层阴影的。而事实上，在这样的背景下，民族文化的火炬反倒无论如何都没法被点燃。"在德国，地方的区域性传统与习俗始终都有，但从未存在一条明晰的民族传承脉络，一种贯穿于整个民族的本质与生活方式，而或许那才是诞生于 1871 年的第一个真正意义上德意志帝国所需要的支柱性内核。那个帝国并不是在解放战争精神及力量基础上建立起来的，它纯粹只关乎经济利益……完全是由普鲁士容克阶级牢不可破的巨大能量一手缔造的。"这段总结性的话语出自埃里希·卡勒。在他出生于布拉格的时候，奥地利还受皇帝弗朗茨·约瑟夫的统治；当他作为一个美国人写下这段话的时候，却已是第二次世界大战结束又过去 20 年了。他随后得出的结论是，那个德国积攒了不少自卑情结。[14] 没人能反驳他的这个评判。那么，现在，1964 年，情况有所好转了吗？

在唯心主义哲学时期，人们乐意相信理念体现在个体性中，如果了解一个民族的理念，就能掌握该民族中个体的性征，至少对德意志精神/德意志人来说是行得通的。诗人与哲学家本应专注于此，在这一点上发挥各自所长。但他们没有。他们的言语中始终有民族梦想破灭后失望的烙印。这种失望所带来的打击,或许可以从另外的角度来理解与评价,那就是,把它们当作现代国家诞生的表征。因为它会作用于人民,赠予听众或读者一种印象与感觉,他们是一个民族、一个国家,荣辱与共,且最终亦将位居(他们暗中钦羡的)法国与英国那样的典范之列。不过,实际上,作为一个属于昨日的民族,德意志人在歌德与尼采之后已经再也找不到任何标杆式的文学人物了。尽管如此,那个"迟到的民族"在第二次世界大战之后才出现。这种意义与程度的晚点还能补救回来吗?如果能的话,又要为此付出什么样的文化代价呢?

有一个事实应该已经很清楚了:那些伟大的诗人、文学史上的经典作家,那些今人甚至当今的民族主义者都想要把他们的名字拿来为己所用的标志人物,他们虽然热爱自己的祖国,但对于把德国当作一个整体来看待这件事,他们的态度是相对谨慎保守,更确切地说,是心存疑虑的。他们并不崇尚民族主义,即便他们本身亦是爱国人士;他们并不宣扬对法国的仇恨,虽然他们至少到最后都对拿破仑表示了排斥与拒绝;他们没有发声对军国主义表示赞同,哪怕发声,也更多的是对其表示谴责。他们所秉持的标准本身就是从外人那里习得的,而不是单凭民族主义的坐井观天。他们当中最负盛名亦最有历史意义的那几位,均承认法国人或英国人为世界进步做出的贡献,也不忌讳从穆斯林文学中获取作诗灵感。反观作为一个整体、一个民族的德意志人,徒有想法、鲜有行动,看上去只会无所事事地耍耍嘴皮子。"我们德意志人属于昨日",或:"德意志人活在要么前天，要么后天。"[15] 并不存在这样一个国家，我们可以对着它说："这里是德国。"在数场反拿破仑战争中牺牲的亡灵英魂也没能促成一丝丝的改变。

此外，还有一点也值得人注意。在论及"德国人"与"德国"的话语中，几乎所有被引用的诗句或段落都出自男性作家，哪怕在1848年革命进程中就已经成立了第一批妇女协会，但女性文学工作者对民族议题始终未发一词。[16] 难道说"德意志人"、他们的民族，以及本国内就此相关的讨论研究，都是一项专属男性的发明吗？民族主义是一种男性的"美德"？总之，女性诗人在这个话题上保持了极长时间的沉默。不过这也并不代表德国境内完全没有过这种声音。想想安内特·冯·德罗斯特-徽尔斯霍夫，想想安妮特·柯尔伯。只是战争、杀戮、为祖国献身，这些都不是她们要讲述的内容，对于爱国主义，她们也保持了相当的距离。在安内特·冯·德罗斯特-徽尔斯霍夫看来，女性站得离生命更近。她们是生命的护卫者与照料者。[17] 她们不需要民族意识形态。真正的永恒幸福并不会从人世间、以易逝的祖国的形式、通过死亡向生命招手。那句"来吧，让我们心甘情愿地走向死亡"（豪普特曼）绝对不会是从一个母亲的口中说出来给她的儿子听的。

不管怎么说，照顾伤者也是一种"神圣之举，这场具有决定性意义的伟大战斗关乎我们的祖国能否得救"，正如在1814年的一封《致巴伐利亚妇女的呼吁信》（"Aufruf an die baierischen Frauen"）中所宣告的那样。在哈姆巴赫庆典中，也同样出现过妇女与"少女"参与者的身影。当然，民族文学创作的高峰时刻通常都是在艰难的战争年代。而在这些时期里,妇女们要扮演的主要角色是战地护士,而非诗人。那会儿的"德意志民族"、所谓"祖国"、伟大的死亡盛宴,它们是能教人藐视死亡的一剂猛药吗?能让"英勇就义"看上去再光辉灿烂一点吗?能让所有的男子汉都前赴后继吗?逝者能不断提醒人记得民族吗?以浪漫派-军国主义为背景的民族主义就让人们想起,当年征战意大利的奥托军团为"德意志人"的起源打上了怎样的烙印,让人们想起12世纪的"条顿式激情",让人们想起恩尼亚·席维欧·皮克洛米尼也说过"好样的,日耳曼人!"就连海因里希·冯·克莱斯特都曾讴歌过那让人寄予厚望、最终却让人无能为力的军国主义。[18] 军国主义如乳汁般哺育着襁褓时期的德意志人。德意志人最初就是以军队与战士的形象现身于这个世界的。当初的那支军队被保留下来,经过数个世纪的强化与巩固,最终来到我们眼前的这个当代,成了德意志人的骄傲。埃利亚斯·卡内蒂就把它用作了德意志民族的象征符号。

另外,我们观察到:那些清晰的民族主义之声,绝大部分是由信奉新教的作家传播的,信奉天主教的作家只占极少数。天主教在这个问题上的克制,很可能是几个历史事件依次叠加作用的结果:先是《帝国代表重要决议》带来世俗化,而后是旧帝国的陷落(1803~1806),接下来是1815年的维也纳会议,随后还有在1871年的小德意志-普鲁士帝国成立后,由俾斯麦煽动发起的反天主教文化斗争。所有这些都给天主教信徒的生存增加了难度,阻碍了天主教精神文化的现代化发展。"德意志"的经典是被它们当作非天主教的,甚至是无神的(歌德!)加以排斥与回绝。因此,好几十年的时间里，就天主教一方而言，人们看不出有任何理由要去敬拜一种宣传反"天主教"奥地利的民族主义，并跟着那些以普鲁士-新教为底色的德国人为它们的帝国欢呼庆贺。[19]

直到19世纪末期，反天主教的势头才有所减弱。只是巴伐利亚在此之前就加快了朝着这个方向迈进的脚步，国王马克西米利安一世在新教教徒利奥波德·兰克（Leopold Ranke）的建议下，下令组建了"巴伐利亚科学院历史委员会"（1858）。它的任务是通过对原始资料的研究，开启一门更加贴近时代的、非教条主义的历史科学。而在曾被选中担任过该委员会主席一职的名单中，在兰克之后亦时有非巴伐利亚出身的新教教徒出现。关于它的发展历程，此处无须多谈。不管怎么说，小德意志的帝国建立与第一次世界大战都使得人们对霍亨索伦王朝及其帝国表现出了清楚明确的民族认同。现在，终于连天主教教徒也加入了民族反思的队伍中。前文中已经提到了马克斯·舍勒，但同样重要的还有卡尔·穆特，一位歌德的崇拜者，他创立了以天主教为重心、但同时对教会持批判态度的杂志《高地》（Hochland）（自1903年），并且在很长一段时间里担任其出版人。[20] 世界大战期间，穆特不断撰文讴歌德意志精神，强调它的文化相对于其他外族有着颠扑不破的优越性。[21]

于是真相浮出了水面：过分膨胀的骄傲自满只是表象，根源是深植于集体潜意识里的自卑情结。在取得了对法国、对拿破仑的胜利之后，这种因自卑感而不断蓄积的内在势能又立即被浇铸上了一层军国主义的外壳，开始摆起了对外恫吓威胁的架势，真实目的则是为自己壮胆。小德意志的帝国建立将普鲁士的军国主义拓展成了整个德意志的。人们欢呼："这是波茨坦与魏玛最高形式的结合。"这个诞生在欧洲内部的新国家，体现了"绝对与纯粹在人世间的模样"。[22] 最可怕的文字出自那个在第一次世界大战背景下、德国做着虚妄大国梦的年代。不光那些行迹与立场皆卑劣可疑的诗人，就连学养深厚的学者与哲学家也在那场浪潮中湿了鞋衫。德意志与军国主义，二者被融为统一的价值标准。

在德国坐拥教席的著名神学家、哲学家、伦理学家，德意志文化的最高支柱，纷纷用力地搅和起战争的鼓号，跟 25 年后那些可怜分分的模仿者大有不同。对那些大人物而言，上帝本身在他们眼中看起来都像是在用德意志的思维在思考、用德意志的情感在感觉、用德意志的模式在行动。他们被幻想出来的大国耀眼的光芒迷了双眼，认不出那张德国人在过去几十年里用军国主义、自视甚高、排外与傲慢亲手编织成的大网，把他们自己、德国人都牢牢地困在网中央。盲目至此，再没有任何人能预见到，法国总统雷蒙·普恩加莱只需稍微拽一下这张网上的随便哪根线，都能轻而易举地让这帮德国人跌跌撞撞地投身于对战争的意乱情迷之中。这就为色当报了仇。[23]

古斯塔夫·弗赖塔格笔下带着浓重新教与小德意志色彩的田园牧歌，在奥斯维辛的毒气室很有可能对那些在 1914 年还吟唱着战争颂歌的诗人生命都构成了威胁之后，就彻底地失去了有效性与价值。那个田园诗中描绘过的德国已经不复存在了；最优秀的那一批人离开了它，远走高飞。"我们从德国出走……我们迁居到普遍的自由中。我们再也不会回到德国去了。"伊姆加德·科伊恩

(Irmgard Keun)在她著于1936年的小说《所有国家的孩子》(*Kind aller Länder*)中,让她笔下的主人公,一位随父母移民至比利时、稚气未脱的女性这样回忆道。[24] 德意志的军国主义,连同寄居在它身上的双生子——德意志的秩序观念与"自卑感",对全世界来说都是个巨大的危险。从德国出走,永不回头。这样的命运也上演在科伊恩的伴侣及挚友——约瑟夫·罗特身上,而像他这样的人还有许多,其中也包括了埃里希·冯·卡勒。"德意志历史图像",那里的国家已经只剩下了个人证件或旅游护照上必填的一栏?只负责教人怎么更换衬衫?作为未来的标准与尺度,一个这样的弗赖塔格已经不够格了。贝托尔特·布莱希特的《希特勒圣歌》就是那首恐怖至极的终曲。

无穷无尽的矛盾与分歧是刚刚过去的那个世纪德国人身上最清晰也最深刻的印记。但印记终究还只是印记,不会把人驱赶到大街上去胡乱喊叫。人们尚且能够带着这些印记去组织自己的生活。这种局面被汉斯·马格努斯·恩岑斯贝格尔(Hans Magnus Enzensberger)以叙事的手法,浓缩在他笔下的库尔特·冯·哈默施泰因将军一家身上。[25] 以他们的生活状况与遭遇为范本,恩岑斯贝格尔设计出了这样的一个图景:"在最狭小的空间里,德国人所经历过的紧急时刻中所有重要,甚至具有决定性意义的主题与矛盾全部得以细描式再现:从希特勒攫取绝对权力,到德国在东西两边之间踉跄蹒跚,从魏玛共和国的沦陷,到起义的失败,以及从乌托邦社会的吸引力到冷战结束。在这段示范性的德意志历史里,同样有犹太人与妇女的身影。关于前者,作品展示了德意志-

犹太人作为共生体，临终前最后的生命迹象；至于后者，文本揭露了，早在前几十年开始流行的女性主义运动之前，女性的强大就已经是幸存者之所以能幸存下来要依靠的力量了。"

自相矛盾成了德意志历史留下的倒影，也映射进了德意志人在思想上、精神上的分裂之中。哈默施泰因一家最先出场的主人公就已经成了这一点的见证人：两个都是由皇帝还在位时的那一套行为准则及风俗伦理教育及培养起来的军官——将军瓦尔特·冯·吕特维茨（Walther von Lüttwitz）和他的总参谋长兼女婿库尔特·冯·哈默施泰因。将军参与策划了意在推翻魏玛共和国的卡普政变（1920），而他的女婿则拒绝听从他的指挥，并在自己也晋升为将军之后，仍徒劳地向帝国总统进谏，警告总统要小心被无罪释放的希特勒（1933年1月），最终，他的生命结束在了暗杀者的手上，在1944年7月20日那一天。为共产国际刺探情报、反抗希特勒、经历集中营、遭到出卖、被斯大林的人追踪、安排两个德国诞生之后的生活——所有这些都曾在这个家庭里发生，只剩下民族主义还没有酝酿成熟。不过，它已经可以算是，或应该就是未来道路的风向标了。库尔特的小儿子弗朗茨被授予了牧师的圣职，参与组建了"赎罪标志行动"，一个众民族和解、重归于好的象征符号。

如果拿着这部作品去问古斯塔夫·弗赖塔格的意见，估计他很难会对这个家庭大加赞赏，并且也几乎不可能想到要把他们提升到德意志历史典范的高度。可事实上也真就是这个样子：德国人在他们离现在最近的那段历史中，的的确确毁掉了不少东西，肩上扛了不少自己造过的孽和对此要负的责。重现当初的礼俗与规范，也无法将他们伟大的诗人与思想家再度召回；就连席勒笔下康德伦理学的代表，马克斯·皮科洛米尼都在创作者的戏剧编排下面临毁灭。那位出身于普鲁士的哲学家，大概总归是无法理解破坏者奥德布鲁赫的吧："有一天，我会为自己是个德国人而感到羞耻。"[26] 而他的创作者，卡尔·楚克迈耶也很可能会震惊于战争过去 70 年后，联邦德国里的德国文化竟走去了哪里："破烂学校！你们这帮教师恶棍，卑鄙小人。"

不久前，有人把这样的字眼涂抹在了巴伐利亚州一所乡村学校的大门旁。"巴伐利亚州教师协会"认为有必要用一篇题为《宣言：态度决定一切》（"Manifest: Haltung zählt"）的公开信，警示人们这些字眼透露出语言已经被糟蹋成了何种模样，以及作为它的后果，人与人之间的交往模式亦发生了怎样的变化，最后值得关注的还有人们精神上的无助感正在持续加剧。[27] 这让人想起那群"吐口水的人"，和以他们为中心散播开来的"种族变异"言论。[28] 这就是能把我们从陌生人的手上抢救回来的所谓"德意志文化"吗？当然不能不提那部搞笑且拿奖拿到手软的电影《该死的歌德》（*Fack ju Göhte*）（博拉·达格特肯）用漫画的手法刻画出当今德国人挣脱教育桎梏的无厘头，而完成它的竟是一位土耳其裔德国人。而且，他后来还拍了 2 部续集呢。

在电影的身上，还汇集了一些其他的东西。"一个社会的衰落，是从它语言的荒芜与破败开始的。如今当我在大街上或地铁里听到将德语、阿拉伯语、土耳其语混在一起交谈的年轻人的时候，发现他们当中没有一个人在真正地倾听这门语言、真正地属于一门语言的时候，我感到自己深深地受了伤。我无法理解，竟然还有人声称，这种将语言一分为二、一分为四、再分下去让语言本身都渐渐消失不见的做法，反倒会收获好像叫作创造性，甚至是具有先锋意义的创造性还是什么的那种东西。这种将语言五马分尸的行为，在我看来就是一种无家可归的表现。"记录下这些的，是另外一个土耳其裔的德语作家，名字是扎菲尔·谢诺贾克（Zafer Şenocak）。[29]德意志的语言逃向了移民，随着语言一同跑到他们那边去的，还有教育与文化。难道这些曾经的外人，现在要来确保那些无移民背景的原住民文化不被挥霍浪费掉吗？"他们什么都有，却什么都不用"，一位罗马尼亚的移民女作家这样评价她的德国同行。在她看来，就人们向她提出的那个"什么是文化斗争"的问题，那些土生土长的德语作家欠世人一个回答。

"我有一种感觉，好像我就是那最后一个德国人。"这是博托·施特劳斯（Botho Strauβ）不久前发出过的哀叹。他显然还没有读过同为德语作家的扎菲尔·谢诺贾克的作品，而只是因自己的人生即将走到终点才写下了这篇讽刺短篇杂文。"有时候，我有一种感觉，只有在跟祖先们在一起时，我才觉得自己也是德国人中的一员……我想，我是最后一个德国人了。一个调皮的小捣蛋鬼，一个在神圣的废墟中乱翻的城市小丑、国家小丑、精神的小丑。一个无家可归的人。"如同在此前的几次场合中表明的那样，他也担忧在文化上过多地受外来影响。这影响，并不是从那成群结队的、从别处被驱赶出来的人形成的移民潮才开始的，而更多地是以"统治了我们生活的世界的经济霸权主义"为最初的重要标志，我们"除了经济及货币政策之外已经没有了任何精神的火种",这种缺失才反映出外来文化对我们的影响到底有多深。因此,我们必须"调头向内",争回"原本属于我们的东西"。"德意志"如今成了一种知识,一门由"一部思想英雄史和深植于其中的感受与回忆"组成的学问,"那部英雄史里提到的名字,从哈曼到云格尔,从雅克布·伯默尔到尼采,从克洛普施托克到策兰"。[30]

也就是说,让德意志人成为德意志人的,是文学修养,不是对经济的兴趣与关注。作家对技术闭口不谈,仿佛人们可以轻易就将梅赛德斯-奔驰或齐克隆 B 从德国历史及德语文学中剔除一样。生活内容的各种样式——好比卡尔·克劳斯提到过的"装点你家",或在公墓里练手的小园艺也可作为补充——都被施特劳斯剔除掉了。他强调:谁不具备文学常识,谁就只是个社会意义上的德意志人,是一个没有根的人,像其他数以百万计的无根之人一样——但绝不会像他自己,因为施特劳斯是一个文学性的自我:"我是一个传承的主体,离开传统,我亦不存在。但人是会被基本毫无艺术细胞的外种人给排挤掉的,那些外种人可能是伊斯兰教教徒,可能是媒体从业人员,可能是网络时代的活跃分子,也可能是受自身激情驱动的个人……感谢那些无根之人的进入,终于给民族,其中也包括民族文学,画上了句号。"眼下,唯一的希望只能被寄托于建立起"一个再度壮大、重新诞生的'秘密德国'了"。[31]

最后这句话,指的是施特凡·格奥尔格的那个小圈子,及其成员提出的虽高级却无法对希特勒统治免疫的教育要求。当然,跟之前有所不同,施特劳斯在这次列出被他看重的文学家名单时,他不再提及：格奥尔格期待他所有的"门徒"都对希腊人柏拉图具有最基本的了解且熟悉他的语言；他要求他们掌握关于莎士比亚的常识；他眼中的歌德，是一个波斯诗人哈菲兹的崇拜者；他的荷尔德林醉心于对古希腊的缅怀与向往；他对但丁与《神曲》(*Divina Commedia*) 充满敬仰；他认为托马斯·曼的《约瑟和他的兄弟们》(*Joseph und seine Brüder*) 是一部宏伟壮丽的小说，甚至为了它还偷偷地在慕尼黑参加了一个埃及学研讨班。——简而言之就是故意对以下事实置若罔闻：每个深知自身对传统有继承义务的德意志主体，都从一开始就藏了一部分外族文化，或被逐出外族成为无根之人的文化（像是胡格诺教派、斯拉夫文明与犹太教等）在自己身上。因此，人们或许还可以做出这样的补充说明：每个德意志人，通过他的精神、文化及语言特征表现出来的，都更像是一个外来客，而非原住民。没有了异者的存在，他们也许永远都找寻不到自我。"德国人，"谢诺贾克说，"身上的东方性比他们自己能意识到的还要多。"[32] 倘若这个属于昨日的"完好世界"无法认识并接受他们演变至今的前提条件与发展可能，那他们又何以在外部世界的熊熊烈火中保全自身呢？

那句"最后的德国人"也说中了保罗·策兰的心事。照他的判断，纳粹犯下的那些罪行，两代人也不一定能消化处理得完。事实上，这还真不是一朝一夕能了结的事。如今，在这个移居目的国"联邦德国"里，约20%的人口是手持德国护照的外来移民，开展哪种类型的回忆工作才是必要的？每五个德国人里就有一个因其出身与所受的学校教育，在想起"来自德国的大师"时心中不会激起任何情感的波澜。那些"新"德意志人，今后应当如何面对与处理那并不属于他的历史，例如大屠杀、分裂、重新统一？克里斯塔·沃尔夫在1/4个世纪之前面对柏林墙倒塌时所经历过的那种"痛楚且激动的感情"，日后很难在他们身上重启了。呼唤人们的情感面，并将其置于集体的网络中寻求声援，这一点，已经提供不了任何实质性的帮助了。我们此刻身处的是一个变动中的社会，它的历史是多重且多角度的，因此，它还需要先从彼此相异的众传统中找到自己的身份才行。诗人与思想家也许还能帮上一点忙，前提是他们的话还有人会听。指望一个"神秘的德国"，注定只能无功而返。教育呼唤交流的到来，呼吁开放与交换，它需要的是大磨坊与榨汁机。

面对历史及自身精神的演变过程，单靠一个被简化的"现在时状态"远远不够。"现在时"也想继续发展。德意志的文学传统往回可追溯至博托·施特劳斯仍有提及的"狂飙突进"时期之前。那里，还有造成了一波又一波困惑与迷惘的"德意志"意识形态，还有浪漫派对塔西佗进行的民族化改编，还有德意志人文主义时代，还有痴儿西木经历过的、被格里梅尔斯豪森升华为文学的残暴与恐惧。它们全都影响了德意志人的经验与传承，哈曼的启蒙怀疑论或雅克布·伯墨的神秘主义便是其中二例。那，西塞罗、大卫或摩西呢？施特劳斯知道，他是最后一个德国人，他害怕德国的旧精神文化遭遇崩盘，他怕看到一个没有了诗人与思想家的国度诞生，一个走到结尾处的德国。对此，谢诺贾克的作品提出了清晰的反证。诗人身上承载着许多种文化，也因此超越了任何一种单一的文化。

除了那个"最后的德国人"的祖国之外，还有另外一个祖国吗？一个不容置疑的，一个此处有、别处无的？或许赫塔·米勒（Herta Müller）谈到的就是这么一个。当她离开罗马尼亚的时候，她"对任何其他事物的憎恨都没有"对这个所谓的祖国"来得强烈，"这个纯粹只会刁难人的概念，这个被意识形态滥用的字眼……此外，我渴望拥有一本德国护照，我心想：嗯，到底什么是祖国呢？现在这个就是了吗？"提出问题的人自己给出了回答："他"（理想的"西德人"）拥有"它，而它是理所当然的，这个祖国，它就那么存在着，人们无须提到它，无须展示它，它不会逼迫你给你带来困扰，它不需要你非用某个意识形态为它祈祷不可"。它——她在回应追问时，这样确认道——是"把单独的个体团结在一起的东西"。[33]一个"祖国"被另一个"祖国"取代了：人们可以通过穿越边境线和拥有新护照来切身感受这一点。否则，一件理所当然的事，若没有自身的努力，则只会轻飘飘毫无分量可言。也就是说，一个祖国，是一份标明归属地的护照，但不是某种民族主义。

我们说，民族主义的时代已经过去了。重新倒退回去会是一场灾难。就算拓展成了一个邦联，各种以民族主义为基石的建构物也无法像变戏法一样变出任何"永久的和平"。新康德主义者赫尔曼·科恩虽然意欲追随康德的脚步，且在第一次世界大战开始时就要求组建邦联，一种众民族的大联盟，旨在维护和平。但他内心的思维却依旧牵绊在民族主义的视角里，带有明显德意志中心主义的色彩："德意志的特性必须成为邦联的核心，只有这样，该邦联才能缔造世界的和平，才能帮助建立起一个真正的文明世界。"[34] 人们可以将这样的一个联盟比作某个鱼塘，里面的大鱼以小鱼为食，直到最大的那些鱼再也找不到小鱼可吃，它们自身导致了它们的毁灭。很显然，科恩和国家共同体走的并不是同一条道路。

但一个结构清晰透明、不带任何民族主义色彩的跨民族国际联盟，就能够消除许多潜在的冲突吗？参与合作的伙伴国彼此间必须达到力量的均衡才行，它们要在所有的方面都享有平等权利，并且必须保持相互团结，不仅仅是在金融或经济领域，而是广泛的、全面的团结。这样的团结一致自然是无法强求的，只能将其牢牢固定在所有参与国的日常公民表决中。要想实现这一团结目标，我们需要的或许是一个迄今尚未被纳入任何规划之中的教育纲领，它应当以削弱直至最终禁止一切形式的民族主义为己任，促成所有的伙伴国在惯用表达、情感及精神领域都能熟练使用多语种模式。

国家早已不是靠民族属性把人联合起来的集体了。它们早就发展成了"众民族混居的人群"。在当今这个世代，全球性的民族大迁移迟早会彻底跳脱从18、19世纪流传下来的、旧有的民族国家框架。没有任何一堵墙、一道藩篱、一套自动射击系统能长久地保护领土的边界。这样的设施与手段只会以暴制暴、制造仇恨。在全球英语化的时代，"母语们"已自身难保，与计算机适配的符号语言将取代从前那些"我们自己的"。臭名昭著的"黑客技术"已经清晰无比地展示了，所有国家与法律的界线都是怎样一一被突破的，就好像它们根本不存在一样。

可是人们寻求集体，需要边界、价值、目标与支点。谁又应当来为他们提供或设置这些呢，当家庭、民族、国家、祖国都已消解？宗教的激进主义带着危险的面孔从地平线上缓缓升起。它走在超越民族与国家的道路上，吸引信众，用超世的幸福鼓动他们，就算那幸福不是面向全人类，而只是许给追随它的人，它同时也为仇恨布道，恫吓要毁灭所有的对手，并酿成——跟所有的极端行动一样——无穷无尽的混乱。而对于未来将给被置于此等程度威胁之下的人类带来什么，答案仍不明确。

伟大的德意志诗人与思想家不给这样的精神产品打广告。连德意志民族主义都没能让他们奋不顾身地投入其中（或许费希特得除外）。跨文化是他们的不老仙丹，也是他们要向世人传达的信息。德语是一门在拉丁语与法语基础上打磨成熟的语言，使用它的诗人受罗马与希腊的古典主义引导，它的思想因法国与英国的启蒙运动而变得敏锐，它的伦理与信仰要感谢犹太人的无私分享与指教。虽然作家中涌动着一种无声的爱国主义，但对于他们的同胞——德意志人，他们却极少发出溢美之词，更常听到的是略带酸涩的批评之声，甚至是——像在荷尔德林那里听到的那样——刺耳的全盘否定。对政治与文化的瘫痪深感失望，这种情绪构成了整部乐章的基本音调。一致的时刻极少出现。但有一点时常会在这里或那里看到，要么是突出强调，要么是受到来自诗人的蔑视，那就是"酩酊大醉"和"精准打击"。无论是这两方面中的哪一方面，都无法铸就人类的伟大。但在那些批评背后，人们不难看见对民族、对国家的爱。

事实亦如此，激烈的抨击出自对德国的深爱：这也是我们从第二次世界大战后成了美国公民的托马斯·曼那里听到的声音。在1943年，他就已经面向《德国听众》（Deutsche Hörer）发出了这样的警告：希特勒的"人民集体，就是流氓无赖的独裁"。他说出这样的话，是想唤醒人们的良知。而在德国战败后，曼又于1945年5月29日发表了那番旋即声名远扬的演讲，即《德国与德国人》（Deutschland und die Deutschen）。演讲的内容深化了对此前种种诉求的呼吁，并以清醒的头脑、敏锐的目光给他曾经的同胞做出了以下评判：曼用文字阐明，德国人的本质是"一种综合体，他们既对世界有所渴求，却又在面对这个世界时胆怯害羞，他们既秉承世界主义的思想观念，却又在行动上实践着地方主义，甚至是极为高傲狂妄的地方主义"。曼还攻击了德国人"对世界的生疏与拘谨，与世界格格不入"，他称他们"在世界舞台上表演时像个彻头彻尾的笨蛋"。他们的"普世主义是小市民式的，所谓的戴着睡帽谈论国际主义"。在这样的优柔寡断、反复无常身上，还附着某种"如鬼魂般的怪诞离奇和神秘阴森……某种悄无声息却会带来灾难的魔力"。路德或许是这种自相矛盾的德意志属性的代表人物：一会儿要解放大众，一会又成了革命的敌人、贵族的臣仆。

与之相呼应的本质上的分裂同样也决定了德国的政治格局。演讲者将在整个19世纪里一再被宣扬的政治主题掰开揉碎，逐条进行了反驳："德国人的自由概念总是只向外部主张的；他们指的是他们有权利当一个德国人，只当德国人，不成为任何别的，不扮演除此之外的任何角色……德国人的自由理念是民族的、反欧洲的，即便它没有像当今这样，刚好以公开宣称的野蛮行径爆发出来，也离野蛮状态不远了。"瑞士对世界的开放态度和美国的自由，让这位曾经在 1914 年被激怒的德国文学家睁开双眼，看清楚了德国的无能与失灵——希特勒的所作所为则发挥了剩余的那部分影响。现在，他的目光更加澄明，他扮演起了老师与教育家的角色，他为那些自感受辱的人民诚挚地敲响警钟。德意志本身，已经不再意味着任何价值所在了。

警告早已成为绝响。今人再听到它的时候，还有谁不把它当作当初为德国人归罪的一个历史性，同时也受时间限制的证据？关于这一罪责的知识都已经发生了本质上的改变。决定它的不再是出自自家人的、继续保持沉默的凶手和他们当年参与的行为，不再是他们自己的后代对凶手那一辈人的定罪与谴责，不再是这些凶手的子女们背负的心理重压或伤害。它只是知识材料而已了。当 20% 的德国人都有移民背景的时候——他们来自俄罗斯、巴基斯坦、伊朗、叙利亚、非洲某国、希腊或者意大利等各个不同的地方，"集体罪责"这个想法就已经悄然消失了。在这 1/5 的德国人里，还有谁会为德国人曾犯下的罪行而自感有罪？谁还会因两德的重新统一而受到情感上的撼动？"那些人甚至在面对自己子女的时候都不曾有过情感的外露，都不想与陌生人共享同一个国家，他们都没有学会一种叫作彼此信任的语言，又怎么能指望他们主动向陌生人开口，甚至接纳这些陌生人呢？"一位当事人这样说。[35] 从今往后，还存在背负罪责的德国人和无罪的德国人吗？很显然，我们需要用另一种方式来对待历史罪责，这种方式转向了普遍的、人性的范畴，从历史中推导出对当今与未来的责任。对国家应尽的义务依然存在，但在

"国家"与"人民"之间还挤进了异文化与移民群体。

当谢诺贾克以一个德国人身份发声的时候,我们同时还能听出来,他从外部望向德国的视角。[36] 他是移民的儿子,他的履历代表了本地的教育系统与一个年轻的德国。他对德语的使用情况、它现今面临的威胁和正在走的下坡路进行了细致观察。他了解这里的哲学传统,熟悉德语文学,清楚它与阿拉伯文明的多重关系,并在移民与大屠杀的关系上争取获得自己的理解。但他同时也看到,在某些德国人头脑中,正竖起一道隔开异者与自我的路障。他批评所谓"克服过去"的概念,因为根本不存在已经被克服的过去,这样的"被克服的过去"也无法打动人心。生活在这个国家里的人们要求移民们做到的是不可能有人做得到的事,即忘却与背弃他的出身、他的故乡。谢诺贾克希望以他的感知与反思,以他对德语、同样也对土耳其语的高度重视,强迫人们在这个移民国家开展精神上的重新定位。他本人在这个移民国家里长大,在这里生活、创作并思考,这里是德国。

我们是一个民族!这样的呼喊谢诺贾克也曾听到过。可是:"不,今天的德国人不再是一个民族了,明天的他们也只会更不像一个民族!"那么今天,一个多民族的集体,该怎样在德国共生共息呢?能给这个问题提供答案的,或许正是他们自己的历史,是他们作为多民族混居的"人群"如何在过去的 1000 年中融合成"德意志"的,"要不是那么多 19 世纪浑浊的汁水溢出了汤锅的话,这个不幸的民族国家,这个姗姗来迟的庞然大物,他在追赶的途中栽倒在自己无药可救的匆忙与慌乱上"。[37] 谢诺贾克不太认同时兴的

"主流文化"的说法。他所理解的"做一个德国人","不等于文化一体化,不等于强迫自己融入一个个故步自封的文化小圈子"。他更希望在新移民身上看到的是一种生机勃勃的双向关系,一端是古老的家乡及其文化,另一端是新的祖国与它的文化。伦理与文化上有分歧的不同利益团体,应该在走向新文明的长征路上将传统的民族纽带替换下来,至少眼下要这么做。接下去会如何发展,诗人自己也没有答案。

于是,分崩离析的状态依旧占据主导,给所谓民族集体的含金量打上了一个问号。"在德国,当谈论起归属的时候,人们做不到对其中的情感层面简单带过。故乡与身份在德国历史上已经被滥用,那两个词上面残留血迹的斑块至今仍依稀可见,比任何其他地方的情况都更猛烈、更残忍。民族集体在德国并不是一处撤退点,而是真正的沙场。它甚至在民族这个概念上投下了一道阴影……它会消融在国家这个概念里吗?关于出身的问题会退居次位吗?"[38] 在作者看来,将外来移民划归德意志国家并无可能,但在并入的过程中,那些人原本身处的文化形态也必须得到尊重,而非压抑与排斥。"新式德意志",谢诺贾克说道,即在他自己所在的那个当下"表现得像一个德国人",意味着"眼前与来路的交集"。他的话或许有一定的道理,但要说这样一种交集从根本上来看是"新"的,却有所不妥,因为,德意志的历史中始终不乏民族大迁移的身影,正如他展示过的那样,此类多民族混居的局面从古至今一直时有出现。只不过,这一点因为那些——用谢诺贾克的话来说——想要在短短几十年就把此前 900 年的历史完全翻篇的德国人笨手笨脚、急匆匆地赶超上来，而被忽视、遗忘或排挤掉了。

像谢诺贾克这样的移民已经证明，他们对德意志人文化传统的熟悉程度比那些只顾着夸耀自己祖宗与血统的新条顿人强多了。今天，后者中的积极分子扯着脖子大喊，要求人们做出"另外的选择"，其背后的期待则仍旧是回到"当初"，彻底抵制——借用博托·施特劳斯的话——"基本毫无艺术细胞的外种人，可能是伊斯兰教教徒，可能是媒体从业人员，可能是网络时代的活跃分子，也可能是受自身激情驱动的个人"。并且为了不成为"最后一个德国人"，不让历史在他们那里终结，他们准备好重回那饱受托马斯·曼讽病的狭隘的思想窘境，回到战前那可怜寒酸的条顿主义去。他们现在又徒劳地把德意志思想史上的高光人物们都拉出来，但那些人他们显然都不怎么认识，或者只有十分浅层的了解。这正是所谓的回到"昨天"与"前天"，并且在心理上执意待在那里不肯动弹——"我们"似乎尚未到达"今天"。著名的德国海报艺术家克劳斯·施特克（Klaus Staeck）以气势磅礴的观众席为背景，搭起了一座紫色的拳击台，并在上面表达了他合理的担忧："一个民族，当它拥有这些/拳击手/足球运动员/网球选手/赛车手/便大可以安心地放弃/它的大学了。"

德意志思想史上的伟人们并没有要求建立一个"秘密的德国"。这种说法只出现在围绕着诗人施特凡·格奥尔格形成的那个小圈子以及他们所处的年代，尤其是战后。包括后来，当市民阶层已经困在洋洋自得中几近窒息，且对教育的步步陷落束手无策的时候，"秘密的德国"成了针对这一境况的紧急措施。与其相反，那些伟大的历史人物,他们用各自的文笔勾勒出的,则是一种包罗万象的、超越了单纯德意志属性的对整个世界的开放态度。在他们的观念中,德意志人无须对自有之物多加强调,他们本来就是全体文明国度中的一员,也本来就应该对全体文明国度保持开放的态度——全体文明,也就正意味着包括他者,包括与他们自己本质迥异的群体,包括犹太文化与伊斯兰。

在这一点上,人们可以建立起若干链接。让·保罗的"世界主义"(Weltseitigkeit 或许可以作为一个导向性指标,标志着对所有邻国、所有民族在思想上的发展保持开放。康德的思考则带着"世界公民的目的";席勒谈及"人类尊严",它被"交到我们的手上",我们理应对其细心呵护保管;奥古斯特·威廉·施莱格尔在"世界主义"(Kosmopolitismus)身上看到了"真正的德意志本质特征";诺瓦利斯对"德意志性"的理解,则是"世界主义与最强有力的个体性的相互融合"。[39]这绝不是抢先说出了舍勒后来要表达的"世界主义民族",而是提醒德国人注意他们要与他人共同承担完成的任务。歌德澄清道:"科学与艺术都属于全世界,在它们面前,国籍的门槛一概消失不见。"[40]在另外一处他还说道:"因此,我乐意环顾围绕在自己四周的陌生国度,也建议每个人都像我一样,从他的那个角度这样去做。民族文学现今已没什么话好说,该轮到世界文学的时代了,而每个人都必须发挥自己的作用,让这个时代加速到来。"[41]加速与别的国家之间的交流:这正是伟大的德语诗人与思想家发出合理且正确的呼吁。卡尔·楚克迈耶以他自己的方式表示了赞同,并再次援引"莱茵河畔巨型民族大磨坊,欧洲榨汁机"

的说法，德意志人之所以能作为一个民族出现，都要感谢它们。

我们曾引用过的那句 1796 年的名言，符合眼下不可阻挡，且辐射面覆盖世界上任何一个角落的全球化趋势的要求，刚好就在此刻，它向人们提出了认可其效用的诉求，虽然它的效用或许显得有些乌托邦，但并非因此而毫无价值可言。全球化：它不仅仅意味着贯通全球的货币流，不仅仅意味着以损害或牺牲更弱小者为代价的霸权大国梦，它不仅仅体现在民族大迁移与物质财富的全球层面再分配上，也不仅仅是会造成世界性不平等的商品流动。它，对旅游业的影响就不提了，同时也意味着信息流与知识流，而这两者则正围绕着由一个个活生生的人组成的那个球体，一面为它注入活力，一面亦对它实施改造。每一场反全球化的抗议和它带来的后果，都正是以这全球化为基础与依托，因为只有靠全球化，那些抗议行动及其后续影响才能实现在全球范围传播，它们在全球范围内取得成功的希望才不会是空中楼阁。这一切已经无人可以阻拦了。

那句格言在它被表述出来的当下，就未曾把民族置于道德行动的中心，它也没有给作为受众的该族人民许诺过什么民族的未来。它压根就不觉得民族值得分量多么重的考量——后来德国人还真的就在现实中置其于不顾了，它反而把希望寄托在具体的人身上："你们想建一个国，你们抱了希望来着，德国人啊，都是徒劳的；／如果你们做得到的话，还是先将你们自己，建设成更自由的人吧。"更自由的人，"更自由的人格本性"（海涅）——仅此而已，且不仅限于本国。但是摆脱了什么获得的自由？又是通向哪里的自由呢？正如当今认知科学所担忧的那样，那些人的意志自由陷入摇摆不定并遭到怀疑,自由是要给他们吗?

在面对这些问题的时候,关于"语言民族""文化民族""国家民族"的谈论戛然而止了。就连所谓"主导文化"走到这里,也没法再往前挪动半步了。关乎的是人,说一千、道一万,最终谈论的都是人。关于他们的自由、他们的思想与经历、他们对自己身处的那个世界的感知、他们的文化与宗教、他们的社会秩序、这些秩序的沟通及后果。这一切都给人们带来了什么?眼下的任务,超越了所有民族与所有民族主义的任务,正在向我们招手示意。每一种根据这两个过时的衡量标准建立起的现实的世界秩序,每一种藏在它们之中的思维,或早或晚都会走向非敌即友的格局,走向——几乎所有历史教科书的每一页都向我们展示了这一点——战争,朝着排外与仇恨的情绪越走越近,只是怎么都走不到那些伟大的德意志诗人与思想家眼前所设想的那个充满人性的"人"的跟前。安妮特·柯尔伯怎么说的来着?"那些永生不朽的事物,是不懂什么叫作国籍的。"诗人还接着说道:"倒是那些用凯旋的庆祝曲来讴歌⋯⋯的愚蠢,它只认国籍。不,我们不相信是这样的。"[42] 可那愚蠢确实享受了一切的庆贺,还不仅在德国,只是在这里欢呼声格外响亮罢了。战争与愚蠢。

形成德国人主要特征的,是政治上的愚蠢吗?他们的诗人与思想家担心恐怕是这样的。有些人甚至还把这话说出了声。但世上哪个神明能成功医治愚蠢呢!德国人过去致力于维护自己的愚蠢,至今亦未放弃这方面的努力。萨缪尔·普芬多夫抨击过这一点。阿图尔·叔本华在1852年写下:"德语被交到了愚蠢的手上。"[43] 路德维希·托马（在他自己变得可笑之前）用风趣幽默的调侃口吻刻画了一个原巴伐利亚军队中尉，革职后担任寄宿学校教师，因其蠢人蠢事被取绰号"吹牛大王"的人物。库尔特·里茨勒在1914年战争刚开始的时候就抱怨过在包括鲁登道夫与兴登堡在内的普鲁士军官身上看不到半点受过教育的影子，他谈到了"人民头上的浓雾"、"智识的失灵"和"发生在上层的绝对的教育衰落"。这些话，以一种令人惊骇的程度全都灵验了。虽然老实正直，但也就是一个坐在总统椅上的大写的"零"，这是特奥多尔·莱辛在1925年对兴登堡做出的判断：就是这个"零"，触发了那场灾难。莱辛本人也是那躲在"零"背后的杀人狂"尼禄"的第一批受害者。莱辛被暗杀于1933年9月2日，杀手在获得了8万帝国马克的奖赏后逃往捷克；愚蠢而嗜血的野蛮人顶着纳粹标志犯下的恶行（艾丽卡和克劳斯·曼语）。

鉴于新出现的暴力行动与战争倾向，埃里希·凯斯特纳在他的作品《法比安》中对"愚蠢"这一点已经做出了诊断，但无法为其对症下药。[44]民众的"脑袋空空"，卡尔·克劳斯也发现了；"狂吠的乡村野狗"，是图霍尔斯基在将德国人作为一个集体观察时做出的补充。[45]当民族意识形态开始大踏步走进德意志历史，这种愚蠢更是随之愈加膨胀增强；固化到了德意志人的本质之中："一个真正的德意志男儿，绝不可能是个知识分子。"[46]玛格丽特·祖斯曼揭露了最糟糕的一面："在这个灵魂已被烧尽的民族（托马斯·曼语），真相正在枯萎凋败。"[47]当时，德国人正把"政治上最愚蠢的欧洲民族这顶傻子皇冠往自己脑袋瓜上戴"。在回顾1997年的时候，长期担任巴黎德意志历史研究所所长的卡尔·斐迪南·维尔纳（Karl Ferdinand Werner）写下了这样的结论。[48]

战后时期的某些高级政治家或许不会认同他的话。其中的一位曾在帝国接受教育与社会化，但从未欣赏或敬重过坐在王位上那个普鲁士-新教的"自得其乐的傻瓜"；他用威廉式的翘胡子装点过自己的面容，后来又彻底地质疑并排斥"魏玛"，甚至将全部希望徒劳地寄托于政府中的德国国家社会主义工人党可以发挥某种镇定的作用——这个政治家就是首任联邦总理康拉德·阿登纳（Konrad Adenauer）。一份记录了某一轮政治会谈——参加讨论的是由他领导的政党中的高层代表们——内容的文件最近出了名，里面一字不差地记下了他对德国人的判断与评价："愚蠢的公民，我的先生们——在德国的公民，我真不知道，他们还能在哪里出现，这些人简直像稻草一样木讷愚钝！——请你们相信我的话吧。"接着，联邦总理援引意见调查，强化他的论断：他引用民意测验的结果，"为了向你们展示，这里的居民有多愚昧无知，他们简直笨到令人发指（1960）"。[49]当我们给转瞬即逝的这个世纪做总结的时候，用到的大标题就是民族性的愚蠢、整个民族的愚蠢吗？就连诗人与思想家也未能保护他们的人民免遭这种愚蠢的侵扰。

一个离当下更近的声音在解释这一点时，态度稍微友好一些：现在，1945年后，德国人变得"明朗、人性且积极了"，马丁·瓦尔泽称。[50]看不到任何愚蠢的痕迹。人们或许对这样的结论还将信将疑。不管怎么说，瓦尔泽所指的积极性似乎都没能深入内部最核心的地方，哪怕谢诺贾克之类的作家已经成功地唤醒了人们的希望。在表面之下,仍四处潜伏着既糊涂又天真的"德意志本性",蠢蠢欲动。就在那里,某个"新右翼"正开心嬉笑,知识分子作为先导为它开路,心中早积满了不安全感的人民对它夹道欢迎。一位德国法官具有典型意义的作为,或许可以代表这一支政治力量的导向与诉求。该法官属于根深蒂固的德意志保守派,他力求将一个"新右翼"的党派拉进联邦议会,并因此在青年人前面激情澎湃地发表了意在宣传与拉拢的演讲:能为抵抗眼下正在发生的"整个趋势,即形成一个混合民族,以消解民族上的身份认同"做点什么的,唯有这个政党。[51] 这个"德意志的男儿"(用"体操之父"雅恩的话来说)搬用了纳粹的措辞风格,暴露了自己对整部德意志(乃至全人类的)历史一无所知,且乐在其中,甚为自得。[52] 靠着这种方式就能让自己有资格获得想争取的议会席位吗?这个人还就真实现了他的目标,他当选了——哪怕对德意志历史的了解十分欠缺。一个由多民族混合成的人口群体,与原居于东边、西边、南边的各个种族如众川赴海般融为一体,这就是德意志人(也是所有其他的民族)。从基因上能够反映这一点,从文化上也能,从他们当中的杰出诗人、思想家笔下更能。一个纯净无添加的民族只是一种意识形态。它在历史中的某个时刻或许可能是另外一个模样,只是一种幻想。而一旦成了这种意识形态与幻觉的信徒,就会进一步符合阿登纳给他的人民所下的判断。

万幸的是,即便是现在,也仍然存在比那个执着于种族主义-民族主义的顽固派法官更清醒些的,有文化修养的德国人。只是需要再次提醒人们去想起他们、看见他们。我们已经提到过纳维德·

凯尔马尼的名字。他就描绘了一个比保守派更加世界主义的、开放的、更加友好的国家；那个国家的胸怀开阔，而非狭隘，几乎可以满足浪漫派那对旧日的思念。[53]"我很高兴，"凯尔马尼写道，"至少在大城市里，生活的体验是越来越国际化的……有时候，我想象在德国，比如就在科隆，一个外国人都没有，或者只是一个土耳其人都没有，那不仅会很可怕，而且也会很单调无聊。"[54]这种国际化——跟托马斯·曼的设想一样——是跨文化的，是对全世界开放的，而并不是像100年前马克斯·舍勒所推崇的那样，是狭隘的自我映射，是夸夸其谈的自吹自擂。[55]在这里，在德国，实现它当然不总是件容易的事，但在这一点上，没有更加有效的灵药良方了。

"对德国的兴趣"，这是通俗大众媒体《图片报》（*Bild*）在2017年6月22日的周年纪念版中打出的口号，那三个单词（兴趣-对-德国）分别以黑-红-金三色被标记出来。同时，它也用一样的颜色组合再加上性感女郎的图片，为阿迪达斯品牌旗下的三叶草子品牌做起了广告。此外，它还赞颂了德国足球，并让德国的联邦总理逐个字母地拼写出了"我们的国家"："从 A 我们的基本法第一章、第一条，到 Z……信任、团结。"他们觉得，这很德意志。但实际上，这里没有一样是德国人独有的。"德国的"足球，要怎么从本质上与"意大利的""法国的"或"英国的"足球做出区分呢？"德国"女郎就比"俄罗斯"女郎更漂亮吗？就连这里提供的这种把政治信息与广告掺杂在一起的手法，都不是他们的首创，不能让他们显得卓越超群、与众不同。一切都与其他国家紧密相关。我们应该认识到，从一开始，那些"不同的"

"别人的"、这个地球上许许多多的其他文明民族，就都值得我们的尊重与感谢，正如同我们尊重与感谢自己的先祖与历史一样。让我们来看看"启程"（*en marche*）这个词带给我们的洞见与前景吧：启程，去往一个跨越国界的、多种文化的、对世界开放的人类集体。让我们忘却那鲁钝的自我映射所造成的荒凉与狭隘，让我们对未来抱有希望。

至此，我们已聆听过许多诗人与思想家的话，那些话阐明了目标，记录了思考，揭示了真相。而所有这些都要求我们承认现实，尊重他人与我们的有别之处，还有：它要求我们看清自身文化的形成脉络，在思维与行动上都保持开放，具备国际化视野且拥有一体化的能力。它要求我们作为一个团结统一的人类集体，发展出一套多层次的伦理体系，摒弃一切以巩固德意志性为宗旨的、在民族性上使人变得狭隘的、排外的文化表达。正是为了实现以上几点，伟大的德意志诗人与思想家才拿起笔，写下了那些话。为什么我们会认为，在伊朗人、阿拉伯人身上，从丰富的伊斯兰文化与伊斯兰教身上，已经没有了值得我们学习的地方呢？究竟是谁拥有那枚智者纳坦所讲述的智慧指环呢？

只是，在更多的时候，当我们的诗人与思想家将视线投向开阔而充满希望的天地，他们看到的，却经常是失败；他们认出并感到担忧的，是倒退反动的、固执愚钝的狭隘思维导向，是对外封闭、恨不得与世隔绝的德意志式行动准则。"我们德意志人是属于昨日的"——其中不乏曾红极一时的人物，顶着他们响当当的名号，用诗歌创作或执笔战斗檄文的方式，欢迎过、推动过这种固化的思维、愚蠢的执拗。连政治上的，甚至是精神文化领域的精英都亲自下场，参与到整个过程中。数不尽的例子向我们清晰地展示了，这幅脑袋稀里糊涂、反应迟钝的模样，直到今天，依然拥有大量的信众及宣传员。难道他们的"颂歌"要再度成为主旋律吗？难道我们不是终于该好好想一想，别人是怎么看待我们的吗？难道不是得学着用别人的目光看看我们自己，再看看周围的人，学着从人性的角度去思考吗？对，就在今天，就在这个全球化势不可当的时代。

眼下，那些等待完成的任务显得更为急迫，因为未来担任美国总统的唐纳德·特朗普在 2016 年竞选期间，已经以民族主义的姿态——"美国优先"，开始揣测第三次世界大战，即核战争的可能性，紧接着提出了扩充核武器的计划。更多强国的实力正不断攀升，他们外面都有原子弹做成的盔甲，内里都做着民族主义的美梦，终极目标都觊觎着世界霸权的宝座。面临这样的现实局面，着手落实解决前文提到的那些任务与问题刻不容缓。因为，就算那位总统候选人在竞选时为了赢得支持所说出的话不一定要当真，可那想法毕竟是出自一个最高政治机关的代表人物之口，而非出自某个乡野小官的私人闲谈。那句话被他说出来，被世人听到，它形成的威胁也就足够了。这样的轻率背后的危险就是它有可能成为现实。与此同时，民族主义的自私自利与身份认同上的妄想正从臭味熏天的地狱里，透过它所有的盖子与缝隙向外渗漏出来。并没有什么能保护我们德国人不受这种恶臭与危险的侵蚀。我们伟大的诗人与思想家已经让我们清楚地理解了这一点：给其他所有的民族当老师，德意志人没那个能力与资格。

事实上，法兰克·韦德金德在两次世界大战及其破坏性后果发生之前就已经对世人发出过警告，只可惜当初听者寥寥，字字落在了冷板凳上。而那句警告在今天听来，紧迫性丝毫不减当年。[56]当然了，它也不仅仅适用于"我们"："民族主义是人性的仇敌。"

注 释

※ 引言:"我们德国人是属于昨日的"

1. 以下注释仅用于证明引文出处,大部分研究文献及与之相关的讨论将不涉及。这亦适用于同时期诞生的 Dieter BORCHMEYER 的研究:*Was ist deutsch? Die Suche einer Nation nach sich selbst*, Berlin 2017 与 von Helmuth Kiesel, *Geschichte der deutschsprachigen Literatur von 1918 bis 1933 (Geschichte der deutschen Literatur 10)*, München 2017, 尽管我引用的许多作者也曾出现在这两本书中,但我们各自展现的是不同的重点和视角。我追求的目标比起 Borchmeyer 或 Kiesel 来较为保守。无法顾及的还有: Andreas FAHRMEIR, *Die Deutschen und ihre Nation*, Ditzingen 2017。我要感谢克劳斯·冯·贝姆、雅努斯·古迪安、海里伯特·穆勒和沃尔克·塞林在不同编辑阶段审阅手稿,提供校正、建议和指导。关于 Goethe 见下文第 91~92 页;Nietzsche 参阅下文第 188~189 页。①

2. 参阅下文第 188 页。

3. 参阅下文第 360 页注释 21。

4. 参阅下文第 320 页。

5. 我引用的是歌德的 *Gespräche* mit *Eckermann*,只不过是依照日期(此处:11. April 1827,结尾),而非广为流传的各种版本。

6. 我引用的是 *Goethe's Werke. Vollständige Ausgabe letzter Hand. Neun*

---

① 注释中所涉"下文"页码均为原德文书页码,即本书页边码。——编者注

und vierzigster Band, Stuttgart/Tübingen 1833，第 141 页。

7. 同上一条注释第 165 页（Poesie），第 164 页（Ergo bibamus）以及第 171 页（Theater）。

8. 参阅下文第 62 页。

9.《醋贩》(*Der Essighändler*) 指的是一系列被搬上德国舞台的戏剧作品，它们或由同时代戏剧家路易 – 塞巴斯蒂安·梅尔西耶（Louis-Sébastien MERCIER，卒于 1814 年）创作，或是他人根据其作品进行的改编。后一类中最为出名的可能要算是 August Wilhelm IFFLAND 的 *Das Erbtheil des Vaters: Ein Schauspiel in vier Aufzügen: Fortsetzung des Schauspiels: Der Essighändler, von Mercier* (1802)。Michel-Jean SEDAINE（卒于 1797 年）也是同类作者之一：*Le philosophe sans le savoir* (1765)。*Der edle Verbrecher* 则是由 Joseph Leonini（他曾任普鲁士奥古斯特公主的宫廷教师）创作的戏剧作品，Berlin 1796。

10. *Goethes Gespräche mit Eckermann*. zum 3. Mai 1827（结尾处）。

11. 参阅 Erich VON KAHLER, Die Verinnerlichung des Erz.hlens, in Ders., *Untergang und .bergang. Essays*, München 1970, 第 52~197 页（首次出版于 1957~1958）。

12. 关于历史研究的相关性问题，我参考了 Hermann LÜBBE 的观点。*Geschichtsbegriff und Geschichtsinteresse. Analytik und Pragmatik der Historie*, Basel 2012。

13. Annette WITTKAU, *Historismus. Zur Geschichte des Begriff s und des Problems (Sammlung Luchterhand)*, Göttingen 1992。

14. Karl MANNHEIM, "Historismus", in: *Archiv für Sozialwissenschaft und Sozialpolitik* 52 (1924), 第 1~60 页，此处尤其参考了第 52~59 页以及第 58 页的引文。参阅：Ernst CASSIRER, *Das Erkenntnisproblem in der Philosophie und Wissenschaft der neueren Zeit 1 (Gesammelte Werke. Hamburger Ausgabe*

2),前言第 10 页 (1906)。

15. BORCHMEYER 的 *Was ist deutsch?*（如注释 1 中所提到的）尽管篇幅达 1056 页，亦未能提供全面详尽的介绍。

16. *Sind wir noch das Volk der Dichter und Denker? 14 Antworten*, hg. von Gert KALOW, Reinbek bei Hamburg 1964. 享有盛名的科学家、文学家、新闻及政治领域的作者均发表了意见：Hans Mayer, Helmuth Plessner, Robert Minder, Ernst Bloch, Walter Boehlich, Hans Paul Bahrdt, Karl Korn, Richard Friedenthal, Hermann Kesten, Bernard von Brentano, Arno Schmidt, Hildegard Hamm-Brücher, Rainer Gruenter und Walter Dirks。后来，海德堡大学的一门讲座课也再次提出了这个问题：Wolfgang FRÜHWALD u. a. (Hg.), *Sind wir noch das Volk der Dichter und Denker?* Heidelberg 2004。

17. Max SCHELER, *Die Ursache des Deutschenhasses. Eine nationalpädagogische Erörterung*, Berlin 1917; Ders., *Der Genius des Krieges und der Deutsche Krieg*, Leipzig 1915, pp.168–169. 关于舍勒亦参阅下文第 207 页。

18. 参阅下文第 321~322 页。

19. 书的结尾处写道："法国啊！荣耀与爱的土地！如果有一天热情在你们的土地上消失了，如果计算拥有了一切，而仅靠推理甚至激发了对危险的蔑视，那么您美丽的天空对您有什么用处，您博学的头脑将使您成为世界的主人；但你只会留下沙流的痕迹，像海浪一样可怕，像沙漠一样干旱！"另有同注释 1："最后这句话是最引起警方对我的书的愤慨的一句话！然而，在我看来，这不可能令法国人不高兴。"

20. Hans MAYER, Von guten und schlechten Traditionen deutscher Sprache und Literatur, in: *14 Antworten*（同注释 16），第 7~8 页。

21. 我没有找到这个口号首次以名词形式出现的记录。Wolfgang MENZEL, *der Verächter Goethes und Gegner Börnes*, 可能在 1836 年使用过

这样的表述,但他的措辞既不适用于伟大的诗人与哲学家,也不是献给"这个"民族的,他更多的是只指那些有求知欲与阅读欲的民众。参阅 Frank THADEUSZ, Explosion des Wissens, in: *Der Spiegel 31 / 2010 (Online-Ausgabe)*。讽刺意味偏重的有:E.-M. CARO 1872:"更喜欢感受诗人或学者的魅力……的人……"(参阅下文第 179~180 页)。尼采曾提出过这样的问题: *Giebt es deutsche Philosophen? giebt es deutsche Dichter?* (参阅下文第 189 页)。Hermann COHEN 在 1914 年引用过这个存疑的说法(参阅下文第 221-222)。希勒特时期的小说作家 Hermann BURTE (gest. 1960) 相信:"伟大的德国国家元首,在着手治理国家之前,先是某种诗人与思想家。"参阅: H. B., Die europäische Sendung der deutschen Dichtung, in: *Weimarer Reden 1940*, hg. von Dr. ERCKMANN, Berlin, Hamburg 1941, 第 56~62, 转引自 Peter WATSON, *Der deutsche Genius. Eine Geistes-und Kulturgeschichte von Bach bis Benedikt XVI.*, München 2010, 第 658 页。Victor Klemperer, *LTI. Notizbuch eines Philologen* (首次出版于 1947), 16 Leipzig 1996, 第 277 页引用了这个说法,却没有给出进一步的出处说明。在"诗人与思想家"一章(in: *Deutsche Erinnerungsorte I*, hg. von Etienne FRANÇOIS und Hagen SCHULZE, München 2001, 第 157 页)的引言中,编者提到 Karl MUSÄUS 曾于 1782 年写下:"如果没有幸运地得到想象力的影响,我们这个由思想家、诗人、梦想家和先知构成的充满热情的民族将会是怎样?"但这个反问句里并没有运用跟"诗人与思想家的民族"一模一样的表达。

22. Werner BELLMANN, *Heinrich Heine, Deutschland ein Wintermärchen. Erläuterungen und Dokumente*, Stuttgart 2005, 第 8 页。

23. 参阅 Monika BOSSE in: Madame de Staël, *Über Deutschland. Vollständige und neu durchgesehene Fassung der deutschen Erstausgabe von 1814*, hg. von Monika BOSSE, Frankfurt am Main 1985, 第 811~812 页附录,这篇文章可以在

Bibliotheca Augustana 上找到, 网址为: hs-augsburg.de。

24. 一个最新的例子: 2016 年 1 月 18 日《焦点》(在线版) 发表了一篇题为"诗人与思想家的民族正在读《古兰经》"的文章,作者为 Gerd Unruh 教授。文章的结尾令人感到不安:"在德国,有 46.7% 的穆斯林认为宗教价值高于基本法 (德国宪法)。人们又打算如何让这些人融入呢? 天真至极!" Unruh 教授是一名计算机科学家。

25. Victor KLEMPERER, *Man möchte immer weinen und lachen in einem Revolutionstagebuch 1919*, Berlin 2016, 第 117 页。

26. "Die deutsche Sprachgesellschaft", in: *Uhland Gedichte*, hg. von Hans-Rüdiger SCHWAB, Frankfurt am Main 1987, 第 97 页。

27. 参阅 Ernst BLOCH, Die Verwechslung von Gleichgültigkeit und Toleranz, in: *14 Antworten* (同注释 16),第 31~38 页,尤其是第 31 页:"德国人跟纳粹在种族上是明显有差别的。"

※ 1 "德意志即大众": 德意志作为一个族名的若干含义

1. 在本文考察的语境中该概念受到了 Friedrich GUNDOLF 的影响,参阅下文第 329~330 页。

2. Franz Josef WORSTBROCK, Thiutisce, in: *Beiträge zur Geschichte der deutschen Sprache und Literatur 100* (1978), 第 205~212 页。

3.《日耳曼历史文献》,第 4 卷,第 28 页。

4. Johannes KRAMER, Keltisches und Lateinisches in der Sprachgeschichte Triers, in: *Kurtrierisches Jahrbuch 49*, (2009), 第 11~33 页。

5. 此处及后文均参阅 Hermann JAKOBS, Diot und Sprache. Deutsch im Verband der Frankenreiche (8. bis frühes 11. Jahrhundert), in: *Nation und Sprache. Die Diskussion ihres*

Verhältnisses in Geschichte und Gegenwart, hg. von Andreas GARDT, Berlin, New York 2000, 第 7~46 页。

6. 在这段混沌不明的时期，最重要的一些佐证被 Paul KIRN 收录在 *Aus der Frühzeit des Nationalgefühls. Studien zur deutschen und französischen Geschichte sowie zu den Nationalitätenkämpfen auf den Britischen Inseln (Das Reich und Europa)*, Leipzig 1943.

7. *Gens teudisca sic habet pene distinctos casus in lingua sua sicuti sunt et in latina. Godescalc d'Orbais, oeuvres th.ologiques et grammaticales*, hg. von D. C. LAMBOT (Spicilegium sacrum Lovaniense 20), Louvain 1945, 第 195 页。"Wir. (nos), die Lateiner", 同上书，第 196 页。关于 Heinz THOMAS, Regnum Teutonicorum=Diutiscono richi? Bemerkungen zur Doppelwahl 919, in: *Rhein. Vjbll. 40* (1976), 第 17~45 页，此处第 23~25 页。

8. 参阅 Dagmar HÜPPER, Apud Thiudiscos. Zu frühen Selbstzeugnissen einer Sprachgemeinschaft, in: *Althochdeutsch*, hg. von Rolf BERGMANN u. a., Bd. 2 *Wörter und Namen. Forschungsgeschichte*, Heidelberg 1987, 第 1059~1081 页。

9. Otfrid(-Reinald) Ehrismann, *Volk. Mediävistische Studien zur Semantik und Pragmatik von Kollektiven (Göppinger Arbeiten zur Germanistik 575)*, Göppingen 1993; Ders., *Volk. Eine Wortgeschichte (Vom Ende des 8. Jahrhunderts bis zum Barock)*, Mainz, Gießen 1970, 此处第 164~165 页。

10. Ann. Regni Francorum ad annum.

11. 关于《九三宣言》，参阅下文第 201~202 页，关于 Canetti，参阅下文第 280 页。

12. 参阅 JAKOBS, *Diot und Sprache* (同上文注释 5)，第 78 页注释 3。有关词义演变史的关键例证参阅 INGO REIFENSTEIN 的 Diutisce. Ein Salzburger

Frühbeleg des Wortes „deutsch ", in: *Peripherie und Zentrum. Studien zur österreichischen Literatur*, hg. von Gerlinde WEISS und Klaus ZELEWITZ, Salzburg u. a. 1971, 第 249~262 页。

13. *Amore vestro (sc. Romanis) meos Saxonos et cunctos Th eotiscos, sanguinem meum, proieci.* 关于流变：Martina GIESE, *Die Textfassungen der Lebensbeschreibung Bischof Bernwards von Hildesheim (MGH Studien und Texte 40)*, Hannover 2006, 第 33 页, 第 35 页及第 37 页。跟文中提到的时间相近，很可能在 12 世纪晚期出现了不常见的拉丁语名 *Theotisci* (而非 *Teutonici*)。

14. 虽然据说在一部古老的萨尔茨堡年鉴中，曾于 920 年出现过 das "Reich der Deutschen" 这样的佐证，*regnum Teutonicorum*; 但对这一例证的诠释则并不具有确定性，很可能在当时的上下文中，该词指的更多是"拜耳人"而不是"德意志人"，而且从笔迹上来看，确定写于 12 世纪无疑。本书中无法对这一讨论进行更加详尽的展开，最后可参考：Roman DEUTINGER, Königswahl und Herzogserhebung Arnulfs von Bayern. Das Zeugnis der älteren Salzburger Annalen zum Jahr 920, in: Deutsches 58 (2002), 第 17~68 页。曾长期居住在罗马与拉文纳的萨克森人 Brun von Querfurt 了解当地的语言使用情况，在 1009 年证实了 "Teutones" 的意思确为 "德意志人"：*Vita Adalberti c. 10*, hg. von Jadwiga KARWASIŃSKA, Mon. Pol. Hist. s. n. 4,2, Warschau 1969, 第 10 页。"罗兰之歌"（创作于 1100 年前后）中第 3795 行中出现的 "tiedeis" 指的只是生活在德国的法兰克人（或洛林人）。参阅 JAKOBS, Diot und Sprache (同上注释 5), 第 35 页, 注释 130。

15. 先前的其他例证：Heinz THOMAS, Sprache und Nation. Zur Geschichte des Wortes deutsch vom Ende des 11. bis zur Mitte des 15. Jahrhunderts, in:

Nation und Sprache（如上注释 5），第 63~69 页。

16. Johannes HELMRATH 提供的提示：Enea Silvio Piccolomini (Pius II.)–Ein Humanist als Vater des Europagedankens?, in: *Europa und die Europäer. Quellen und Essays zur modernen europäischen Geschichte*, hg. von Rüdiger HOHLS, Iris SCHRÖDER, Hannes SIEGRIST, Stuttgart 2005, 第 361~366 页，此处第 364 页，亦见：www.europa.clio-online.de Th emenportal Europäische Geschichte. Essay, 此处引用第 4 页 (vom 12. 4. 2005)。

17. 相关佐证与数据可见 Johannes KRAUSE, Der Europäer ist auch genetisch ein Potpourri, in: *Frankfurter Allgemeine Zeitung 286 / 2016* (7. 12. 2016) s. N2. Von archäologischer Seite: Jens LÜNING, Geburt aus dem Widerspruch: Die Entstehung der Bandkeramik aus ihrer Mutterkultur Starčevo, in: *Anatolian Metal VII*, hg. von Ünsal YALÇIN, Bochum 2016, 第 273~289 页。

18. Carl ZUCKMAYER, *Des Teufels General*, Stockholm 1946（第一稿），第 69–70 页；Frankfurt am Main 1973（第二稿），第 65~66 页。

19. 有关语境可参阅 Johannes FRIED, *Die Anfänge der Deutschen. Der Weg in die Geschichte*, Berlin 2015, 第 652~653 页；关于与东方在文化上的关系可参阅：Hermann KULKE, *Das europäische Mittelalter-ein eurasisches Mittelalter? (Das mittelalterliche Jahrtausend 3)*, Berlin 2016。

20. Vv. 19–20 in dem liturgischen Piyyut, *Elohim al domi le-dami*（"上帝，请不要对我的血沉默"），作者为 Dawid bar Mešullam, 时任施派尔犹太人社团主席。*Hebräische liturgische Poesien zu den Judenverfolgungen w.hrend des Ersten Kreuzzugs*, hg. von Awraham FRAENKEL, Abraham GROSS mit Peter Sh. LEHNARDT (《日耳曼历史文献》中收录的希伯来语文章出自《中世纪德国》第 3 卷) Wiesbaden 2016, 第 72~89 页，此处第 80~81 页。同样还有圣餐仪式上的诗句 Me'ir bar Yitshaq Mi yodea, yašuv

yinnaḥem wa-ḥaqor("孰若有知，必当知返，并得慰借")，同上书，第 91~108 页，此处参阅第 31~32 页，第 100~101 页。

21. *Als wär's ein Stück von mir*, Frankfurt am Main 1966, 转引自平装本，同上书，1969, 第 112 页。

22. 参阅下文第 48 页与第 78~79 页。

23. 与此相关最为重要的佐证：Suger von St-Denis, *Vita Ludovici Grossi c. 28*, hg. von Henri WAQUET (Les classiques de l'histoire de France au moyen .ge 11), Paris 1929, 第 230 页，参阅 Carlrichard BRÜHL, *Deutschland-Frankreich. Die Geburt zweier Völker*, Köln, Wien 1990, 第 282 页。

24. 转引自 Peter DRONKE, *Die Lyrik des Mittelalters*, München 1973, 第 89 页。

25. Ep. 124 an Ralph VON SERRE: *The Letters of John of Salisbury Bd. 1. The Early Letters (1153–1161)*, hg. von W. J. MILLOR, H. E. BUTLER, C. N. L. BROOKE, London, Edinburgh 1955, 第 206 页。

26. E. DÜMMLER, Über den furor Teutonicus, in: *SB Berlin 1897 / IX*, 第 112–126 页。

27. 我在此处引用的是德语的仿译版本，Karl LANGOSCH, *Geistliche Spiele. Lateinische Dramen des Mittelalters mit deutschen Versen*, Darmstadt 1957, 第 181~239 页，此处第 224 页。

28. 这个接受的过程对文化史而言具有十分重要的意义，但我在此书中不再进一步追溯。可参阅 Hermann KRAUSE, *Kaiserrecht und Rezeption (Abhandlungen Heidelberg. Philosophisch-historische Klasse 1952,1)*, Heidelberg 1952; Hermann LANGE, Maximiliane KRIECHBAUM, *Römisches Recht im Mittelalter. Band II: Die Kommentatoren*, München 2007.

29. Bettina PFERSCHY-MALECZEK, Der Nimbus des Doppeladlers.

Mystik und Allegorie im Siegelbild Kaiser Sigmunds, in: *Zs. f. Hist. Forschung 23* (1996), 第 433~471 页。

30. *Memoriale de prerogativa imperii Romani*, hg. von Herbert GRUNDMANN, Hermann HEIMPEL, *Monumenta Germaniae Historica Staatsschrift en des Sp.teren Mittelalters 1*, Stuttgart 1958, 第 91~148 页。

31. Chronique des Ducs de Brabant, par Edmond de Dynter, Publ ⋯ par P. F. X. de Ram, t. I 2eme partie comprenant les livres I, II et III, Bruxelles 1854, 此处 II c. 16 第 164~167 页。

32. 参阅 Johannes FRIED, *"Dies Irae"*. *Eine Geschichte des Weltuntergangs*, München 2016, 第 177~178 页。

※ 2 "所有种族都混合搅拌。把整个欧洲扔进榨汁机！"
塔西佗的《日耳曼尼亚志》

1. Aeneas SILVIUS: *Germania und Jakob Wimpfeling: Responsa et replicae ad Eneam Silvium*, hg. von Adolf SCHMIDT, Köln 1962, 另有该书编者自译的：*Enea Silvio Piccolomini, Deutschland. Der Brieftraktat an Martin Mayer und Jakob Wimpfelings "Antworten und Einwendungen gegen Enea Silvio" (Geschichtsschreiber der deutschen Vorzeit 104)*, Köln, Graz 1962。 更好的版本（出于笔迹的原因）：*Enea Silvio Piccolomini, Germania*, hg. von Maria Giovanna FADIGA, Florenz 2009。在此我要感谢同事海里伯特·穆勒提供的有益建议。

2. 参阅他 1454 年在法兰克福帝国议会上的演讲 "Constantinopolitana clades", hg. von Johannes HELMRATH in: *Deutsche Reichstagsakten .ltere Reihe XIX,2, Göttingen 2013*, 尤其是第 537~542 页 (III,2~3)。有关同一人的演讲可参阅 Enea Silvio Piccolomini (Pius II.) (同上文注释 16); 关于上下文语境可参

阅 Erich MEUTHEN, Der Fall von Konstantinopel und der lateinische Westen, in: *Historische Zeitschrift 237 (1983)*, 第 1~35 页 ; Heribert MÜLLER, Europa, das Reich und die Osmanen. Die Türkenreichstage von 1454 /55 nach dem Fall von Konstantinopel oder: Eine Hinführung zu Großem und Kleinem im Spiegel der "Deutschen Reichstagsakten", in: *Europa, das Reich und die Osmanen. Die Türkenreichstage von 1454/55 nach dem Fall von Konstantinopel. Festschrift für Johannes Helmrath zum 60. Geburtstag*, hg. von Marika BACSÓKA, Anna-Maria BLANK, Thomas WOELKI, Frankfurt am Main 2014, 第 9~29 页。

3. 其他人就此的思考: Caspar HIRSCHi, *Wettkampf der Nationen. Konstruktionen der deutschen Ehrgemeinschaft an der Wende vom Mittelalter zur Neuzeit*, Göttingen 2005。

4. 维也纳，1500 年。德国境内最古老的印刷版本（无地点与年份说明）诞生于 1473~1474 年的纽伦堡。参阅慕尼黑巴伐利亚国家图书馆的馆藏版本: Ink-T-8 GW M44720。

5. 有关德国的人文主义历史可参阅 Ulrich MUHLACK, Die humanistische Historiographie. Umfang, Bedeutung, Probleme, in: Ders., *Staatensystem und Geschichtsschreibung. Ausgewählte Aufsätze zu Humanismus und Historismus, Absolutismus und Aufklärung*, hg. von Notker HAMMERSTEIN und Gerrit WALTHER (Historische Forschungen 83), Berlin 2006, 第 124~141 页。

6. Gernot Michael MÜLLER, *Die "Germania generalis" des Conrad Celtis. Studien mit Edition, Übersetzung und Kommentar*, Tübingen 2001, 第 95 页。

7. HIRSCHI, *Wettkampf der Nationen*（同注释 3），第 306~307 页。

8. 首个印刷版本诞生于 1501 年的施特拉斯堡。我在这里引用的是 Ernst MARTIN 的德语译本，1885 年出版于施特拉斯堡。

9. HIRSCHI, *Wettkampf der Nationen*（同注释 3），第 315 页。

10. 以下两个注释均出自 Zeno.org 的电子版馆藏（前言 VI）。

11. 可参阅 HIRSCHI, *Wettkampf der Nationen*（同注释 3），第 314~315 页。

12. Ulrici Hutteni Equitis Germani Arminius sive Dialogus, 出自网页：https://library.telkamp.e#B348FA。

13. 关于古希腊罗马时期瓦鲁斯战役的概览：*Varus, Varus! Antike Texte zur Schlacht im Teutoburger Wald*. Lateinisch/Deutsch, Griechisch/Deutsch, hg. von Lutz WALTHER, Stuttgart 2008.

14. Hannes KÄSTNER, "Der großmächtige Riese und Recke Theuton". Etymologische Spurensuche nach dem Urvater der Deutschen am Ende des Mittelalters, in: *Zs. f. deutsche Philologie 110 (1991)*, 第 68~96 页。

15. Konrad KRAFT, *Zur Entstehung des Namens "Germania" (Sitzungsberichte der Wissenschaftlichen Gesellschaft an der Johann Wolfgang Goethe-Universität Frankfurt am Main 9, 1970/2)*, 第 27~62 页。关于日耳曼语与德语之间的关系及其等同性，可参阅 Heinrich BECK (Hg.), *Zur Geschichte der Gleichung germanisch-deutsch. Sprache und Namen, Geschichte und Institutionen*, Berlin u. a. 2004。

16. 与之截然不同的是，此前 Velleius Paterculus (Hist. Romana II, 118) 将"日耳曼尼亚"的居民称作"一个出生在谎言中的人种"。

17. 总结：Manfred FUHRMANN, Nachwort, in: *Tacitus Germania Lateinisch/Deutsch*, 由 Manfred FUHRMANN 翻译添加注解并增补结语, Stuttgart 1972, 第一处引文出自第 102 页，后面两个均出自第 96 页。

18. 关于"Germania"在德国的影响，总结性的文献可参阅 Ulrich MUHLACK, *Die Germania im deutschen Nationalbewußtsein vor dem 19. Jahrhundert*, in: *Beiträge zum Verständnis der Germania des Tacitus I*, hg.

von Herbert JANKUHN und Dieter TIMPE (Abhandlungen Göttingen 175), Göttingen 1989, 第 128~154 页。

19. 参阅 Benjamin BLECH, Roy DOLINER, *The Sistine Secrets. Michelangelo's Forbidden Messages in the Heart of the Vatican*, New York 2008。

20. Jobst von BRANDT, An die teutsche Nation, 印刷版本有如 in: Georg FORSTER, *Neue teutsche liedlein*, 1549。

21. 新高地德语的版本由 Ulrich KÖPF 编辑出版，被收录于 *Martin Luther, Ausgewählte Schriften*, hg. von Karin BORNKAMM und Gerhard EBELING, 6 Bde. Frankfurt am Main 1982, Bd. 1, 第 150~237 页，此处第 152 页；下一条注释引用的是第 167 页。

22. 以下引用路德的话均出自 HIRSCHI, *Wettkampf der Nationen*（同注释 3），第 416~428 页。

23. 转引自 Heinrich BORNKAMM, *Luthers geistige Welt*, Gütersloh 1960, 第 225 页。

24. 参阅 BORNKAMM, Luthers geistige Welt（同注释 23），第 223~224 页；Herfried MÜNKLER, *Die Deutschen und ihre Mythen*, Berlin 2009, 第 517 页。"Bestien": Lucie VARGA, *Das Schlagwort vom "finsteren Mittelalter"* (Veröffentlichungen des Seminars für Wirtschafts-und Kulturgeschichte an der Universität Wien 8), Baden, Brünn 1932, 第 76 页。"Sauf": Exegese zu Ps 101. 德国人因耽于吃喝而臭名昭著一事，亦是路德《致德意志民族的贵族基督徒》一文结尾处讨论的主题（同注释 23）。

25. BORNKAMM, *Luthers geistige Welt*（同注释 23），第 251 页。

26. 转引自 Hirschi, *Wettkampf der Nationen*（同注释 3），第 435 与第 437 页。

27. ZEDLER, *Grosses vollständiges Universal-Lexikon 40*, Sp. 1095–1108; 关于其概况 (Jena 1712): Joachim MOHR, "Erstlich das freye Teutsch-Land", in:

Der Spiegel. Geschichte 3/2016. Das Reich der Deutschen 962–1871: Eine Nation entsteht, 第 92–93 页。扩展可参考："Corpus historiae Germanicae a prima gentis origine ad annum usque 1730", Jena 1730, 同上 1755。关于格林可参考：Helmut NEUMAIER, ‹Freies Germanien›/‹Germania libera›–Zur Genese eines historischen Begriff s, in: Germania 75 (1997), 第 53~67 页。

28. Bernd GROTE, Der deutsche Michel. Ein Beitrag zur publizistischen Bedeutung der Nationalfi guren (Dortmunder Beiträge zur Zeitungsforschung 11), Dortmund 1967; Tomasz SZAROTA, Der deutsche Michel. Die Geschichte eines nationalen Symbols und Autostereotyps (Klio in Polen 3), Osnabrück 1998.

29. (Sebastian Franck), Sprichwörter. Schöne, Weise Klugreden, Darinnen Teutscher und anderer Spraachen Höflichkeit, Zier, Höchste Vernunfft und Klugheit...gespürt und begriffen. 首见于 Frankfurt 1541。

30. 出自网址：https://de.wikisource.org/wiki/Ein_sch%(3&B6n_new_Lied_genannt_Der_Teutsche_Michel.

31. 参阅下文第 75 页关于洛高的部分。

※ 3 "丧钟为惨遭蹂躏的德国而鸣"：三十年战争

1. 我引用的是新版本：Martin OPITZ, Buch von der Deutschen Poeterey (1624). Nach der Edition von Wilhelm Braune neu hg. von Richard ALEWYN (Neudrucke deutscher Literaturwerke NF. 8), Tübingen 1963, 第 14 页。

2. Sonett II,19 galt Johann Christoph von Schönborn, einem Zögling des Dichters: Schlesien/die. ist was dich erhebet. Sonett II,43 handelte von derselben Zurück=kunfft nach Deutschland aus Rom:... Hat seinen Weg zu rück' ins Vaterland gekehret.//Ins Vaterland! Ach nein/er misset die Bekandten//Er

findet kaum die Grufft so viler Anverwandten··· Die Schönborns waren geadelte schlesische Beamten aus dem schlesischen Schönborn.

3. 参阅上文第 65~66 页。

4. GRIMMELSHAUSEN, *Der abenteuerliche Simplicissimus*, hg. von Alfred KELLETAT, München 1956（已将原作语言缜密地改良为现代语言），此处引用的是第 3 部第 3 章与第 4 章。

5. Herbert CYSARZ, Was ist Barock?, in: Ders., *Deutsche Barocklyrik. Eine Auswahl*, Stuttgart 1954, 第 3 页。后续诗句出自 Enoch Gläser（卒于 1668 年）：*"Deutsche Redlichkeit" bei Cysarz*, 同上书, 第 76~77 页。

6. 例如 Hans ASSMANN VON ABSCHATZ "Warnung an Deutschland", bei Cysarz（同注释 5），第 18 页。

7. *Salomons von Golau Deutsche Sinn-Getichte drey Tausend*, Breslau 1654: II, Drittes Hundert Nr. 55 第 65 页, I, Neuntes Hundert Nr. 83, 第 212 页。

8. 参阅下文第 188~189 页。

9. 参阅 Mark-Georg DEHRMANN, Urgermanisch oder eingebürgert? Wie Shakespeare im 19. Jahrhundert zum ‹Deutschen› wird, in: Christa JANSOHN (Hg.), *Shakespeare unter den Deutschen. Vortr.ge des Symposiums vom 15. bis 17. Mai 2014 in der Akademie der Wissenschaft en und der Literatur/Mainz (Akad. d. Wiss. u. d. Lit., Abh. der geistes-und sozialwiss. Klasse 2015/2)*, Stuttgart 2015, 第 15~31 页, 此处第 20~21 页, 涉及 Daniel Georg MORHOFS "Unterricht von der Teutschen Sprache und Poesie" von 1682。

10. Sinn-Getichte（同注释 7）, II, Achtes Hundert Nr. 59 第 170 页及 III, Zu-Gabe Nr. 220, 第 256 页。

11. Brief der Liselotte an Herrn von Harling vom 2. 4. 1721, in: *Briefe der Liselotte von der Pfalz*, hg. und eingel. von Helmuth KIESEL, Frankfurt

am Main 1981, 第 244 页, 注释 367。

12. Hans EGGERS, *Deutsche Sprachgeschichte Bd. 1*, Reinbek bei Hamburg 1986, 第 93 页。

13. Liselotte an ihre Freundin die Raugräfin Louise, am 3. Mai 1721（同注释 11）, 第 246~247 页。

14. 对最新研究成果的小结: Heinz DUCHHARDT, Imperator in Imperio suo?, in: *Studien zum Kaiseramt in der Frühen Neuzeit. Drei Beiträge (Akad. d. Wiss. u. d. Lit. Mainz, Abh. der geistes-und sozialwiss. Klasse 2016 /1)*, Stuttgart 2016, 第 35~53 页。

15. Werner BERGENGRÜN, *Deutsche Reise. Mit dem Fahrrad durch Kultur und Geschichte*, München 2004, 第 169 页。

16. 我出于方便考虑选用了德语译本: Samuel PUFENDORF, Die Verfassung des deutschen Reiche 第 Übersetzung, Anmerkungen und Nachwort von Horst DENZER, Stuttgart 1976. 首个印刷版本为 *Severini de Monzambano Veronensis De statu imperii Germanici ad Laelium fratrem, dominum Trezolani, liber unus*, Genf 1667; 直到他去世后, 1706 年于柏林出版的首个版本才将 Pufendorf 称作作者。

17. Gottfried Wilhelm LEIBNIZ, *Sämtliche Schriften und Briefe*, hg. von der Preußischen Akademie der Wissenschaften. 4. Reihe: Politische Schriften Bd. 1 (1667-1676), Darmstadt 1931, 第 168~169 页, 此处引用的是 I,86 第 166 页。

18. 参阅 Gottfried Wilhelm LEIBNIZ, Unvorgreiffliche Gedanken, betreffend die Ausübung und Verbesserung der Teutschen Sprache, in: Paul PIETSCH, *Leibniz und die deutsche Sprache (III) (Wissenschaftliche Beihefte zur Zeitschrift des Allgemeinen Deutschen Sprachvereins, Vierte Reihe, H. 30)*, Berlin 1908, 第 313~356 页与第 360~371 页; 文章写于 1697 年, 第一个印刷版本诞生于 1707 年。

我在这里引用的是 Pietsch 编辑的在线版本：staff.uni-giessen.de。

19. Gottlieb Konrad PFEFFEL, *Reise in die Pfalz* (1783). 转引自 Hermann G. KLEIN, Werner SCHINELLER, *Pfälzische Impressionen. Dichter und Maler aus fünf Jahrhunderten sehen die Pfalz*, Speyer 1988, 第 56 页。

20. Karl WOLFSKEHL, Deutsches Buch und deutsches Leben, zuerst in: *Kölner Zeitung 23. 3. 1929*, 转引自 Ders., *Gesammelte Werke Bd. 2. Übertragungen, Prosa*, hg. von Margot RUBEN und Claus Victor BOCK, Hamburg 1960, 此处引用了第 546~547 页。

21. WOLFSKEHL, Deutscher und fremder Sprachgeist, 首见于：*Frankfurter Zeitung. Weihnachtsausgabe 1927*, 转引自 Ders., *Gesammelte Werke Bd. 2*, 第 408~414 页，此处引自第 408 页。

22. Johann Wolfgang von GOETHE, *Rede zum Shakespeare-Tag 1771*. Mit einem Essay von Klaus Schröter, Hamburg 1992（人名已进行规范化）。参阅 Neil MACGREGOR, *Deutschland. Erinnerungen einer Nation*, München 2015（起初为英文版 *Germany. Memories of a Nation*, London 2014），第 178~180 页（附有原演讲手稿中的图表）。

23. 席勒的《唐·卡洛斯》第三幕第十场，波萨侯爵成为西班牙菲利普二世国王。

24. DEHRMANN, Wie Shakespeare im 19. Jahrhundert zum "Deutschen" wird（同注释 9），该书中其他的文章或文献亦有参考价值。

25. Stefan KNÖDLER, Am Shakespeare ist weder für meinen Ruhm noch meine Wissenschaft etwas zu gewinnen-August Wilhelm Schlegels Shakespeare nach 1801, in: *Shakespeare unter den Deutschen*（同注释 9），第 33~48 页，Koberstein 的引文同样出自该书第 29~30 页，关于施莱格尔的内容参阅第 96~98 页。

26. Stefan GEORGE, *Gesamtausgabe Bd. 12*, Berlin 1931.

27. Hamburg 1773；更易取得的版本为：HERDER, GOETHE, FRISI, MÖSER, *Von Deutscher Art und Kunst. Einige fliegende Blätter*, Stuttgart 2014。第三篇文章是歌德匿名发表的 Von deutscher Baukunst, 参阅下文中的注释 29。

28. Georg Christoph LICHTENBERG, *Schriften und Briefe*, hg. von Wolfgang PROMIES, *Bd. 1 Sudelbücher I*, München 1973,p.522. "Sudelbücher"在作者去世之后才得以首次发表，首个完整评注本由 Albert LEITZMANN 于 1902 年编纂出版。

29. 参阅上一条注释作品第 8~9 页。

30. "Von deutscher Baukunst. D. M. Ervini a Steinbach." (1772), *Weimarer Ausgabe. Erste Abteilung Bd. 37*, 第 139~351 页（首先在 1773 年匿名发表，见注释 27）。紧随其后的引文出自 *Aus meinem Leben. Dichtung und Wahrheit, Zweiter Band, 9. Buch (1812)*, 同上第 27 卷第 273~274 页。

31. *Gespräche mit Eckermann*, 3. Mai 1827, 接近结尾处。

32. 此处转引自 WOLTERS, ELZE, Stimmen des Rheines（同注释 28），第 283~284 页。

33. 关于奥德：Stefan Jux, Klopstock: Nationalpatriotische Gedanken eines deutschen Poeten, in: *Focus on Literature 2 (1995)* 第 173–183 页。（在线：https://drc.libraries.uc/edu/handle/2374.UC/1852), 浏览日期：2. März 2016）关于知识分子共和国，可参阅 KLOPSTOCK, *Die Deutsche Gelehrtenrepublik von 1774*。"Die hohe Rom"根据拉丁语规则，罗马一词为阴性。

34. GOETHE, Campagne in Frankreich 1792, (1822). 我在这里引用的是 *Goethe's Werke. Vollständige Ausgabe letzter Hand. Bd. 33*, Stuttgart, Tübingen 1829, 第 76 页。同时期 (19. 9. 1792) 写给 Karl Ludwig von Knebe

书信中，表达方式虽没有那么具"预见性"，但同样印证了这一重要时期对后代的持续影响。歌德自己也在这个时期中扮演了重要的角色。

35. Goethe/Schiller, *Xenien* Nr. 95: "Das Deutsche Reich" Nr. 96.

36. 兰道公民 Jacob Fried 的演说，发表于 "Feierlichkeiten bei Pflanzung des Freiheitsbaumes in der Gemeinde Annweiler, geschehen, den 21. Ventose im 6. Jahr der ein-und untheilbaren Frankenrepublik. Dem Andenken der Jugend gewidmet": Staatsarchiv Speyer, Akt Nr. 1 Departement Donnersberg I. 日期为 1798 年 2 月 11 日。

37. Charles-Louis DE MONTESQUIEU, *Meine Reisen in Deutschland 1728–1729*, hg. von Jürgen OVERHOFF, Stuttgart 2014.

※ 4 "何为德意志人的祖国？"拿破仑及其后果

1. 我引用了席勒的观点，即在他眼中，他所处的时代发挥了怎样的作用与影响，SCHILLER *sämtliche Werke in zwölf Bänden, Bd. 10, Stuttgart*, Tübingen 1838, 第 49 页。

2. 参阅下文第 126 页。

3. Ernst KANTOROWICZ, *Das geheime Deutschland*. 演讲的手稿可在纽约 Leo-Baeck-Institut 的网站 (http.www.archive.org) 上找到：*Ernst Kantorowicz Collection*（这里引用的是第 16 页，图表编号为 0071）；最后一次编辑出版信息为：hg. von Eckhart GRÜNEWALD in: *George-Jahrbuch 3 (2000)*, 第 156~175 页。

4. August Wilhelm SCHLEGELs Vorlesungen über schöne Literatur und Kunst in Berlin 1801–1804, speziell die Geschichte der romantischen Literatur, 1802/1803. 我在这里转引 DEHRMANN, Wie Shakespeare im 19.

Jahrhundert zum "Deutschen" wird (同上一章注释9), 第27~28章。关于语言对浪漫派时期民族主义的建构性作用, 可参阅 Jochen A. BÄR, Nation und Sprache in der Sicht romantischer Schrift steller und Sprachtheoretiker, in: *Nation und Sprache* (同第一章注释5), 第199~228页。关于施莱格尔兄弟及他们在塑造民族思想方面的意义, 可参阅 Hans KOHN, Romanticism and the Rise of German Nationalism, in: *The Review of Politics 12 (1950)*, 第443~472页, 这里尤其引用了第456~463页。

5. Friedrich SCHLEGEL, Reise nach Frankreich, in: *Europa. Eine Zeitschrift*, hg. von Friedrich SCHLEGEL. Erster Band erstes Stück, Frankfurt am Main 1803, 第5~40页, 下文中出现的引文摘自第11~13页。

6. Friedrich SCHLEIERMACHER, Entwurf für den deutschen Unterricht am Gymnasium, in: Ders., *Pädagogische Schriften*, hg. von Erich WENIGER, Theodor SCHULZE, 2 Bde. Düsseldorf, München 1957, Bd. 2, 第145~146页;另有: Ingrid LOHMANN, *Lehrplan und Allgemeinbildung in Preußen. Fallstudie zur Lehrplantheorie Friedrich Schleiermachers*, Frankfurt am Main u. a. 1984.

7. 转引自 Hölderlins sämtliche Werke, Leipzig o. J., 2. Band 2. Buch 接近结尾处。

8. NOVALIS, Schriften, hg. von Paul KLUCKHOHN, Leipzig o. J., Bd. 4, 第213页。

9. 转引自 NOVALIS, Schriften, hg. von Paul KLUCKHOHN, Leipzig o. J., Bd. 2. 按照引文顺序:第25页("Blütenstaub"), 第79页("Blütenstaub"), 第429页("Blütenstaub"), 第34页("Blütenstaub")。

10. Ricarda HUCH, Die Romantik. Blütezeit. Ausbreitung und Verfall (zuerst 1899 und 1902), 转引自 *die Gesamtausgabe* Tübingen 1951, 第

618~641 页。

11. 关于 Metternich: Wolfram SIEMANN, *Metternich. Stratege und Visionär. Eine Biographie*, München 2016。

12. Friedrich GUNDOLF, *Heinrich v. Kleist (Blätter für die Kunst)*, Berlin 1922, 引文出自第 7 页和第 172 页。

13. 参阅上文第 9~10 页。Gundolf 在 1911 年的时候出版了一本关于莎士比亚的专著, 1916 年出版了关于歌德的专著, 然后于 1928 年再度出版了对莎士比亚作品阐释的两卷本。

14. 关于帝国的尾声: 见下文第 107 页。我引用的是 Jean PAUL, *sämmtliche Werke, Bd. 2*, Berlin 1842, 第 1~50 页。

15. 前一部分诗句引自 "Unsere Zuversicht", 后一部分诗句引自 "Auf dem Schlachtfeld von Aspern", 两首诗均转引自 *Körners Werke. Mit einer biographischen Einleitung von Albert ZIPPER, Leipzig o. J. (1927)*, 分别出现在第 58 页, 第 28 页及第 30 页。中间部分出自 Theodor KÖRNER, *Leyer und Schwerdt*, Berlin 1814, 第 3 页之前。

16. 他的作品 "*Germanomanie*(1815)" 可在 "谷登堡计划" 网站上读到。

17. Lothar GALL, Die Germania als Symbol nationaler Identität im 19. und 20. Jahrhundert, Nachrichten der Akad. d. Wiss. Göttingen 1993, 2, 第 37~88 页(亦被收录于 Ders, *Bürgertum, liberale Bewegung und Nation. Ausgewählte Aufsätze*, hg. von Dieter HEIN, Andreas SCHULZ, Eckhardt TREICHEL, München 1996, 第 311~337 页, 该文转引自此书), 这里引用的是第 312~313 页。

18. 那位学生是 Friedrich Förster, 逸闻记载于: *Goethes Gespräche. Gesamtausgabe*。最初由 Flodoard von BIEDERMANN 编纂, 后由 Max MORRIS, Hans Gerhard GRÄF 与 Leonhard L. MACKALL 合作重新出版, 2.

Ausg., 5 Bde. Leipzig 1909–11, Nr. 1496。

19. 1830 年 3 月 14 日给艾克曼的信。

20. 歌德给 Luden 的回复没有被保留下来，仅以引文的形式在 Luden 的自传中被提及。人们有充分的理由怀疑当年歌德的原话是否如 Luden 回忆的一般。就连后者本人都没有具体提到歌德曾给他写过回信。Heinrich LUDEN, *Rückblicke in mein Leben. Aus dem Nachlasse von Heinrich Luden*, ersch. bei und hg. von Friedrich LUDEN, Jena 1847, 第 119~121 页。

21. 1830 年 3 月 14 日给艾克曼的信。

22. 费希特的演讲可在 Zeno.org 或 gutenberg.de 这两个网站上查阅到。

23. 对 "deutsch" "theodisk" 意义的影射，可参阅 LUDEN 一书第 27 页。

24. Johann Gottlieb FICHTE, *Reden an die deutsche Nation*, Berlin 1808, 第 380 页。

25. FICHTE, Reden（同注释 24），第 381 页。

26. 参阅 Friedrich Ludwig JAHN, *Deutsches Volkstum*, Lübeck 1810（慕尼黑巴伐利亚国家图书馆藏有电子版），第 329~332 页。

27. JAHN, *Deutsches Volkstum*（同注释 26），第 9 页；下一条注释：同上书，第 10~11 页。

28. 参阅上书第 75 页与第 65~66 页。

29. 引文出自：JAHN, *Deutsches Volkstum*（同注释 26），第 24 页；关于奥尔卑斯山的洪水：同上书，第 444 页。

30. Karoline WELLER, *Der "Turnvater" in Bewegung. Die Rezeption Friedrich Ludwig Jahns zwischen 1933 und 1990*, Diss. München 2008: 在线版：https://edoc.ub.uni-muenchen.de/9619/1/Weller-Karoline.pdf (23. 9. 2016)。

31. 两篇文章均出自：*Corpus Iuris Confoederationis Germanicae oder Staatsacten für Geschichte und öffentliches Recht des Deutschen Bunds*,

hg. von Philipp Anton Guido MEYER, Teil 1, Staatsverträge, Frankfurt am Main 1858. 我为了佐证民间的流传情况，在这里引用了帝制时期的小学课本：SCHILLING, *Quellenbuch zur Geschichte der Neuzeit*, Berlin 1890, 第 329~332 页，Nr. 194–195。

32. 转引自 Hermann KURZKE, *Hymnen und Lieder der Deutschen (excerpta classica 5)*, Mainz 1990, 第 20 页，大致还原了 1847 年的音乐课本。

33. DE STAËL, *Über Deutschland*（同第 1 章注释 23），第 34 页。关于 1814 /1815 年前后的关键阶段：Volker SELLIN, *Die geraubte Revolution. Der Sturz Napoleons und die Restauration in Europa*, Göttingen 2001。

34. 关于其文学理论：DE STAËL, *Über Deutschland*（同第一章注释 23），第 579 页；两处引文均出自：同上书，第 599 页。

35. DE STAËL, *Über Deutschland*（同第一章注释 23），前言第 15 页。

36. E. M. ARNDT, *Der Rhein, Teutschlands Strom, aber nicht Teutschlands Gränze*, Leipzig 1813, 接下来两处引文出自第 3 页与第 4 页。

37. 参阅 1807 年致 Charlotte von Kathen 的信：*Ernst Moritz Arndt's Briefe an eine Freundin*, hg. von Eduard LANGENBERG, Berlin 1878, Nr. 19, 这里摘取自第 56~57 页。

38. *Arndt's Briefe*（同注释 37），第 59~60 页；接下来引用的诗句出处同上书，第 110 页。

39. *Max von Schenkendorfs sämtliche Gedichte. Erste vollständige Ausgabe.* Berlin 1837.

40. Harry BRESSLAU, Geschichte der Monumenta Germaniae historica, in: Neues Archiv der Gesellschaft für deutsche Geschichtskunde 42 (1921); Horst FUHRMANN (Markus WESCHE 亦有贡献), "Sind eben alles Menschen gewesen".*Gelehrtenleben im 19. und 20. Jahrhundert. Dargestellt am Beispiel*

der *Monumenta Germaniae Historica und ihrer Mitarbeiter*, München 1996。

41. G. W. F. HEGEL, *Vorlesungen über die Philosophie der Geschichte* (*Werke in zwanzig Bänden, Bd. 12)*, Frankfurt am Main 1970, 第 494 页，第 539~540 页。引文在原作中为斜体。用黑格尔的话说，这就是基督教的死亡、复活和空坟墓的秘密。

※ 5 "眼下的德国横尸遍野"：政治复辟

1. Ludwig BÖRNE, Etwas über den deutschen Adel, über Ritter-Sinn und Militär-Ehre, in: *Sämtliche Schriften. Neu bearbeitet und hg. von Inge und Peter*, RIPPMANN, Zweiter Band, Düsseldorf 1964, 第 586–591 页，此处引用的是第 588~589 页及第 591 页 (1819)。

2. BÖRNE, Schriften 2（同注释 1），第 601~603 页。

3. 1830 年 3 月 14 日，艾克曼的信件。

4. Gustav SEIBT, *Goethe und Napoleon. Eine historische Begegnung*, München 2008.

5. 转引自 Georg BÜCHNER, Friedrich Ludwig WEIDIG, *Der Hessische Landbote. Studienausgabe*, hg. von Gerhard SCHAUB, Stuttgart 1996; G. B.: *Gesammelte Werke. Erstdrucke und Erstausgaben in Faksimiles*, hg. von Thomas Michael MAYER, Heft 1 und 2, Frankfurt am Main 1987.

6. 参阅 BÜCHNER, WEIDIG, *Landbote*（同注释 5），第 126 页（关于 1834 年），第 112 页（关于贝克的审讯）。

7. HEGEL, *Vorlesungen über die Philosophie der Geschichte*（同注释 41），第 539 页。

8. 关于"七君子"，尤其是 Jacob Grimm: Gerhard DILCHER, Der Protest

der Göttinger Sieben, in: Ders., *Die Germanisten und die Historische Rechtsschule* (Studien zur Europäischen Rechtsgeschichte 301), Frankfurt am Main 2017, 第 189~214 页；其他有关文献：Klaus von SEE, *Die Göttinger Sieben. Kritik einer Legende* (Beiträge zur Neueren Literaturgeschichte NF 155), Heidelberg 2000, 此处尤其参考了第 30~37 页。

9. Jacob GRIMM, Über meine Entlassung, in: Ders., *Kleine Schriften Bd. 1*, hg. von K. MÜLLENHOFF, Berlin 1864, 引文出自第 25 页与第 29 页；关于 Wilhelm Grimm 的删减处：DILCHER, *Göttinger Sieben*（同注释 8），第 211~217 页。

10. 这一处及下一处引文出自 ENGEHAUSEN, Georg Gottfried Gervinus–Der politische Lebensweg eines liberalen Außenseiters, in: *Georg Gottfried Gervinus 1805–1871. Gelehrter, Politiker, Publizist*, bearbeitet von Frank ENGEHAUSEN, Susan RICHTER und Armin SCHLECHTER (Archiv und Museum der Universität Heidelberg. Schriften 9), Heidelberg u. a. 2005, 第 9~26 页，这里引用的是第 12 页。

11. BÜCHNER, WEIDIG, Landbote（同注释 5），第 113~114 页（审讯奥古斯特·贝克）。

12. Volker SELLIN, *Das Jahrhundert der Restauration 1814 bis 1906*, München 2014, 第 55 页。

13. Ludwig JAHN, *Deutsches Volkstum*, Lübeck 1810, Kapitel Regierung, 转引自 SCHILLING, *Quellenbuch*（同第 4 章注释 31），第 354 页，Nr. 205。

14. Ute PLANERT, *Der Mythos vom Befreiungskrieg. Frankreichs Kriege und der deutsche Süden. Alltag–Wahrnehmung–Deutung. 1792–1841* (Krieg in der Geschichte 33), Paderborn 2007；关于慕尼黑的部分：第 628~629 页。

15. *Politische Avantgarde 1839–1840. Eine Dokumentation zum "Jungen Deutschland"*, hg. von Alfred ESTERMANN, 2 Bde. Frankfurt am Main 1972.

16. *Otto Ludwigs Werke in sechs Bänden*, hg. von Adolf BARTELS, Leipzig o. J., Bd. 1 第 xviii 页以及第 8 页。关于"民族团结之春"的描述，出现在许多当时的文学家笔下：Carsten MARTIN, *Die Kollektivsymbolik der Jahreszeiten im politisch-lyrischen Vormärz* (Studien zur Germanistik 18), Hamburg 2005。

17. Mittheilungen aus dem Gebiete der Länder-und Völkerkunde von Ludwig Börne. Zweiter Theil, Offenbach 1833, 第 32 页, 转引自 BÜCHNER, WEIDIG, Landbote（同注释 5），第 103~104 页。

18. "Wohlauf, Kameraden, aufs Pferd, aufs Pferd" 首度见于席勒的 *Musenalmanach für das Jahr 1798*, 第 137~140 页。

19. Heinrich Jacob FRIED, Tagebuch（巴伐利亚私人收藏，可在兰道城市档案馆借阅），节选可参阅：KLEIN, SCHINELLER, *Pfälzische Impressionen*（同第 3 章注释 19），第 95 页。

20. 1832~1982 年，汉巴赫庆典，自由与统一，德国与欧洲，葡萄酒街上的新城（汉巴赫城堡展览目录）。

21. 这里不考虑当代宪法和历史学家中普遍存在的"文化民族"（Kulturnation）和"国家民族"（Staatsnation）之间的区别。归根结底，它这种区分还是不够精确。例如，歌德或席勒的戏剧不也在维也纳城堡剧院上演吗？Franz Grillparzer 的戏剧不也在柏林上演吗？Friedrich Dürrenmatt 或 Max Frisch 的戏剧不也不仅仅在瑞士上演吗？Ernest Renan 对民族的定义是"意志的民族"（Willensnation），通过每日公民投票来表达团结，对我来说似乎更准确，但它也需要一个坚实的基础，即一个国家。那个时代的德国诗人与哲学家并没有解决这些问题，至少无论如何都没有解决差异化的问题。

22. *Friedrich Rückert's Gedichte*. Auswahl des Verfassers, Frankfurt am Main 1841, 第 159~163 页, 此处引用的是第 162~163 页。

23. "Der rückkehrenden Freiheit Lied", in: *Rückert's Gedichte*（同注释

22），第 170~172 页。

24. 此处提到的这几十年一再成为历史学研究的考察对象，不过考虑到本书的性质，我们无法做到哪怕是简略地引用具体的相关文献，我仅以下面这部宏大的作品为参考：Heinrich LUTZ, *Zwischen Habsburg und Preußen. Deutschland 1815–1866 (Die Deutschen und ihre Nation)*, Berlin 1985.

25. 参阅茨威格在《人类群星闪耀时》中扣人心弦的描绘："Das Genie einer Nacht. Die Marseillaise, 25. April 1792。"

26. 关于贝克其人：BELLMANN, *Erläuterungen und Dokumente*（同前言注释 22），第 20~21 页与第 175~176 页，及维基百科上关于贝克的词条。

27. 在计划出版的《德国，一个冬天的童话》法语版前言中写到 (1855): le grand oeuvre de la Révolution: la Démocratie universelle, 参阅 BELLMANN, *Erläuterungen und Dokumente*（同前言注释 22)，第 8 页，第 5.3 行及下一行。

28. 见他于 1852 年版的 *Lutetia* 一书中献给 Pückler-Muskau 王子的赠言。

29. 普通德语歌曲大辞典或按字母顺序排列的所有著名德语歌曲及民歌的完整合集。参阅 KURZKE, *Hymnen und Lieder der Deutschen*（同第 4 章注释 32），第 89 页。

30. 参阅 Kirsten JOHN, Das Kölner Dombaufest von 1842 – eine politische Demonstration König Friedrich Wilhelms IV. von Preußen, in: *Das Kölner Dombaufest von 1842. Ernst Friedrich Zwirner und die Vollendung des Kölner Doms. Beiträge zu einer Ausstellung aus Anlaß des 150. Jahrestages der feierlichen Grundsteinlegung zum Fortbau des Kölner Doms, Oberschlesisches Landesmuseum*, hg. von Nikolaus GUSSONE, Dülmen 1992, 第 63~84 页，此处引用的是第 73 页。另可参阅该书中收录的其他文章。

31. E. M. ARNDT, *Erinnerungen aus dem äußeren Leben*, 1840, 转引自 WOLTERS, ELZE, *Stimmen des Rheines*（同第 9 章注释 28），第 106 页。

32. *Gedruckt in ihren Gedichte(n)*, Stuttgart 1844, 第 6~10 页；接下来的几首诗出处同上书，第 19~21 页。

33. Arnold RUGE, *Der Patriotismus*, hg. von Peter WENDE, Frankfurt am Main 1968, 按照引文出现的顺序，分别摘取自第 61 页，第 9 页，第 30 页，第 70 页，第 84 页；我总体上援引的均出自 Peter Wende 的编者后记。

34. 转引自 Joachim WICH, Die Wunde Heinrich Heine. Heines Weg ins ewige Exil, in: *Regards croisés–Blickwechsel. Beiträge zur deutsch-französischen Kulturgeschichte. Vierzig Jahre Heidelberg-Haus in Montpellier*, hg. von Volker SELLIN, Heidelberg 2007, 第 121~136 页，此处引用的为第 130 页。

35. 这些评判可见于：Heinrich HEINE, *Zur Geschichte der Religion und Philosophie in Deutschland*, hg. von Jürgen FERNER, Stuttgart 1997/2010, 第 17 页。

36. HEINE, *Zur Geschichte der Religion und Philosophie in Deutschland*（同注释 35），第 125 页。

37. Walter MUSCHG, *Tragische Literaturgeschichte, Bern 1948*, 第 253 页，转引 BELLMANN, *Erläuterungen und Dokumente*（同前言注释 22），第 132 页。

38. 参阅上文，分别引自《许佩里翁》，1798 年出版的《致德意志人》及 1799 年问世的《德意志人之歌》。

39. 参阅 WICH, Die Wunde Heinrich Heine（同注释 34），第 127 页。

40. 转引自 BELLMANN, *Erläuterungen und Dokumente*（同前言注释 22），第 5 页。

41. "Die Grenadiere"，收录于海涅的《歌集》。

42. 参阅 BELLMANN, Erläuterungen und Dokumente（同前言注释 22），第 144 页。这种排斥的态度与东德形成鲜明对比，在东德，《一个冬天的童话》是德语课必读的一部分（同上书第 140 页）。

43. 关于普鲁士的审查机构，转引自 Heinrich HEINE, *Deutschland. Ein Wintermärchen*, hg. von Werner Bellmann, Stuttgart 2001, 编者后记的第 90 页。

44. BÜCHNER, WEIDIG, *Landbote*（同注释 5），第 30~31 页。

45. 参阅维基百科对"Walhalla"一词的介绍 (11. Feb. 2016)。

46. 简介：瓦尔哈拉创始人、巴伐利亚国王路德维希一世于 1842 年在慕尼黑所形容的瓦尔哈拉战友，参阅：Eveline G. BOUWERS, Das Nationaldenkmal als Projektionsfläche, in: *Historische Zeitschrift 304 (2017)*, 第 332~369 页。

47. Felix DAHN, *Ein Kampf um Rom*, vier Bände, Leipzig 1876.

48. GALL, *Die Germania als Symbol nationaler Identität*（同第 4 章注释 17）。

49. 转引自 *Uhland Gedichte*, hg. Hans-Rüdiger SCHWAB, Frankfurt am Main 1987, 第 101 页（平装本）。

50. 此画作现今保存于纽约历史学会。

51. Friedrich NIETZSCHE, *Jenseits von Gut und Böse. Vorspiel einer Philosophie der Zukunft, Achtes Hauptstück. Völker und Vaterländer*, Leipzig 1886, 240; 参阅下文第 188 页。

※ 6 "……留给我们的还有神圣的德意志艺术"：革命失败之后

1. B. BAUER, *Der Untergang des Frankfurter Parlaments. Geschichte der deutschen constituirenden Nationalversammlung*, Berlin 1849.

2. BAUER, *Der Untergang des Frankfurter Parlaments*（同注释 1），第 2~3 页。

3. BAUER, *Der Untergang des Frankfurter Parlaments*（同注释 1），第

307~308 页。

4. 参阅上文第 142 页，Schilling 笔下的俾斯麦，*Quellenbuch*（同第 4 章注释 31），第 428~431 页，Nr. 254。

5. *1848. Aufbruch zur Freiheit. Eine Ausstellung des Deutschen Historischen Museums und der Schirn Kunsthalle Frankfurt zum 150jährigen Jubiläum der Revolution von 1818 /49,* hg. von Lothar GALL, Berlin 1998, Nr. 126，第 124 页。

6. 转引自 Schilling, *Quellenbuch*（同第 4 章注释 31），第 431~413 页，Nr. 255。

7. Lothar GALL, Aufbruch zur Freiheit. In: *1848. Aufb ruch zur Freiheit*（同注释 5），第 13~23 页，此处引用的是第 21 页。

8. Arthur SCHOPENHAUER, *Spicilegia. Philosophische Notizen aus dem Nachlass*, hg. von Ernst ZIEGLER. 参与编纂工作的还有 Anke BRUMLOOP 和 Manfred WAGNER，Thomas REGEHLY 与 Manfred WAGNER 为该书写作了导言, München 2015（第 276 页，2），第 365 页。

9. Berlin 1851.

10. Schopenhauer, Spicilegia（同注释 8），（第 414 页，2），第 529 页。

11. SCHOPENHAUER, "über die, seit einigen Jahren, methodisch betriebene Verhunzung der Deutschen Sprache"，§ 2（结尾处）(1852), hg. von Ludger LÜTKEHAUS, Freiburg i. Br. 1997。

12. Schopenhauer, Spicilegia（同注释 8），（第 407 页，5），第 522 页。

13. 关于那篇演讲：*Kaiser Wilhelms des Großen Briefe, Reden und Schriften.* ausgew. und erläutert von Ernst BERNER, Bd. 2, Berlin 1902, 第 12~13 页。关于汉诺威：Gerhard SCHNEIDER, *Kaiserbesuche. Wilhelm I. und Wilhelm II. in Hannover 1868–1914. Eine Dokumentation* (Hannoversche Studien 15), Hannover 2016。

14. Gustav FREYTAG, *Bilder aus der deutschen Vergangenheit*, Leipzig o. J. (1924), Bd. 1 第 15~16 页。

15. FREYTAG, *Bilder*（同注释 14），第 343 页。

16. 两处引文均出自：FREYTAG, *Bilder*（同注释 14），第 1 卷，第 15 页。

17. FREYTAG, *Bilder*（同注释 14），第 1 卷，第 39 页。

18. 引文出自"Aus dem Volke um 1100"一章, FREYTAG, *Bilder*（同注释 14），第 1 卷，第 341 页。

19. 两处引文均出自"Die frommen Landsknechte"一章结尾处, FREYTAG, *Bilder*（同注释 14），第 2 卷，第 476~477 页，关于马克西米连国王与他的孙子卡尔。

20. Gustav FREYTAG, *Die Technik des Dramas*, Leipzig 1863, 第 5 页，转引自 DEHRMANN, Wie Shakespeare im 19. Jahrhundert zum "Deutschen" wird（同第 3 章注释 9），第 17 页，注释 375。

21. Rede Kaiser Wilhelms II. in Münster am 31. August 1907 in: *Reden des Kaisers. Ansprachen, Predigten Trinksprüche Wilhelms II.*, hg. von Ernst JOHANN, München 1966, 第 120~122 页，引文出自第 122 页。

22. Heinz HILLMER, Ein Bild ging um die Welt – 75 Jahre Germania-Briefmarke, in: Archiv für deutsche Postgeschichte 1 /1975, 第 96~106 页。

23. 关于日耳曼尼亚女神成为民族身份象征及日耳曼尼亚崇拜：GALL, Die Germania als Symbol nationaler Identität（同第 4 章注释 17）; Ders., *Die Germania–eine deutsche Marianne? Reflexionen* über Deutschland *im 20. Jahrhundert*, Bonn 1993. Esther-Beatrice von BRUCHHAUSEN, *Das Zeichen im Kostümball–Marianne und Germania in der politischen Ikonographie*, Diss. Halle-Wittenberg 1999, 阅读 PDF 电子版可访问网址：sundoc.bibliothek.unihalle.de (22. Feb. 2016)。

※ 7 "世界将借由德意志的本质而复原": 1870~1871 年帝国建立

1. 转引自 KURZKE, *Hymnen und Lieder der Deutschen*（同第 4 章注释 32），第 14 页。

2. 图示见：MACGREGOR, *Deutschland*（见第 3 章注释 22），第 114 页。原稿现存于大英博物馆。

3. 席勒没有用"einig"这个词，而是用了"einzig"，也没有用"noch"，只是用了一个简单的"und"。

4. BERGENGRÜN, *Deutsche Reise*（见第 3 章注释 15），第 29 页。

5. 发表于：*Die Gartenlaube 35* (1883)，第 574 页。

6. *Kaiser Wilhelms des Großen Briefe*, 2（见第 6 章注释 13），第 251~252 页。

7. 关于 Stöcker：转引自 MÜNKLER, *Die Deutschen und ihre Mythen*（见第 2 章注释 24），第 191 页。Stöcker 后来成了民族社会主义新教的偶像。关于 1870~1871 年背景下的俾斯麦：Lothar GALL, Bismarck, Preußen und die nationale Einigung, in: *Historische Zeitschrift 285* (2007)，第 355~371 页。

8. 关于从 18 世纪晚期开始一直延续到 20 世纪的"人人权利平等"进程，可参阅：Gerald STOURZH, *Die moderne Isonomie. Menschenrechtsschutz und demokratische Teilhabe als Gleichberechtigungsordnung*. Ein Essay, Wien, Köln, Weimar 2015。

9. 虽然海涅文章中将演讲的原话加上了双引号，Caro 却仍未能将其正确还原。他没有领会到海涅真正的忧虑。此处提到的引文可参阅出版于 1851 年 *Romanzero* 一书的附录。

10. 转引自 *Gustav Freytags Werke. Eingeleitet von Dr. Johannes LEMCKE und Dr. Hans SCHIMANK*, 24 Bände (in 12), Wien, Hamburg, Budapest o. J.

(1928)。下文中出现的引文根据顺序分别摘取自 *Die Brüder* vom deutschen *Hause*" 的第 17 页,第 33~34 页,第 322 页第 20 行以及第 269~270 页。

11. 我引用了:Joseph Victor VON SCHEFFEL, *Ausgewählte Werke in zwei Bänden*. Zweiter Band, Stuttgart o. J. (um 1910),第 293~295 页。最初的几次印刷版本中使用"krampfhaft"一词,后来改为了"kampfhaft"。

12. V. SCHEFFEL, *Ausgewählte Werke 2*(同注释 11),第 361~362 页。接下来的诗句出自:同上书,第 363~364 页。 Pruth 是多瑙河的左侧支流,Czernowitz 便坐落在它的岸边。摩挲一只蝾螈的这个行为在当时属于德国大学生社团里饮酒仪式中的一环。

13. Wilhelm SCHERER, *Geschichte der deutschen Literatur*, Berlin 1883 (有许多新的版本),这处引文与 Klemperer 的观点一致, *LTI*(同前言注释 21),第 168~169 页。Tacitus, Germania c. 24.

14. Erich KAHLER, *Der deutsche Charakter in der Geschichte Europas*, Zürich 1937,第 6~7 页。

15. 我引用的是修订版平装本 *Der Berliner Antisemitismusstreit*, hg. von Walter BOEHLICH, Frankfurt am Main 1988,这里摘取的是第 11 页与第 14 页 (v. Treitschke),第 249 页 (Scherer),第 253 页 (Glück),第 134 页及第 130 页 (Cohen),第 152 页 (Bamberger)。关于 Ascher:同上书,第 110 页。

16. 同第 5 章注释 51。

17. Friedrich NIETZSCHE, *Götzendämmerung oder Wie man mit dem Hammer philosophiert*,首次出版于 Leipzig 1889,这里引用了其中"Was den Deutschen abgeht"一章,版中便以疏排的形式出现。

18. Ludwig THOMA, *Die Lausbubengeschichten. Lausbubengeschichten und Tante Frieda in einem Band. Mit 73 Zeichnungen von Olaf Gulbransson*, Hamburg 1952,第 147~148 页,两篇文章分别首次出版于 1905 年与 1907 年。

19. 这本杂志的所有期数都有在线版可查阅。

20. 可参阅 Emma MAGES, Miesbacher Anzeiger, publ. am 11. 05. 2006, in: *Historisches Lexikon Bayerns*, URL: https://www.historisches-lexikon-bayerns.de/Lexikon/Miesbacher_Anzeiger (15. 01. 2017)。

21. 1985 年，这种道德沦丧不再是什么秘密，而且他为 *Miesbacher Anzeiger* 撰写的文章一经发表，此事则变得更广为人知。: Ludwig THOMA, *Sämtliche Beiträge aus dem «Miesbacher Anzeiger»*, 1920–1921. Kritisch ediert und kommentiert von Wilhelm Volkert, München 1990; 可参阅 *Der Spiegel 34 /1989*，第 169~171 页。如今: Martin A. KLAUS, Ludwig THOMA. *Ein erdichtetes Leben*, München 2016，尤其是第 248~277 页。这对希特勒来说可谓关键词。关于托马煽动反犹是由于对柏林商人的妻子麦迪·冯·利伯曼（Maidi von Liebermann）求爱无望（她没有满足托马提出的让自己与原配离婚要求的结果）的猜测是毫无意义的。这种背景并不能构成任何宽恕某些行为的理由，它只能让那些煽动性的文章如今读起来比原本更令人震惊而已。这些长篇大论被印刷出来，为反民主、反共和和反犹太主义的舆论铺平了道路，并产生了毁灭性的影响。

22. 关于 Wilhelms II. 在 1902 年 2 月 20 日写给 Chamberlain 的信件: *Houston Stewart Chamberlain, Briefe 1882–1924 und Briefwechsel mit Kaiser Wilhelm II.*, 2 Bde. München 1928, Bd. 2 第 148–165 页，这里引用了第 153~154 页。可参阅 FRIED, "Dies Irae"（同前言注释 32），第 252~253 页。自 18 世纪开始的准备: 见上书第 185 页（由 Saul Ascher 记录在册）。

23. Daniel FRYMANN, *Wenn ich der Kaiser wär'. Politische Wahrheiten und Notwendigkeiten*, Leipzig 1925（首次出版于 1912），第 31 页。

24. Alfred ROSENBERG, *Houston Stewart Chamberlain als Verkünder und Begründer einer deutschen Zukunft*, München 1927, 引文出自第 11 页。

25. Günter GRASS, *Mein Jahrhundert*, Göttingen 1999, 第 57 页（关于

1913年)。关于提到的军团:Gerhard SCHNEIDER, Das Denkmal zu Ehren der Gefallenen der Königlich Deutschen Legion–die unendliche Geschichte eines nicht realisierten Projekts, in: *Hannoversche Gesch.blätter*. NF 70 (2016), 第288~326页。

26. *Deutsche Erzähler* ausgewählt und eingeleitet von Hugo VON HOFMANNSTHAL, 4 Bde., Leipzig 1914.

27. "Gedanken im Kriege"(同第8章注释15),此处引文出自第191页。

※ 8 "我们必须越来越有德意志的样子":第一次世界大战

1. George F. KENNAN, *The Decline of Bismarck's European Order. Franco-Russian Relations, 1875–1890*, Princeton 1979,第3页:"the great seminal catastrophe of this century."关于民族意志 "Volkswille":Ernst JÜNGER, *In Stahlgewittern. Historisch-kritische Ausgabe*, hg. von Helmuth Kiesel, 2 Bde. Stuttgart 2013,第2卷第19页。

2. Kurt RIEZLER, *Tagebücher, Aufsätze, Dokumente*. Eingel. und hg. von Karl Dietrich Erdmann. Neuausgabe mit einer Einleitung von Holger Afflerbach (Deutsche Geschichtsquellen des 19. und 20. Jahrhunderts 48), Göttingen 2008. 引文依序分别摘取自第183页,第190页,第192页,第193页,第435页。

3. Christopher CLARK, *Die Schlafwandler. Wie Europa in den Ersten Weltkrieg zog*, München 2013; Rainer F. SCHMIDT, «Revanche pour Sedan». Frankreich und der Schlieff enplan. Militärische und bündnispolitische Vorbereitungen des Ersten Weltkriegs, in: *Historische Zeitschrift 303 (2016)*,第393~425页。

4. RIEZLER, Deutschtum und Europäertum, in: Der 第, *Tagebücher*(同注释2),第548~553页,此处引用第552页,Schiller:见上文第95~96

页，George：见上文第 105~106 页（Riezler 作为当时的法兰克福沃尔夫冈·冯·歌德大学监事会主席为格奥尔格圈子的成员提供了支持）。

5. 参阅下文第 237~238 页。

6. 关于 1914 年夏天，首见于：Kriegsalmanach 1915, Leipzig 1915, 第 14 页。关于缄默的情况，参阅下文第 219 页。

7. 这里无意提供德国教授们关于战争或关于战争诗之言论的全貌，而是仅仅借示例指出德意志的"诗人与思想家"是如何进行自我诠释的。概要：Rüdiger VOM BRUCH, Geistige Kriegspropaganda. Der Aufruf von Wissenschaftlern und Künstlern an die Kulturwelt, in: *Themenportal Europäische Geschichte (2006)* URL: http://www.europa.clio-online.de /2006 /Article=154; HOHLS, SCHRÖDER, SIGRIST, Europa und die Europäer（同第 1 章注释 16）; Kurt FLASCH, *Die geistige Mobilmachung. Die deutschen Intellektuellen und der Erste Weltkrieg. Ein Versuch*, Berlin 2000.

8. 名单可参阅：维基百科词条 "Manifest der 93"（4. 6. 2016）。

9. 可参阅 Elme-Marie Caro 早在 1871 年便写就的文章，出处见上文第 179–180。

10. 在 https://de.wikisource.org/wiki/Erklärung_der_Hochschullehrer_des_Deutschen_Reiches 这个网页上可以找到全部 53 所高校及全部签字者的名单。

11. Heft 8 *der Politischen Flugschriften*, hg. von Ernst JÄCKH, Stuttgart, Berlin 1914; 接下来的引文亦出自此书。关于 Eucken: FLASCH, *Geistige Mobilmachung*（同注释 7），第 15~35 页。

12. Ernst TROELTSCH, *Das Wesen der Deutschen. Rede gehalten am 6. Dezember 1914 in der Karlsruher Stadthalle*, Heidelberg 1915, 转引自 FLASCH, *Geistige Mobilmachung*（同注释 7），第 57~59 页。

13. Ernst TROELTSCH, *Deutscher Glaube und Deutsche Sitte in unserem*

großen Krieg (Kriegsschrift en des Kaiser-Wilhelm-Dank Verein der Soldatenfreunde 9), Berlin 1914, 第 19 页, 转引自 FLASCH, *Geistige Mobilmachung*（同注释 7）, 第 148 页。

14. 接下来的引文出自：SCHELER, Der Genius des Krieges（同前言注释 17), 第 222~223 页。

15. Thomas MANN, Gedanken im Kriege, 首见于：Neue Rundschau Nov. 1914, 转引自 Ders., *Essays, Bd 1. Frühlingssturm*, hg. von Hermann KURZKE, Stephan SACHORSKI, Frankfurt am Main 1993, 第 188–205 页，如今收录于：Ders., *Essays, Bd. 2*, hg. von Heinrich DETERING unter Mitarbeit von Stephan SACHORSKI (Große kommentierte Frankfurter Ausgabe 14,1), Frankfurt am Main 2002, 第 23~37 页。

16. 参阅上文第 201~202 页。

17. http://erster-weltkrieg.dnb.de/WKI/Web/DE/Navigation/Medienwelt/Kriegsgedichte-und-Kriegslieder/Kriegsgedichte-und-Kriegslieder.htm.

18. 该刊物创刊于 1914 年；另见 Julius BAB, *Die Deutsche Kriegslyrik 1914–1918*, Berlin 1920。

19. 最近的一次演出可见：SWR Klassiker: Die Musik kommt。

20. *Worte in der Zeit*. Flugblätter 1914 von Ernst LISSAUER, Göttingen 1914 /1915。

21. Stefan ZWEIG, *Die Welt von gestern. Erinnerungen eines Europäers*, 首次出版于 1944, Frankfurt am Main 1955, 第 215~216 页。

22. 关于诗人的矛盾性, 可参阅 Joseph GREGOR, *Gerhart Hauptmann. Das Werk und unsere Zeit*, Wien 1944; 当下的权威文献：Peter SPRENGEL, *Gerhart Hauptmann. Bürgerlichkeit und großer Traum. Eine Biographie*, München 2012。

23. Otto VON GIERKE, *Krieg und Kultur*, 转引自 *Aufrufe und Reden deutscher Professoren im Ersten Weltkrieg*, hg. von Klaus BÖHME, Stuttgart 1975, 第 70 页, 第 73 页及第 79 页; 交付印刷后: *Deutsche Reden in schwerer Zeit, Bd. 1*, hg. von der Zentralstelle für Volkswohlfahrt und dem Verein für Volkstümliche Kurse von Berliner Hochschullehrern, Berlin 1915, 第 77~101 页。

24. 转引自 *Kriegsalmanach 1915* (见注释 6), 第 217~218 页。

25. Stefan ZWEIG, *Die Welt von gestern* (同注释 21), 第 196 页。

26. KLEMPERER, *LTI* (同前言注释 21), 第 258.

27. Ernst TOLLER, *Eine Jugend in Deutschland*, 首版于 1933 年, 转引自 Ders., *Gesammelte Werke Bd. 4*, München 1978, 第 50~52 页。

28. Ernst GLAESER, *Jahrgang 1902*, 首版于 1931 年, 这里转引自 *Historisches Lesebuch Bd. 3. 1914–1933*, hg. und eingeleitet von Georg KOTOWSKI, Frankfurt am Main 1968, 第 36 页。

29. FLASCH, *Geistige Mobilmachung* (同注释 7), 第 290~305 页 (根据 Gertrud BÄUMER, *Der Krieg und die Frau. Der deutsche Krieg. Politische Flugschriften H. 15*, hg. von Ernst JÄCKH, Stuttgart, Berlin 1914)。

30. 接下来的部分引用的仍是 FLASCH, *Geistige Mobilmachung* (同注释 7), 第 295~302 页。引文摘取自: Annette KOLB, *Briefe einer Deutsch-Französin*, Berlin 1917。小说在线版可见 gutenberg.org。

31. 这些关键词出现在: Thomas MANN, *Doktor Faustus. Das Leben des deutschen Tonsetzers Adrian Leverkühn erzählt von einem Freunde*, 首次出版于 1947 年, 我在这里引用的是平装本 (Frankfurt am Main 1960), 具体摘取自第 322 页及第 327 页。

32. MANN, *Doktor Faustus* (同注释 31), 第 330 页。

33. ZUCKMAYER, *Als wär's ein Stück von mir* (同第 1 章注释 21), 第

230 页。这部自传的标题出自"好同志"这首歌的最后一段,当楚克迈耶和其他的 17 岁少年传唱这首歌的时候,他们并不能理解,那歌词里的语句究竟意味着什么:同上书,第 231~232 页。

34. Erich MÜHSAM, *Tagebücher (1910–1924)*, hg. und mit einem Nachwort versehen von Chris HIRTE, München 1994; 亦有在线版 (gaga.net)。

35. 转引自 *Historisches Lesebuch 3*(同注释 28),第 43 页。

36. 简略参阅:Gregor PELGER, Kampf zwischen zwei Fronten. Patriotismus ohne Dank–Jüdische Soldaten im Ersten Weltkrieg, in: *Kalonymos 19 (2013,3)*,第 7~10 页,及更早些的文献。

37. Oswald SPENGLER, *Der Untergang des Abendlandes. Umrisse einer Morphologie der Weltgeschichte. Erster Band. Gestalt und Wirklichkeit*, Wien, Leipzig 1918,第 8 页;前言写于 1917 年。

38. TOLLER, *Eine Jugend in Deutschland*(同注释 27),第 75 页。

39. Stefan ZWEIG, *Die Welt von gestern*(同注释 21),第 213~216 页。

40. 这本小册子于 1936 年重新再版。

41. Hermann COHEN, Über das *Eigentümliche des deutschen Geistes* (Philosophische Vorträge veröffentlicht von der Kantgesellschaft 8), Berlin 1914,引文出自:第 45 页与第 43 页。

42. Erich MARCKS, *Luther und Deutschland. Eine Reformationsrede im Kriegsjahr 1917*, Leipzig 1917,第 1 页,转引自 MÜNKLER, *Die Deutschen und ihre Mythen*(同第 2 章注释 24),第 195 页。

43. Werner SOMBART, *Händler und Helden*, München, Leipzig 1915; 转引自 Heinz Dieter Kittsteiner, Deutscher Idealismus, in: *Deutsche Erinnerungsorte I*(同前言注释 21),第 170~186 页,此处引自第 177 页。

44. Hugo BALL, *Zur Kritik der deutschen Intelligenz*, Bern 1919。引文

紧随前言之后。

45. Harry Graf KESSLER, *Tagebücher 1918 bis 1937*, hg. von Wolfgang Pfeiffer-Belli, Frankfurt am Main 1982, zum 9. Nov. 1918, 第 20 页，下一处引文出自第 21 页。

46. Wilhelm Klemm 的三首诗出自：Silvio VIETTA (Hg.), *Lyrik des Expressionismus*, Tübingen 1999, 第 127 页与第 130~131 页。造型艺术家们的战争经验在此处未能提及，可参考：Dietrich SCHUBERT, *Künstler im Trommelfeuer des Krieges 1914–1918*, Heidelberg 2013; Ders., "Jetzt sind wir weit hinter dieser ‹Hölle› ..." Der Kunststudent Otto Dix 1916 an der Somme, in: Gerhard HIRSCHFELD, Gerd KRUMEICH, Irina RENZ (Hg.), *Die Deutschen an der Somme 1914–1918. Krieg, Besatzung, verbrannte Erde*, Essen 2016, 第 191~211 页。

47. Ernst TOLLER, "Leichen im Priesterwald"：转引自 VIETTA, *Lyrik*（同注释 46），第 135~136 页；参阅 TOLLER, *Eine Jugend in Deutschland*（同注释 27），第 64~65 页。关于 Owen: 参阅 FRIED, "Dies Irae"（同第 1 章注释 32），第 221~223 页。

48. 转引自 *Deutschlands Dichter. Neuzeitliche Lyrik ausgewählt von Ernst KRAUSS*, Leipzig 1917, 第 401~402 页。

49. TOLLER, *Eine Jugend in Deutschland*（同注释 27），第 77~78 页。

※ 9 "他是犹太人，不是德意志人"：缺席的民主

1. Karl HAMPE, *Kriegstagebuch 1914–1919*, hg. und erl. von Folker REICHERT und Eike WOLGAST (Deutsche Geschichtsquellen des 19. und 20. Jahrhunderts 63), München 2004, 第 793 页。

2. Hugh GIBSON, *A Journal from our Legation in Belgium*, New York 1917, 第 159 页，转引自 Wolfgang SCHIVELBUSCH, *Eine Ruine im Krieg der Geister. Die Bibliothek von Löwen August 1914 und Mai 1940*, Frankfurt am Main 1993, 第 16~17 页。

3. Willy SCHLÜTER, *Deutsches Tat-Denken. Anregungen zu einer neuen Forschung und Denkweise*, Dresden 1919（前言写于 1917~1918 年）。

4. Toller, *Eine Jugend in Deutschland*（同第 8 章注释 27），第 82 页。

5. 这封公开信发表于 1917 年 6 月 3 日的《新苏黎世报》。如今可在网上轻松查阅：http://www.zeno.org/nid/20005163137。诗句转引自 *Jahrhundertgedächtnis. Deutsche Lyrik im 20. Jahrhundert*, hg. von Harald Hartung, Stuttgart 1998, 第 126~127 页。关于 1918 年以降的文学可参阅 Kiesel 的恢宏描述，*Geschichte*（同前言注释 1），本书中出现的多处引文均以该书为参考对象。

6. 转引自 Historisches Lesebuch 3（同第 8 章注释 28），第 248~249。原本的前言本属于 *Stahlgewitter* 其中的一个部分，这部民族主义色彩强烈的作品自 1920 年首次面世以来历经了多次修改，在最新的一个版本中该前言已被彻底删除，参阅 JÜNGER, In Stahlgewittern（同第 8 章注释 1），第 1 卷，第 24 页及第 25 页。接下来的一段引文出自：第 1 卷第 642 页（本属于 1924 年第 5 版的结语，后亦被删除）。

7. Erich Maria REMARQUE, *Im Westen nichts Neues*, Berlin 1928, 第 18 页与第 286 页。

8. 见下文第 259 页与第 355 页。

9. MANN, *Doktor Faustus*（同第 8 章注释 31），第 332 页及第 331 页。同样可参考 "Deutschland und die Deutschen", in: Th. MANN, *Essays, Bd. 5*, Frankfurt am Main 1996; einzeln hg. von Hans MAYER, *Abermals Deutschland und die Deutschen*, Hamburg 1992.

10. 参阅上书第 201~202 页。

11. 海报图示可见：*1848. Aufbruch zur Freiheit*（同第 6 章注释 5），Nr. 408，第 265 页。

12. Aus eigener Erfahrung: Toller, Eine Jugend in Deutschland，第 57 页。

13. TOLLER, *Eine Jugend in Deutschland*（同第 8 章注释 27），第 61 页。

14. Graf KESSLER, *Tagebücher zum 10. Nov. 1918*（同第 8 章注释 45），第 21 页。

15. 转引自 Wolfram WETTE, Die deutsche Revolution von 1918/19, in: KLEMPERER, *Man möchte immer weinen und lachen in einem*（同前言注释 25），第 214 页。

16. 爱因斯坦在 1918 年针对 "枪击" 与 "谋杀" 的态度："Stimme über Barbaropa"：VIETTA, *Lyrik*（同第 8 章注释 46），第 132~133 页。

17. Gerd KRUMEICH, Die Dolchstoß-Legende, in: *Deutsche Erinnerungsorte Bd. 1*（同前言注释 21），第 585~599 页。

18. 图示参见 MACGREGOR, *Deutschland*（同第 3 章注释 22），第 478 页，依据大英博物馆内收藏的原件绘制。

19. 指的是 Ernst KRIECK, *Die Revolution der Wissenschaft. Ein Kapitel über Volkserziehung*, Jena 1920。

20. 作为经典翻印。

21. Felix GRAF VON LUCKNER, *Seeteufel. Abenteuer aus meinem Leben*, neue vermehrte Auflage, Berlin, Leipzig 1926. 第一版出版于 1921 年，印刷了 161000~210000 次，最后卖掉了超过 600 万册。人们猜测背后的影子写手是 Carl KIRCHEISS。在叙述方面重要的订正可参见 *Graf Luckners ‹Seeadler›. Das Kriegstagebuch einer berühmten Kaperfahrt*, hg. von Hans D. SCHENK, Bremen 1999。Luckner 并非青年人的榜样，他在 1939 年的

一次调查中承认了犯有鸡奸,但即便他对自己的罪行供认不讳,却没有遭受任何的审判与惩罚,只因他的崇拜者中有一位名为阿道夫·希特勒,而很有可能后者在司法进程中进行了干涉。关于他的人生经历,可参阅:Norbert FRANKENSTEIN, *Seeteufel. Felix Graf von Luckner–Wahrheit und Legende*, Hamburg 1997。

22. GRAF VON LUCKNER, Seeteufel(同注释 21),第 307~309 页。我使用的这个版本还有 Kircheiß 手写的题词:手与心赠予挚友,/ 骄傲的头颅给敌人。/ 带着德意志的问候 …… / 踏上甲板,张开"汉堡号"游历世界之帆 / 泗水,1926 年 10 月 13 日。

23. 被当作小说《臣仆》节选之预印本的标题:*Simplicissimus, Heft 5/1912*,第 55~57 页,这里摘自第 63 页。

24. 我转引 Heinrich MANN, *Geist und Tat, Essays*, München 1963,第 7~13 页;引文出自第 10~11 页。

25. 转引自 Uwe SCHWEIKERT, "Der rote Joseph". Politik und Feuilleton beim frühen Joseph Roth (1919–1926), in: *Text und Kritik. Sonderband Joseph Roth*, hg. von Heinz Ludwig ARNOLD, München 1974,第 40~55 页,此处摘自第 51 页;亦可参阅 Sonja SASSE, Der Prophet als Außenseiter. Rezeption von Zeitgeschehen bei Joseph Roth, in: 同上书,第 76~89 页。关于 Dix: SCHUBERT, Der Kunststudent Otto Dix(同第 8 章第 46 页),第 210 页。

26. Heinrich MANN, *Ein Zeitalter wird besichtigt*, Berlin 1973,第 296 页(写于 1943~1944 年流亡美国期间,1946 年在斯德哥尔摩首次印刷)。关于紧接着提到的"国民教育家",可参阅上书第 95 页。

27. Breslau 1923,接下来的引文出自第 9 页与第 16 页。

28. Friedrich WOLTERS, *Der Deutsche. Ein Lesewerk, 5 Bde.* Breslau 1925–27。

29. 参阅上书第 7 页。

30. WOLTERS, ELZE, *Stimmen des Rheines*（同注释 28），第 246~247 页。

31. 引文出自 Feuchtwanger 的小说"Erfolg. Drei Jahre Geschichte einer Provinz",于 1930 年在柏林首次出版；我引用的是 1975 年再版于法兰克福的平装本第 687 页。Wolters 并没能亲历希特勒的成功,而 Elze 则属于所谓的"五月陷派",更是在 1933 年 5 月加入了国家社会主义党。

32. Nörgler 称："德国的教育没有实质的内容,而只是一些用来装点家居的花边零碎,这个由判官与侩子手构成的民族就拿这些小玩意儿来掩饰他们的空洞。"这话显然与乐观主义者的观点相悖。Karl KRAUS, *Die letzten Tage der Menschheit. Tragödie in fünf Akten mit Vorspiel und Epilog* (Karl KRAUS, *Schriften*, hg. von Christian Wagenknecht, Bd. 10), Frankfurt am Main 1986, 第 199~200 页,下一处 Kraus 的引言出自第 200 页。Kraus 在他出版于 1915 年的箴言集中再次提到了"判官与侩子手",以及另外的一些说法,例如："我可以证明,它还是那个由判官与侩子手构成的民族。我拥有一整卷出版于柏林的厕所手纸,每一张上都印着一段符合情景的经典名言。"

33. Rudolf BORCHARDT, *Der Deutsche in der Landschaft*, Berlin, Frankfurt am Main 1953, 引文根据出现顺序分别摘自于第 463 页,第 465 页与第 473 页；首版,München 1925。

34. Georg SCHOTT, *Das Volksbuch vom Hitler*, München 1924, 第 93 页（节选自检察官的结案陈词）,第 95 页（Schotts Kommentar）,第 96 页（Kinder）及第 322 页（Marschlied）。该书后来被不断再版。

35. Theodor LESSING, Hindenburg, in: *Prager Tageblatt 97, vom 25. April 1925*, 第 23 页（结尾处）。电子版：http://anno.onb.ac.gv/at/pdfs/ONB_ptb_19250425.pdf）；随后的野蛮行径可参考 Klaus MANN,同上书,第 354 页。

36. Hans FREYER, *Der Staat*, Leipzig 1925, 第 108~111 页。

37. *Deutschland, Deutschland über alles.* 这是一本由 Kurt Tucholsky 负责文字创作的图片集兼摄影集，图片的编排者为 John Heartfield, Berlin 1929, 此处引用了第 226~231 页：*Heimat*, 引用的文字出自第 230~231 页，以平装本的形式再版于：Reinbek bei Hamburg 1973。接下来的引文出自：Kurt TUCHOLSKY, Was darf die Satire (1919), in: Ders, *Panter, Tiger & Co. Eine neue Auswahl aus seinen Schriften und Gedichten*, hg. von Mary GEROLD-TUCHOLSKY, Reinbek bei Hamburg 1954, 第 176~178 页，接下来的几处引文分别出自：同上书，第 174~176 页；(Das Menschliche, 1928), (Beamte): TUCHOLSKY, *Deutschland, Deutschland*, 第 95 页；(Duo, Dreistimmig, 1925): Ders., *Panter, Tiger & Co*, 第 181 页。

38. FEUCHTWANGER, *Erfolg*（同注释 31），第 28 页以及转引自第 782 页。关于（正确的）数数歌谣：同上书，第 244 页。

39. Kassel 1931, Gedruckt im Winter 1930–31 von der Landsknecht-Presse in Wittlingen. 引文出自第 16~19 页。

40. *Untersberg: liegt in handschriftlicher Vervielfältigung vor*, München 1925, 此处引用第 17 页。随后：*Blut und Ehre. Lieder der Hitler-Jugend*, hg. von Reichsjugendführer Baldur VON SCHIRACH, Berlin 1935, 第 95 页。关于对其的阐释：Klaus SCHREINER, "Wann kommt der Retter Deutschlands? Formen und Funktionen von politischem Messianismus in der Weimarer Republik", in: *Saeculum 49* (1998), 第 107~160 页，这里引自第 137~140 页。

41. Erich KÄSTNER, *Fabian. Die Geschichte eines Moralisten*（首版于 1931 年），用于平装本 München 1989, 第 99 页及第 224 页。对 Kästner 的批判：Ruth KLÜGER, Korrupte Moral. Erich Kästners Kinderbücher, in: Dies. *Frauen lesen anders*, München 1996, 第 68~82 页。

42. Gottfried BENN, Über die Rolle des Schriftstellers in dieser Zeit

(zuerst 1929), in: Ders., *Gesammelte Werke*, hg. von Dieter WELLERSHOFF, Wiesbaden 1968, Bd. 7, *Vermischte Schriften*, 第 1661~1668 页, 此处引用了第 1666~1668 页。

43. Richard BENZ, *Geist und Reich. Um die Bestimmung des Deutschen*, Jena 1933, 第 53 页。

※ 10 "真理的腐坏": 纳粹时期的退化

1. Erich ROTHACKER, Die Grundlagen und Zielgedanken der nationalsozialistischen Kulturpolitik, in: Die *Erziehung im nationalsozialistischen Staat*, Leipzig 1933, 第 15~38 页; Thomas WEBER, Arbeit am Imaginären des Deutschen. Erich Rothackers Ideen für eine NS-Kulturpolitik, in: Wolfgang Fritz HAUG, *Deutsche Philosophen 1933* (Argument-Sonderband 165), Hamburg 1989, 第 125~158 页, 后续引文分别摘自第 131 页, 第 133 页, 第 137 页, 第 140~143 页, 第 147 页。

2. Ernst BERTRAM, Deutscher Aufbruch. Eine Rede vor studentischer Jugend, in: *Deutsche Zeitschrift 46. Jahrgang des Kunstwarts*, Juliheft 1933 (46,10), 第 609~617 页, 这里引用了第 612~613 页。关于他这个人及其种族歧视思想可参考: Hajo JAPPE, *Ernst Bertram. Gelehrter, Lehrer und Dichter*, Bonn 1969。

3. Martin HEIDEGGER, *Die Selbstbehauptung der deutschen Universität*, Breslau 1934.

4. 档案记录: 关于德国大学高校宣誓效忠希特勒及纳粹, 可参考以下文献。德国 / 萨克森民族国家社会主义教师联盟概览 (在线版): http://www.archive.org/details/bekenntnisderpro00natiuoft。 海德格尔的演讲: Guido

SCHNEEBERGER, *Nachlese zu Heidegger. Dokumente zu seinem Leben und Denken*, Bern 1962, 第 148~150 页；新近文献：*Martin Heidegger, Reden und andere Zeugnisse eines Lebensweges 1910–1976. Gesamtausgabe Abt. 1 Bd. 16*, Frankfurt am Main 2000, 第 190~193 页（转引于此）。

5. Hanns JOHST, *Schlageter. Schauspiel*, München 1933, 第 25~26 页及第 135 页。

6. 党卫队歌曲集里就是这样唱的，München 1937, 转引自 KURZKE, *Hymnen und Lieder der Deutschen*（同第 4 章注释 32），第 140 页。

7. 首个印刷版本可见于：*Wohlauf Kameraden. Ein Liederbuch der jungen Mannschaft von Soldaten, Bauern, Arbeiter und Studenten*, hg. im Auftrag des Nationalsozialistischen Deutschen Studentenbundes u. a., Kassel 1934; 后续的几次再版亦未改动原文。然后又有：*Junge Gefolgschaft. Neue Lieder der Hitler-Jugend*, hg. von der Reichsjugendführung, Wolfenbüttel, Berlin 1937, 在原文基础上有所改动。例如，没有沿用原话中的"gehört"，而是改为了"da hört"。Youtube 上可以收听到的就是这个版本 (8. 7. 2016)。有关原文的信息：Reinhold BENGELSDORF, *Lieder der SA und deren unterschiedliche Textfassungen* (eine Recherche im November 2002): www.kollektives-gedaechtnis.de。Baumann 在战后为自己进行辩解，称他压根没有写 gehört，他当初写的就是 hört（或者 da hört?）。参阅 Hans BAUMANN, Die morschen Knochen, in: *Der Spiegel 34 /1956*。但我引用的多首歌曲集都证实了并非如此。

8. Ulrich KONRAD, *Komponieren in kriegerischer Zeit "Eine vaterländische Ouvertüre" op. 140 von Max Reger* (Akad. d. Wiss. u. d. Lit. Mainz, Abh. der Klasse der Literatur und der Musik 2016 /2), Stuttgart 2016, 第 21~25 页。

9. ZWEIG, *Die Welt von gestern*（同第 8 章注释 21），第 8 页与第 10 页（前言）。

10. BLOCH, Verwechslung, in: *14 Antworten*（同前言注释 16），第 37 页。

11. 下列两首诗歌出自：Karl WOLFSKEHL, *Gesammelte Werke. Erster Band, Dichtungen, Dramatische Dichtungen*, hg. von Margot RUBEN und Claus Victor BOCK, Hamburg 1960, 第 216~220 页 与 第 129 页（"Die Stimme spricht"）。关于"An die Deutschen"一诗漫长的诞生历史可参阅：Friedrich VOIT, *Karl Wolfskehl, Leben und Werk im Exil*, Göttingen 2005, 第 143~163 页，关于"Die Stimme spricht"：同上书，第 98~130 页。亦可参阅 Wolfgang Christian SCHNEIDER, Karl Wolfskehl. "Eure Kaiser sind auch meine", in: *1933: Verbrannte Bücher–verbannte Autoren*, hg. von Hans-Herbert WINTGENS, Gerard OPPERMANN, Hildesheim 2006, 第 96~116 页。

12. Gottfried BENN, *Gesammelte Werke*（同第 9 章注释 42），Bd. 3 *Essays und Aufsätze*, 第 620~627 页。

13. BENN, *Gesammelte Werke*（同第 9 章注释 42），Bd. 7, 第 1705~1706 页。关于虚无主义：同上书，第 251 页。

14. 再度以"Die verspätete Nation. Über die Verführbarkeit bürgerlichen Geistes"标题出版 (1959), 关于这一点可见下文 KAHLER, 第 285 页。

15. KAHLER, *Der deutsche Charakter*（同第 7 章注释 14），第 5 页；接下来的引文摘自第 6 页。引文中黑体标粗的部分在原文中为斜体突出。

16. 参阅上书第 157 页。

17. KAHLER, *Der deutsche Charakter*（同第 7 章注释 14），第 35 页。

18. 转引自 *Jahrhundertgedächtnis*（同第 9 章注释 5），第 154~155 页。

19. 转引自 Ernst CASSIRER, *Der Mythus des Staates. Philosophische Grundlagen politischen Verhaltens*, Frankfurt am Main 1985, 第 383~384 页。

20. KLEMPERER, *LTI*（同前言注释 21），第 49 页；接下来的译文出自：同上书，第 49 页与第 52 页。

21. 我引用的这首诗出自 *Denk ich an Deutschland in der Nacht. Eine*

Anthologie deutscher Emigrationslyrik, hg. von Erich GRISAR, Karlsruhe 1946, 第33~34页。

22. Deutsche Wissenschaft, Arbeit und Aufgabe, Leipzig 1939; 这里引用了第29~31页(Krieck), 第32~33页(Baeumer), 第34~35页(Schwietering)。

23. 转引自 Jahrhundertgedächtnis (同第9章注释5), 第151页。

24. 最后一次订正: *Deutscher Liederhort. Auswahl der vorzüglichen deutschen Volkslieder nach Wort und Weise aus der Vorzeit und Gegenwart gesammelt und erläutert von Ludwig ERK*. Franz Magnus BÖHME 根据 Erk 遗留的手稿与自己个人的搜集成果, 将该书重新编辑并续写, 3 Bde. Leipzig 1893–1894。

25. 一些提示: http://www.volkslied.erarchiv.de/o-strassburg-o-strassburg。

26. 关于 Scherberger 这个人及其以斯特拉斯堡为主题的文本 "Universität Straßburg – Vermächtnis und Aufgabe", 我要感谢 Reinhard BLECK, *Angelsächsische oder friesische Runen auf Goldstücken des 6. und 7. Jahrhunderts* (Goldbrakteaten, Solidi und Tremisses), Göppingen 2016, 第138~141页 (转引于此); 文章亦被收录于 Hochschulführer der Reichsuniversität Straßburg, Straßburg 1942, 第7~11页。关于 "Lingua Tertii Imperii", 参阅上书第264~265页。

27. Erika und Klaus MANN, *Escape to Life. Deutsche Kultur im Exil*, München 1991; 原文使用英语写作, 收入德语译本中 (无副标题): Mary HOTTINGER-MACKIE 1939 in Boston。引文摘自第19页, 第238页, 第246页, 第10页, 第254页与第18页。

28. Franz NEUMANN, Herbert MARCUSE, Otto KIRCHHEIMER, *Im Kampf gegen Nazideutschland. Die Berichte der Frankfurter Schule für den amerikanischen Geheimdienst 1943–1949*, hg. von Raffaele LAUDANI (Frankfurter Beiträge zur Soziologie und Sozialphilosophie 22), Frankfurt

am Main, New York 2016.

29. Franz NEUMANN, *Behemoth. The Structure and Practice of National Socialism 1933-1944*, New York 1944; dt.: *Behemoth. Struktur und Praxis des Nationalsozialismus*, hg. und mit einem Nachwort versehen von Gert SCHÄFER, Köln, Frankfurt am Main 1977.

30. In: NEUMANN, MARCUSE, KIRCHHEIMER, *Kampf*（同注释 28），第 73 页；亦涉及 NEUMANN, *Behemoth*（同注释 29），第二版。

31. 类似亦有：Christopher R. BROWNING, *Ganz normale Männer. Das Reserve-Polizeibataillon 101 und die «Endlösung» in Polen*, Reinbek bei Hamburg 1996。

32. Franz NEUMANN, Der Umgang mit Deutschland, in: NEUMANN, MARCUSE, KIRCHHEIMER, *Kampf*（同注释 28），第 559~573 页，引文出自第 564 页。

33. 可参阅：Karl SCHLÖGEL, *Terror und Traum*, Moskau 1937, München 2008。该书以令人印象深刻的方式将众多文学文本与历史资料编组在一起。

34. MARCUSE in: NEUMANN, MARCUSE, KIRCHHEIMER, *Kampf*（同注释 28），第 127~146 页。

35. MARCUSE in: NEUMANN, MARCUSE, KIRCHHEIMER, *Kampf*（同注释 28），第 78~79 页。

36. 在 Marcuses 与 Felix Gilbert 共同起草的一分鉴定中，原话便是如此：NEUMANN, MARCUSE, KIRCHHEIMER, *Kampf*（同注释 28），引文出自第 113 页。

37. Marcuse in: Neumann, Marcuse, Kirchheimer, Kampf（同注释 28），第 161 页。

38. Hg. vom Reichsorganisationsleiter NSDAP, München 1943, 第 7 页；

转引自MARCUSE in: NEUMANN, MARCUSE, KIRCHHEIMER, *Kampf*（同注释28），第617页。

39. 转引自Carl ZUCKMAYER, *Geheimreport*, hg. von Gunther NICKEL und Johanna SCHRÖN, Göttingen 2002, 第11页。

40. ZUCKMAYER, *Geheimreport*（同注释39），第9页与第13页。

41. ZUCKMAYER, *Als wär's ein Stück von mir*（同上书第363页），第622页。

42. *Des Teufels General*（第一版），Stockholm 1946, 第161页。在第二版（修订版）中，这句名言语气被改得更加缓和了。平装本，Frankfurt am Main 1973, 第149~150页，后续引文引自Stockholm 1946, 第162页，在平装本中是第151页。

43. MANN, *Doktor Faustus*（同第8章注释31），第363页。

44. MANN, *Doktor Faustus*（同第8章注释31），第515页。

45. Margarete SUSMAN, *Ich habe viele Leben gelebt. Erinnerungen* (Veröffentlichungen des Leo Baeck Instituts), Stuttgart 1964, 第131页及第135页。

※ 11 "托尼，你是足球之神！"战后时代

1. Klaus MANN, *Der Wendepunkt. Ein Lebensbericht. Mit Textvarianten und Entwürfen im Anhang,* hg. und mit einem Nachwort von Fredric KROLL, Reinbek bei Hamburg 1984, Neuausgabe 2006, 第685页与第692页。

2. 一个非常优秀的概括：*Deutschland unter alliierter Besatzung 1945–1949/55*, hg. von Wolfgang BENZ, Berlin 1999。

3. 关于这一点，最新的文章是Scott Krause对当年西柏林市政府发言

人 Hans Hirschfeld 遗留下来的资料进行的总结，其中涉及了1950年支付给 Willy Brandt 的款项。参阅：WIEGREFE, "Ein bisschen Druck", in: *Der Spiegel* 24/2016, 第50页。

4. 迄今为止已经再版了将近50次，总计售出约50万册。1974年 Kogon 出版了一个经过修订的版本。

5. 德国国家代表队拿到球的时候，体育馆里球迷们的吼声听起来就是这个样子的。关于在此之前的传播，可参阅：Rainer LEURS, Fußball-Sprachgeschichte: Wie Deutschland das "Schland" entdeckte, in: *Der Spiegel*, Online-Ausgabe vom 4.7.2014。

6. Elias CANETTI, *Masse und Macht*, Düsseldorf 1960, 我引用的是平装本 Frankfurt am Main 1980, 这里引用第197~198页；关于将森林与军队当作大众的象征：同上书，第92~93页。

7. Theodor W. ADORNO, Kulturkritik und Gesellschaft, 首次发表于：*Soziologische Forschung in unserer Zeit. Ein Sammelwerk. Leopold von Wiese zum 75. Geburtstag*, Wiesbaden 1951, 第228~240页。

8. Auswahl und Einleitung von Edgar HEDERER, Frankfurt am Main, Hamburg; 接下来的引文出自前言第20页。

9. G. B. VON HARTMANN in: *Weltausstellung Brüssel 1958. Deutschland (Katalog)*, o. O. und o. J. (1960), 第25页，转引自 Martin Schloemann, *Luthers Apfelbäumchen? Ein Kapitel deutscher Mentalitätsgeschichte seit dem Zweiten Weltkrieg*, Göttingen 1994, 第103页。顺便提一下，路德并没有讨论过苹果树。

10. Michael SONTHEIMER, Ulrike Meinhofs Flaschenpost, in: *Der Spiegel* 33/2016, 第118~122页，引文出自第120页。

11. 转引自 MÜNKLER, *Die Deutschen und ihre Mythen*（同第2章注释24），第455页。关于1842年：见上书第152~153页。

12. Heinrich BÖLL, Hierzulande (1960), in: Ders., *Erzählungen, Hörspiele, Aufsätze*, Köln, Berlin 1961, 第 429~438 页, 此处引自第 435~436 页。

13. Siegfried LENZ, *Der Überläufer. Roman*, Hamburg 2016, 第 91~92 页。

14. Erich VON KAHLER, Der Verfall der Werte, in: Ders., Die Verantwortung des Geistes. Gesammelte Aufsätze, Frankfurt am Main 1952, 第 258~298 页 (首版于 1947 年), 引文出自第 270 页。

15. Karl JASPERS, *Die Erneuerung der Universität. Reden und Schriften 1945/46*, hg. von Renato DE ROSA, Heidelberg 1986.

16. 转引自 Paul CELAN, *Die Gedichte. Kommentierte Gesamtausgabe*, hg. und kommentiert von Barbara Wiedemann, Frankfurt am Main 2003, 第 455~457 页, 评论出自第 921~931 页。

17. Ingeborg BACHMANN, *Werke*, hg. von Christine KOSCHEL, Inge VON WEIDENBAUM, *Clemens Münster, Bd. 1* München 1978, 第 153 页。接下来的引文出自不同的诗歌, 转引自: Franz Josef GÖRTZ, Zur Lyrik der Ingeborg Bachmann, in: *Kritik und Text 6*, München 1980, 第 28~38 页, 这里引自第 33~34 页。

18. 新近的版本: Helmuth PLESSNER, *Gesammelte Schriften VI. Die verspätete Nation*, Frankfurt am Main 1982; 接下来的引文出自第 259 页, 第 240 页, 第 253 页, 第 256 页及第 33 页。

19. BÖLL, *Hierzulande (1960)* (同注释 12), 第 429 页。

20. Heinrich BÖLL, Der Zeitungsverkäufer (1959), in: Ders., *Erzählungen* (同注释 12), 第 409~411 页, 这里引自第 411 页。

21. 关于政治时局: Heinrich POTTHOFF, *Im Schatten der Mauer. Deutschlandpolitik 1961 bis 1990*, Berlin 1999。

22. Victor KLEMPERER, *So sitze ich denn zwischen allen Stühlen. Tagebücher*

1945–1959, hg. von Walter NOWOJSKI unter Mitarbeit von Christian LÖSER, 2 Bde. Berlin 1999, 这里摘自第 1 卷，第 656 页，转引自 Nicolas BERG, Das Ich im Wir. Anna Seghers und Victor Klemperer in der frühen DDR, in: *Einsicht 15* (Bulletin des Fritz Bauer Instituts) (Frühj. 2016), 第 38~49 页，此处出自第 46~48 页。

23. Erich FRIED, *Lebensschatten. Gedichte*, Berlin 1981, 第 44 页。

24. Günter GRASS, *Kopfgeburten oder Die Deutschen sterben aus* (Bibliothek des Nordens), Hamburg 2006, 第 11 页；该文本首次面世于 1980 年。

25. 该诗发表于 2014 年 4 月 4 日，可见于《南德意志报》及其他各处。

26. Martin Walser, Über Deutschland reden, in: *Die Zeit 45 /1988*（转引于此；最初是由慕尼黑剧院与市政府共同组织的系列演讲 "Reden über das eigene Land: Deutschland" 中的其中一场）后又收录于：Ders., *Über Deutschland reden*, Frankfurt am Main 1988。

27. 参阅上文第 284~285 页。

28. Gedächtnis verloren–Verstand verloren. Jurek Becker antwortet Martin Walser, in: *Die Zeit 247/1988*.

29. Christa WOLF, *Der zerteilte Himmel. Erzählung*, 首版于 Halle 1963, 我引用的版本是 :Leipzig 1990, 第 193 页。

30. Wolf BIERMANN, *Deutschland–ein Wintermärchen*, Berlin 1972.

31. Biermann 一再重唱过这首歌，在西德也唱过，具体来说是 1965 年在法兰克福，这个视频可以按歌曲标题搜索在 youtube.com 上找到。

32. 我转引 Friedrich SCHORLEMMER, Ein Drachentöterle ergreift im Bundestag das Schmäh-Wort, 转引自 friedrich-schorlemmer.de。亦可见于：*Der aktuelle Freitag 46/14* (https://www.freitag.de/ausgaben4614)。Biermann1989 年 12 月 2 日在东德发言的时候，Schorlemmer（跟集权政府绝非为友）是当时的集会领袖。

※ 12 "我们曾深爱过那个国家":"转折"之后

1. 关于两德统一:Andreas RÖDDER, *Deutschland einig Vaterland. Die Geschichte der Wiedervereinigung*, München 2009 以及 Ders., *Geschichte der deutschen Wiedervereinigung*, München 2011。

2. 接下来的几处引文按照顺序分别出自:Reiner KUNZE, *Lyrik. Eine Dokumentation*, Frankfurt am Main 1990, 第 13 页, 第 31 页, 第 40 页, 第 52 页。

3. Hg. von Matthias BUTH und Günter KUNERT, Weilerswist 2013.

4. 转引自 *Jahrhundertgedächtnis*(同第 9 章注释 5), 第 314~315 页。

5. *Der Spiegel 50 / 1991*, 第 75~81 页。

6. Christa WOLF, *Moskauer Tagebücher. Wer wir sind und wer wir waren. Reisetagebücher, Texte, Briefe, Dokumente 1957–1989*, hg. von Gerhard WOLF unter Mitarbeit von Tanja WALENSKI, Berlin 2014, 这里转引自平装本, Berlin 2015, 第 222~223 页 (aus: *Stadt der Engel oder the Overcoat of Dr. Freund*, 2010)。

7. 对于法国方面的分析:Karl-Heinz BENDER, *Mitterrand und die Deutschen. Die Wiedervereinigung der Karolinger*, Bonn 1995。

8. GRASS, *Kopfgeburten*(同第 11 章注释 24), 第 11 页, 这里不是在提盎格鲁萨克逊语境中的 "German angst"!

9. Günter GRASS, *Ein weites Feld*, Göttingen 1995.

10. 带着愤怒的忧伤:Marcel Reich-Ranicki ... und es muß gesagt werden, *Der Spiegel 34/1995*, 第 162~169 页(关键词:同上,"Dichter und Kritiker: ein Paar", 第 160~161 页, 此处引自第 160 页);引文出自第 162 页与第 168 页。与之相反的有 Heribert VOGT, Im Labyrinth deutscher Identitätssuche, in: *Rhein-Neckar-Zeitung* Heidelberg 209 /1995, 第 47 页。

11. Gustav SEIBT, "Die Uhr schlägt, das Käuzchen ruft", in: *Frankfurter Allgemeine Zeitung 192/1995*.

12. "Auch nur ein Mensch", in: *Der Spiegel 51/1989*, 第 198 页。

13. 关于 "...schland", 见上文第 279 页。

14. Navid KERMANI, *Wer ist Wir? Deutschland und seine Muslime. Mit der Kölner Rede zum Anschlag auf Charlie Hebdo*, München 2015, 第 56 页。

15. 关于这一点，见下文第 316~319 页。

16.《明镜周刊》对政治学家 Jan Stehle 历经数年的调查研究进行了报道：Horand KNAUP, Christoph SCHULT, Kolonie der Schande, in: *Der Spiegel 22/2016*, 第 60~65 页。

17. LENZ, *Der Überläufer*（同第 11 章注释 13），第 99 页。

18. Wolf BIERMANN, *Heimat. Neue Gedichte*, Hamburg 2006, 第 153 页。

※ 13 "为了德国，我无所畏惧"：现在与今天

1. Dieter WELLERSHOFF, Das Zerreißen des Sinns. Rede anlässlich der Verleihung des Hölderlin-Preises am 7. Juni 2001 in Bad Homburg, in: *Friedrich Hölderlin- Preis. Reden zur Preis-Verleihung am 7. Juni 2001*, Bad Homburg v. d. Höhe 2001, 第 45~57 页，这里具体引用了第 51 页，第 47 页和第 50 页。

2. "Um Deutschland ist mir gar nicht bang", in: *Focus 44/1999* (Focus online 22. 01. 17).

3. 参阅上书第 157 页 (Umwertung aller Werte)。

4. 相关报道：*Spiegel online 20. Juli* (ausgerechnet!) 2016: "SPD-Abgeordnete Hinz räumt Lügen im Lebenslauf ein"。引文出自该妇人的律师陈词。

5. LENZ, *Der Überläufer*（同第 11 章注释 13），第 100~101 页。

6. BIERMANN, *Heimat. Neue Gedichte*（同第 12 章注释 18），第 11 页。关于取消国籍：*"Staatsbürgerliche Pflichten grob verletzt". Der Rauswurf des Liedermachers Wolf Biermann 1976 aus der DDR, Der Bundesbeauft ragte für die Unterlagen des Staatssicherheitsdienstes der ehemaligen DDR*, Dokumentenheft, Berlin 2016。

7. Sönke WORTMANN, *Deutschland. Dein Selbstporträt* (2016, Film).

8. 参阅 Horst Rother 的读者来信, *Frankfurter Allgemeine Zeitung 276/2016* 第 7 页及上书第 39 页。

9. Hans VORLÄNDER, Maik HEROLD, Steven SCHÄLLER, *Pegida. Entwicklung, Zusammensetzung und Deutung einer Empörungsbewegung*, Berlin 2016. "Pegida" 是 "Patriotische Europäer gegen Islamisierung des Abendlandes" 的首字母缩写。

10. 见维基百科词条 "Pegida"（25. 1. 2016）。协定签署于 2015 年 2 月 15 日。

11. "Wo Unrecht zu Recht wird, wird Widerstand zur Pflicht". Johannes Fried erfindet deutsche Geschichte neu. November 18. 2015. von nationalgesagt-in Uncategorized: https://derpressespiegel.wordpress.com/2015/11/18/johannesfried-erfi ndet-deutsche-geschichte-neu/.

12. 参阅 *"die Heidelberger Rhein-Neckar-Zeitung"*185 / 2016 vom 11. August 2016, 第 15 页：" Rücksichtnahme ist keine hohe Tugend mehr"。

13. 关于引文参阅下文第 310 页。

14. KLEMPERER, *LTI*（同前言注释 21），第 167 页。

15. Gustav FREYTAG, *Bilder aus der deutschen Vergangenheit*. Vierter Band: Aus neuer Zeit (=Ders., *Gesammelte Werke*. Neue wohlfeile Ausgabe. Zweite Serie Bd. 7), Berlin-Grunewald o. J., 第 358~359 页。

16. 文章上的注释（第 359 页）提到了引起厌恶和反感的第二项活动。两者都已被泛化。

17. 参阅 Johannes FRIED, *Aufstieg aus dem Untergang. Apokalyptisches Denken und die Entstehung der modernen Naturwissenschaft im Mittelalter*, München 2012, 第 191 页。Klaus HERBERS, *Europa: Christen und Muslime in Kontakt und Konfrontation. Italien und Spanien im langen 9. Jahrhundert* (Akad. d. Wiss. u. d. Lit. Mainz, Abh. der geistes-und sozialwiss. Klasse 2016/2), Stuttgart 2016.

18. 亦可参考 Dan DINER, *Versiegelte Zeit. Über den Stillstand in der islamischen Welt*, Berlin 2005。

19. Bilder im Netz unter "Pegida"；可参考 2016 年 1 月 10 日的 Facebook 10. Januar 2016。部分煽动者将他们的游行称为"散步"。

20. 转引自 Antonie RIETZSCHEL, Thomas Hetze. Clausnitz: Heimleiter demonstrierte gegen "Asylchaos", in: *Süddeutsche Zeitung*（在线版）2016 年 2 月 20 日。

21. 参阅上文第 147 页。

22. 选择党（AfD）高层代表的言论传遍德国各大媒体，相关的报道可参阅例如 http://www.faz,net/-gpf-8d0ka, ebd. 8d0xs und 8d17p (1. 2. 2016). 引发争议的采访见于 2016 年 1 月 30 日的《曼海姆晨报》，后续的澄清见于 2016 年 2 月 2 日；其他媒体还有：FAZ vom 31. 1. 2016; 再度报道：Rhein-Zeitung Koblenz vom 4. 2. 1016 und dazu FAZ vom 5. 2. 2016. 后续还有新选上的州议员 Jens Diederich 在《中德晨报》上发表的言论，参阅 2016 年 3 月 15 日的 Spiegel 在线版：AfD-Abgeordnete: Angry Birds.

23. 参阅 Max HERRMANN-NEISSE 的诗歌"Apokalypse 1933"，见上书第 265 页。

24. G. G., Der Grenzstein, in: *Denk ich an Deutschland in der Nacht*（同第 10 章注释 21），第 6~7 页。

25. ZdF heute Show vom 11. 3. 2016; 接下来的引文出自 Johannes Krause（同前言注释 17）。

26. 参阅维基百科词条：https://de.wikipedia.org/wik/Heidelberger_Manifest。带有第一个版本真迹复制品的链接，"德国人民保护协会 (SDV)e.V."，仅在互联网上分发未引用段落的清理后的第一版本，其中添加了修订后的第二版本：http://schutzbund.deheidelberger_ manifest.htm (3. 9. 2016)。

27. 关于采访：*Rhein-Neckar-Zeitung*，Heidelberg，18. 2. 2016，第 13 页，及同上来源，19. /20. 11. 16，第 15 页（参阅上文第 288~289 页）。

28. 关于默克尔：Fernsehinterview am 17. Oktober 2015；民意调查出自：*Rhein-Neckar-Zeitung* 17. /18. Sept. 2016，第 17 页。

29. "2015 年 10 月 25 日巴登符腾堡选择党州议会选举纲领"，第 35 页。

30. 6 Folgen. Köln 2005–2015.

31. Hartmut BOBZIN, Immanuel Kant und die "Basmala" –Zur orientalischen Typographie in Deutschland. 17./18. Jahrhundert, in: *Eothen. Jahrbuch der Gesellschaft der Freunde Islamischer Kunst und Kultur 4* (2007), 第 7~21 页。

32. Ursula BREDEL, Christiane MAASS, *Leichte Sprache. Theoretische Grundlagen, Orientierung für die Praxis*, Berlin 2016.

33. Der Spiegel 14 / 2016 引自第 50 页。

34. 参阅上文第 62 页。

35. Afd Wolfenbüttel / Salzgitter 于 2015 年 10 月 29 日将其发布在网上，民意调查于 2016 年 3 月 7 日进行，原文中的"默克尔"是斜体。

36. 关于 Carl Friedrich VON WEIZSÄCKERS 的"全球内政"可参考：*Bedingungen des Friedens. Rede anlässlich der Verleihung des*

Friedenspreises des Deutschen Buchhandels, mit der Laudatio von Georg Picht, Göttingen 1963；转引自 Ulrich BECK, *Nachrichten aus der Weltinnenpolitik*, Frankfurt am Main 2010。

37. Afd-göttingen.de,民意调查日期：7. 3. 2016。

38. Afd-göttingen.de,民意调查日期：7. 3. 2016，标题为："Die Geschichte Deutschlands"。接下来引用的纳粹言论是 CDU 联邦议员 Bettina Kudla 在 twitter 上传播的：参阅例如 FAZ（online vom 24. 9. 2016）；这条推文目前已被删除。关于这个党派，可参考：Melanie AMANN, *Angst für Deutschland. Die Wahrheit über die AfD: wo sie herkommen, wer sie führt, wohin sie steuert*, München 2017。

39. War an die V2 gedacht? 关于这个"神奇武器"可参阅 Wibke BRUHNS, *Meines Vaters Land. Geschichte einer deutschen Familie*, Berlin 2005，第362页。

40. LENZ, *Der Überläufer*（同第11章注释13），第238页。

41. 1830年3月14日与艾克曼的谈话。

※ 14 "不朽之物亦无国籍"：结语

1. 关于民族主义，可参阅 Hans Ulrich WEHLER, *Nationalismus. Geschichte, Formen, Folgen*, München 2001。

2. 参阅上文第287页。

3. 参阅上文第145~146页。

4. 参阅 Notker：上文第31页；Walther：上文第43页，第137~138页及下文第330~331页。

5. 参阅上文第84~86页。

6. Hans Magnus Enzensberger 曾在1968年前后计划自荐前往菲德

尔·卡斯特罗执政的古巴，担任外交顾问一职，但彼时的卡斯特罗并不乐见好为人师的德国人。参阅 Jörg LAU, *Hans Magnus Enzensberger. Ein öffentliches Leben*, Berlin 1999; Ingrid GILCHER-HOLTEY, *1968. Eine Zeitreise*, Frankfurt am Main 2008，第 172~176 页；Enzensberger 自己的回顾：Kuh wie Kuba. Hans Magnus Enzensberger erinnert sich an ein Jahr als stellvertretender Beobachter im Kuba Fidel Castros (1926 bis 2016), des allwissenden Hirten der Revolution, der auch ein Experte für Viehzucht war, in: *Der Spiegel 49 /2016*，第 74~76 页。

7. 参阅上文第 197~198 页。

8. Friedrich GUNDOLF, *Anfänge deutscher Geschichtsschreibung von Tschudi bis Winckelmann. Aufgrund nachgelassener Schriften Friedrich Gundolfs* bearbeitet und hg. von Edgar WIND. Mit einem Nachwort zur Neuausgabe von Ulrich RAULFF, Frankfurt am Main 1992, 第 27 页。原始版本 1938 年发表于阿姆斯特丹。

9. *Memoriale de prerogativa imperii Romani c.33*, hg. von GRUNDMANN, HEIMPEL（同第 1 章注释 30），第 140~141 页。

10. 参阅上文第 48~49 页。

11. 参阅上文第 77~79 页。

12. 参阅上文第 108~109 页。

13. PLANERT, *Mythos*（同第 5 章注释 14）。

14. Erich von KAHLER, *Stefan George. Größe und Tragik* (Opuscula aus Wissenschaft und Dichtung 16), Pfullingen 1964, 后再度发表于 Ders., *Untergang und Übergang. Essays*, München 1970, 第 228~249 页, 此处引自第 230 页。

15. 参阅上文第 157 页与第 188 页。

16. 参阅 *1848. Aufbruch zur Freiheit*（同第 6 章注释 5），Nr. 155–156，第 139~140 页。

17. Eine Abwandlung des Urteils von Gertrud Bäumer, 参阅 FLASCH, *Geistige Mobilmachung*（同第 8 章注释 7），第 293 页。

18. 参阅上文第 29–32 页（Ottonenzeit）；第 46~47 页（furor）；第 52~53 页（Enea Silvio）；第 103~105 页（Kleist）；关于号召：FREYTAG, *Bilder*（同第 6 章注释 14），附录引自第 452 页；关于 Canetti, 见上文第 280 页。

19. 参阅 Hans MAIER, Aus dem Turm heraus? Katholische Intellektuelle und die deutsche Kultur um 1900, in: *zur debatte. Themen der Katholischen Akademie in Bayern 4/2016*, 第 29~32 页。

20. 参阅上文第 18 页与第 207 页。关于 Scheler：参阅 FLASCH, *Geistige Mobilmachung*（同第 8 章注释 7），第 103~104 页。

21. 关于 Carl Muth: Otto WEISS, Carl Muth und das "Hochland", in: *zur debatte. Themen der Katholischen Akademie in Bayern 4/2016*, 第 33~35 页。参阅同一期，第 36~39 页，die Skizze von Dominik BURKARD, Georg Grupp (1861–1922)——一名天主教牧师作为文化历史学家。

22. 参阅上文第 226 页。

23. 参阅上文第 198~199 页 (Poincaré)。

24. Irmgard KEUN, *Kind aller Länder*. Roman, Köln 2016, 第 8 页。小说 1938 年出版于阿姆斯特丹。

25. Hans Magnus ENZENSBERGER, *Hammerstein oder der Eigensinn. Eine deutsche Geschichte*, Frankfurt am Main 2008, 接下来的引文出自第 355 页。

26. 参阅上文第 274 页。

27. 关于这份宣言：https:www.bllv.de/Manifest-Haltung-zaehlt.12331.0.html

(8. 9. 2016)。亦可见《莱茵内卡报》Heidelberg vom 8. 9. 2016, 第 13 页 (另一处出现的引文亦摘自于此)。

28. 参阅上文第 322 页。

29. Zafer ŞENOCAK, *Deutschsein. Eine Aufklärungsschrift*, Hamburg 2011, 第 19 页。

30. 谈及 Hamann 的时候,指的可能是年纪更小的另一位, Johann Georg H. (卒于 1788 年)。

31. Botho STRAUSS, Der letzte Deutsche. Uns wird die Souveränität geraubt, dagegen zu sein, in: *Der Spiegel 41 /2015*,第 122~124 页。关于右翼的秘密德国:WEISS, *Revolte* (同注释 51),第 152 页。

32. ŞENOCAK, *Deutschsein* (同注释 29),第 55 页。

33. *Was uns in Deutschland zusammenhält. Ein ZDF Forum im Erinnerungsjahr 1999, ZDF Schriftenreihe 56*, Mainz November 99, 第 84~85 页。

34. Hermann COHEN, *Deutschtum und Judentum* (Von deutscher Zukunft 1. Stück). Gießen 1915, 引文出自第 45 页。

35. ŞENOCAK, *Deutschsein* (同注释 29),第 133 页。

36. ŞENOCAK, *Deutschsein*(同注释 29);接下来的引文出自第 138 页,第 116~117 页,第 155 页。

37. ŞENOCAK, *Deutschsein*(同注释 29),第 58 页。

38. ŞENOCAK, *Deutschsein*(同注释 29),第 38~39 页。

39. 参阅上文第 96~97 页及第 101~102 页。

40. 参阅上文第 111 页。

41. 1827 年 1 月 31 日歌德与艾克曼的谈话。

42. Annette KOLB, 参阅上文第 216~217 页。

43. SCHOPENHAUER, "Über die, seit einigen Jahren, methodisch betriebene

Verhunzung der Deutschen Sprache"（同第6章注释11）。关于尼采：同上书，第188页。关于Hornpepi：同上书，第189–190页。关于Riezler：同上书，第198~199页。关于莱辛：见上书，第244页。关于Erika und Klaus Mann：见上书，第268~270页。

44. 参阅上书，第250页。

45. 参阅上书，第243页（Kraus）与第247页（Tucholsky）。

46. 参阅上书，第231页与第259页。

47. 见上书，第275页（Susman）与第274~275页（Thomas Mann）。

48. Karl Ferdinand WERNER, Karl der Große in der Ideologie des Nationalsozialismus. Zur Verantwortung deutscher Historiker für Hitlers Erfolge, in: *Zschr. des Aachener Gesch.Vereins 101* (1997 / 98), 第9~64页, 此处摘自第23~24页。

49. 转引自 Klaus WIEGREFE, "Der Bürger ist entsetzlich dumm". Fünfzig Jahre nach dem Tod Konrad Adenauers muss das Bild des Gründungskanzlers korrigiert werden. Geheimakten zeigen einen autoritären Politiker, der seinen SPD Konkurrenten bespitzeln ließ und sein Volk verachtete, in: *Der Spiegel 15 /2017* (8. 4. 2017), 第10~17页, 引文出自第16页。

50. 同上书，第318页。

51. 关于 *Neuen Rechten*，参阅 Volker WEISS, *Die autoritäre Revolte. Die Neue Rechte und der Untergang des Abendlandes*, Stuttgart 2017。这位被提到的法官曾像鬼魂一样，出没在几乎所有的德国报纸上，我仅举一例：Stefan LOCKE, Der Richter und sein Höcke, in: *Frankfurter Allgemeine Zeitung* (Online) vom 25. 1. 2017。

52. 参阅上文第114页。

53. 参阅上文第22~23页，第103页（Romantiker）及第300~301页（Kermani）。

54. Navid Kermani, *Wer ist Wir? Deutschland und seine Muslime*, München 2017, 第 56~57 页；参阅上文第 300~301 页。

55. 参阅上文第 207 页。

56. 关于这次谈话：第 218 页。

致　谢

对于手稿的编辑、引文的审查以及人名索引的编制,我要感谢安娜·埃瓦尔德、雅努斯·古迪安和约瑟夫·库萨。

人名索引

（此处页码为原德文版页码，即本书页边码。）

Adelbold von Utrecht 32
Adenauer, Konrad 355 f.
Adorno, Theodor W. 280, 284
Agricola, Gnaeus Iulius 51
Albertus Magnus 314
Alexander von Roes 44, 48, 331 f.
Alkuin von York 40
Annius von Viterbo 54
Anno von Köln 36
Arco auf Valley, Anton Graf von 234
Aristoteles 21, 59
Arminius (Hermann) 57, 92, 104, 106, 122, 153, 170, 173, 181, 183
Arndt, Ernst Moritz 103, 117–122, 137, 142, 146, 151, 153, 157, 166, 280, 304, 329, 335
Ascher, Saul 110, 185, 376 A15, 376 A22
Aßmann, Hans 74
Athene 153
Augusta von Sachsen-Weimar-Eisenach 177
Auguste Prinzessin von Preußen 359 A9
Augustinus 21, 319
Averroes (Ibn Rushd) 314
Avicenna (Ibn Sina) 314

Bab, Julius 209, 214
Bach, Johann Sebastian 21
Bachmann, Ingeborg 284, 288
Bäumer, Gertrud 216, 275, 390 A17
Baeumler, Alfred 266
Bahrdt, Hans Paul 360 A16
Ball, Hugo 223 f.
Bamberger, Ludwig 186
Bauer, Bruno 159–161
Baumann, Hans 258, 383 A7
Beatus Rhenanus 54
Becher, Johannes R. 251, 282, 293
Becker, Heinrich August 371 A6, 371 A11

Becker, Jurek 289
Becker, Nikolaus 139 f., 372 A26
Beethoven, Ludwig van 39, 202, 251
Bellarmin 99
Benedikt von Monte Soratte 30
Benjamin, Walter 300
Benn, Gottfried 250 f., 260 f., 273, 280, 301
Benz, Richard 251
Bergengruen, Werner 176
Bernward von Hildesheim 33
Berossus 54
Berthold Schwarz 223
Bethmann Hollweg, Theobald von 198–200, 202
Bertram, Ernst 254, 257
Biermann, Wolf 290, 293, 297, 300–302, 305, 307, 386 A31, 387 A32
Bismarck, Otto von 146, 161, 166–169, 172 f., 176, 178, 199, 202, 223, 285, 334 f., 339, 374 A4, 375 A7
Bloch, Ernst 259, 360 A16
Blöcker, Günter 284
Bodin, Jean 50, 78
Boehlich, Walter 360 A16
Böhme, Jakob 344, 346
Böll, Heinrich 285 f., 288
Börne, Ludwig 125 f., 133 f., 360 A21
Boethius 31
Boineburg, Johann Christian von 79
Boisserée, Sulpiz 242
Bonhoeffer, Dietrich 263
Borchardt, Rudolf 243
Borchmeyer, Dieter 359 A1
Bornkamm, Heinrich 63
Bracciolini, Poggio 51
Brahe, Tycho 322
Brandt, Willy 385 A3
Braun, Wernher von 323
Brecht, Bertolt 209, 258 f., 280, 283, 341
Brentano, Clemens 103, 110

人名索引 573

Brentano, Bernard von 360 A16
Breuer, Hans 218
Brüning, Heinrich 286
Brun von Querfurt 362 A14
Brutus, Marcus Iunius 57
Buddha 319
Büchner, Georg 125, 127 f., 130, 134, 152, 293, 317
Burns, Robert 91
Burte, Hermann 360 A21
Byron, George Gordon 134

Cadac-Andreas 41
Caesar, Gaius Iulius 31, 49, 58
Cambronne, Pierre 248
Canetti, Elias 31, 280, 339, 362 A11, 391 A18
Caro, Elme-Marie 179 f., 285, 360 A21, 375 A9, 377 A9
Carossa, Hans 280
Cassirer, Ernst 205, 263
Castro, Fidel 390 A6
Celan, Paul 280, 284, 344 f.
Celtis, Konrad 54
Chamberlain, Houston Stewart 192 f., 376 A22
Childerich 38
Chlodwig 38
Cicero, Marcus Tullius 21, 59, 239, 346
Clasen, Lorenz 287
Claß, Heinrich (Einhart, Daniel Frymann) 193, 236 f.
Claudius von Turin 40 f.
Clemens Scottus 41
Cochlaeus, Johannes 63
Cohen, Hermann 186, 205, 221 f., 224, 346 f., 360 A21
Courths-Mahler, Hedwig 22
Cysarz, Herbert 266

Däubler, Theodor 234
Dağtekin, Bora 343
Dahn, Felix 154, 172
Dante Alighieri 32, 319, 344
Danton, Georges 293, 315
David 346
Dawid bar Mešullam 363 A20
De Gaulle, Charles 143
De la Motte Fouqué, Friedrich Baron 125
De Staël, Germaine 19, 20, 116 f., 147, 179, 243

Dehmel, Richard 202, 219–221, 225 f.
Diederichs, Jens 389 A22
Dietrich von Erbach 52
Diotima 105
Dirks, Walter 360 A16
Dix, Otto 239, 381 A25
Döring, Heinrich 125 f.
Don Carlos 203
Droste-Hülshoff, Annette von 143–145, 216, 275, 338
Dürer, Albrecht 21, 253
Dürrenmatt, Friedrich 372 A21
Dynter, Edmond de 44, 48 f., 332

Ebert, Friedrich 215
Eckermann, Johann Peter 8, 10, 88, 92, 111, 126, 324
Eckhart 65
Ehrenstein, Albert 380 A16
Eichendorff, Joseph Freiherr von 219, 296
Eisler, Hanns 283
Eisner, Kurt 191, 234
Elze, Walter 240, 242, 381 A31
Engels, Friedrich 155 f.
Enoch d'Ascoli 51
Enzensberger, Hans Magnus 341, 390 A6
Erhard, Ludwig 286
Eridanos 79
Erwin von Steinbach 88–90
Eucken, Rudolf 202, 205, 377 A11

Fabian 250, 354
Faust 22, 126, 149, 232
Feuchtwanger, Lion 190, 242, 248 f., 315
Fichte, Johann Gottlieb 8, 12, 17, 84, 109 f., 112–117, 147 f., 183, 348, 370 A22
Fleck, Ludwik 313
Förster, Friedrich 369 A18
Fontane, Theodor 161, 298
Fonty 298
Franck, Sebastian 65
Franz II. 116, 132
Franz Joseph I. von Österreich 337
Freiligrath, Ferdinand 151 f., 318
Freyer, Hans 245 f.
Freytag, Gustav 169–172, 180, 200, 312 f., 335, 337, 341 f.
Fried, Erich 287

Friedenthal, Richard 360 A16
Friedrich I. Barbarossa 34, 45, 47, 53, 122, 149 f., 172
Friedrich II. 53, 98, 181
Friedrich II. von Preußen 77, 182, 208, 240, 258
Friedrich III. 52, 177
Friedrich Wilhelm I. von Preußen 77
Friedrich Wilhelm III. von Preußen 169
Friedrich Wilhelm IV. von Preußen 139, 142–144, 161–163
Frisch, Max 372 A21
Fulda, Ludwig Anton Salomon 201 f.

G. G. 317
Gall, Lothar 163
Ganghofer, Ludwig 22
Geibel, Emanuel 166, 168, 172, 177, 182, 200, 203, 212, 232, 336
George, Heinrich 273
George, Stefan 86, 96, 105 f., 195, 200, 222, 240–242, 249, 254, 259 f., 275, 344, 352, 377 A4
Gerbert von Aurillac 41
Germania 23, 47, 51, 54 f., 65, 104, 109 f., 150 f., 154, 157, 167, 170, 172 f., 176 f., 229, 332, 375 A23
Gervinus, Georg Gottfried 130
Gibson, Hugh 227
Gierke, Otto von 212 f.
Gilbert, Felix 384 A36
Gläser, Enoch 74, 366 A5
Glaeser, Ernst 215
Glück, Jacob 186
Goebbels, Joseph 244, 253, 268 f.
Görres, Joseph 103, 123–125
Goethe, Johann Wolfgang von 7–12, 15, 17–23, 67, 84–86, 88–93, 95 f., 98 f., 102, 106, 111 f., 120, 125–127, 142, 149, 151, 153, 164, 168, 179 f., 195, 202 f., 219, 223, 242 f., 252, 267, 271, 273, 277, 280, 282, 305, 309 f., 313, 317, 320 f., 323 f., 328, 335–337, 339 f., 343 f., 352, 359 A1, 360 A21, 368 A27, 368 A34, 369 A13, 370 A20, 372 A21
Götz von Berlichingen 85, 88, 90, 248, 310
Goetz, Karl Xaver 235
Gottschalk der Sachse 28 f.

Grabbe, Christian Dietrich 57
Grass, Günther 194, 287 f., 297 f., 327
Gregor VII. 35, 45
Grillparzer, Franz 372 A21
Grimm, Hans 239 f.
Grimm, Jacob 15, 65, 129 f., 365 A27, 371 A8
Grimm, Wilhelm 15, 129, 371 A9
Grimmelshausen, Hans Jakob Christoffel von (German Schleifheim von Sulsfort, Melchior Sternfels von Fuchshaim) 70 f., 74, 346
Grünbaum, Fritz 209
Grünewald, Matthias 39
Gruenter, Rainer 360 A16
Gryphius, Andreas 69 f., 366 A2
Gundolf, Friedrich 105 f., 330, 361 A1, 369 A13

Habermas, Jürgen 253
Hafis 320, 344
Halbe, Max 202
Haller, Karl Ludwig von 110
Halley, Edmond 88
Hamann d. J., Johann Georg 344, 346, 391 A30
Hamlet 151, 152, 187, 319, 323
Hamm-Brücher, Hildegard 360 A16
Hammerstein-Equord, Franz von 342
Hammerstein-Equord, Kurt von 341 f.
Hampe, Karl 227 f.
Hardenberg, Friedrich von (Novalis) 101 f., 110, 323, 352
Harling, Christian Friedrich von 366 A11
Hartmann, Leutnant 39
Hartmann, Nicolai 205
Harun al-Rashid 314
Hauff, Wilhelm 128 f.
Hauptmann, Carl 202
Hauptmann, Gerhart 202, 211 f., 219, 339, 378 A22
Hauptmann, Klaus 211
Heartfield, John 246
Hegel, Georg Wilhelm Friedrich 8, 12, 17, 21, 123, 128, 164, 223, 226, 244, 371 A41
Heidegger, Martin 241, 255–257, 263 f., 383 A3
Hein, Christoph 295

人名索引 575

Heine, Heinrich 20, 67, 88, 125, 133 f.,
    137, 139, 141, 143, 146-151, 153 f.,
    157, 166, 172, 179 f., 213, 277, 280,
    290, 299, 306, 317, 329, 335 f., 353,
    373 A41, 375 A9
Heinrich I. 155
Heinrich II. 32
Heinrich IV. 45
Heinrich V. 44
Hengist 153 f.
Hensel, Walther 250
Herder, Johann Gottfried 10, 67, 84,
    86, 90, 151
Herrmann-Neisse, Max 263, 265
Herwegh, Georg 139-141, 166, 242
Hindenburg, Paul von 244, 246, 342,
    354
Hirschfeld, Hans 385 A3
Hitler, Adolf 73, 90, 113, 191, 193,
    200, 211-213, 231 f., 236 f., 240 f.,
    244 f., 248, 250, 252 f., 255-259,
    262-266, 269 f., 272, 274, 286, 305,
    310, 341 f., 344, 348 f., 360 A21,
    381 A21, 381 A31
Hobbes, Thomas 78
Hölderlin, Friedrich 12, 99-101, 105,
    117, 128, 149, 183, 195, 219, 238,
    271, 280, 282, 299, 304, 317, 320,
    336 f., 344, 348
Hölty, Ludwig 90
Hofer, Andreas 132
Hoffmann, E. T. A. 125
Hoffmann von Fallersleben, August
    Heinrich 120, 137, 183, 335
Hofmann, Friedrich 177, 189
Hofmannsthal, Hugo von 21 f., 194 f.
Horaz 239
Horsa 153 f.
Huch, Ricarda 103
Hugo, Victor 139
Husserl, Edmund 205
Hyperion 99

Iphigenie 91
Iffland, August Wilhelm 359 A9
Innocenz III. 331

Jahn, Friedrich Ludwig 114-116,
    125 f., 131, 151, 229, 235, 356
Jaspers, Karl 205, 283
Jeanne d'Arc 44
Jesus Christus 39, 46, 60, 272

Johannes 266
Johannes von Salisbury 46 f.
Johst, Hanns 242, 256 f., 267
Joseph II. 77
Jünger, Ernst 230 f., 344
Julian Apostata 180
Jupiter 72 f.

Kästner, Erich 250, 354, 382 A41
Kahler, Erich von 262 f., 283, 337, 341
Kant, Immanuel 8, 12, 17, 21, 76, 83 f.,
    88, 90, 117, 164, 180, 186, 202, 208,
    221, 247, 277, 283, 305 f., 320 f.,
    333, 342, 346, 352
Kantorowicz, Ernst 96
Kapp, Wolfgang 342
Karl der Große 27, 30 f., 40, 43, 53,
    55, 314
Karl IV. 34, 165
Karl V. 374 A19
Karl I. von Anjou 179
Kassandra 195
Katharina II. von Russland 153 f.
Kathen, Charlotte von 370 A37
Kaufmann, Arthur 269
Kennan, George F. 197
Kepler, Johannes 322
Kermani, Navid 300 f., 356, 392 A53
Kern, Fritz 237
Kessler, Harry Graf 224 f., 234, 252
Kesten, Hermann 360 A16
Keun, Irmgard 341
Kiesel, Helmuth 359 A1
Kircheiß, Carl 236, 381 A22
Kirchheimer, Otto 270
Kirsten, Wulf 288
Kisch, Egon Erwin 251
Klabund (Alfred Georg Hermann
    Henschke) 229
Kleist, Heinrich von 57, 103-106,
    110, 117, 177, 183, 304, 335, 339,
    391 A18
Klemm, Wilhelm 379 A46
Klemperer, Victor 22, 214, 264 f., 286,
    310, 361 A21
Klopstock, Friedrich Gottlieb 17, 57,
    92 f., 98, 344
Knebel, Karl Ludwig von 368 A34
Koberstein, August 86, 367 A25
Köhler, Christian 157
Körner, Theodor 103, 108-111, 146,
    211, 280, 333, 335

Kogon, Eugen 278, 385 A4
Kolb, Annette 216 f., 338, 354, 391 A42
Konradin von Hohenstaufen 179
Korn, Karl 360 A16
Kotzebue, August von 110
Kraus, Gustav 153
Kraus, Karl 86, 242 f., 318, 322, 344, 355, 381 A32, 391 A45
Krause, Scott 385 A3
Krauß, Werner 272
Krieck, Ernst 236, 266, 380 A19
Kudla, Bettina 390 A38
Kunze, Reiner 289, 294 f., 297

Landauer, Gustav 191
Laotse 319
Laube, Heinrich 133
Leibl, Ernst 249, 250
Leibniz, Gottfried Wilhelm 79–82, 204
Lenz, Siegfried 283, 301, 307, 324
Leo X. 64
Leonini, Joseph 359 A9
Lessing, Gotthold Ephraim 17, 21 f., 67, 74, 84, 170, 203, 277, 309, 316, 320
Lessing, Theodor 244, 246 f., 354, 391 A43
Lichtenberg, Georg Christoph 87 f.
Liebermann, Maidi von 376 A21
Liebermann, Max 202
Liselotte von der Pfalz 75 f., 366 A11
Lissauer, Ernst 210 f., 214
Loerke, Oskar 266
Logau, Friedrich von 74–76, 84, 114, 189, 366 A31
Lohengrin 154, 183
Loreley 103
Lucan 31, 46
Luckhardt, Emil 179
Luckner, Felix Graf von 236 f., 381 A21
Luden, Heinrich 111, 126, 370 A20
Ludendorff, Erich Friedrich Wilhelm 200, 241, 244, 248, 354
Ludwig I. von Bayern 137, 152–154, 232
Ludwig VI. von Frankreich 44
Ludwig XIV. von Frankreich 94, 138, 177
Ludwig, Otto 133 f., 137
Lüttwitz, Walther von 342

Lützow, Ludwig Anton Wilhelm von 108, 111, 115, 157
Luise Prinzessin zu Mecklenburg, Königin von Preußen 169
Luther, Martin 9, 53, 56, 60–64, 75, 105, 123, 152, 171, 189, 206, 208, 223, 281, 320, 333, 349, 365 A22, 365 A24, 385 A9

Mach, Ernst 186
Mann, Erika 268–270, 354, 391 A43
Mann, Heinrich 191, 200, 208, 218, 237–240, 268, 275, 323
Mann, Klaus 268–270, 277 f., 282, 354, 391 A43
Mann, Thomas 195, 208, 217, 231 f., 252, 268, 274, 277, 344 f., 348 f., 351, 355 f., 392 A47
Mannheim, Karl 14
Mannus 58
Marcks, Erich 222 f.
Marcuse, Herbert 270–273, 384 A36
Maria Stuart 203
Maria Theresia 77
Marx, Karl 125, 140, 150 f., 155 f., 160 f., 178
Maurenbrecher, Max 225 f.
Maximilian I. von Bayern 340
Maximilian I. von Habsburg 374 A19
May, Karl 22
Mayer, Hans 17, 360 A16
Mayr, Martin 52 f.
Me'ir bar Yitshaq 363 A20
Meinecke, Friedrich 225
Meinhof, Ulrike 281 f.
Meister Eckhart 205
Mendelssohn-Bartholdy, Felix 296
Mensching, Steffen 295
Menzel, Wolfgang 360 A21
Mercier, Louis-Sébastien 359 A9
Merkel, Angela 318, 320, 357, 389 A28, 389 A35
Metternich, Klemens Wenzel Fürst von 105, 115, 131, 159, 298, 369 A11
Michael 157, 325
Michel 65, 66, 114, 151
Michelangelo Buonarroti 60, 123
Minder, Robert 360 A16
Mitterand, François 297
Mörike, Eduard 320
Möser, Justus 86 f.

Moleschott, Jakob 186
Molière 319
Montesquieu, Charles-Louis de 94, 182, 319
Moraw, Peter 39
Moreau, Jean 210
Morhof, Daniel Georg 366 A9
Mosen, Julius 132 f.
Moses 346
Mozart, Wolfgang Amadeus 90
Mühsam, Erich 218
Müller von Nitterdorf, Adam 103
Müller, Herta 346
Müller, Johannes von 153 f.
Müller, Karl von 208
Münzer, Thomas 223
Musäus, Karl 361 A21
Muschg, Walter 148
Muth, Carl 340, 391 A21

Napoleon Bonaparte 10, 20, 24, 33, 83, 89, 91, 95, 97–99, 102–107, 109, 111, 113, 116–118, 120, 127, 131–133, 137 f., 141, 145, 148, 150, 154, 161, 170, 178, 182 f., 194, 202, 230, 248, 332 f., 337 f., 340
Nathan der Weise 316, 357
Natorp, Paul 205
Nelson, Rudolf 210
Nero 244, 354
Neumann, Franz L. 270 f., 278
Newton, Isaac 8, 88
Nietzsche, Friedrich 7, 18, 27, 75, 88, 157, 187–192, 203, 223, 242, 254, 262, 266, 305, 337, 344, 354, 359 A1, 360 A21, 391 A43
Nikolaus V. 51
Nikolaus von Kues 26, 48
Noah 54
Notker der Deutsche 31, 76, 327, 390 A4

Oderbruch 274, 342
Odin 108
Ören, Aras 300
Özdamar, Emine Sevgi 300
Opitz, Martin 36, 69
Ossian 90
Oswald von Wolkenstein 47
Otto I. der Große 29 f., 41, 45
Otto II. 41, 259
Otto III. 33, 41

Otto von Freising 34
Ovid 44, 239, 319
Owen, Wilfred 225, 379 A47

P., Rita 294
Papageno 90
Papen, Franz von 286
Paul, Jean 67, 88, 106–109, 127, 145, 157, 309, 352
Paulus Diaconus 40
Paulus von Tarsus 43, 63, 124, 216, 317
Penthesilea 106
Pestalozzi, Johann Heinrich 17
Peter III. von Russland 154
Petrus von Pisa 40
Pfahl, Berengar 209
Pfeffel, Gottlieb Konrad 82
Piccolomini, Enea Silvio (Pius II.) 26, 33, 35, 52 f., 332, 339, 364 A2
Piccolomini, Max 342
Pico della Mirandola, Giovanni 59 f., 90, 93, 301
Planck, Max 202, 205
Platon 21, 59, 255, 319, 344
Plessner, Helmuth 17, 261 f., 285, 360 A16
Poincaré, Raymond 198 f., 341
Pompeius 31
Pottier, Eugène 179
Preetorius, Emil 239
Prometheus 90, 93, 302
Pückler-Muskau, Hermann Fürst von 372 A28
Pufendorf, Samuel (Severinus de Monzambano) 77–79, 82, 94, 333, 354, 367 A16

Ralph von Serre 363 A25
Ralph, Louis 208
Ranke, Leopold 340
Raumer, Friedrich von 172
Reger, Max 258
Reich-Ranicki, Marcel 298
Reicke, Georg 201
Reid, Thomas 8
Reinhold, Karl Leonhard 147
Remarque, Erich Maria 231
Renan, Ernest 112, 372 A21
Reuchlin, Johannes 54
Richelieu, Armand-Jean du Plessis, Premier Duc de 118

Riehl, Alois 202
Riezler, Kurt 198–200, 354, 377 A4, 391 A43
Rilke, Rainer Maria 86, 200, 219
Rinckart, Marin 258
Roland 43
Rosenberg, Alfred 193
Roßbach, Gerhard 229
Rotenhan, Sebastian von 56
Roth, Joseph 238 f., 257, 341
Rothacker, Erich 253 f., 257
Rouget de Lisle, Claude Joseph 140
Rückert, Friedrich 121, 138, 182, 200, 210, 323, 335
Ruge, Arnold 145 f., 327

Sachs, Hans 64 f., 164, 327
Scheffel, Joseph Victor von 181–183, 200
Scheler, Max 18, 207, 340, 352, 356, 360 A17, 391 A20
Schelling, Friedrich Wilhelm Joseph 8, 117
Schenkendorf, Max von 98, 121, 168 f., 230, 280, 335
Scherberger, Richard 267, 384 A26
Scherer, Wilhelm 183, 186
Schickele, René 234
Schiller, Friedrich 9, 12, 17, 21, 67, 85 f., 95 f., 102, 104, 106, 108, 136, 175 f., 179, 183, 195, 200, 203, 240, 242, 277, 280, 282, 305, 313, 316, 320 f., 329, 342, 352, 372 A21, 375 A3, 377 A4
Schlageter, Albert Leo 235, 241, 242, 256, 268
Schlegel, August Wilhelm 17, 20, 86, 96, 101, 323, 352, 367 A25, 369 A4
Schlegel, Friedrich 17, 96–98, 369 A4
Schleiermacher, Friedrich 99
Schlieffen, Alfred Graf von 198
Schlüter, Willy 228
Schmidt, Arno 360 A16
Schneckenburger, Max 140, 173, 175, 200, 229, 230, 335
Schnitzler, Karl-Eduard von 298 f.
Schönborn, Johann Christoph von 366 A2
Schopenhauer, Arthur 163 f., 223 f., 274, 354
Schorlemmer, Friedrich-Wilhelm 387 A32

Schröder, Gerhard 282
Schröder, Rudolf Alexander 213 f., 282, 305
Schubart, Christoph Friedrich Daniel 84
Schumann, Robert 139
Schwietering, Julius 266
Scott, Walter 128
Sedaine, Michel-Jean 359 A9
Seeberg, Reinhold 204
Seibt, Gustav 298
Semmelmeier, Josef (Hornpepi) 189 f., 199, 354, 391 A43
Şenocak, Zafer 343, 345 f., 349–351, 355
Shaftesbury, Anthony Ashley-Cooper 90
Shakespeare, William 84–86, 101, 106, 151, 170, 319, 323, 328, 344, 369 A13
Sick, Bastian 319
Sickingen, Franz von 56 f.
Siebenpfeiffer, Philipp Jakob 134, 136, 232
Sigfrid 330
Simplicius Simplicissimus 70 f., 73, 346
Sombart, Werner 222–225, 266
Spengler, Oswald 219, 232, 263
Staeck, Klaus 352
Stalin, Josef 271, 290, 342
Stehle, Jan 387 A16
Stein, Heinrich Friedrich Karl Reichsfreiherr vom und zum 122
Sternberg, Leo 225
Stewart, Dugald 8
Stifter, Adalbert 22
Stöcker, Adolf 178, 375 A7
Strauß, Botho 343 f., 346, 351
Struve, Burkhard Gotthelf 65, 366 A27
Sudermann, Hermann 201, 208
Sully, Maximilian von Béthune, Herzog von 118
Suphan, Bernhard 95
Susman, Margarete 275, 355, 392 A47

Tacitus, Publius Cornelius 23, 35, 51 f., 54, 57–59, 64 f., 81, 92, 130, 170, 184, 206, 332 f., 346
Thangmar von Hildesheim 33
Thatcher, Margaret 297
Theodulf von Orléans 40

Theophanu 41
Theuton 58
Thieme, Clemens 194
Thiers, Adolphe 141 f.
Thoma, Hans 202
Thoma, Ludwig 189–191, 193, 234, 249, 354, 376 A21
Thusnelda 57
Tieck, Ludwig 86, 153, 323
Tirpitz, Alfred 141
Tönnies, Ferdinand 225
Toller, Ernst 214 f., 218 f., 223, 225 f., 228, 230, 244, 248
Totila 153 f.
Trajan 144
Treitschke, Heinrich 185 f.
Troeltsch, Ernst 206 f.
Trump, Donald 358
Tucholsky, Kurt (Ignaz Wrobel) 246–248, 355, 391 A45
Turek, Anton (Toni) 279
Tuysco (Tuisco/Tuisto/Tuisko) 54, 58, 170

Udet, Ernst 274
Uhland, Ludwig 23, 122, 156 f.
Ulrich von Hutten 55–57, 63, 313, 329
Ulrich von Württemberg 129
Unruh, Gerd 361 A24
Urania 100
Uranos 100

Van Eyck, Jan 21
Varus, Publius Quinctilius 57, 104, 122, 365 A13
Veit, Philipp 154
Velleius Paterculus 365 A16
Vergil 239
Vollmoeller, Karl Gustav 202
Vulcanus 72

Wagner, Richard 154, 164 f., 187, 208, 327
Wallenstein (Albrecht Wenzel Eusebius von Waldstein) 136

Walser, Martin 288 f., 318, 355
Walther von der Vogelweide 34, 43, 45, 137 f., 327, 329–331, 390 A4
Weber, Max 225 f.
Wedekind, Frank 218, 358
Weidig, Friedrich Ludwig 127 f.
Weinbrenner, Friedrich 110
Weizsäcker, Carl Friedrich von 389 A36
Wellershoff, Dieter 304 f.
Wenzel, Hans-Eckardt 295
Wereschtschagin, Wassili Wassiljewitsch 184 f.
Werner, Karl Ferdinand 355
Wessel, Horst 245
Wieland, Christoph Martin 17, 57
Wilhelm, Kronprinz von Preußen 199
Wilhelm I. von Preußen 163, 168, 172 f., 175, 177
Wilhelm II. von Preußen 141, 172, 188, 192 f., 197, 210, 212–214, 224, 229, 237, 355, 375 A21, 376 A22
Wilhelm Meister 102, 320
Wilhelm Tell 176
Wimpfeling, Jacob 54 f.
Windelband, Wilhelm 202, 205
Wolf, Christa 289, 296 f., 345
Wolff, Kurt 239
Wolfskehl, Karl 82 f., 259 f.
Wolters, Friedrich 240–242, 381 A31
Wortmann, Sönke 308
Wotan 72
Wundt, Wilhelm Maximilian 202, 232

Zedler, Johann Heinrich 65
Zeus 90
Zimmermann, Herbert 279
Zola, Émile 147
Zuckmayer, Carl 38 f., 43, 218, 273 f., 286, 293, 308, 342, 353, 378 A33
Zweig, Stefan 211, 214, 219 f., 259, 372 A25

图书在版编目(CIP)数据

德意志人:一部诗人、作家、哲学家和思想家的自传/(德)约翰内斯·弗里德(Johannes Fried)著;刘晓译.--北京:社会科学文献出版社,2024.12
书名原文:Die Deutschen: Eine Autobiographie Aufgezeichnet von Dichtern und Denkern
ISBN 978-7-5228-3109-1

Ⅰ.①德… Ⅱ.①约… ②刘… Ⅲ.①德意志人-民族历史 Ⅳ.①K516.8

中国国家版本馆 CIP 数据核字(2024)第 025395 号

德意志人:一部诗人、作家、哲学家和思想家的自传

著　　者／[德]约翰内斯·弗里德(Johannes Fried)
译　　者／刘　晓

出 版 人／冀祥德
组稿编辑／董风云
责任编辑／张　骋
责任印制／王京美

出　　版／社会科学文献出版社·甲骨文工作室(分社)(010)59366527
　　　　　地址:北京市北三环中路甲29号院华龙大厦　邮编:100029
　　　　　网址:www.ssap.com.cn
发　　行／社会科学文献出版社(010)59367028
印　　装／三河市东方印刷有限公司

规　　格／开　本:889mm×1194mm　1/32
　　　　　印　张:18.625　插　页:0.5　字　数:410千字
版　　次／2024年12月第1版　2024年12月第1次印刷
书　　号／ISBN 978-7-5228-3109-1
著作权合同登记号／图字01-2018-7145号
定　　价／118.00元

读者服务电话:4008918866

版权所有 翻印必究